논어정의 論語正義

Lun Yu Zheng Yi —The Corrected Meaning of the LUN YU—

【三】

(권5 · 권6)

논어정의論語正義【三】

Lun Yu Zheng Yi —The Corrected Meaning of the LUN YU—

—

1판 1쇄 인쇄　2023년 8월 11일
1판 1쇄 발행　2023년 8월 25일

—

저　자 | 유보남劉寶楠
역　자 | 함현찬
발행인 | 이방원
발행처 | 세창출판사

신고번호 제1990-000013호
주소 03736 서울시 서대문구 경기대로 58 경기빌딩 602호
전화 02-723-8660 팩스 02-720-4579
이메일 edit@sechangpub.co.kr 홈페이지 www.sechangpub.co.kr
블로그 blog.naver.com/scpc1992 페이스북 fb.me/Sechangofficial 인스타그램 @sechang_official

—

ISBN 979-11-6684-229-0 94140
979-11-6684-221-4 (세트)

—

이 역주서는 2017년 대한민국 교육부와 한국연구재단의 지원을 받아 수행된 연구임.
(NRF-2017S1A5A7020726)

—

이 책은 한국연구재단의 지원으로 세창출판사가 출판, 유통합니다.

논어정의

論語正義

Lun Yu Zheng Yi —The Corrected Meaning of the LUN YU—

【三】

(권5 · 권6)

유 보 남劉寶楠 저

함 현 찬 역주

세창출판사

차 례

논어정의
論語正義
【三】

전체 차례

논어정의
論語正義

해 제

1. 『논어정의』 번역의 가치

유학(儒學) 관련 경학 자료에는 동일한 원전 자료에 대해 오랜 기간 동안 수많은 학자들이 남긴 기록이 축적되어 있으며, 그것을 통해 이들의 형상이 어떻게 형성되는가를 살필 수 있다. 중국의 경우 『논어(論語)』 관련 주석서는 총 1,100여 종에 이르는데, 현전하는 가장 오래된 주석은 위(魏)나라 하안(何晏) 등이 쓴 『논어집해(論語集解)』이다. 이 책은 후한(後漢)의 포함(包含)·주씨(周氏)·마융(馬融)·정현(鄭玄)과 위나라 진군(陳羣)·왕숙(王肅)·주생렬(周生烈) 등 7인의 주석과 『고논어(古論語)』의 공안국(孔安國) 주(注)를 모두 종합하여 집대성한 것이다. 이 『논어집해』는 양(梁)나라의 황간(皇侃)이 쓴 『논어의소(論語義疏)』를 통하여 후세에 전해졌다. 그런데 이 하안의 『논어집해』를 근거로 한 『논어』의 판본은 남북조시대(南北朝時代)에서 시작하여 수(隋)·당(唐)·오대(五代)를 거쳐 북송(北宋)에 이르기까지, 특히 황간의 『논어의소』본에 기대어 세상에 유행하였으나, 그 뒤에는 한동안 유행하지 않았다. 그 이유는 주희(朱熹)의 『논어집주(論語集註)』가 크게 유행함에 따라 자취를 감추게 되었기 때문인 것으로 생각된다. 다만 송(宋) 진종(眞宗) 3년(1000)에 칙명으로 형병(邢昺) 등이 하안의 『논어집해』를 다시 풀이하여 『논어주소(論語注疏)』

를 썼는데, 이것이 『십삼경주소(十三經注疏)』에 끼여 있는 논어의 전통적인 주해서(注解書)이다. 이것은 황간의 『논어의소』에서 집해(集解)를 따로 떼어 지은 것이라고 하는데, 그 내용은 원칙적으로 황간의 『논어의소』를 따랐으나 장구(章句)의 훈고(訓詁)가 더욱 상세하였으므로, 황간의 『논어의소』를 밀어내는 까닭이 되었다. 그런데 이 황간의 『논어의소』는 당대에 일본에 전해졌다가 청대(淸代)에 청나라로 다시 전해짐으로써, 남송 때 없어진 이후 5백 년 뒤에 다시 유행하게 되었다.

한편, 주희의 『논어집주』는 형병의 『논어주소』의 경문을 바탕으로 고인(古人)들의 여러 해설을 참고하여 지은 것인데, 이로부터 논어의 해설은 이 『논어집주』가 단연 권위를 지니게 되었고, 오경(五經)을 중심으로 하던 유학이 사서(四書)를 더 중시하게 되었다. 또한, 『사서집주(四書集註)』가 나온 뒤로 『논어』는 더욱 존중되고 널리 읽혔다. 『사고전서총목(四庫全書總目)』을 통해 보면 『논어집주』를 이어 송대에 나온 『논어』의 주해서가 10여 종이며, 원대(元代)에도 다시 10여 종이 나왔고 명대(明代)에는 30여 종이 넘고 있다. 청대에는 더욱 많아 백여 종이 넘는다고 알려져 있다. 이것은 주희 이후로 유가의 경전이 오경에서 사서 중심으로 옮겨 갔으며, 그중에서도 『논어』가 가장 존중되었음을 뜻하는 것이다. 따라서 주희 이후로는 유가의 경전 중에서도 『논어』가 가장 중시되어 모든 공부하는 사람의 필독서가 되었다. 원대 이후로는 과거(科擧)에 있어서도 필수과목으로 채택되어 『논어』의 권위는 더욱 높아졌다. 특히 청대에는 고증학(考證學)이 발달함에 따라 진전(陳鱣)의 『논어고훈(論語古訓)』, 반유성(潘維城)의 『논어고주집전(論語古注集箋)』, 유보남의 『논어정의(論語正義)』 등 많은 연구서가 나왔다.

한국은 고려시대 말에 들어온 성리학을 그대로 계승 · 발전시켰으므로 『논어』가 더욱 중시되었다. 태조 원년(1392)에 확정된 과거법 이후 계속 과거에서 시험 과목으로 중시되었으며, 성균관에서의 교육 과목에서도 사서삼경은 가장 중요한 교과 과목으로 채택되었다. 역대 임금들도 사서오경에 대해 깊은 관심을 가졌으며, 여러 기록으로 미루어 사서오경은 임금과 태자로부터 모든 지식인에 이르기까지 꼭 읽어야 할 필독서로 자리를 잡고 있었음을 알 수 있다. 이에 따라 예로부터 있어 오던 구결(口訣) 또는 토(吐)를 달아 원문을 읽는 법에서 한 걸음 나아가 경서의 언해(諺解)가 시도되었다. 언해는, 유숭조(柳崇祖)가 칙명을 받아 『칠서언해구두(七書諺解口讀)』를 지은 것이 처음이라고 하나[유희춘(柳希春)의 『미암일기(眉巖日記)』, 안종화(安種和)의 『국조인물지(國祖人物志)』] 전하지 않는다. 이황(李滉)도 선조 3년(1570) 『삼경사서석의(三經四書釋義)』를 지었으나, 이보다도 본격적으로 우리나라에서 읽힌 언해본으로는 선조의 칙명으로 이루어진 『논어언해(論語諺解)』 4권과 이이(李珥)가 지은 『논어율곡언해(論語栗谷諺解)』 4권이 있다. 이 밖에 작자 미상의 『논어정음(論語正音)』 4권도 있다. 송시열(宋時烈)의 『논맹문의통고(論孟問義通攷)』도 있는데, 이것들을 통해 볼 때, 조선시대의 학자들은 무엇보다도 경문 자체를 올바로 읽고 정확하게 해석하려는 노력을 크게 기울였음을 엿볼 수 있다. 특히 정약용(丁若鏞)의 『논어고금주(論語古今注)』 등은 경학 연구 면에서 독특한 업적이었다고 할 수 있다.

그런데 한국에서의 『논어』 관련 경학 자료는 거의가 주희의 집주에 근거한 것이 대부분이다. 이는 고려시대 말의 성리학 도입 이래, 관리 등용에 있어 과거제도를 도입하여 관리를 선출했는데, 경전학 관련 과거는 오직 주희의 집주에 근거해 치러졌기 때문이라고 할 수 있다. 따라서 중국의 경우 『논어』 관련 주석서가 총 1,100여 종에 이르지만 우리나라의 경우는 조선시대에 성리학이 국교였던 관계로 중국에 비해 양적 · 질적으로 부족한 실정이며, 번역 및 해석서도 주희의 집주와 관련된 자료가 대부분이다. 뿐만 아니라 지금까지의 『논어』 관련 고전 자료의 대부분이 현대적으로 가공되지 않고 집성(集成) 형식으로 단순 정리됨으로써 자료적 가치에 비해 학문적 활용도를 담보하지 못하고 있다.

이제 완역된 본 『논어정의』는 하안의 『논어집해』, 황간의 『논어의소』, 주희의 『논어집주』와 더불어 『논어』 주소(注疏)의 사거서(四巨書)로 손꼽히는 유보남의 『논어정의』를 번역한 것으로 논어학의 체계적 정립에 기여하고, 한편으로는 『논어』가 담고 있는 광범위한 영역과 주제를 총체적으로 조망할 수 있는 기회를 제시할 것이다. 또한 현대적인 문맥에서 접근 가능한 표준적인 번역 작업을 수행하는 동시에 표점과 주해를 더하여 한국 유학에 있어 『논어』에 대한 새로운 이해와 해석의 지평을 넓혀 줄 수 있을 것이다.

2. 원저자 소개

유보남은 중국 청나라 때의 고증학자이다. 자는 초정(楚禎), 호는 염루(念樓)이다. 강소성(江蘇省) 보응(寶應) 출신으로, 문안(文安)·삼하(三河)의 지현(知縣)을 지내기도 하였다. 유보남은 처음에 모씨(毛氏)의 『시경(詩經)』과 정씨(鄭氏)의 『예(禮)』를 연구하였는데, 뒤에 유문기(劉門淇)·매식지(梅植之)·포신언(包愼言)·유흥은(柳興恩)·진립(陳立) 등과 함께 경전을 공부하면서 각각 하나의 경전을 연구하기로 약속하여, 자신은 『논어』를 맡았다.

유보남은 『논어』 관련 주석서 중 황간과 형병의 소(疏)에 오류가 많고, 청담과 현학에 관련되었다고 탄식하였으며, 거친 곳이 있는 것을 병통으로 여겼다. 이에 한나라 이래 여러 학자의 학설을 두루 모으고, 송유(宋儒)의 의리론과 청유(淸儒)의 고증(考證)·훈석(訓釋)을 참고해서 초순(焦循)이 『맹자정의(孟子正義)』를 저술한 체재에 따라 먼저 장편을 만들고 그런 뒤에 모으고 비교와 절충을 진행하였다.

유보남은 『논어정의』를 도광(道光) 8년(1828)에 처음 쓰기 시작하였는데, 함풍(咸豊) 5년(1855)에 장차 완성되려 할 때 병으로 사망하였다. 이에 그의 아들 유공면(劉恭冕)이 저술을 계속하였으며, 동치 4년(1865)에 전서가 완성되었다. 『논어정의』의 완성은 전후 38년이 소요되었으며, 동치 5년에 간행되었다.

그런데 유보남의 『논어』 연구는 가학(家學)에 기초한 것이지만, 그의 『논어정의』는 그가 38세에 뜻을 두고 착수하여 평생을 바친 저작으로, 청대 『논어』 연구의 결정판으로 널리 알려져 있다. 그리하여 유보남의 『논어정의』는 흔히 한유(漢儒)의 구주를 망라한 하안의 『논어집해』, 위(魏)·양(梁) 제가(諸家)의 관점을 광범하게 수집하고 있는 황간의 『논어의소』, 주희의 『논어집주』와 더불어 『논어』 주소의 사거서로 손꼽힌다.

사실 청대의 고증학 중심의 『논어』 연구는 청나라 중기를 거치면서 유태공(劉台拱)의 『논어병지(論語駢枝)』, 초순의 『논어하씨집해보소(論語何氏集解補疏)』, 송상봉(宋翔鳳)의 『논어정주(論語程注)』에 오게 되면 한위경사(漢魏經師)의 『논어』 연구와 구주의 분석에 이르게 된다. 이러한 연구 성과와 초순의 『논어통석(論語通釋)』의 실사구시(實事求是) 제창은 경서에 대한 신주소(新注疏)가 생겨날 수 있는 토양이 되었는데, 그 위에서 성립된 것이 바로 유보남의 『논어정의』였다.

유보남은 『논어』를 연구함에 있어 정현의 주석을 높이 받아들였으며, 『논어집해』에 대해 "버리고 취함에 어긋남이 많고 의리가 조략하다."라고 하였고, 『논어의소』와 『논어주소』에 대해서는 "의리를 발명(發明)하지 못하고 뜻이 천박하여 미언대의에 대해서는 알지 못하고 전장훈고와 명물상수도 빠진 것이 많다."라고 하였다. 더욱이 송유의 논어학에 깊은 이해를 가지고 있었던 유보남은 자신의 이해를 시대적인 토양과 결합시킴으로써 한송겸채(漢宋兼采)의 논어학을 완성할 수 있었는데, 이것은 『논어정의』가 가지고 있는 최대의 특징이자 장점이다.

유보남의 저서로는 『논어정의』 이외에도 『석곡(釋穀)』, 『한석례(漢石例)』, 『염루집(念樓集)』 등이 있다.

3. 『논어정의』 소개

『논어』의 주석은 많으나 대표적인 것은 삼국시대 위나라의 하안이 몇 사람의 설을 편집한 『논어집해』와 남송의 주희가 새로운 철학 이론으로 해석한 『논어집주』

이다. 일반적으로 『논어집해』를 고주(古註), 『논어집주』를 신주(新註)라 한다. 고주를 부연·해석한 것이 송나라 형병의 소인데, 이는 『십삼경주소』에 수록되었다. 위·양 제가의 관점을 광범하게 수집하고 있는 황간의 『논어의소』는 앞에서 언급한 바와 같이 『논어』 주소의 사거서로 손꼽히기는 하지만, 본국에서 일찍 없어지고, 후한 정현의 『논어』 주석은 당나라 말기에 없어졌으나, 20세기 초 둔황[敦煌]에서 발견된 고사본(古寫本)과 1969년 투루판[吐魯蕃]에서 발견된 사본에 의해서 7편 정도가 판명되었다. 그리고 청나라의 유보남이 지은 『논어정의』는 훈고·고증이 가장 자세하다. 따라서 중국에서 『논어』의 제 주석(注釋) 가운데 가장 대표적인 것이 하안의 『논어집해』와 주희의 『논어집주』, 유보남의 『논어정의』인데, 세 가지는 각기 그 시대를 대표하는 저작으로서 각각의 특징을 최고(最古: 『논어집해』), 최정(最精: 『논어집주』), 최박(最博: 『논어정의』)으로 정의할 수 있다.

『논어정의』는 기본적으로 『논어』를 20편으로 분류하되, 「팔일(八佾)」·「향당(鄕黨)」이 예악제도를 많이 말하였으므로 자세하게 주석하여, 「팔일」을 2권(권3, 4)으로 나누고 「향당」을 25절 3권(권11, 12, 13)으로 나누었으며, 권24에는 하안의 「논어서(論語序)」를 수록하였고, 부록으로 「정현논어서일문(鄭玄論語序逸文)」을 붙이고 유공면의 「후서(後序)」를 더하여 모두 24권으로 구성되어 있다.

유보남은 도광 8년(1828)에 처음 『논어정의』를 쓰기 시작하였으나, 만년에 벼슬을 하게 되자 그 정리를 아들 공면에게 맡겼다. 『논어정의』의 편찬이 완성된 것은 함풍 5년 겨울인데, 유보남은 그해 가을에 완성을 보지 못하고 죽고 말았다. 『논어정의』는 권1에서 권17까지는 권의 제목 아래 "보응유보남학(寶應劉寶楠學)"이라고 되어 있고, 권18에서부터 권24까지는 "공면술(恭冕述)"이라고 되어 있어, 앞의 17권은 유보남이 저술한 것이고, 그 뒤로는 아들 유공면이 완성시킨 것임을 알 수 있다. 『논어정의』는 동치 4년(1865)에 전서가 완성되었으니, 책 편찬의 시작부터 전서의 완성까지, 전후 38년이 소요되었으며, 동치 5년에 간행되었다.

『논어정의』의 편찬 종지는 아들 유공면이 "자기의 견해를 주로 하지 않고 또한 한 · 송의 문호의 견해를 나누고자 하지 않았다. 성인의 도를 발휘하고 전례를 증명하여 실사구시하기를 기약했을 뿐이다."라고 한 것을 보면, 한학과 송학의 장점을 아울러 취하여『논어정의』를 완성한 것이라고 할 수 있다.

『논어정의』는 범례상에 있어서 경문(經文)과 주석의 글은 모두 송 형병의 소본(疏本)을 따랐고, 한과 당의 석경(石經), 『논어의소』 및 『경전석문(經傳釋文)』의 각 본의 이문(異文)을 소 가운데 열거하였다.

『논어정의』의 경문은『십삼경주소』의 형병의 소본을 저본으로 하고, 주문(注文)은 하안의『논어집해』를 사용하고 있다. 그리고 유보남이 경문의 문자 교감(校勘)에서 중시하고 있는 것은 당송 이래의 판본이다. 한 · 당 · 송의 석경은 물론이고, 황간의 소, 육덕명의『경전석문』에 실려 있는 명본(名本)을 형병의 소본 문자와 비교하여 자신의 새로운 소 안에 반영하고 있지만, 명 · 청 시기에 새로 출현한 문자의 차이에 대해서는 생략하고 논하지 않는다. 이 또한『논어정의』의 특징 중 하나이다. 유보남은 황간의 소에 실려 있는 하안의 주석이 비록 상세하기는 하지만 대부분 전적의 근거가 없는 것이라고 보고 대신 형병의 소에 실려 있는 하안의 주석을 사용한다.

청나라 때의 관료이자 학자인 장백행(張伯行, 1652~1725)의『청사열전(淸史列傳)』에서는『논어정의』의 장점을 다음과 같이 요약하고 있다.

"『논어정의』가 경문의 해석에서 뛰어난 것이 있는데, 예를 들면『논어』「학이」의 제12장인 '유자언체지용(有子言體之用)' 장을『중용』의 설이라고 밝힌 것과, '50세에 천명을 알았다.'라는 것을 '하늘이 나에게 덕을 주셨음을 알았다.'라는 의미로 해석한 것, 자유 · 자하가 효를 물은 것에 대한 해석에서 '사(士)의 효'라고 말한 것, '뗏목을 타고 바다로 떠나겠다.'라고 한 것을 지금의 고려(한국)를 가리킨다고 해석한 것, '시에서 흥기시키며, 예에 서며, 음악에서 완성한다. 백성은 따르게 할 수는 있어도 알게 할 수는 없다.'를 공자의 교육 방법으로 본 점, '문왕이 이미 돌아가셨으니 문(文)이 이 몸에 있지 않겠는가?'를 간책(簡策)을 얻었음을 가리킨다고 한 것, '번지가 무우대에서 놀다가 덕을 높이며, 간특함을 닦으며, 의혹을 분별함에 대해 물은 것'에 대해 노나라가 기우제를 지낼 때, 번지가 기우제의 제사문을 가지고서 물었다는 것을 밝힌 것, '벗 사이에는 간절하고 자상하게 권면하며, 형제간에는 화락하여야 한다.'라는 것에 대해 벗 사이에는 책선(責善)하지만 형제간에는 책선해서는 안 된다고 해석한 것, 백어(伯魚)에게 '『주남』·『소남』을 배웠느냐?'라고 물은 것을 백어가 장가를 든 다음에 규문(閨門)의 훈계를 내린 것으로 해석한 것, '사해곤궁(四海困窮)'을 홍수의 재난으로 보아 요임금이 순임금에게 명령하자 순임금이 이를 받들어 다스린 것으로 해석한 것 등이다. 이 모두는 2천여 년 동안이나 드러나지 않았던 옛 성현의 뜻을 비로소 밝힌 것이다. 「팔일」·「향당」 두 편에서 밝힌 예제(禮制)는 상세하고도 정확하다."

이 외에도 『논어정의』의 특징을 정리해 보면, 유보남은 "옛사람들이 책을 인용할 때 원문을 검증하지 않았기 때문에 간혹 착오가 있을 수 있다."라고 보고, 이를 고려하여 한나라 이후 여러 서적이 인용하고 있는 『논어』의 어구에 대해 교감의 근거를 밝히지 않는다.

그리고 『논어정의』를 보면 문자훈고(文字訓詁)나 선진사사(先秦史事), 고대의 전적을 박람(博覽)하면서도 요령이 있다. 광범하게 인용하고 좋은 것을 골라서 따랐으며, 책 속에서 충분히 앞사람의 『논어』 연구 성과를 흡수하였다. 청인(清人)이 집록한 정현의 남아 있는 주석을 모두 소 안에 수록하고 『논어집해』를 사용하여 한·위의 옛 모습을 간직했다. 경의 해석은 주를 근거로 하고 있으며, 또 경에 의거해 소를 보충하였고, 소에 잘못이 있으면 경의 뜻에 근거해 변론하였다. 또한 『논어정의』에서는 청대의 고증학을 드러내고 문자훈고와 사실의 고정(考訂)에 주의하였으며, 전장(典章), 명물(名物), 인명, 지명, 역사적 사건에 대해 모두 하나하나 주석하고 고증하여 자세하게 갖추었다. 그러나 책 속에 채택된 여러 사람의 학설에 구애되지 않았으므로 중류(衆流)를 절단(截斷)하였으나 대의가 남김없이 모두 개괄되었다. 또한 내용이 박흡(博洽)하고 고석(考釋)이 자세하게 갖추어져 있으며 정밀하다.

또한 『논어정의』는 가장 최후에 나온 저술답게 이전의 여러 주석서의 장점을 고루 흡수하였다. 한·위의 고주를 보존하였을 뿐 아니라, 이런 고주에 대해 상세하게 소해(疏解)하였고, 그 결과 『논어』의 주석 내용을 풍부하게 했으며, 고거(考據)와 의리를 아울러 중시하였고 간혹 송유의 학설을 채택하기도 하였다. 뿐만 아니라, 『논어정의』는 금문학파에 대한 이해도 있으며 건륭(乾隆)·가경(嘉慶) 고증학 황금시대의 다음 시대 저술로서 제가의 설을 집대성한 것이 이 책의 제일 공적이라고 할 수 있다.

이 외에도 『논어정의』의 또 다른 특징이라고 한다면 일본(日本) 오규 소라이[荻生徂徠]의 『논어징(論語徵)』에서 『논어』「술이(述而)」의 "子釣而不網" 구절과 "子貢曰, 有美玉於斯" 구절의 2조를 인용한 점이라고 할 수 있겠으며, 당시 시대상을 반영하는 문제들, 즉 동서문화우세론(東西文化優勢論)이나 민본사상(民本思想)에 관한 내용도 함께 담고 있는 점을 그 특징으로 꼽을 수 있다.

4. 『논어정의』 번역의 필요성

한국에 『논어』가 전해진 것이 언제인지는 분명하지 않지만, 일본 『고사기(古事記)』 응신왕 대(應神王代, 270~310)의 기록에 의하면 백제의 조고왕(근초고왕)이 보낸 화이길사[和邇吉師: 왕인(王仁)]가 『논어』 10권과 『천자문(千字文)』 1권을 가지고 왔다고 한 것을 보면 늦어도 3세기 중엽 이전에 전래된 것으로 볼 수 있다. 이렇게 『논어』가 한국에 전해진 이후로 이에 대한 많은 연구가 진행되었다. 통일신라시대인 682년(신문왕 2) 국학이 체계를 갖추었을 때 『논어』를 가르쳤으며, 그 뒤 독서삼품과(讀書三品科)로 인재를 선발할 때도 『논어』는 필수과목이었다. 조선시대에는 오경보다 사서를 중요시하는 주자학이 등장하여 사서의 중심인 『논어』는 벽촌의 학동들까지 배우게 되었다. 이황의 『논어석의(論語釋義)』와 그의 문인 이덕홍(李德弘)의 『사서질의(四書質疑)』가 그 면모를 짐작하게 해 준다. 또한 정약용의 『논어고금주』는 한 · 당의 훈고와 송 · 명의 의리에 매이지 않고 문헌 비판적 · 해석학적 방법론에 따라 『논어』를 해석하였다.

그런데, 국내에 『논어』를 연구하고 이해할 수 있는 원전이 번역되어 있기는 하지만, 그것이 거의 성리학 중심의 원전이라는 것은 주지의 사실이다. 중국의 경우 『논어』 관련 주석서는 총 1,100여 종에 이르는데, 한국의 경우 나름의 특색과 독특한 『논어』 관련 연구 성과가 간혹 눈에 띄기는 한다지만, 조선이 성리학을 토대로 성립한 국가였던 관계로 대부분 성리학이나 정주(程朱) 계열의 학문 풍토를 벗어나지 못하고, 그에 따라 중국에 비해 『논어』와 관련된 다양한 주석서에 대한 연구가 양적 · 질적으로 매우 부족한 실정이다. 뿐만 아니라 『논어』나 그 밖의 연구 · 주석 역시 주로 주자 내지는 송유들의 전거에 의존하는 비율이 큼에 따라 한대 이후 『논어』에 대한 다양한 연구 · 주석서를 접할 기회가 많지 않았으며, 오늘날에는 한글 전용의 분위기에 따라 한글로 번역된 『논어집주』를 제외하면 거의 다른 주석서들에 대해서는 접근할 엄두조차 내지 못하게 되었다.

한대의 훈고학이나, 청대 고증학의 문장은 대단히 어렵다. 그들의 학문적인 깊이와 박식함에서 오는 어려움도 적지 않지만, 논리의 전개가 우리들의 허를 찌르는 부분이 많기 때문이기도 하다. 또 한국의 경학이 주자학 일변도로 걸어오면서 나름대로 형성된 주자학적 문리(文理)의 언어적인 전통이 다양한 『논어』 해석학의 글에 접근하기 힘들게 한다.

그렇지만 어렵다고 그냥 내버려 둘 수가 없는 것이 바로 유보남의 『논어정의』이다. 앞서 소개하였듯이 『논어정의』는 중국에서 『논어』의 제 주석 가운데 가장 대표적인 것으로, 고증학자의 귀납적 추리법이 고도로 발휘된 책이기 때문이다. 더욱이 송유의 논어학에 깊은 이해를 가지고 있었던 유보남은 자신의 이해를 시대적인 토양과 결합시킴으로써 한송겸채의 논어학을 완성할 수 있었는데, 이것은 『논어정의』

가 가지고 있는 최대의 특징이자 장점이라고 할 수 있다. 따라서 『논어정의』를 우리말로 번역하고 주해한다는 것은 논어학에 대한 전체적인 계통을 확인할 수 있고, 또한 성리학적 해석과의 차별성에 대해서도 알아볼 수 있는 훌륭한 학문적 기초를 마련하는 작업이라고 할 수 있다. 아울러 『논어』와 공자, 맹자의 사상, 그리고 선진시대의 각종 제도나 사상에 대해서 이만큼 집요하게 관련 자료를 제시하고 있는 책도 많지 않다는 점에서 『논어정의』에 대한 번역 작업은 한국의 논어학 관련 연구에 있어 무엇보다 필요하다고 할 수 있다.

5. 선행 연구

유보남의 『논어정의』는 논어학 연구에 있어서 해석이 가장 뛰어나면서도 이전에 있던 여러 『논어』 주석서의 장점을 고루 흡수한 해석서임에도 불구하고, 우리나라에서는 이 책에 대해 천착하거나, 『논어정의』만을 단독으로 다룬 전문 선행 연구 성과가 거의 전무한 실정이다. 그나마 유보남의 『논어정의』가 언급된 연구 성과물로는 2010년 윤해정의 『朱熹의 '論語集注'와 劉寶楠의 '論語正義'에 나타난 '仁'의 해석학적 비교』가 있고, 또 2003년 김영호의 「중국 역대 《논어》 주석고」가 있지만, 모두 단편적으로 『논어정의』에 대해 언급하고 있을 뿐이며, 그 외에 유교 경전학 관련 연구 논문에 언급되는 내용 역시 이 책이 갖고 있는 특징 내지는 서지적 정보에 대한 언급만 있을 뿐, 이 책에 대한 전반적인 연구는 아직 이렇다 할 만한 성과가 없는 실정이다.

따라서 『논어정의』의 경전학적 가치의 입장에서 볼 때, 이 책에 대하여 현대적인 문맥에서 접근 가능한 표준적인 번역 작업을 수행하는 동시에 표점과 주해를 더하여 한국 유학에 있어 『논어』에 대한 새로운 이해와 해석의 지평을 넓히기 위한 번역 작업이 무엇보다 시급하다고 여겼다.

역자는 유교철학을 전공하여 박사학위를 받았으며 한문 전문 연수기관인 성균관 한림원에서 사서오경을 중심으로 한문을 공부하였다. 현재 성균관대학교 유학·동양학과 겸임교수로 재직하면서, 학부 및 대학원에서 강의하고 있으며, 성균관 한림원 교수로서 한문을 가르치고 있다.

그동안 역자는 기초 한문 교재를 대상으로 『(교수용 지도서) 사자소학』·『(교수용 지도서) 추구·계몽편』·『(교수용 지도서) 격몽요결』을 집필하기도 하였다. 또한 역자는 한국연구재단의 명저번역지원사업을 통해 오규 소라이의 『논어징』을 공동 번역한 연구 성과가 있으며, 또한 연구재단의 토대연구지원사업을 통해 『성리논변』·『동유학안』(전 6권)·『주자대전』(전 13권)·『주자대전차의집보』(전 4권)를 공동 번역하여 출판한 연구 성과가 있다. 이 외에도 역자는 왕부지의 『독사서대전설』을 공동 번역하여 『왕부지 대학을 논하다』·『왕부지 중용을 논하다』라는 번역서를 출판하였고, 성균관대학교출판부를 통해 『논어』·『맹자』를 공동 번역하기도 하였는데, 이 『논어』는 『교수신문』 선정 최고의 『논어』 번역본으로 선정되기도 하였다.

일러두기

* 이 책은 1958년 중화민국(中華民國) 47년 4월에 중화총서위원회(中華叢書委員會)에서 간행한 유보남(劉寶楠)의 『논어정의(論語正義)』를 저본으로 삼고, 1990년 3월 중화서국(中華書局)에서 출판한 고유수(高流水) 점교본(點校本) 『논어정의(論語正義)』를 대교본으로 삼았다.
* 이 책의 표점은 기본적으로 1990년 3월 중화서국에서 출판한 고유수 점교본 『논어정의』를 따르되, 기본 원칙은 성균관대학교 한국유경편찬센터(http://ygc.skku.edu)의 표점 기준을 따르기로 한다.
* 청(淸) 유보남(劉寶楠)의 『논어정의』 24권을 완역했다. 아울러 부록(附錄)한 「정현논어서일문(鄭玄論語序逸文)」과 유공면(劉恭冕)의 「후서(後敍)」, 그리고 「청사고유보남전부유공면전(淸史稿劉寶楠傳附劉恭冕傳)」도 함께 완역했다.
* 주석은 『논어정의』 원문에서 원전의 내용을 인용한 경우는 출전만 밝히고, 『논어정의』 원문에서 출전만 밝힌 경우는 원전의 원문과 함께 번역을 싣는다.
* 주석의 내용이 같거나 중복될 경우 각주는 되도록 한 번만 제시했다.
* 한글과 한자를 한글(한자)로 병기하였다.
* 서명과 편명이 명확한 경우에는 책은 '『』'로, 편은 '「」'로 표시하고, 명확하지 않은 경우에는 모두 '『』'로 표시했다.
* 각주의 서명과 편명과 장 제목, 인명(人名)과 지명(地名)의 한글과 한자는 권마다 처음으로 제시할 때만 한글(한자)로 병기하였다.
* 인용부호는 " ", ' ', ″ ″, ′ ′의 순서로 표시했다.
* 이해를 위해 역자가 추가로 삽입한 문장이나 낱말은 '()'로 표시했다.
* 인명과 지명에 한해서 원문에 밑줄을 표시했다.
* 유보남의 『논어정의』에는 매우 많은 인명이 등장함에 따라 주요 인물의 인명사전을 부록으로 붙였다.

범 례

恭冕述

공면이 서술함

一. 經文「注」文, 從邢「疏」本. 惟「泰伯」篇: "予有亂臣十人", 以子臣母, 有干名義, 因據『唐石經』刪"臣"字, 其他文字異同, 如漢·唐·宋『石經』及皇侃「疏」·陸德明『釋文』所載各本, 咸列於「疏」. 至山井鼎『考文』所引古本, 與皇本多同. 高麗·足利本與古本亦相出入, 語涉增加, 殊爲非類, 旣詳見於『考文』及阮氏元『論語校勘記』·馮氏登府『論語異文疏證』, 故此「疏」所引甚少. 古本·高麗·足利本, 有與皇本·『釋文』本·『唐石經』證合者, 始備引之, 否則不引. 至「注」文訛錯處, 多從皇本及後人校改, 其皇本所載「注」文, 視邢本甚繁, 非關典要, 悉從略焉.

하나. 경문 「주」의 문장은 형병(邢昺)의 「소」본을 따른다. 다만 「태백(泰伯)」의 "나에게는 다스리는 신하 열 사람이 있다."라고 한 구절은 자식으로서 어머니를 신하로 삼아 명분과 의리를 구함이 있으니, 『당석경(唐石經)』을 근거로 해서 "신(臣)"

자를 삭제했을 뿐이고, 그 외의 글자의 다르고 같은 것들, 예를 들어 한(漢)과 당(唐)과 송(宋)의 『석경』 및 황간(皇侃)의 「소」와 육덕명(陸德明)의 『경전석문』에 실려 있는 각 판본과 같은 것은 모두 「소」에 나열해 놓았다. 야마노이 가나에[山井鼎: 야마노이 곤론[山井崑崙]]의 『칠경맹자고문(七經孟子考文)』에 인용한 고본(古本)과 같은 경우 황간본과 많은 부분이 같다. 고려본(高麗本)과 아시카가본[足利本]은 고본과는 역시 서로 차이가 있고 말이 증가된 것 같으니, 전혀 같은 종류가 아니고, 이미 자세한 것은 『칠경맹자고문』 및 완원(阮元)의 『논어교감기(論語校勘記)』와 풍등부(馮登府)의 『논어이문소증(論語異文疏證)』에 보이므로, 이 「소」에서 인용한 부분은 매우 적다. 고본과 고려본과 아시카가본에 황간본과 『경전석문』본, 그리고 『당석경』의 증거들과 일치하는 것이 있는 것들은 처음 보이는 것은 구체적으로 갖추어 인용하였고, 그렇지 않은 것은 인용하지 않았다. 「주」의 글 중 잘못되었거나 뒤섞인 것은, 대부분 황간본과 후대 사람들이 교정하고 바로잡은 것을 따랐는데, 황간본에 실려 있는 「주」의 문장은 형병본보다 매우 번거롭기 때문에 불변의 법칙[典要]과 관계된 것이 아닌 것은 생략하기로 한다.

一. 「注」用『集解』者, 所以存魏·晉人著錄之舊, 而鄭君遺「注」, 悉載「疏」內. 至引申經文, 實事求是, 不專一家, 故於「注」義之備者, 則據「注」以釋經; 略者, 則依經以補「疏」; 其有違失未可從者, 則先疏經文, 次及「注」義. 若說義二三, 於義得合, 悉爲錄之, 以正向來注疏家墨守之失.

하나. 「주」에서 『논어집해』를 사용한 것은 위(魏)나라 사람들과 진(晉)나라 사람들이 저술하고 기록한 오래된 것들을 보존하기 위한 것이고, 정군[鄭君: 정현(鄭玄)]이 남긴 「주」는 모두 「소」 안에 기재했다. 경문(經文)을 인용해서 의미가 확대된 경우에는 실질에 힘써 진리를 구한 것이므로 한 학파에만 국한되지 않기 때문에 「주」에서 구체적으로 뜻이 잘 갖추어진 것은 「주」에 의거해서 경문을 해석하였고, 생략된 것은 경문에 의거해서 「소」를 보충하였으며, 어긋나거나 잘못된 부분이 있어 따를 수 없는 것은 먼저 경문을 소통시킨 다음에 「주」의 뜻에 미쳤다. 만약 말의 뜻이 두세 가지라도 의리에 부합할 수 있는 것이라면 모두 기록해서 그동안의 주석가들이 묵수하던 잘못을 바로잡았다.

一. 鄭「注」久佚, 近時惠氏棟 · 陳氏鱣 · 臧氏鏞 · 宋氏翔鳳成有『輯本』, 於『集解』外, 徵引頗多. 雖拾殘補闕, 聯綴之迹, 非其本眞, 而舍是則無可依據. 今悉詳載, 而原引某書某卷及字句小異, 均難備列, 閱者諒諸.

하나. 정현의 「주」가 일실된 지 오래되었으나, 근래에 혜동(惠棟)과 진전(陳鱣)과 장용(臧庸)과 송상봉(宋翔鳳)이 『집본(輯本)』을 완성했으니, 『논어집해(論語集解)』 외에도 증거로 인용할 만한 것들이 자못 많아졌다. 비록 해진 것들을 주워 빠진 부분을 보충해서 잇고 꿰맨 자취가 그 본래 진면목은 아니지만 이마저 버리면 의거할 만한 것이 없게 된다. 그러므로 이제 모두 상세히 실어 놓고 인용한 어떤 책이나 어떤 권 및 자구가 조금 차이 나는 것을 근원해 보았으나, 고루 다 갖추어서 나열하기는 어려웠으니, 이 책을 열어 보는 자들이 이를 혜량(惠諒)해 주기를 바란다.

一. 古人引書, 多有增減, 蓋未檢及原文故也. 翟氏灝『四書考異』, 馮氏登府『論語異文疏證』, 於諸史及漢 · 唐 · 宋人傳注, 各經說 · 文集, 凡引『論語』有不同者, 悉爲列入, 博稽同異, 辨證得失, 旣有專書, 此宜從略.

하나. 옛사람들은 책을 인용함에 더하거나 뺀 것이 많은데, 이는 아마도 점검이 원문에 미치지 못했기 때문인 듯싶다. 적호(翟灝)의 『사서고이(四書考異)』와 풍등부의 『논어이문소증』은 여러 역사서 및 한나라 · 당나라 · 송나라 사람들이 전한 주석과 각각의 경설(經說)과 문집(文集)에서 『논어』를 인용한 것이 같지 않은 점이 있는 것은 모두 나열해서 삽입하고, 널리 같고 다른 점을 고찰해서 잘잘못을 변별하고 증명해서 이미 전문적으로 다룬 저작이 있으니, 여기서는 마땅히 생략하기로 한다.

一. 漢·唐以來, 引孔子說, 多爲諸賢語·諸賢說. 或爲孔子語者, 皆由以意徵引, 未檢原文, 翟氏『考異』旣詳載之, 故此「疏」不之及.

하나. 한·당 이래로 공자의 학설을 인용한 것은 대부분은 제현들이 한 말이거나 제현들의 학설이다. 혹 공자가 한 말이라고 생각되는 것은 모두 의도적으로 증거를 인용함으로 말미암아 원문을 검토하지 않았는데, 적씨(翟氏)의 『사서고이』에 이미 상세히 실었기 때문에 여기의 「소」에서는 언급하지 않는다.

一. 漢人解義, 存者無幾, 必當詳載, 至皇氏「疏」·陸氏『音義』所載魏·晉人以後各說, 精駁互見, 不敢備引. 唐·宋後著述益多, 尤宜擇取.

하나. 한나라 사람들의 해의(解義)는 보존되어 있는 것이 거의 없으니, 반드시 상세하게 기재하는 것이 마땅하고, 황씨(皇氏)의 「소」와 육씨(陸氏)의 『음의』에 실려 있는 위나라와 진나라 사람들 이후의 각각의 설들은 정밀하고 잡박한 것들이 번갈아 보여서 감히 구체적으로 갖추어서 인용하지 않았다. 당나라와 송나라 이후에는 저술들이 더욱 많아졌으므로 더더욱 가려서 취함이 마땅하다.

一. 諸儒經說, 有一義之中, 是非錯見. 但采其善而不著其名, 則嫌於掠美; 若備引其說而竝加駁難, 又嫌於葛藤. 故今所輯, 舍短從長, 同於節取, 或祇撮大要, 爲某某說.

하나. 여러 유학자의 경전에 대한 설명은 한 가지 뜻 안에서도 옳고 그른 것이 뒤섞여 보인다. 다만 그 잘된 것을 채록하되 그 이름을 밝히지 않으면 좋은 점만 훔친 것에 혐의가 있게 되고, 만약 그 말을 구비해서 인용하되 잡박하고 난해한 것까지 아울러 더해 놓으면 또 갈등을 일으킴에 혐의가 있게 된다. 따라서 이제 수집한 것을 단점은 버리고 장점을 좇아 똑같이 적절하게 취하되, 더러는 단지 큰 요지만을 취해서 아무개 아무개의 말이라고 하였다.

一. 引諸儒說, 皆擧所著書之名. 若習聞其語, 未知所出何書, 則但記其姓名而已. 又先祖考國子監典簿諱履恂著『秋槎雜記』, 先叔祖丹徒縣學訓導諱台拱著『論語駢枝』·『經傳小記』, 先伯父五河縣學訓導諱寶樹著『經義說略』, 「疏」中皆稱爵.

하나. 인용한 여러 유학자의 설은 모두 저서의 이름을 거론했으나, 그 말은 익히 들었지만 어느 책에서 나온 것인지 모르는 것과 같은 것은 단지 그 성명만 기록했을 뿐이다. 또 선조고(先祖考)이신 국자감 전부(國子監典簿) 휘(諱) 이순(履恂)이 저술한 『추사잡기(秋槎雜記)』와 선숙조(先叔祖)이신 단도현(丹徒縣) 현학(縣學)의 훈도(訓導) 휘 태공(台拱)이 저술한 『논어변지(論語駢枝)』와 『경전소기(經傳小記)』, 그리고 선백부(先伯父)이신 오하현(五河縣) 현학의 훈도 휘 보수(寶樹)가 저술한 『경의설략(經義說略)』은 「소」 안에 모두 작위를 칭하였다.

논어정의 권5

論語正義卷五

里仁第四 集解(이인 제4 집해)

○●○

凡二十六章(모두 26장이다)

4-1

子曰: "里仁爲美, 擇不處仁, 焉得知?" 【注】 鄭曰: "'里'者, 仁之所居. 居於仁者之里, 是爲美. 求居而不處仁者之里, 不得爲有知."

공자(孔子)가 말했다. "인자(仁者)의 마을에 사는 것이 아름다움이 되니, 살 곳을 가려서 선택하되 인자의 마을에 거처하지 않으면 어찌 지혜로울 수 있겠는가?" 【주】 정현(鄭玄)이 말했다. "'이(里)'는 민중[1]이 사는 곳이다. 인자의 마을에 사는 것이 아름다움이 된다. 살 곳을 찾아서 구하되 인자의 마을에 거처하지 않으면 지혜로운 사람이 될 수 없다."

원문 正義曰: 『說文』, "擇, 柬選也." 『後漢』「張衡傳」, "衡作『思玄賦』曰: '匪仁里其焉宅兮!'" 李賢「注」, "『論語』'里仁爲美, 宅不處仁', 里 · 宅皆居也." 『困學記聞』謂"『論語』古文本作'宅'." 惠氏棟『九經古義』, "『釋名』曰:

1 유보남의 『논어정의』에는 "仁"으로 되어 있으나, 『논어집해의소(論語集解義疏)』에는 "民"으로 되어 있다. 자세한 것은 아래에 보인다.

'宅, 擇也, 擇吉處而營之.' 是宅有擇義. 或古文作'宅', 訓爲'擇', 亦通." 馮氏登府『異文考證』引劉璠『梁典』"署宅歸仁里", 亦作"宅"字.

역문 정의에서 말한다.

『설문해자(說問解字)』에 "택(擇)은 가려서 선택한다[柬選]는 뜻이다."[2]라고 했다. 『후한서(後漢書)』「장형전(張衡傳)」에 "장형(張衡)[3]이 「사현부(思玄賦)」를 지어 다음과 같이 말했다. '인(仁)한 마을이 아니면 어떻게 살겠는가?'"라고 했는데, 이현(李賢)의 「주」에 "『논어(論語)』에 '인자의 마을에 사는 것이 아름다움이 되니, 살 곳을 가려서 선택하되 인자의 마을에 거처하지 않으면[里仁爲美, 宅不處仁]'이라고 했는데, 이(里)나 택(宅)은 모두 거처한다[居]는 뜻이다."[4]라고 했다. 『곤학기문(困學記聞)』에는 이르길 "『논어』 고문본(古文本)에는 '택(宅)'으로 되어 있다."라고 했다. 혜동(惠棟)의 『구경고의(九經古義)』에 "『석명(釋名)』「석궁실(釋宮室)」에 '택(宅)은 가려서 선택한다[擇]는 뜻으로, 길한 곳을 가려서 선택하여 경영하는 것

---

2 『설문해자(說問解字)』 권12: 택(擇)은 가려서 선택한다[柬選]는 뜻이다. 수(手)로 구성되었고, 역(睪)이 발음을 나타낸다. 장(丈)과 백(伯)의 반절음이다.[擇, 柬選也. 從手睪聲. 丈伯切.]

3 장형(張衡, 78~139): 후한 남양(南陽) 서악[西鄂, 하남성 남소(南召)] 사람. 자는 평자(平子)이다. 젊어서부터 글을 잘 지었다. 영원(永元) 연간에 효렴(孝廉)으로 천거되어 태학(太學)에 들어가 오경(五經)과 육예(六藝)를 배웠다. 천문(天文)과 음양(陰陽), 역산(曆算)을 정밀히 연구했다. 수력(水力)으로 움직이는 혼천의(渾天儀)와 지진(地震)을 측정하는 후풍지동의(候風地動儀)를 최초로 발명했다. 경학 관련 저서에 『주관훈고(周官訓詁)』가 있었지만 전하지 않는다. 천문에 관한 저서로 『영헌(靈憲)』과 『산망론(算罔論)』, 『혼천의(渾天儀)』 등이 있다. 화제(和帝) 영원(永元) 연간에 「동경부(東京賦)」와 「서경부(西京賦)」 등을 지었고, 나중에 「응간부(應間賦)」와 「사현부(思玄賦)」 등도 지었다. 저서에 『장하간집(張河間集)』이 있다.

4 『후한서(後漢書)』 권89, 「장형열전제49(張衡列傳第四十九) · 장형전(張衡傳)」 이현(李賢)의 「주」.

이다.'라고 했으니, 택(宅)에는 가려서 선택한다[擇]는 뜻이 있다. 더러 고문(古文)에는 '택(宅)'으로 되어 있기도 한데, '택(擇)'의 뜻으로 해석해도 의미가 통한다."라고 했다. 풍등부(馮登府)[5]의 『논어이문고증(論語異文考證)』에서는 유번(劉璠)[6]의 『양전(梁典)』에서 "살 곳을 가려서 선택하여 인자의 마을로 돌아갔다[署宅歸仁里]"라고 한 말을 인용했는데, 역시 "택(宅)"자로 되어 있다.

● 「注」, "里者"至"有知".

● 正義曰: 『爾雅』「釋詁」, "里, 邑也." 『說文』, "里, 居也." "仁之所居", "仁"當依皇本作"民". 『文選』「潘嶽閑居賦」「注」, "民"作"人", 此唐人避諱.

○ 「주」의 "이자(里者)"부터 "유지(有知)"까지.

○ 정의에서 말한다.

『이아(爾雅)』「석고(釋詁)」에 "이(里)는 고을[邑]이다."라고 했고, 『설문해자』에 "이(里)는 거처한다[居]는 뜻이다."[7]라고 했다. "인지소거(仁之所居)"의 "인(仁)"은 마땅히 황간본을 근

---

5 풍등부(馮登府, 1783~1841): 청나라 절강(浙江) 가흥(嘉興) 사람. 자는 운백(雲伯)이고, 호는 유동(柳東) 또는 작원(勺園)이다. 한림원(翰林院) 서길사(庶吉士)와 장락지현(將樂知縣) 등을 지냈다. 영파부학교수(寧波府學教授)까지 올랐다. 한나라와 송나라 경학에 정통했고, 고문(古文)은 동성파(桐城派)를 추숭했다. 성음훈고(聲音訓詁)에 뛰어났고, 금석문자(金石文字)에 조예가 있었으며, 완원(阮元)과 절친했다. 시사(詩詞)도 잘 지었다. 저서에 『석경각문집(石經閣文集)』과 『석경보고(石經補考)』, 『석경고이(石經考異)』, 『삼가시이문보유(三家詩異文補遺)』, 『논어이문고증(論語異文考證)』, 『십삼경고답문(十三經詁答問)』, 『금설록(金屑錄)』, 『석여록(石餘錄)』, 『금석종례(金石綜例)』, 『옥서사보(玉書史補)』 등이 있다.

6 유번(劉璠, ?~?): 북주(北周)시대 패(沛)나라 사람. 자(字)는 보의(寶義)이다. 저서로는 『양전(梁典)』 30권과 문집 20권이 있다.

7 『설문해자』 권13: 이(里)는 거처한다[居]는 뜻이다. 전(田)으로 구성되었고 토(土)로 구성되었다. 모든 이(里)부에 속하는 한자는 다 이(里)의 뜻을 따른다. 양(良)과 지(止)의 반절음이

거로 "민(民)"으로 해야 한다. 『문선(文選)』「반악한거부(潘嶽閑居賦)」의 「주」에는 "민(民)"이 "인(人)"으로 되어 있는데, 이는 당(唐)나라시대 사람들이 피휘(避諱)해서 그런 것이다.[8]

원문 "居於仁者之里, 是爲美"者, 『大戴禮』「主言」云: "昔者明主之治民有法, 必別地以州之, 分屬而治之, 然後賢民無所隱, 暴民無所伏. 使有司日省, 如時考之, 歲誘賢焉, 則賢者親, 不肖者懼." 是古有別地居民之法, 故居於仁里, 卽己亦有榮名, 是爲美也.

역문 "인자의 마을에 사는 것이 아름다움이 된다."

『대대례(大戴禮)』「주언(主言)」에 "옛날에 명철한 군주가 백성을 다스리는 데 법이 있었으며, 반드시 땅을 나누어 주(州)를 설치하고 분속(分屬)하여 다스렸으니, 그런 뒤에 현명한 백성들이 숨겨짐이 없고 포악한 백성들이 감춰짐이 없게 되었다. 담당자[有司]로 하여금 날마다 살피고, 때에 맞게 조사해서, 해마다 현명한 인재를 천거하게 하면 현명한 사람은 친해지고 불초한 사람은 두려워한다."라고 했으니, 옛날에는 땅을 나누어 민중이 살게 하는 법이 있었으므로 인자의 마을에 살게 되면 바로 자기도 역시 영광과 명예를 갖게 되니, 이것이 아름다움이 되는 것이다.

원문 "求居而不處仁者之里, 不得爲有知"者, 此訓"擇"爲"求"也. 『荀子』「勸學篇」, "故君子居必擇鄕, 遊必就士, 所以防邪僻而近中正也." 今求居不處仁者之里, 是無知人之明, 不得爲有知矣. 鄭氏此訓與『論語』古文義合. 皇「疏」引沈居士云: "言所居之里, 尚以仁地爲美, 況擇身所處, 而不處仁

다.[里, 居也. 從田從土. 凡里之屬皆從里. 良止切.]

8 당 태종(唐太宗)의 이름이 이세민(李世民)이므로 "民"을 피해서 "人"으로 했다는 말이다.

道, 安得智乎?"

역문 "살 곳을 찾아서 구하되 인자의 마을에 거처하지 않으면 지혜로운 사람이 될 수 없다."

이 문장은 "택(擇)"을 "찾아서 구한다[求]"라는 뜻으로 해석한 것이다. 『순자(荀子)』「권학편(勸學篇)」에 "그러므로 군자(君子)는 반드시 고을을 구해서 살며 반드시 선비와 어울려 노는데, 이는 사악함과 편벽됨을 막고 중정(中正)함을 가까이하기 위해서이다."라 했는데, 이제 살 곳을 찾아서 구하면서 인자의 마을에 거처하지 않으면 이는 무지(無知)한 사람이 분명하니, 지혜로운 사람이 될 수 없다. 정씨(鄭氏)의 이 해석은 『논어』 고문(古文)의 뜻과 일치한다. 황간(皇侃)의 「소」에서는 심거사(沈居士)를 인용하면서 "거처하는 마을이라도 오히려 인자가 있는 지역을 훌륭한 곳으로 여기는데, 하물며 처신할 바를 가려서 선택하되 인의 도리[仁道]에 처하지 않으면 어찌 지혜로운 사람일 수 있겠느냐는 말이다."[9]라고 했다.

원문 案, 『孟子』「公孫丑上」, "孟子曰: '矢人豈不仁於函人哉? 矢人惟恐不傷人, 函人惟恐傷人. 巫匠亦然. 故術不可不愼也. 孔子曰: "里仁爲美. 擇不處仁, 焉得知?" 夫仁, 天之尊爵也, 人之安宅也. 莫之禦而不仁, 是不智也.'" 觀孟子所言, 是"擇"指行事. 沈說蓋本此, 於義亦通.

역문 살펴보니 『맹자(孟子)』「공손추상(公孫丑上)」에 "맹자(孟子)가 말했다. '살[矢] 만드는 사람이 어찌 갑옷 만드는 사람보다 인하지 못하겠는가마는, 살 만드는 사람은 오직 사람을 해치지 못할까 걱정하고, 갑옷 만드는 사람은 오직 사람을 해칠까 두려워한다. 무당과 관(棺) 만드는 목수

9 『논어집해의소』 권2, 「논어이인제4(論語里仁第四)」.

또한 그러하다. 그러므로 직업[術]의 선택은 삼가지 않으면 안 되는 것이다. 공자께서 말씀하시길, "인자의 마을에 사는 것이 아름다움이 된다. 할 일을 가려서 선택하되 인한 일을 자처하지 않으면[10] 어찌 지혜로울 수 있겠는가?" 하셨다. 인은 하늘이 내려 준 높은 벼슬이며 사람이 사는 편안한 집이다. 그러나 이것을 막는 사람이 없는데도 인하지 못하니, 이는 지혜롭지 못한 것이다.'"라고 했으니, 맹자가 말한 것을 살펴보면 여기서의 "가려서 선택한다[擇]"라는 것은 일을 행하는 것을 가리킨다. 심거사의 말은 아마도 이것을 근거로 한 것인 듯한데, 의미상 역시 통한다.

4-2

子曰: "不仁者不可以久處約, 【注】 孔曰: "久困則爲非." 不可以長處樂. 【注】 孔曰: "必驕佚." 仁者安仁, 【注】 包曰: "惟性仁者自然體之, 故謂安仁." 知者利仁." 【注】 王曰: "知仁爲美, 故利而行之."

공자가 말했다. "불인(不仁)한 자는 오래도록 곤궁함 속에서 살 수 없으며, 【주】 공안국(孔安國)이 말했다. "오래도록 곤궁하면 잘못을 저지른다." 오래도록 안락함 속에서 살 수 없다. 【주】 공안국이 말했다. "반드시 교만하고 방탕해진다." 인자는 인을 편안히 여기고, 【주】 포함(包咸)이 말했다. "오직 성품이 어진 자라야 자연스럽게 인을 체행(體行)하기 때문에 인을 편안히 여긴다고 한 것이다." 지자(知者)는 인을 이롭게 여긴다." 【주】 왕숙(王肅)이 말했다. "인이 아름다움이 된다는 것을 알기 때문에 인을 이롭게 여겨 행한다."

10 아래에서 유보남은 여기서의 "擇"이 일을 행하는 것을 가리킨다고 했으므로, 유보남의 의도에 맞춰 해석했다.

원문 正義曰:『墨子』「經上」, “久, 彌異時也.”『說文』, “镸, 久遠也.” 隸變作“長”.『禮記』「坊記」「注」, “約, 猶窮也.” 不仁之人, 貧富皆不可久處, 故先王制民有恒產, 旣富必敎之也. “安仁”者, 心安於仁也; “利仁”者, 知仁爲利而行之也. 二者中有所守, 則可久處約, 長處樂. 「表記」, “子曰: ‘仁有三: 與仁同功而異情, 與仁同功, 其仁未可知也. 與仁同過, 然後其仁可知也. 仁者安仁; 知者利仁; 畏罪者强仁.’”

“安仁”, 是自然體合, 功過皆所不計, 此其仁可知. 故直許之曰仁者, 若利仁·强仁, 是與仁同功也, 其仁未可知, 故利仁但稱爲知也. 又「表記」, “子曰: ‘中心安仁者, 天下一人而已矣.’” 又曰: “無欲而好仁者, 無畏而惡不仁者, 天下一人而已矣.”

역문 정의에서 말한다.

『묵자(墨子)』「경상(經上)」에 “구(久)는 다른 때까지 걸친다는 뜻이다.”라고 했다. 『설문해자』에 “장(镸)은 오래고 멀다[久遠]는 뜻이다.”[11]라고 했다. 예서(隸書)에서 변하여 “장(長)”이 되었다. 『예기(禮記)』「방기(坊記)」의 「주」에 “약(約)은 곤궁함[窮]과 같다.”[12]라고 했다. 불인한 사람은 가난함 속이든 부유함 속이든 간에 모두 오래도록 살 수 없기 때문에 선왕(先王)은 백성이 일정한 생업을 갖도록 제정하고, 이미 부유해지면 반드시 그들을 가르쳤다. “안인(安仁)”이란 마음이 인을 편안히 여기는 것이

---

11 『설문해자』 권9: 장(镸)은 오래고 멀다[久遠]는 뜻이다. 올(兀)로 구성되고 비(匕)로 구성되었다. 올(兀)이란 높고 멀다는 뜻이다. 오래되면 변화한다. 망(亾)이 발음을 나타낸다. 亾은 亾을 거꾸로 뒤집은 것이다. 모든 장(長)부에 속하는 글자는 다 장(長)의 뜻을 따른다. 장(夫)은 장(長)의 고문이다. 장(兏) 역시 장(長)의 고문이다. 직(直)과 양(良)의 반절음이다. [镸, 久遠也. 從兀從匕. 兀者, 高遠意也. 久則變化. 亾聲. 亾者, 倒亾也. 凡長之屬皆從長. 夫, 古文長. 兏, 亦古文長. 直良切.]

12 『예기주소(禮記注疏)』 권51, 「방기(坊記)」 정현(鄭玄)의 「주」.

고, "이인(利仁)"이란 인이 이로움이 된다는 것을 알아서 실천하는 것이다. 두 가지 중에서 지키는 것이 있으면 오래도록 곤궁함 속에서도 살 수 있고, 오래도록 안락함 속에서도 살 수 있다. 『예기』「표기(表記)」에 "공자가 말했다. '인에는 세 가지가 있다. 인한 사람과 그 공효가 같되 (그 공효가 나타나도록 한) 실정이 다르면, 인한 사람과 공효가 같더라도 그 사람이 인한지 알 수 없다. 인한 사람과 허물이 같은 뒤라야 그 사람이 인한지를 알 수 있다. 인자는 인을 편안히 여기고 지자는 인을 이롭게 여기며, 죄를 두려워하는 자는 인을 억지로 행한다.'"라고 했다.

"인을 편안히 여김[安仁]"은 자연스럽게 몸과 부합되어, 공이든 과이든 모두 따지지 않는 것이니 이에 그것이 인임을 알 수 있다. 그러므로 곧바로 그런 사람을 인정해서 인자라 한 것이고, 인을 이롭게 여기거나 인을 억지로 행하는 것으로 말할 것 같으면, 이는 인한 사람과 공효는 같지만 그 사람이 인한지는 알 수 없기 때문에 인을 이롭게 여김을 단지 지자가 될 뿐이라고만 일컬은 것이다. 또 『예기』「표기」에 "공자가 말했다. '마음속으로 인을 편안하게 여기는 자는 천하에 한 사람 정도나 있을 따름이다.'"라 했고, 또, "욕심 없이 인을 좋아하는 자와 두려움 없이 불인을 싫어하는 자는 천하에 한 사람 정도나 있을 따름이다."라고 했다.

원문 言"無欲而好仁", 則與利仁者異; "無畏而惡不仁", 則與畏罪 · 强仁者異. 此惟安仁者能之. 『中庸』云: "或安而行之, 或利而行之, 或勉强而行之, 及其成功一也." 彼文以安行爲仁, 利行爲知, 勉强行爲勇. 聖人均要於成功, 不以誠僞苛求之也. 『大戴禮』「曾子立事」云: "仁者樂道, 智者利道." 義同.

역문 "욕심 없이 인을 좋아한다"라는 말은, 인을 이롭게 여긴다는 것과는 다르고, "두려움 없이 불인을 싫어한다"라는 말은 죄를 두려워하고 인을 억지로 행하는 것과는 다르다. 이는 오직 인을 편안히 여기는 자만이 할 수 있다. 『중용(中庸)』에 "혹은 편안히 여겨서 이것을 행하고, 혹은 이롭게 여겨서 행하고, 혹은 억지로 힘써서 이것을 행하지만, 그 공을 이루는 데에 미쳐서는 똑같다."[13]라고 했는데, 『중용』의 글은 편안히 여겨 행하는 것을 인으로 삼고, 이롭게 여겨 행하는 것을 지(知)로, 억지로 힘써서 행하는 것을 용(勇)으로 삼은 것이다. 성인은 공을 이루는 데 대해서는 똑같이 요구하지 진실과 거짓을 가지고 가혹하게 요구하지 않는다. 『대대례』「증자입사(曾子立事)」에 "인한 사람[仁者]은 도를 즐거워하고, 지혜로운 사람[智者]은 도를 이롭게 여긴다."라고 했는데, 뜻이 같다.

● 「注」, "惟性仁者, 自然體之."

● 正義曰: 『易』「文言傳」, "君子體仁, 足以長人."

○ 「주」의 "오직 성품이 어진 자라야 자연스럽게 인을 체행한다."

○ 정의에서 말한다.

『주역(周易)』「건(乾) · 문언전(文言傳)」에 "군자는 인을 체행하므로, 충분히 남의 우두머리가 될 수 있다."라고 했다.

4-3

子曰: "惟仁者能好人, 能惡人." 【注】 孔曰: "惟仁者能審人之所好惡."

13 『중용(中庸)』 제20장.

공자가 말했다. "오직 인한 사람이어야만이 남을 좋아할 수 있고, 남을 미워할 수 있다." 【주】 공안국이 말했다. "오직 인한 사람이어야만이 남의 좋고 미운 점을 자세히 살필 수 있다."

원문 正義曰: "惟", 皇本 · 『宋石經』 · 宋刻『九經』俱作"唯". 凡人用情, 多由己愛憎之私, 於人之善不善有所不計, 故不能好人惡人也. 若夫仁者, 情得其正, 於人之善者好之, 人之不善者惡之, 好惡咸當於理, 斯惟仁者能之也.

역문 정의에서 말한다.

"유(惟)"는 황간본과 『송석경(宋石經)』, 송(宋)나라시대 때 새긴 『구경(九經)』에는 모두 "유(唯)"로 되어 있다. 모든 사람들은 정(情)을 쓸 때, 많이들 자기의 사랑하고 미워하는 사적인 감정을 따르고 남의 선(善)과 불선(不善)에 대해서는 따지지 않는 경향이 있기 때문에 제대로 남을 좋아하거나 남을 미워하지 못한다. 인한 사람으로 말할 것 같으면 정이 올바름을 얻어 남의 선에 대해서는 좋아하고, 남의 불선에 대해서는 미워해서 좋아하고 미워함이 모두 이치에 합당하니, 이에 오직 인한 사람이어야만이 제대로 할 수 있다는 것이다.

원문 『禮記』「大學」云: "「秦誓」曰: '人之有技, 媢嫉以惡之; 人之彦聖, 而違之俾不通, 實不能容, 以不能保我子孫黎民, 亦曰殆哉!' 惟仁人放流之, 迸諸四夷, 不與同中國, 此謂'惟仁人爲能愛人, 能惡人.'" 與此文相發. 『荀子』「非十二子」云: "貴賢, 仁也; 賤不肖, 亦仁也."

역문 『예기』「대학(大學)」에, "「진서(秦誓)」에 '남이 가진 재주를 시기해서 미워하며, 남의 훌륭하고 성스러움을 마음에 거슬려 해서 통하지 못하게 한다면, 진실로 남을 포용할 수 없어서 우리 자손과 백성을 보호할 수 없을 것이니, 또한 위태로울 것이라 하겠다!'[14]라고 했으니, 오직 인한 사람이어야만이 이런 사람들을 추방하여 유배시키되, 사방 오랑캐 땅으로 내쫓아 더불어 나라 안에 함께 살지 않으니, 이를 일러 '오직 인한 사람만이 남을 사랑할 수 있고 남을 미워할 수 있다.'라고 하는 것이다."[15] 라고 했으니, 여기의 글과 서로 발명된다. 『순자』「비십이자(非十二子)」에 "현명함[賢]을 귀하게 여기는 것은 인이고, 불초(不肖)함을 천하게 여기는 것 역시 인이다."라고 했다.

● 「注」, "唯仁者能審人之所好惡."

● 正義曰: 焦氏循『補疏』, "仁者好人之所好, 惡人之所惡, 故爲能好能惡. 必先審人之所好所惡, 而後人之所好好之, 人之所惡惡之, 斯爲能好能惡也." 案, 「注」說頗曲, 姑依焦說通之.

○ 「주」의 "오직 인한 사람이어야만이 남의 좋고 미운 점을 자세히 살필 수 있다."

○ 정의에서 말한다.

초순(焦循)의 『논어보소(論語補疏)』에 "인한 사람은 남의 좋은 점을 좋아하고, 남의 미운 점을 미워하기 때문에 제대로 좋아할 수 있고 제대로 미워할 수 있다. 반드시 먼저 남의 좋은 점과 미운 점을 자세히 살핀 뒤에 남의 좋은 점을 좋아하고 남의 미운 점을 미워하니, 이것이 제대로 좋아하고 제대로 미워함이 되는 것이다."라고 했다. 살펴보니, 「주」의 설명은 약간 왜곡되었기 때문에, 우선 초순의 설명을 근거로 통하게 한다.

---

14 『서경(書經)』「주서(周書) · 진서(秦誓)」.

15 『대학(大學)』 전10장.

4-4

子曰: "苟志於仁矣, 無惡也." 【注】 孔曰: "'苟', 誠也, 言誠能志於仁, 則其餘終無惡."

공자가 말했다. "진실로 인에 뜻을 두면 미워함[惡]이 없을 것이다." 【주】 공안국이 말했다. "'구(苟)'는 진실함[誠]이니, 진실로 인에 뜻을 둘 수 있으면, 그 나머지는 끝내 악행[16]이 없을 것이라는 말이다."

원문 正義曰: 『釋文』, "惡如字, 又烏路反." 案, 前後章皆言好惡, 此亦當讀烏路. 『春秋繁露』「玉英篇」, "難者曰: '爲賢者諱皆言之, 爲宣·穆諱獨弗言, 何也?' 曰: '不成於賢也. 其爲善不法, 不可取, 亦不可棄. 棄之則棄善志也; 取之則害王法. 故不棄亦不載, 以意見之而已. 苟志於仁, 無惡, 此之謂也.'"

역문 정의에서 말한다.

『경전석문(經典釋文)』에 "악(惡)은 본래 음대로 읽기도 하고, 또 오(烏)와 노(路)의 반절음으로 읽기도 한다."[17]라고 했는데, 살펴보니 앞뒤 장에서 모두 호오(好惡)를 말했으니, 여기서도 당연히 오(烏)와 노(路)의 반절음으로 읽어야 한다. 『춘추번로(春秋繁露)』「옥영(玉英)」에, "힐난하는 자가 말했다. '현자(賢者)를 위해 피휘(避諱)한다고 모두가 말하는데, 선

16 유보남은 경전 원문의 "無惡"의 "惡"를 "미워함"의 의미로 해석하였고, 공안국(孔安國) 「주」의 "無惡"의 "惡"에 대해서는 아래에서 황간(皇侃)의 「소」를 인용해서 설명하면서 "선악(善惡)"의 "악(惡)"으로 보고 "無惡行"이라고 했으므로 여기에서도 "악행(惡行)"이라고 해석했다.

17 『경전석문(經典釋文)』 권24, 「논어음의(論語音義)·이인제4(里仁第四)」.

공(宣公)과 목공(穆公)을 위해 피휘한다고는 유독 말하지 않았으니, 어째서입니까?' '현명함을 성취하지 못했기 때문입니다. 그가 선을 행하긴 했지만 불법(不法)이었으므로 취할 수도 없었고, 또한 버릴 수도 없었던 것입니다. 버렸다면 선한 의지를 버린 것이고, 취하였다면 왕의 법을 해친 것입니다. 그러므로 버리지도 않고 또한 기재하지도 않으면서 자기의 뜻을 나타낸 것일 뿐입니다. "진실로 인에 뜻을 두면, 미워함이 없을 것이다."라는 말은 이것을 이르는 것입니다.'"라고 했다.

원문 又『鹽鐵論』「刑德篇」, "故春秋之治獄, 論心定罪, 志善而違於法者免, 志惡而合於法者誅." 亦是此議. 『漢石經』無"也"字, 與『繁露』同.

역문 또 『염철론(鹽鐵論)』「형덕(刑德)」에 "그러므로 춘추시대에 옥사(獄事)를 다스릴 때 마음을 논하고 죄를 정했으니, 선에 뜻을 두었지만 법을 어기게 된 자는 사면해 주었고, 악에 뜻을 두었는데도 법에 합당하게 된 자는 주벌(誅罰)하였다."라고 했는데, 역시 이 뜻이다. 『한석경(漢石經)』에는 "야(也)" 자가 없는데, 『춘추번로』와 같다.

● 「注」, "苟誠"至"無惡".

● 正義曰: 『毛詩』「采苓」「傳」, "苟, 誠也." 皇「疏」云: "言人若誠能志於仁, 則是爲行之勝者, 故其餘所行皆善, 無惡行也."

○ 「주」의 "구성(苟誠)"부터 "무악(無惡)"까지.

○ 정의에서 말한다.

『모시(毛詩)』「채령(采苓)」의 「전」에 "구(苟)는 진실로[誠]이다."라고 했다. 황간의 「소」에 "사람이 만약 진실로 인에 뜻을 둘 수 있다면, 이는 행실이 수승(殊勝)한 사람이기 때문에 그 나머지 소행이 모두 선해서 악행이 없을 것이라는 말이다."[18]라고 했다.

4-5

子曰: "富與貴, 是人之所欲也, 不以其道得之, 不處也. 【注】孔曰: "不以其道得富貴, 則仁者不處." 貧與賤, 是人之所惡也, 不以其道得之, 不去也. 【注】時有否泰, 故君子履道而反貧賤, 此則不以其道得之, 雖是人之所惡, 不可違而去之.

공자가 말했다. "부유함과 귀함은 사람들이 바라는 것이지만 정당한 도리로 얻은 것이 아니면 자처하지 않아야 하며, 【주】공안국이 말했다. "정당한 도리로 얻은 부귀가 아니면 인자는 자처하지 않는다." 가난함과 천함은 사람들이 싫어하는 것이지만 정당한 도리로 얻은 것이 아니라도 버리지 않아야 한다. 【주】때에는 막힐 때와 통할 때가 있기 때문에 군자가 정도를 밟더라도 도리어 가난하고 천해지는 경우가 있는데, 이것이 바로 정당한 도리로 얻은 것이 아니니, 비록 사람들이 싫어하는 것이지만 버리고 떠나서는 안 된다.

원문 正義曰: 『說文』, "貴, 物不賤也." "賤, 賈少也." 古稱有爵祿者爲貴, 無爵祿者爲賤, 引申之義也. 富貴人所欲, 貧賤人所惡, 亦是言好惡也. 若於不以其道之富貴則不處, 不以其道之貧賤則不去, 斯惟仁者能之. 蓋仁者好惡, 有節於內, 故於富貴則審處之, 於貧賤則安守之, 「坊記」所謂"君子辭貴不辭賤, 辭富不辭貧"者也.

역문 정의에서 말한다.

18 『논어집해의소』 권2, 「논어이인제4」 황간의 「소」.

『설문해자』에 "귀(貴)는 물건이 천(賤)하지 않다는 뜻이다."[19]라고 하고, "천(賤)은 값어치가 적다[賈少]는 뜻이다."[20]라고 했다. 옛날에는 작위와 봉록이 있는 자를 일컬어 귀하다고 했고, 작위와 봉록이 없는 자를 천하다고 했는데, 인용하고 확대하면서 새로운 뜻이 파생된 것이다. 부유함과 귀함은 사람들이 바라는 것이라는 말과 가난함과 천함은 사람들이 싫어하는 것이라는 말 역시 좋아하고 싫어함을 말한 것이다. 정당한 도리로 얻은 것이 아닌 부귀에 대해서 자처하지 않고, 정당한 도리로 얻은 것이 아닌 빈천에 대해서 버리지 않는 것으로 말할 것 같으면, 이는 오직 인한 사람이어야만 할 수 있다. 대체로 인자의 호오는 안으로 절도가 있기 때문에 부유하고 귀할 때에는 자세하게 살펴 처신하고 가난하고 천할 때에는 편안하게 자기의 지조를 지키니, 이것이 바로 『예기』「방기」의 이른바 "군자는 귀함은 사양하되 천함은 사양하지 않으며, 부유함은 사양하되 가난함은 사양하지 않는다."라는 것이다.

원문 『孟子』「告子上」, "孟子曰: '欲貴者, 人之同心也. 人人有貴於己者, 弗思耳. 『詩』曰: "既醉以酒, 既飽以德." 言飽乎仁義也, 所以不願人之膏粱之味也; 令聞廣譽施於身, 所以不願人之文繡也.'"

역문 『맹자』「고자상(告子上)」에 "맹자가 말했다. '귀해지고 싶은 것은 사람의 똑같은 마음이다. 사람마다 자신에게 귀한 것이 있지만 그것을 생각

19 『설문해자』 권6: 귀(䝿)는 물건이 천(賤)하지 않다는 뜻이다. 패(貝)로 구성되었고, 유(臾)가 발음을 나타낸다. 유(臾)는 괴(蕢)의 고문이다. 거(居)와 위(胃)의 반절음이다.[䝿, 物不賤也. 從貝臾聲. 臾, 古文蕢. 居胃切.] 『논어정의』에는 "物" 자가 빠져 있다. 『설문해자』를 근거로 보충해서 해석했다.

20 『설문해자』 권6: 천(賤)은 값어치가 적다[賈少]는 뜻이다. 패(貝)로 구성되었고 전(戔)이 발음을 나타낸다. 재(才)와 선(線)의 반절음이다.[賤, 賈少也. 從貝戔聲. 才線切.]

하지 않을 뿐이다. 『시경(詩經)』「기취(旣醉)」에 "이미 술로 취하고 이미 덕(德)으로 배불렀다."라고 했는데, 이는 인의(仁義)의 덕으로 배불렀으니, 이 때문에 남의 기름지고 맛있는 음식을 원하지 않으며, 좋은 명성과 넓은 명예가 자신에게 베풀어졌으니, 이 때문에 남의 수놓은 비단옷을 원하지 않음을 말한 것이다.'"라고 했다.

원문 『荀子』「性惡篇」, "仁之所在無貧窮; 仁之所亡無富貴." 謝氏墉「校注」, "此言仁之所在, 雖貧窮甘之; 仁之所亡, 雖富貴去之." 竝是此義.

역문 『순자』「성악편(性惡篇)」에 "인이 있는 곳엔 가난함과 궁핍함이 없으며, 인이 없는 곳엔 부유함과 귀함이 없다."라고 했는데, 사용(謝墉)[21]의 「순자양경교주(荀子楊倞校注)」에 "이는 인이 있는 곳에서는 비록 가난하고 궁핍하더라도 달갑게 여기고, 인이 없는 곳에서는 비록 부유하고 귀하더라도 떠나간다는 말이다."라고 했으니, 모두 같은 뜻이다.

원문 『呂覽』「有度篇」「注」, "不以其道得之不居." 畢氏沅「校」云: "案, 古讀皆以'不以其道'爲句, 此「注」亦當爾. 『論語』'不處', 此作'不居'. 『論衡』「問孔」·「刺孟」兩篇竝同." 案, 『後漢』「陳蕃傳」·『鹽鐵論』「褒賢篇」亦作"不居", 自是『齊』·『古』·『魯』文異. 『呂覽』「注」"居"下無"也"字, 高麗本"不去"下亦無"也"字, 當以有"也"字爲是. 且古讀皆至"得之"爲句, 畢「校」非是.

---

21 사용(謝墉, 1719~1795): 청나라 때의 관리. 절강 가선(嘉善) 사람으로 자는 곤성(昆城)이고, 호는 금포(金圃), 풍포(豊甫), 동서(東墅)이다. 사원(謝垣)의 아우이다. 저서로 『안아당시문집(安雅堂詩文集)』 12권과 『사서의(四書義)』 2권, 『육서정설(六書正說)』 4권, 『남순소시록(南巡召試錄)』 3권, 『순자양경주교(荀子楊倞校注)』 20권, 『식미잡영(食味雜詠)』·『풍속통(風俗通)』 등이 있다.

역문 『여람(呂覽)』「유도(有度)」의 「주」에 "정당한 도리로 얻은 것이 아니면 자처하지 않는다."[22]라고 했는데, 필원(畢沅)[23]의 『여씨춘추교정(呂氏春秋校正)』에 "살펴보니, 옛날의 구두는 모두 '불이기도(不以其道)'에서 구두를 떼었으니, 여기의 「주」에서도 마땅히 그렇게 해야 한다. 『논어』의 '불처(不處)'가 여기서는 '불거(不居)'로 되어 있다. 『논형(論衡)』「문공(問孔)」과 「자맹(刺孟)」 두 편 모두 같다."라고 했다. 살펴보니, 『후한서』「진번전(陳蕃傳)」과 『염철론』「포현(褒賢)」에도 역시 "불거(不居)"로 되어 있으니, 본래 『제논어(齊論語)』와 『고논어(古論語)』, 『노논어(魯論語)』의 글자가 다르다. 『여람』의 「주」에는 "거(居)" 아래 "야(也)" 자가 없고, 고려본(高麗本)에는 "불거(不去)" 아래 역시 "야(也)" 자가 없으니, 마땅히 "야(也)" 자가 있는 것을 정본으로 삼아야 한다. 또 옛날의 구두는 모두 "득지(得之)"에서 구두를 떼었으니, 필원의 『여씨춘추교정』이 틀렸다.

● 「注」, "不以其道得富貴, 則仁者不處."

---

22 한(漢)의 고유(高誘)가 주석한 『여씨춘추(呂氏春秋)』 권25, 「사순론제5(似順論第五) · 유도(有度)」의 「주」에 보인다.

23 필원(畢沅, 1730~1797): 청나라 강소(江蘇) 진양(鎭洋) 사람. 자는 양형(纕蘅) 또는 추범(秋帆)이고, 호는 영암산인(靈巖山人)이다. 심덕잠(沈德潛)과 혜동(惠棟)에게 수학했다. 경학에 있어서는 한유(漢儒)를, 문자학에 있어서는 허신(許愼)을 종주로 했다. 『경전문자서(經典文字書)』와 『음동의이변(音同義異辨)』, 『설문해자구음(說文解字舊音)』 등을 지어 문자, 음운의 변천을 상세히 징험했고, 『산해경(山海經)』을 교정하고 『진서(晉書)』「지리지(地理志)」를 보정(補正)하여 지리(地理)와 사학(史學)을 상호 보완해 연구했다. 『관중금석기(關中金石記)』와 『중주금석기(中州金石記)』를 지어 금석으로 경사(經史)를 고증했다. 그 밖의 저서에 『통경표(通經表)』와 『안자춘추음의(晏子春秋音義)』, 『묵자교주(墨子校注)』, 『여씨춘추교정(呂氏春秋校正)』 등이 있는데, 대부분 경훈당총서(經訓堂叢書)에 수록되어 있다.

● 正義曰: 夫子謂"不義而富且貴, 於我如浮云", 孟子謂"非其道, 則一簞食不可受於人", 皆此意.

○ 「주」의 "정당한 도리로 얻은 부귀가 아니면 인자는 자처하지 않는다."

○ 정의에서 말한다.

공자가 "의롭지 못하면서 부유하고 귀한 것은 나에게는 뜬구름과 같다."[24]라고 한 것과, 맹자가 "정당한 도리가 아니라면 한 작은 광주리의 밥이라도 남에게 받아서는 안 된다."[25]라고 한 것이 모두 같은 뜻이다.

● 「注」, "時有"至"去之".

● 正義曰: "否"者, 塞也, "泰"者, 通也. 君子履道, 當得富貴, 而反貧賤, 是不以其道得之, 於此當以義命自安, 不可違而去之, 輒妄冀得富貴也. 『大戴禮』「曾子制言中」, "故君子無悒悒於貧, 無勿勿於賤, 無憚憚於不聞. 布衣不完, 蔬食不飽, 蓬戶穴牖, 日孜孜上仁."

○ 「주」의 "시유(時有)"부터 "거지(去之)"까지.

○ 정의에서 말한다.

"비(否)"는 막힌다[塞]는 뜻이고, "태(泰)"는 통한다[通]는 뜻이다. 군자는 도리를 밟으니 부귀를 얻음이 마땅하지만 도리어 빈천하게 되는 경우가 있는데, 이것은 정당한 도리로 얻은 것이 아니더라도 여기에서 마땅히 의리와 천명을 가지고 스스로 편히 여겨야지 버리고 떠나가서 번번이 망령되게 부유하고 귀해지기를 바라서는 안 된다. 『대대례』「증자제언중(曾子制言中)」에 "그러므로 군자는 가난함을 근심하지 않고, 천함을 불안해하지 않으며, 알려지지 않음을 서운해하지 않는다. 베옷[布衣]이 완전하지 않고, 거친 밥이 배부르지 않으며, 쑥대를 엮은 문을 통해서 방을 출입하고, 깨진 옹기 구멍의 들창을 통해서 밖을 내다보더라도, 날마다 부지런히 인을 높인다."라고 했다.

24 『논어(論語)』「술이(述而)」.

25 『맹자(孟子)』「등문공하(滕文公下)」.

君子去仁, 惡乎成名? 【注】 孔曰: "'惡乎成名'者, 不得成名爲君子." 君子無終食之間違仁, 造次必於是, 顚沛必於是." 【注】 馬曰: "'造次', 急遽; '顚沛', 偃仆. 雖急遽·偃仆, 不違仁."

군자가 인을 떠나면 어떻게 명성을 이루겠는가? 【주】 공안국이 말했다. "'오호성명(惡乎成名)'은 명성을 이루어 군자가 될 수 없다는 뜻이다." 군자는 한 끼의 식사를 마치는 사이에도 인을 떠남이 없으니, 아무리 갑작스러워도 반드시 인에 있으며, 엎어지거나 자빠지는 순간에도 반드시 인에 있다." 【주】 마융(馬融)이 말했다. "'조차(造次)'는 갑작스러움[急遽]이고, '전패(顚沛)'는 엎어지고 자빠짐[偃仆]이다. 비록 아무리 갑작스럽고 엎어지거나 자빠지는 순간이라도 인을 떠나지 않아야 한다는 말이다."

원문 正義曰: 「表記」云: "子曰: '仁之難成久矣, 唯君子能之.'" 故此文言仁, 皆擧君子也. 仁旣難成, 故鮮能成名. 君子知仁是美名, 故終不去仁. 所以能審處富貴, 安守貧賤也. 此君子, 是"知者利仁"也.

역문 정의에서 말한다.

『예기』「표기」에 "공자가 말했다. '인을 이루기 어려워진 지가 오래되었으니, 오직 군자만이 능할 수 있다.'"라고 했으니, 따라서 이 글에서 말한 인은 모두 군자를 거론한 것이다. 인은 이미 이루기 어렵기 때문에 능히 명성을 이룸이 드물다. 군자는 인이 명성을 아름답게 하는 것임을 알기 때문에 끝내 인을 떠나지 않는다. 그러므로 부유하고 귀할 때에는 자세히 살펴 처신하고, 가난하고 천할 때는 편안히 자기의 지조를 지킬 수 있는 것이다. 이러한 군자가 바로 "인을 이롭게 여기[利仁]는 지자"인 것이다.

원문 "君子無終食之間違仁"者, 邢「疏」, "言仁不可斯須去身, 故君子無食頃違去仁道也." 案, 終食之間, 常境也; 造次 · 顚沛, 變境也. 君子處常境, 無須臾之間違仁, 故雖値變境, 亦能依於仁行之. 所以能審處富貴, 安守貧賤也. 此君子, 是"仁者安仁"也.

역문 "군자는 한 끼의 식사를 마치는 사이에도 인을 떠남이 없다."

형병(邢昺)의 「소」에 "인은 잠시라도 몸을 떠날 수 없는 것이기 때문에 군자는 한 끼의 밥을 먹는 사이라도 인도(仁道)를 떠남이 없어야 한다는 말이다."[26]라고 했다. 살펴보니, 한 끼의 식사를 마치는 사이는 일반적인 상황이고, 갑작스럽거나 엎어지고 자빠지는 순간은 변동이 있는 상황이다. 군자는 평범한 상황에 처해서는 잠깐의 사이라도 인을 떠남이 없기 때문에 비록 변동의 상황을 직면하더라도 인에 의거해서 행동한다. 그러므로 부유하고 귀할 때에는 자세히 살펴 처신하고, 가난하고 천할 때는 편안히 자기의 지조를 지킬 수 있는 것이다. 이러한 군자가 바로 "인을 편하게 여기는[安仁] 인자"인 것이다.

원문 「曾子制言」云: "昔者, 舜匹夫也, 土地之厚, 則得而有之; 人徒之衆, 則得而使之, 舜唯仁得之也. 是故君子將說富貴, 必勉於仁也. 昔者, 伯夷 · 叔齊仁者也, 死於溝澮之間, 其仁成名於天下. 夫二子者, 居河 · 濟之間, 非有土地之厚, 貨粟之富也, 言爲文章, 行爲表綴於天下. 是故君子思仁, 晝則忘食, 夜則忘寐, 日旦就業, 夕而自省, 以歿其身, 亦可謂守業矣."

---

26 『논어주소(論語注疏)』 권4, 「이인제4(里仁第四)」 형병(邢昺)의 「소」.

역문 『대대례』「증자제언중」에 "옛날 순(舜)이 필부(匹夫)로 있을 때 토지가 후하면 얻어서 소유했고, 사람이 많으면 얻어서 부렸는데, 순은 오직 인으로 그것을 얻은 것이다.[27] 그러므로 군자가 장차 부유함과 귀함을 기뻐하려고 한다면 반드시 인을 힘써야 한다. 옛날 백이(伯夷)와 숙제(叔齊)는 인자였기 때문에 도랑 사이에서 죽었지만 그들의 인은 천하에 명성을 이루었다. 대체로 두 분은 황하와 제수(濟水)의 사이에서 살면서, 토지를 가진 것이 후하거나 재물과 곡식이 많았던 것이 아니었지만, 말은 아름다운 문장이 되고 행실은 천하에 표본이 되었다. 그러므로 군자는 인을 생각해서[28] 낮에는 먹는 것을 잊고, 밤에는 잠자는 것을 잊어 매일 아침마다 학업을 닦고 밤마다 스스로를 반성하여 죽을 때까지 하니, 또한 학업을 지킨다고 할 만하다."라고 했다.

원문 案, 舜是以道得富貴, 伯夷·叔齊則不以道得貧賤, 而其仁成名於天下, 皆所謂"安仁"者也. 若君子將說富貴必勉於仁, 又晝夜旦夕, 皆是思仁, 此則爲"利仁"也. 曾子所言, 最足發明此章之旨.

역문 살펴보니, 순은 정당한 방법으로 부귀를 얻었고, 백이와 숙제는 정당한 방법으로 빈천을 얻은 것이 아니지만, 그들의 인이 천하에 명성을 이루었으니 모두 이른바 "인을 편안히 여긴" 자들이다. 군자가 장차 부유함과 귀함을 기뻐하려고 한다면 반드시 인을 힘쓴다거나, 또 낮과 밤·아침저녁으로 모두 인을 생각하는 것으로 말할 것 같으면, 이는 이른바

---

27 "唯仁得之"는 『대대례(大戴禮)』의 많은 판본에 "唯以得之"로 되어 있고, 『논어정의』 역시 "以" 자로 되어 있는데, 영락대전본(永樂大典本)을 근거로 "仁"으로 고치고, 해석 역시 "仁"으로 했다.

28 『대대례』「증자제언중(曾子制言中)」에는 "인의를 생각한다.[思仁義.]"로 되어 있다.

“인을 이롭게 여김”이 된다. 증자(曾子)의 말이 이 장의 취지를 가장 충분하게 드러내 밝혔다.

● 「注」, “造次, 急遽; 顚沛, 偃仆.”

● 正義曰: 鄭「注」云: “造次, 倉卒也.” “倉促”與“急遽”義同. 『廣雅』「釋詁」, “趀·屎·造, 猝也.” 王氏念孫『疏證』, “趀, 屎, 一字也. 『說文』, ‘趀, 倉卒也.’ 卒與猝同, 趀之言造次也. ‘倉卒’·‘造次’, 語之轉. 次·趀, 古同聲, 故『廣雅』趀·造二字竝訓爲猝.” 案, 『易』「夬」九四, “其行次且.” 『釋文』“次”項, “本亦作趑. 『說文』及鄭作趀同. 七私反. 馬云: ‘却行不前也.’” “却行”與“急遽”相反, 文各有因也. 『漢書』「景十三王傳」, “河間獻王德被服儒術, 造次必於儒者.” 言“造次”與此文義同.

○ 「주」의 “조차(造次)는 갑작스러움[急遽]이고, 전패(顚沛)는 엎어지고 자빠짐[偃仆]이다.”

○ 정의에서 말한다.

정현의 「주」에 “조차(造次)는, 미처 어찌할 사이 없이 갑작스럽다[倉卒]는 뜻이다.”라고 했다. “창촉(倉促)”은 “갑작스러움[急遽]”과 뜻이 같다. 『광아(廣雅)』「석고(釋詁)」에 “자(趀)와 자(屎)와 조(造)는 갑작스럽다[猝]는 뜻이다.”라고 했다. 왕염손(王念孫)의 『광아소증(廣雅疏證)』에는 “자(趀)와 자(屎)는 같은 글자이다. 『설문해자』에 ‘자(趀)는 미처 어찌할 사이 없이 갑작스럽다[倉卒]는 뜻이다.’[29]라고 했는데, 졸(卒)은 졸(猝)과 같으니, 자(趀)는 갑작스럽다[造次]는 말이다. ‘창졸(倉卒)’과 ‘조차(造次)’라는 말이 바뀐 것이다. 차(次)와·자(趀)는 옛날에는 발음이 같았기 때문에 『광아』에서는 자(趀)·조(造) 두 글자를 모두 갑작스러움[猝]으로 해석한 것이다.”라고 했다. 살펴보니, 『주역』「쾌괘(夬卦)」 구사(九四)에 “나아가기를 머뭇거린다.[其行次且.]”라고 했는데, 『경전석문』의 “차(次)” 항목에 “어떤 판본에는 또 자(趑)로 되어 있다. 『설문해자』와 정현은 자(趀)와 같은 글자로 보았다. 칠(七)과 사(私)의

---

29 『설문해자』 권2: 자(𧺆)는 미처 어찌할 사이 없이 갑작스럽다[倉卒]는 뜻이다. 주(走)로 구성되었고, 자(朿)가 발음을 나타낸다. 자(資)와 같이 발음한다. 취(取)와 사(私)의 반절음이다. [𧺆, 蒼卒也. 從走朿聲. 讀若資. 取私切.]

반절음이다. 마융은 '머뭇거리며 나아가지 못한다는 뜻이다.'라고 했다."[30]라고 되어 있는데, "머뭇거림[卻行]"과 "갑작스러움[急遽]"은 서로 반대이니, 글자마다 각기 까닭이 있는 것이다. 『전한서(前漢書)』「경십삼왕전(景十三王傳)」에 "하간헌왕(河間獻王) 덕(德)은 항상 유술을 실천해서[被服儒術],[31] 아무리 갑작스러운 상태에서도 반드시 유자(儒者)로 있었다."[32]라고 했는데, 여기서 말한 "조차(造次)"는 「이인(里仁)」의 "조차(造次)"와 글자의 뜻이 같다.

원문 『說文』, "蹎, 跋也." "跋, 蹎跋也." 『詩』「蕩篇」, "顚沛之揭", 毛「傳」"顚仆沛拔", "拔"與"跋"同. 考之『說文』, "顚"本訓"頂", "沛"爲水名, 皆叚借也. "偃仆"者, 『說文』, "偃, 僵也." "仆, 頓也." 皇本及『釋文』本"偃"作"僵". 『說文』, "僵, 僨也." 義亦同.

역문 『설문해자』에 "전(蹎)은 넘어진다[跋]는 뜻이다."[33]라 하고, "발(跋)은 넘어진다[蹎跋]는 뜻이다."[34]라고 했다. 『시경』「대아(大雅)·탕지십(蕩之什)·탕(蕩)」에, "엎어지고 자빠진다[顚沛之揭]"라고 했고, 모형(毛亨)의 「전」에 "전(顚)은 엎어진다[仆]는 뜻이고 패(沛)는 뽑힌다[拔]는 뜻이다."[35]라고 했는데, "발(拔)"과 "발(跋)"은 같다. 『설문해자』를 살펴보니 "전(顚)"의 본

---

30 『경전석문』 권2, 「주역음의(周易音義)·주역하경쾌전제5(周易下經夬傳第五)」

31 『전한서(前漢書)』 권53, 「경십삼왕전제23(景十三王傳第二十三)」의 「주」에 "안사고(顔師古)가 말했다. '피복(被服)은 항상 그 가운데 거처한다는 말이다.'[師古曰: '被服, 言常居處其中也.']"라고 했다.

32 『전한서』 권53, 「경십삼왕전제23」.

33 『설문해자』 권2: 전(蹎)은 넘어진다[跋]는 뜻이다. 족(足)으로 구성되었고, 진(眞)이 발음을 나타낸다. 도(都)와 연(年)의 반절음이다.[蹎, 跋也. 從足眞聲. 都年切.]

34 『설문해자』 권2: 발(跋)은 넘어진다[蹎跋]는 뜻이다. 족(足)으로 구성되었고 발(犮)이 발음을 나타낸다. 북(北)과 말(末)의 반절음이다.[跋, 蹎跋也. 從足犮聲. 北末切.]

35 『모시주소(毛詩注疏)』 권25, 「대아(大雅)·탕지십(蕩之什)·탕(蕩)」 모형의 「전」.

래 뜻은 "정수리 · 꼭대기[頂]"라는 뜻이고,[36] "패(沛)"는 물 이름이니,[37] 모두 가차(叚借)한 것이다.

"엎어지고 자빠짐[偃仆]"은 『설문해자』에 "언(偃)은 넘어진다[僵]는 뜻이다."[38]라 하고, "부(仆)는 엎어진다[頓]는 뜻이다."[39]라고 했다. 황간본 및 『경전석문』본에는 "언(偃)"이 "강(僵)"으로 되어 있다. 『설문해자』에 "강(僵)은 넘어진다[僨]는 뜻이다."[40]라고 했으니, 뜻이 또한 같다.

4-6

子曰: "我未見好仁者, 惡不仁者. 好仁者, 無以尚之; 【注】 孔曰: "難復加也." 惡不仁者, 其爲仁矣, 不使不仁者加乎其身. 【注】 孔曰: "言惡不仁者, 能使不仁者不加非義於己, 不如好仁者, 無以尚之爲優." 有能一日用其力於仁矣乎? 我未見力不足者. 【注】 孔曰: "言人無能一日用其力修仁者耳, 我未見欲爲仁而力不足者." 蓋有之矣, 我未之見也." 【注】 孔曰: "謙, 不欲盡誣時人言不能爲仁, 故云'爲能有爾, 我

36 『설문해자』 권9: 전(顚)은 정수리 · 꼭대기[頂]라는 뜻이다. 혈(頁)로 구성되었고, 진(眞)이 발음을 나타낸다. 도(都)와 연(季)의 반절음이다.[顚, 頂也. 從頁眞聲. 都季切.]

37 『설문해자』 권11: 패(沛)는 물[水]이다. 요동(遼東) 번안현(番汗縣) 경계의 밖에서 나와 서남쪽으로 흘러 바다로 들어간다. 수(水)로 구성되었고, 불(巿)이 발음을 나타낸다. 보(普)와 개(蓋)의 반절음이다.[沛, 水. 出遼東番汗塞外, 西南入海. 從水巿聲. 普蓋切.]

38 『설문해자』 권8: 언(偃)은 넘어진다[僵]는 뜻이다. 인(人)으로 구성되었고, 언(匽)이 발음을 나타낸다. 어(於)와 헌(幰)의 반절음이다.[偃, 僵也. 從人匽聲. 於幰切.]

39 『설문해자』 권8: 부(仆)는 엎어진다[頓]는 뜻이다. 인(人)으로 구성되었고 복(卜)이 발음을 나타낸다. 방(芳)과 우(遇)의 반절음이다.[仆, 頓也. 從人卜聲. 芳遇切.]

40 『설문해자』 권8: 강(僵)은 넘어진다[僨]는 뜻이다. 인(人)으로 구성되었고, 강(畺)이 발음을 나타낸다. 거(居)와 양(良)의 반절음이다.[僵, 僨也. 從人畺聲. 居良切.]

未之見也.'"

공자가 말했다. "나는 아직 인을 좋아하는 자와 불인을 미워하는 자를 보지 못했다. 인을 좋아하는 자는 다시 더할 나위 없이 우수하고, 【주】 공안국이 말했다. "다시 더하기 어렵다는 뜻이다." 불인을 미워하는 자는 자신이 인을 수양(修養)함에 힘쓰는 데 있어, 불인한 것이 자기 자신에게 베풀어지지 못하게 한다. 【주】 공안국이 말했다. "불인을 미워하는 자는 불인한 자가 도의가 아닌 것을 자기에게 베풀지 못하게 할 수 있지만, 인을 좋아하는 자가 더할 나위 없이 우수한 것만 못하다는 말이다." 하루라도 인을 수양하는 데 자기의 힘을 쓸 수 있는 자가 있는가? 나는 아직까지는 힘이 부족해서 인을 수양하는 데 힘쓰지 못하는 자는 보지 못했다. 【주】 공안국이 말했다. "사람들 중에 하루라도 자기의 힘을 인을 수양하는 데 쓸 수 있는 자가 없을 뿐이지, 나는 아직까지는 인을 수양하고자 하면서 힘이 부족한 자는 보지 못했다는 말이다." 어쩌면 그런 사람이 있을 것인데, 내가 아직 보지 못했나 보다." 【주】 공안국이 말했다. "겸손해서, 당시 사람들을 완전히 업신여겨 인을 수양할 수 없다고 말하고 싶지 않았기 때문에 '그런 사람이 있을 수도 있는데, 내가 아직 보지 못한 것이다.'라고 한 것이다."

원문 正義曰: "其爲仁矣", "爲仁", 卽用力於仁也. "矣"者, 起下之辭. 王氏引之『經傳釋詞』, "矣, 也, 一聲之轉." 『三國志』「顧歡傳」引"其爲仁也". "加"者, 『呂覽』「不苟論」·「當賞篇」「注」, "加, 施也."

역문 정의에서 말한다.

"자신이 인을 수양함에 힘쓰는 데 있어[其爲仁矣]"

"위인(爲仁)"이란 바로 인을 수양함에 힘쓰는 것이다. "의(矣)"는 아래 글을 일으키는 말이다. 왕인지(王引之)의 『경전석사(經傳釋詞)』에 "의(矣)와 야(也)는 같은 발음이었다가 바뀌어 달라진 것이다."라고 했는데, 『삼국지(三國志)』「고환전(顧歡傳)」에는 "기위인야(其爲仁也)"라고 인용했다. "가(加)"는 『여람』「불구론(不苟論)」과 「당상(當賞)」의 「주」에 "가(加)는 베푼다[施]는 뜻이다."[41]라고 했다.

원문 "有能一日用其力於仁"者, 申言爲仁之事也. 夫子言, "力不足者, 中道而廢." 又「表記」, "子曰: '鄕道而行, 中道而廢, 忘身之老也, 不知年數之不足也, 俛焉日有孳孳, 斃而後已.'" 竝言爲仁實用其力. 惟力已盡, 身已斃, 而學道或未至, 方是"中道而廢", 其廢也, 由於年數不足, 有不得不廢者也. 如是而後謂之力不足, 是誠不足也. 若此身未廢, 而遽以力不足自諉, 是卽夫子之所謂畫矣.

역문 "하루라도 인을 수양하는 데 자기의 힘을 쓸 수 있다[有能一日用其力於仁]"

인을 수양하는 일을 거듭 말한 것이다. 공자는 "힘이 부족한 자는 중도(中道)에서 쓰러진다."[42]라고 했고, 또 『예기』「표기」에도 "공자가 말했다. '큰 길을 향해 가다가 중도에서 쓰러질지라도, 몸이 늙었다는 것을 잊고, 살아갈 날이 부족하다는 것도 모르고 열심히 날마다 부지런히 해서 죽은 뒤에야 그만둔다.'"라고 했는데, 모두 인을 수행함에 실제로 그 힘을 써야 함을 말한 것이다. 오직 힘이 이미 기진맥진해서 몸이 이미

---

41 『여씨춘추』 권14, 「효행람제2(孝行覽第二) · 효행(孝行)」.

42 『논어』「옹야(雍也)」: 염구(冉求)가 말했다. "선생님의 도를 좋아하지 않는 것은 아닙니다만 힘이 부족합니다." 공자가 말했다. "힘이 부족한 자는 중도에서 쓰러진다. 지금 너는 스스로 멈춘 것이다."[冉求曰: "非不說子之道, 力不足也." 子曰: "力不足者, 中道而廢. 今女畫."]

쓰러져 죽어서 도를 배움이 혹 지극하지 못해야 비로소 "중도에 쓰러진다.[中道而廢.]"라는 것이니, 그러한 쓰러짐[廢]은 살아갈 날이 부족한 데서 연유한 것이기 때문에 쓰러지지 않을 수 없는 것이다. 이와 같은 뒤에 힘이 부족하다고 한다면, 이는 진실로 부족한 것이다. 만약 이 몸이 아직 쓰러지지도 않았는데 갑자기 힘이 부족하다고 스스로 핑계를 댄다면 이것이 바로 공자의 이른바 '스스로 멈췄다[畫]'라는 것이다.

원문 夫仁, 人心也. 人卽體質素弱, 而自存其心志之所至, 氣亦至焉, 豈患力之不足? 故曰: "我欲仁, 斯仁至矣", "一日克己復禮, 天下歸仁焉". "一日"者, 期之至近而速者也.

역문 인이란 사람의 마음이다. 사람은 체질이 본래 약하지만 스스로 그 심지가 이르는 곳을 보존하면 기(氣) 역시 거기에 이르니, 어찌 힘이 부족함을 근심하겠는가? 그러므로 "내가 인을 하려고 하면 이에 인이 이른다."[43] 했고, "하루만이라도 자기를 다스려 예로 돌아가면 천하가 그를 인하다고 칭송할 것이다."[44]라고 했다. "하루[一日]"란 지극히 가까우면서도 빠른 기간이다.

원문 "蓋有之"者, 言此用力於仁人必有耳, 但我未之得見. "蓋"是語辭, 不是疑辭. 『漢石經』"我未見好仁"下無"者"字. 皇本"用其力於仁"下有"者"字, 又"力不足者"下有"也"字, "蓋有之矣", "矣"作"乎".

역문 "어쩌면 그런 사람이 있을 것인데"란 이처럼 인을 수양하는 데 힘쓰는

---

43 『논어』「술이」.

44 『논어』「안연(顔淵)」. 유보남은 「안연」의 정의(正義)에서 "以'歸仁'爲稱仁." 또는 "懷·歸幷訓稱也."라고 해서 "歸"를 "稱"과 같은 뜻으로 보았다.

사람이 반드시 있을 터인데, 다만 내가 아직 보지 못했을 뿐이라는 말이다. "개(蓋)"는 어조사이지 의문사가 아니다. 『한석경』에는 "아미견호인(我未見好仁)" 아래 "자(者)" 자가 없다. 황간본에는 "용기력어인(用其力於仁)" 아래 "자(者)" 자가 있고, 또 "역부족자(力不足者)" 아래 "야(也)" 자가 있으며, "개유지의(蓋有之矣)"의 "의(矣)"는 "호(乎)"로 되어 있다.

● 「注」, "難復加也."

● 正義曰: 『說文』, "尙, 曾也." "曾"與"增"同, 故「注」訓"加". 皇「疏」引李充曰: "所好惟仁, 無物以尙之也."

○ 「주」의 "다시 더하기 어렵다는 뜻이다.[難復加也.]"

○ 정의에서 말한다.

『설문해자』에 "상(尙)은 더한다[曾]는 뜻이다."[45]라고 했는데, "증(曾)"은 "증(增)"과 같기 때문에 「주」에서 "더한다[加]"라는 뜻으로 해석한 것이다. 황간의 「소」에서는 이충(李充)을 인용하면서 "좋아할 것은 오직 인일 뿐, 그보다 더 나은 것은 아무것도 없다."라고 했다

● 「注」, "言惡"至"爲優".

● 正義曰: 「注」以經言"好仁者, 惡不仁者", 是就兩人說之, "惡不仁者"不如"好仁者"爲優. 意以"惡不仁者"或是利仁 · 强仁, 若"好仁者", 則是安仁也.

○ 「주」의 "언오(言惡)"에서 "위우(爲優)"까지.

○ 정의에서 말한다.

「주」에서는 경문(經文)의 "인을 좋아하는 자와 불인을 미워하는 자"를 두 사람이라는 입장에서 말했기 때문에 "불인을 미워하는 자"는 "인을 좋아하는 자"가 우수한 것만 못하다고 여

---

45 『설문해자』 권2: 상(尙)은 다한다[曾]는 뜻이며, 가깝다[庶幾]는 뜻이다. 팔(八)로 구성되었고 향(向)이 발음을 나타낸다. 시(時)와 양(亮)의 반절음이다.[尙, 曾也, 庶幾也. 從八向聲. 時亮切.]

긴 것이다. 생각건대, "불인을 미워하는 자"를 혹시라도 인을 이롭게 여기거나 인을 억지로 행하는 자로 여긴 것이라면, "인을 좋아하는 자" 같은 경우는 인을 편안히 여기는 자이다.

4-7

子曰: "人之過也, 各於其黨. 觀過, 斯知仁矣." 【注】 孔曰: "'黨', 黨類. 小人不能爲君子之行, 非小人之過, 當恕而勿責之. 觀過, 使賢·愚各當其所, 則爲仁矣."

공자가 말했다. "사람의 허물은 그 부류마다 제각각이다. 허물을 보면 인을 알 수 있다." 【주】 공안국이 말했다. "'당(黨)'은 한 동아리의 무리[黨類]라는 뜻이다. 소인(小人)이 군자의 행동을 할 수 없는 것은 소인의 허물이 아니니, 마땅히 용서하고 꾸짖지 말아야 한다. 허물을 보고서 현명한 자와 어리석은 자로 하여금 각각 그들의 처지에 합당하게 하도록 하면 인이 된다."

원문 正義曰: 皇本"人"作"民". "各於其黨"者, 皇「疏」引殷仲堪曰: "言人之過失, 各由於性類之不同. 直者以改邪爲義, 失在寡恕; 仁者以惻隱爲誠, 過在於容非." 是也.

역문 정의에서 말한다.

황간본에 "인(人)"은 "민(民)"으로 되어 있다.

"그 부류마다 제각각이다.[各於其黨.]"라는 것은 황간의 「소」에 은중감(殷仲堪)[46]의 말을 인용해서 "사람의 과실은 각각 본성의 종류가 같지 않

46 은중감(殷仲堪, ?~339): 동진(東晉)시대의 무장(武將). 진군(陳郡) 장평현(長平縣) 사람으로

은 데서 연유한다는 말이다. 정직한 사람은 사악함을 고치는 것을 의(義)로 삼지만 용서가 적은 데 잘못이 있고, 인자는 측은(惻隱)을 진실[誠]로 삼으니, 잘못을 용서하는 데 허물이 있다."라고 했는데, 옳다.

원문 「表記」, "子曰: '仁之難成久矣, 人人失其所好, 故仁者之過, 易辭也.'" 「注」, "辭, 猶解說也. 仁者恭儉, 雖有過不甚矣." 明言仁道難成, 仁者雖有過, 不失其爲仁也. 又子曰: "仁有三: 與仁同功而異情, 與仁同功, 其仁未可知也. 與仁同過, 然後其仁可知也. 仁者安仁, 知者利仁, 畏罪者强仁." 「注」云: "三謂安仁也, 利仁也, 强仁也. 利仁, 强仁, 功雖與安仁者同, 本情則異. 功者, 人所貪也; 過者, 人所辟也. 在過之中, 非其本情者, 或有悔者焉."

역문 『예기』「표기」에 "공자가 말했다. '인을 이루기 어려워진 지 오래되어서 사람마다 자기들이 좋아하는 바를 잃어버렸다. 그러므로 인자의 허물은 설명하기가 쉬운 것이다.'"라고 했는데, 「주」에 "사(辭)는 해설(解說)과 같다. 인자는 공손하고 검소해서 비록 허물이 있기는 하지만 심하지는 않다."[47]라고 했으니, 인의 도(道)는 이루기 어렵기 때문에, 인자도 비록 허물이 있지만 인을 수양함은 잃지 않음을 분명하게 말한 것이다. 공자는 또 "인에는 세 가지가 있다. 인한 사람과 그 공효가 같되 (그 공효가 나타나도록 한) 실정이 다르면, 인한 사람과 공효가 같더라도 그 사람이 인한지 알 수 없다. 인한 사람과 허물이 같은 뒤라야 그 사람이 인한지를 알 수 있다. 인자는 인을 편안히 여기고 지자는 인을 이롭게 여기며,

---

동진의 태상(太常) 은융(殷融)의 손자이며, 진릉태수(晉陵太守) 은사(殷師)의 아들이다. 벼슬은 형주자사(荊州刺史)에 올랐다. 저서에 『은형주요방(殷荊州要方)』이 있다고는 하나, 지금은 없어졌다.

47 『예기주소』 권54, 「표기(表記)」 정현의 「주」.

죄를 두려워하는 자는 인을 억지로 행한다."라고 했는데, 「주」에서 "세 가지란 인을 편안히 여김[安仁]과 인을 이롭게 여김[利仁]과 인을 억지로 행함[强仁]이다. 인을 이롭게 여기는 것과 인을 억지로 행하는 것은 공효는 비록 인을 편하게 여기는 사람과 같을지라도 (그 공효가 나타나도록 한) 본래의 실정은 다르다. 공효란 사람들이 탐하는 것이고, 허물은 사람들이 피하는 것이다. 허물 가운데 그 본래의 실정이 아닌 것에 대해서는 더러 후회하는 경우도 있다."[48]라고 했다.

원문 案, 「表記」此文, 最足發明此章之義. 『漢書』「外戚傳」, "燕王上書言'子路喪姊, 期而不除.'" 『後漢書』「吳祐傳」言, "嗇夫孫性私賦民錢, 市衣進父." 『南史』「張裕傳」言, "張岱母年八十, 籍注未滿, 便去官還養." 三「傳」皆引此文美之, 惟「吳祐傳」作"知人", "人"與"仁"通用字.

역문 살펴보니, 『예기』「표기」의 이 글이 이 장의 의리를 가장 충분하게 발명해 준다. 『전한서』「외척전(外戚傳)」에 "연왕(燕王)이 글을 올려 '자로(子路)가 누나의 상에 기년(期年)이 되도록 복을 벗지 않았다.'라고 했다." 라고 하였다. 『후한서』「오우전(吳祐傳)」에 "색부(嗇夫)[49]인 손성(孫性)이 사사로이 백성들의 돈을 징수해서 시장에서 옷을 사서 아버지에게 바쳤다."라고 했고. 『남사(南史)』「장유전(張裕傳)」에는 "장대(張岱)는 어머니의 나이가 여든이 되자 임기가 아직 만료되지 않았는데도 바로 관직을 버리고 고향으로 돌아가 어머니를 봉양했다."라고 했다. 세 「전」에서는 모두 "허물을 보면 인을 알 수 있다"라는 이 문장을 인용해서 찬미하는데, 오직 「오우전」에만 "사람을 알 수 있다[知人]"라고 되어 있으니, "인

48 『예기주소』 권54, 「표기」 정현의 「주」.

49 색부(嗇夫): 중국 한(漢)나라 때 고을에서 소송 · 조세를 담당하던 하급 관리.

(人)”과 “인(仁)”은 통용되는 글자이다.

● 「注」, “黨黨”至“仁矣”.

● 正義曰: 『禮記』「仲尼燕居」「注」, “黨, 類也.” 亦常訓. 焦氏循『補疏』申此「注」云: “‘各於其黨’, 卽是觀過之法, 此爲莅民者示也.” 皇侃云: “猶如耕夫不能耕, 乃是其失. 若不能書, 則非耕夫之失也.” 此說“黨”字義最明. 案, 「注」說甚曲, 焦氏不免曲徇. 且知仁因觀而知, 則仁卽過者之仁, 而孔以爲觀者知仁術, 亦誤.

○ 「주」의 “당당(黨黨)”부터 “인의(仁矣)”까지.

○ 정의에서 말한다.

『예기』「중니연거(仲尼燕居)」의 「주」에 “당(黨)은 부류[類]이다.”라고 했는데, 역시 일반적인 해석이다. 초순의 『논어보소』에서는 이 「주」를 확대해서 “‘그 부류마다 제각각이다[各於其黨]’란 바로 허물을 보는 방법이니, 이는 민중을 다스리는 자가 보는 것이다.”라고 했다. 황간은 “이는 마치 농부가 밭을 갈지 못하는 것은 농부의 잘못이지만, 글을 쓰지 못하는 것으로 말할 것 같으면 농부의 잘못이 아닌 것과 같다.”[50]라고 했는데, 여기에서 설명한 “당(黨)”자의 뜻이 가장 분명하다. 살펴보니, 「주」의 설명은 매우 왜곡되었고, 초씨(焦氏)는 왜곡된 것을 따르는 데서 벗어나지 못했다. 또 인을 아는 것이 본 것에 따라 알 수 있는 것이라면 이러한 인은 허물이 있는 사람의 인이니, 공안국이 보는 사람이 인을 수양하는 방법을 아는 것이라고 여긴 것도 역시 잘못이다.

4-8

子曰: “朝聞道, 夕死可矣.” 【注】 言將至死, 不聞世之有道.

50 『논어집해의소』 권2, 「논어이인제4」 황간의 「소」.

공자가 말했다. “아침에 도를 들으면 저녁에 죽어도 괜찮다.”

【주】 장차 죽음에 이르려 하는데도 세상에 도가 있음을 듣지 못했다는 말이다.

원문 正義曰: 『爾雅』「釋詁」, “朝, 早也.” 『說文』, “朝, 旦也.” “夕, 莫也. 從月半見.” 朝夕言時至近, 不踰一日也. “聞道”者, 古先聖王君子之道, 已得聞知之也. 聞道而不遽死, 則循習諷誦, 將爲德性之助. 若不幸而朝聞夕死, 是雖中道而廢, 其賢於無聞也遠甚, 故曰“可矣”.

역문 정의에서 말한다.

『이아』「석고」에 “조(朝)는 이른 아침[早]이라는 뜻이다.”라 했고, 『설문해자』에는 “조(朝)는 아침[旦]이라는 뜻이다.”[51]라고 했으며, 또 “석(夕)은 저녁[莫]이라는 뜻이니. 달이 반만 보이는 모양으로 구성되었다.”[52]라고 했다. 조석(朝夕)은 때가 지극히 가까워서 하루를 넘기지 않는다는 말이다. “도를 듣는다[聞道]”라는 말은 옛 성왕과 군자의 도를 이미 들어서 안다는 말이다. 도를 듣고 바로 죽지 않으면 따라서 익히고 외고 암송해서 장차 덕성(德性)의 도움이 될 것이다. 그러나 만약 불행하게도 아침에 듣고 저녁에 죽는다면 이는 비록 중도에 쓰러지는 것이긴 하지만 도를 들음이 없는 것보다 현명함이 훨씬 더 깊기 때문에 “괜찮다[可矣]”라고 한 것이다.

---

51 『설문해자』 권7: 조(𣈅)는 아침[旦]이라는 뜻이다. 간(倝)으로 구성되었고 주(舟)가 발음을 나타낸다. 척(陟)과 요(遙)의 반절음이다.[𣈅, 旦也. 從倝舟聲. 陟遙切.]

52 『설문해자』 권7: 석(夕)은 저녁[莫]이라는 뜻이다. 달이 반만 보이는 모양으로 구성되었다. 모든 석(夕)부에 속하는 글자는 다 석(夕)의 뜻을 따른다. 양(祥)과 역(易)의 반절음이다.[夕, 莫也. 從月半見. 凡夕之屬皆從夕. 祥易切.]

원문 『新序』「雜事篇」載楚共王事, 『晉書』「皇甫謐傳」載謐語, 皆謂"聞道"爲已聞道, 非如「注」云"聞世之有道"也. 『漢石經』"矣"作"也".

역문 『신서(新序)』「잡사(雜事)」에 초 공왕(楚共王)의 일을 기재하고, 『진서(晉書)』「황보밀전(皇甫謐傳)」에 밀(謐)의 말을 기재해 놨는데, 모두 "문도(聞道)"를 이미 들은 도라고 했으니, 「주」에서 "세상에 도가 있음을 듣는다."라고 한 것과는 같지 않다. 『한석경』에는 "의(矣)"가 "야(也)"로 되어 있다.

4-9

子曰: "士志於道, 而恥惡衣惡食者, 未足與議也."

공자가 말했다. "선비가 도에 뜻을 두었으면서도 허름한 의복과 보잘것없는 음식을 수치로 여기는 자는 함께 도를 의논하기에 부족하다."

원문 正義曰: 『白虎通』「爵篇」, "士者, 事也, 任事之稱也. 故傳曰: '通古今·辨然否謂之士.'" 案, 士居四民之首, 其習於學, 有德行道藝者, 始出仕亦謂之士. 故士爲學人進身之階. 『荀子』「儒效篇」, "匹夫問學, 不及爲士, 則不教也." 聖門弟子來學時多未仕, 故夫子屢言士, 而子張·子貢亦問士, 皆循名責實之意.

역문 정의에서 말한다.

『백호통의(白虎通義)』「작(爵)」에 "사(士)란 일[事]이라는 뜻으로, 정사를 맡은 사람에 대한 칭호이다. 그러므로 전(傳)에서 다음과 같이 말했다. '옛날과 지금의 일에 통달하고 옳고 그름[53]을 분명히 변별하는 사람을 사라 한다.'"라고 했다. 살펴보니, 사는 사 · 농 · 공 · 상의 4민(四民) 중에서 제일 높은 자리에 위치하면서 학문을 익혀 덕행(德行)과 도예(道藝)가 있는 자인데, 처음으로 벼슬에 나아가는 것 역시 사라 한다. 그러므로 사는 배우는 사람들이 벼슬에 나아가 입신양명하는 계단이 된다. 『순자』「유효편(儒效篇)」에 "필부가 배움을 묻되 사가 됨에 미치지 못하면 가르치지 않는다."라고 했다. 성인 문하의 제자들이 와서 배울 때에는 대부분 아직 벼슬하지 않을 때이므로 공자는 자주 사를 언급하였고, 자장(子張)과 자공(子貢)도 역시 사를 질문했는데, 모두 명칭에 따라 실상을 책임지는 뜻이었다.

원문 『記』言"士先志", 孟子言"士尚志", 又言"士志仁義", "大人之事備仁義", 卽此文所云"道"也. "士志於道", 故當議道. 『說文』, "議, 語也." 『廣雅』「釋詁」, "議, 言也." "與"是夫子與之, 夫子以道設教, 故云"與"也. 士旣志道, 而以口體之養不若人爲恥, 忮害貪求之心必不能免, 故言"未足與議", 以絶之也.

역문 『예기』「학기(學記)」에서 "선비[士]는 뜻을 우선시한다."라 하고, 맹자가 "선비는 뜻을 숭상한다."라 하였으며, 또 "선비는 인의에 뜻을 둔다." · "대인의 일은 인의를 갖추는 것이다."[54]라고 한 것이 바로 이 글에

---

53 『논어정의』에는 "不"로 되어 있으나, 『백호통의(白虎通義)』에는 "否"로 되어 있다. 『백호통의』를 근거로 고쳤다.

54 『맹자』「진심상(盡心上)」: 왕자(王子) 점(墊)이 물었다. "선비는 어떤 일을 일삼습니까?" 맹자가 말했다. "뜻을 숭상합니다." "무엇을 뜻을 숭상한다고 합니까?" "인의에 뜻을 두는 것일 뿐입니다. 한 사람이라도 죄 없는 사람을 죽이는 것은 인이 아니며, 자신의 소유가 아닌데

서 말하는 "도"이다. "선비는 도에 뜻을 두기" 때문에 마땅히 도를 의논해야 한다. 『설문해자』에 "의(議)는 말한다[語]는 뜻이다."[55]라 했고, 『광아』「석고」에 "의(議)는 말한다[言]는 뜻이다."라고 했다. "함께[與]"는 공자가 함께한다는 것으로, 공자는 도를 가지고 가르침을 베풀었기 때문에 "함께"라고 한 것이다. 선비가 이미 도에 뜻을 두었으면서도 몸[口體]을 봉양하는 것이 남만 못한 것을 수치로 여기면, 반드시 남을 시기하여 해치고 탐하여 추구하는 마음을 벗어나지 못하기 때문에 "함께 의논하기에 부족하다"라고 하여 그런 선비를 끊어 버린 것이다.

4-10

子曰: "君子之於天下也, 無適也, 無莫也, 義之與比."

공자가 말했다. "군자는 천하에 원수도 없고 흠모함도 없이 의(義)가 있는 사람과 함께 친하게 지낸다."

원문 正義曰: 言"天下"者, 謂於天下之人與事也. "無適"·"無莫"者, 『釋文』

가지는 것은 의가 아닙니다. 선비는 어디에 거처해야 하겠습니까? 인이 그곳입니다. 길은 어디에 있겠습니까? 의가 그곳입니다. 인에 거처하고 의를 따른다면 대인(大人)으로서의 일이 갖추어진 것입니다."[王子墊問曰: "士何事?" 孟子曰: "尙志." 曰: "何謂尙志?" 曰: "仁義而已矣. 殺一無罪非仁也; 非其有而取之非義也. 居惡在? 仁是也; 路惡在? 義是也. 居仁由義, 大人之事備矣."]

55 『설문해자』 권3: 의(議)는 말한다[語]는 뜻이다. 언(言)으로 구성되었고, 의(義)가 발음을 나타낸다. 의(宜)와 기(寄)의 반절음이다.[議, 語也. 從言義聲. 宜寄切.]

云: "適, 鄭本作敵. 莫, 鄭音慕, 無所貪慕也."

역문 정의에서 말한다.

"천하(天下)"를 말한 것은 천하의 사람과 일에 대한 것을 이른다. "무적(無適)"과 "무막(無莫)"에 대해서 『경전석문』에 "적(適)은, 정현본에는 적(敵)으로 되어 있다. 막(莫)은, 정현이 모(慕)라고 발음했으니, 탐하고 흠모함이 없다는 뜻이다."[56]라고 했다.

원문 惠氏棟『九經古義』, "『禮記』「雜記」'訃於適者', 鄭「注」云: '適讀爲匹敵之敵.' 『史記』「范睢傳」'政適伐國', 「田單傳」'適人開戶', 「李斯傳」'群臣百官皆畔, 不適', 徐廣皆音'征敵'之敵. 『荀卿子』「君子篇」云: '天子四海之內無客禮, 告無適也.' 「注」, '讀爲敵.'" 由惠氏所引證觀之, 是"適"·"敵"通用. 鄭所見本作"敵", 不知其義云何. 至『釋文』於"莫"字, 引鄭音"慕", 其下"無所貪慕", 必亦鄭「注」之義. 馮氏登府『異文考證』, "莫·慕一聲之轉. 『一切經音義』「維摩詰經上」'適莫'「注」, '安適, 主適也, 亦敵也. 莫猶慕也.' 敵·慕二訓當亦本鄭「注」." 竊謂"敵", 當卽仇敵之義. "無敵無慕, 義之與比", 是言好惡得其正也. 鄭氏專就事言.

역문 혜동의 『구경고의』에 "『예기』「잡기(雜記)」에 '작위가 대등한 사람에게 부고할 때[訃於適者]'라고 했는데, 정현의 「주」에 '적(適)은 필적(匹敵)이라고 할 때의 적(敵)으로 읽어야 한다.'[57]라고 했다. 『사기(史記)』「범저전(範睢傳)」에 '적국을 정벌했다[政適伐國]' 하고, 「전단전(田單傳)」에 '적인이 문을 열었다[適人開戶]'라고 했으며, 「이사전(李斯傳)」에 '여러 신하와 많은 관료들이 모두 배반을 하고 대적하지 않았다[不適]'라고 했는데, 서

---

56 『경전석문』 권24, 「논어음의 · 이인제4」.

57 『예기주소』 권40, 「잡기상(雜記上)」 정현의 「주」.

광(徐廣)[58]은 모두 '정적(征敵)'의 적(敵)으로 발음했다. 『순경자(荀卿子)』「군자(君子)」에 '천자(天子)는 사해(四海) 안에서 손님으로 맞이하는 예가 없는데, 이는 대적할[適] 상대가 없다는 말이다.'라고 했는데, 「주」에 '적(適)은 적(敵)의 뜻으로 읽어야 한다.'라고 했다."라고 하였다. 혜씨(惠氏)가 인증(引證)한 것을 따라 살펴보면 "적(適)"과 "적(敵)"은 통용된다. 정현이 본 판본에 "적(敵)"으로 되어 있는 것은, 그 뜻이 무엇을 말하는지 모르겠다. 『경전석문』에서는 "막(莫)" 자에 대해 정현이 "모(慕)"라고 발음한 것을 인용했는데, 그 아래 "탐하고 흠모함이 없다"라고 한 것도 역시 분명 정현 「주」의 뜻이다. 풍등부의 『논어이문고증』에 "막(莫)과 모(慕)는 같은 발음이었다가 바뀌어 달라진 것이다. 『일체경음의(一切經音義)』「유마힐경상(維摩詰經上)」의 '적막(適莫)'에 대한 「주」에 '살펴보니, 적(適)은 주적(主適)이라는 뜻이며 또한 대적한다[敵]는 뜻이다. 막(莫)은 모(慕)와 같다.'라고 했는데, 적(敵)과 모(慕)의 두 해석 역시 당연히 정현의 「주」에 근거한 것이다."라고 했다. 내가 생각하기에 "적(敵)"은 당연히 원수[仇敵]라는 뜻이다. "원수도 없고 흠모함도 없이 의가 있는 사람과 함께 친하게 지낸다."라는 말은 좋아하고 미워함이 그 올바름을 얻었다는 말이다. 정씨는 오로지 일의 입장에서만 말했을 뿐이다.

원문 『後漢書』「劉梁傳」梁著「和同論」云: "夫事有違而得道, 有順而失義; 有愛而爲害, 有惡而爲美, 其故何乎? 蓋明智之所得; 闇僞之所失也. 是以君

---

58 서광(徐廣, 352~425): 동진 동완(東莞) 고막(姑幕) 사람. 자는 야민(野民)이다. 배우기를 좋아해서 백가(百家)의 여러 술수 중 연구해 보지 않은 것이 없었다. 사현(謝玄)이 불러 종사(從事)로 삼았고, 비서감(秘書監)에 올랐으며, 낙성후(樂成侯)에 봉해졌다. 12년 동안 심혈을 기울여 『진기(晉紀)』를 편찬했다.

子之於事也，無適無莫，必考之以義焉.” 此義當與鄭合. 又「李固傳」，“子燮所交皆舍短取長，成人之美. 時潁川荀爽，賈彪雖具知名而不相能，燮竝交二子，情無適莫.”『白虎通』「諫諍篇」，“君所以不爲臣隱何? 以爲君之於臣，無適無莫，義之與比，賞一善而衆臣勸，罰一惡而衆臣懼.”『風俗通』「十反篇」，“蓋人君者，闢門開窗，號咷博求，得賢而賞，聞善若驚，無適也，無莫也.” 諸文解“適”·“莫”，皆就人言.

역문 『후한서』「유량전(劉梁傳)」에서 유량(劉梁)이 「화동론(和同論)」을 지어 “일이란 정도에서 어긋났음에도 도를 얻는 경우가 있고, 정도를 따르는데도 의를 잃는 경우가 있으며, 사랑하는데도 해가 되는 경우가 있고, 미워하는데도 아름다움이 되는 경우가 있는데, 그 까닭이 무엇인가? 아마도 밝은 지혜의 소득과 어두운 거짓의 잘못일 것이다. 그러므로 군자는 일에 있어서 원수도 없고 흠모함도 없이 반드시 의로써 일을 살핀다.”라고 했는데, 이 뜻은 당연히 정현과 일치한다.

또 「이고전(李固傳)」에 “아들 섭[李燮]이 교유했던 사람들은 모두 단점은 버리고 장점만 취하였으며, 남의 훌륭한 점을 이루어 주었다. 당시 영천의 순상(荀爽)과 가표(賈彪)는 비록 나란히 이름을 날렸지만 서로 사이가 좋지 않았는데, 이섭은 이 둘 모두와 교유하면서 우정이 대적할 것도 흠모할 것도[適莫] 없었다.” 했고, 『백호통의』「간쟁(諫諍)」에는 “임금이 신하를 위해 숨겨 주지 않는 것은 어째서인가? 임금은 신하에 대해 대적할 것도 없고 흠모할 것도 없이 의가 있는 사람과 함께 친하게 지내며, 한 가지 선(善)을 포상하매 많은 신료들이 권면되고, 한 가지 악(惡)을 벌하매 많은 신료들이 두려워한다.” 했으며, 『풍속통(風俗通)』「십반(十反)」에는, “임금이란 자는 문을 열고 창을 열어 큰 소리로 부르고 널리 구하여 현명한 인재를 얻어 상 주고, 선을 들으면 달려가듯 해서 대적함도 없고 흠모함도 없어야 한다.”라고 했는데, 여기에 있는 여러 문장에서 “적(適)”과 “막(莫)”을 해석한 것은 모두 사람의 입장에서 말한 것이다.

원문 皇「疏」引范寧曰: “適莫, 猶厚薄也. 比, 親也. 君子與人, 無有偏頗厚薄, 唯仁義是親也.” 范氏意似以適爲厚, 莫爲薄. 故邢「疏」即云: “適, 厚也; 莫, 薄也.” 此與鄭氏義異. 疑「李固傳」及『白虎通』·『風俗通』皆如此解, 則亦『論語』家舊說, 於義竝得通也.

至邢「疏」又云: “言君子於天下之人, 無問富厚·窮薄, 但有義者, 則與之爲親.” 其義淺陋, 不足以知聖言矣. 皇本有「注」云: “言君子之於天下, 無適無莫, 無所貪慕也, 唯義之所在也.” 案, “無所貪慕”, 乃鄭君解‘無莫’之義, 與‘無適’句無涉, 此「注」必妄人所增.

역문 황간의 「소」에는 범녕(范寧)을 인용해서 “적막(適莫)은 후박(厚薄)과 같다. 비(比)는 친(親)이다. 군자는 남과 함께할 때 후박에 치우침이 없이 오직 인과 의가 있는 사람을 이에 친히 할 뿐이다.”[59]라고 했다. 범씨(范氏)의 생각은 적(適)을 후(厚)로, 막(莫)을 박(薄)으로 본 것 같다. 그러므로 형병의 「소」에서는 곧바로 “적(適)은 후(厚)하다는 뜻이고, 막(莫)은 박(薄)하다는 뜻이다.”[60]라고 했으니, 이것은 정씨의 뜻과는 다르다. 의심컨대, 「이고전」 및 『백호통의』와 『풍속통』을 모두 이와 같이 해석한다면 또한 논어학파의 구설(舊說)도 뜻에 있어서는 모두 통할 수 있을 듯하다.

심지어 형병의 「소」에서는 또 “군자는 천하 사람들에 대해 부유한 사람이나 후한 사람 · 궁핍한 사람이나 박복한 사람을 가리지 않고 다만 의가 있는 자라면 그와 함께 친하게 지낼 뿐이라는 말이다.”[61]라고 했는

59 『논어집해의소』 권2, 「논어이인제4」 황간의 「소」.

60 『논어주소』 권4, 「이인제4」 형병의 「소」.

61 『논어주소』 권4, 「이인제4」 형병의 「소」.

데, 그 뜻이 천박하고 비루해서 성현의 말을 알기엔 부족하다. 황간본에는 「주」가 있는데 거기에 "군자는 천하에 있어서 후하게 함도 없고 박하게 함도 없으니 오직 의가 있는 곳일 뿐이다."[62]라고 했다. 살펴보니, "탐하고 흠모함이 없다[無所貪慕]"라는 것은 바로 정군(鄭君)이 '무막(無莫)'을 해석한 뜻으로, '무적(無適)'이라는 구절과는 관련이 없으니, 이 「주」는 필시 망령된 사람이 불러 놓은 것이다.

4-11

子曰: "君子懷德, 【注】 孔曰: "'懷', 安也." 小人懷土, 【注】 孔曰: "重遷." 君子懷刑, 【注】 孔曰: "安於法." 小人懷惠." 【注】 包曰: "'惠', 恩惠."

공자가 말했다. "군자는 덕을 생각하고, 【주】 공안국이 말했다. "'회(懷)'는 편안하다[安]는 뜻이다." 소인은 밭을 생각하며, 【주】 공안국이 말했다. "옮기는 것을 꺼린다는 뜻이다."[63] 군자는 형벌을 생각하고, 【주】 공안국이 말했다. "법을 편안히 여기는 것이다." 소인은 은혜를 생각한다." 【주】 포함이 말했다. "'혜(惠)'는 은혜(恩惠)이다."

---

62 『논어집해의소』 권2, 「논어이인제4」 「주」.

63 중천(重遷): 회토중천(懷土重遷)의 줄임말. 안토중천(安土重遷)이라고도 하며, 대대로 살아오던 고향을 사랑하여 다른 곳으로 거처를 옮기기를 꺼린다는 뜻이다. 『전한서』 권9, 「원제기(元帝紀)」에 한 원제(漢元帝)가 영광(永光) 4년 10월, 군국(郡國)에 있는 조종의 묘(廟)를 폐하고 여러 능(陵)을 삼보(三輔)로 분속시키면서 "고향을 편안히 여기고 다른 곳으로 옮기기를 꺼리는 것은 백성의 본성이다.[安土重遷, 黎民之性.]"라고 하였다.

원문 正義曰:『爾雅』「釋詁」, “懷, 思也.”『說文』, “懷, 思念也.” 君子己立立人; 己達達人. 思成己將以成物, 所思念在德也.

역문 정의에서 말한다.

『이아』「석고」에 “회(懷)는 생각한다[思]는 뜻이다.”라 했고,『설문해자』에도 “회(懷)는 생각한다[思念]는 뜻이다.”[64]라고 했다. 군자는 자기가 서고자 하매 남도 서게 하며, 자기가 통달하고자 하매 남도 통달하게 한다.[65] 자신을 이루어 장차 남을 이루어 줄 것을 생각하니, 생각하는 것이 덕에 있다.[66]

원문 『管子』「心術篇」, “化育萬物謂之德.” 又「正篇」云: “愛之生之, 養之成之, 利民不德, 天下親之曰德.” 此德爲君子所懷也. 小人惟身家之是圖, 饑寒之是恤, 故無恒產, 因無恒心, 所思念在土也. 『爾雅』「釋言」, “土, 田也.”『說文』, “土, 地之吐生萬物者也.” 先王制民之產, 八家同井, 死徙無出鄕, 必使仰足事父母, 俯足畜妻子, 然後驅而之善, 所謂能知小人之依矣.

역문 『관자(管子)』「심술(心術)」에 “만물을 화육(化育)함을 덕(德)이라 한다.” 했고, 또「정(正)」에 “사랑하고 낳고, 길러 주고 성장하게 하며, 민중을 이롭게 하면서도 스스로 덕이라 여기지 않고, 천하가 친하게 여기는 것을 덕이라 한다.” 했는데, 이러한 덕을 군자는 생각하는 것이다. 소인은 오직 자신과 집안만을 도모하고 굶주림과 추위만을 구휼하기 때문

---

64 『설문해자』 권10: 회(懷)는 생각한다[念思]는 뜻이다. 심(心)으로 구성되었고, 회(褱)가 발음을 나타낸다. 호(戶)와 괴(乖)의 반절음이다.[懷, 念思也. 從心褱聲. 戶乖切.]

65 『논어』「옹야」.

66 『중용』 제25장: 성(誠)은 자신을 이룰 뿐만 아니라 남을 이루어 준다. 자신을 이룸은 인(仁)이고, 남을 이루어 줌은 지(智)이다. 이는 성(性)의 덕(德)으로 안과 밖을 합일하는 도(道)이다.[誠者, 非自成己而已也, 所以成物也. 成己, 仁也; 成物, 知也, 性之德也, 合內外之道也.]

에 일정한 생업이 없으면 그로 인해 항상된 마음이 없이 생각하는 것이 밭에 있는 것이다. 『이아』「석언(釋言)」에 "토(土)는 밭[田]이다."라고 했고, 『설문해자』에 "토(土)는 만물을 토해 내는 땅이다."[67]라고 했다. 선왕은 백성들의 생업을 제정해 주되 8가구에게 정(井)을 함께 나누어 주어 죽거나 이사해도 마을을 벗어나지 않도록 하고, 반드시 위로는 부모를 충분히 섬길 수 있고 아래로는 처자식을 충분히 기를 수 있게 한 뒤에 백성들을 몰아서 선으로 나아가게 하였으니, 이른바 민중들[小人]이 의지하고 있는 것을 제대로 알았다는 것이다.

원문 "懷刑", 則日儆於禮法, 而不致有匪僻之行, 此君子所以爲君子也. 小人愍不畏法, 故以刑齊民, 不能使民恥也. 『書』「皐陶謨」云: "安民則惠, 黎民懷之." 是小人所懷在恩惠也. 夫君子自治以治人者也; 小人待治於人者也. 知所以自治以治人, 則好善惡不善, 勿能已矣; 知所以待治於人, 則先富後教, 處之必有道矣.

역문 "형벌을 생각함"이란 날마다 예법을 경계해서 그릇되거나 편벽된 행실이 있지 않도록 하는 것이니, 이것이 군자가 군자가 된 까닭이다. 소인들은 가엽게도 법을 두려워하지 않기 때문에 형벌로써 백성을 다스리는 것이지, 백성들로 하여금 부끄러운 마음을 갖도록 하지는 못한다. 『서경』「고요모(皐陶謨)」에 "백성을 편안하게 해 주면 은혜로워서 모든 백성들이 그를 생각한다."라고 했으니, 이것이 소인들이 생각하는 것이 은혜

---

67 『설문해자』 권13: 토(土)는 만물을 토해 내는 땅이다. 이(二)는 땅 위와 땅속을 상형한 것이고, 신(丨)은 만물이 나오는 모양이다. 모든 토(土)부에 속하는 한자는 다 토(土)의 뜻을 따른다. 타(它)와 노(魯)의 반절음이다.[土, 地之吐生萬物者也. 二象地之下・地之中, 丨, 物出形也. 凡土之屬皆從土. 它魯切.]

에 있다는 것이다. 군자란 스스로를 다스림으로써 남을 다스리는 자이고, 소인은 남에게 다스림을 받기를 기다리는 자이다. 스스로를 다스려 남을 다스릴 줄 알면, 선을 좋아하고 불선을 미워해서 그만둘 수 없을 것이고, 남에게 다스림을 받기를 기다릴 줄 알면, 우선은 부유해진 뒤에 가르침을 받아들여 처신함에 반드시 도(道)가 있을 것이다.

● 「注」, "'懷', 安也."

● 正義曰: 『詩』「終風」·「雄雉」·「揚之水」「箋」竝云: "懷, 安也." 『文選』「登樓賦」「注」引此「注」作"懷, 思也." 以下句"安於法"例之, "思"字誤.

○ 「주」의 "'회(懷)'는 편안하다[安]는 뜻이다."

○ 정의에서 말한다.

『시경』「종풍(終風)」·「웅치(雄雉)」·「양지수(揚之水)」의 「전」에 모두 "회(懷)는 편안하다[安]는 뜻이다."라고 했고, 『문선』「등루부(登樓賦)」의 「주」에는 여기의 「주」에서 "회(懷)는 생각한다[思]는 뜻이다."라고 한 것을 인용했는데, 아래 구절에서 "법을 편안히 여기는 것이다."라고 한 것을 예로 들어 보면, "사(思)" 자는 오자이다.[68]

● 「注」, "重遷".

● 正義曰: 『爾雅』「釋詁」, "遷, 徙也." 言小人以遷徙爲重難也, 亦懷居之意. 『漢書』「元帝紀」"詔曰: '安土重遷, 黎民之性.'"

○ 「주」의 "옮기는 것을 꺼린다[重遷]는 뜻이다".

○ 정의에서 말한다.

『이아』「석고」에 "천(遷)은 옮긴다[從]는 뜻이다."라고 했으니, 소인은 옮기는 것을 꺼리고 어

---

68 『문선(文選)』「등루부(登樓賦)」에 "땅을 생각하는 마음 누구나 같다.[人情同於懷土兮.]"라고 한 곳의 「주」에 "공안국이 말했다. '회(懷)는 생각한다[思]는 뜻이다.'[孔安國曰: '懷, 思也.']"라고 되어 있는데, '安' 자가 '思' 자로 잘못되었다는 말이다.

렵게 여긴다는 말이니, 역시 거처를 생각한다는 뜻이다. 『전한서』「원제기(元帝紀)」에 "다음과 같이 조서를 내렸다. '고향을 편안히 여기고 다른 곳으로 옮기기를 꺼리는 것은 백성의 본성이다.'"라고 했다.

● 「注」, "'惠', 恩惠."

● 正義曰: 『荀子』「王制」「注」同. 『說文』, "惠, 仁也."

○ 「주」의 "'혜(惠)'는 은혜(恩惠)이다."

○ 정의에서 말한다.

『순자』「왕제(王制)」의 「주」에도 같다. 『설문해자』에 "혜(惠)는 사랑한다[仁]는 뜻이다."[69]라고 했다.

4-12

子曰: "放於利而行, 多怨." 【注】 孔曰: "'放', 依也. 每事依利而行, 取怨之道."

공자가 말했다. "이익을 따라 행동하면 원망이 많다." 【주】 공안국이 말했다. "'방(放)'은 따름[依]이니, 매사를 이익에 따라 행함은 원망을 부르는 길이다.

원문 正義曰: 此爲在位好利者箴也. 利者, 財貨也. 怨者, 『說文』云: "恚也."

69 『설문해자』 권4: 혜(惠)는 사랑한다[仁]는 뜻이다. 심(心)으로 구성되었고, 전(叀)으로 구성되었다. 혜(𢡆)는 혜(惠)의 고문인데 훼(芔)로 구성되었다. 호(胡)와 계(桂)의 반절음이다. [惠, 仁也. 從心從叀. 𢡆, 古文惠從芔. 胡桂切.]

『荀子』「大略篇」, “故義勝利者爲治世; 利克義者爲亂世. 上重義則義克利; 上重利則利克義. 故天子不言多少; 諸侯不言利害; 大夫不言得喪; 士不言通貨財. 有國之君不息牛羊; 錯質之臣不息鷄豚, 塚卿不修幣, 大夫不爲場園院. 從士以上皆羞利而不與民爭業, 樂分施而恥積臧. 然故民不困財, 貧窶者有所竄其手.” 皆言在上位者宜知重義, 不與民爭利也. 若在上者放利而行, 利壅於上, 民困於下, 所謂“長國家而務財用”, 必使“菑害竝至”, 故民多怨之也. 「周語」, “芮良夫曰: ‘夫利, 百物之所生也, 天地之所載也, 而或專之, 其害多矣. 天地百物, 皆將取焉, 胡可專也? 所怒甚多, 而不備大難.’”

역문 정의에서 말한다. 이것은 지위에 있으면서 이익을 좋아하는 자를 위한 잠언이다. 이익[利]이란 재화(財貨)이다. 원망[怨]이란, 『설문해자』에 “화를 낸다[恚]는 뜻이다.”[70]라 했다. 『순자』「대략편(大略篇)」에 “그러므로 의(義)가 이(利)를 이기면 치세(治世)가 되고, 이가 의를 이기면 난세(亂世)가 된다. 임금이 의를 중히 여기면 의가 이를 이기고, 임금이 이를 중히 여기면 이가 의를 이긴다. 그러므로 천자는 많고 적음을 말하지 않고, 제후(諸侯)는 이롭고 해로움을 말하지 않으며, 대부(大夫)는 얻고 잃음을 말하지 않고, 사는 재화(財貨)를 유통시키지 않는다. 나라를 소유한 군주는 소나 양을 기르지 않고, 폐백을 바친 신하는 닭과 돼지를 기르지 않으며, 총경(塚卿)은 폐백을 팔아서 재물을 불리지 않고, 대부는 밭이나 농원을 가꾸지 않는다. 사로부터 그 이상은 모두 이를 부끄럽게 여겨 백성들과 사업을 다투지 않고, 나누어 베푸는 것을 즐거워하고 쌓아 두고

---

70 『설문해자』 권10: 원(𢙣)은 화를 낸다[恚]는 뜻이다. 심(心)으로 구성되었고 원(夗)이 발음을 나타낸다. 원(㤪)은 원(怨)의 고문이다. 어(於)와 원(願)의 반절음이다.[𢙣, 恚也. 從心夗聲. 㤪, 古文. 於願切.]

보관하는 것을 수치스럽게 여겼다. 그런 까닭에 백성들은 재물 때문에 곤궁하지 않았고, 가난하고 구차한 자들이 그들의 손을 놓아둘 수 있었던 것이다."라고 했는데, 모두 높은 지위에 있는 자들은 마땅히 의를 중하게 여길 줄 알아서 백성들과 이를 다투지 않아야 됨을 말한 것이다. 만약 윗자리에 있는 사람들이 이익을 따라 행동하면 이익은 위에서 막히고 백성은 아래서 곤궁해져 이른바 "국가의 어른이 되어 재용(財用)에 힘쓰는 자"는 반드시 "천재(天災)와 인재(人災)가 함께 이르게 하기"[71] 때문에 백성들이 많이들 원망을 한다. 『국어(國語)』「주어(周語)」에 "예양부(芮良夫)[72]가 말했다. '이익이란 온갖 사물에서 나오는 것이고, 천지가 싣고 있는 것인데, 누군가가 그것을 독점하게 되면 그 피해가 많을 것이다. 천지의 온갖 사물은 모든 사람이 그 이익을 취해야 하는 것인데 어찌 독점할 수 있겠는가? (이익을 독점하면) 노여워하는 사람이 매우 많을 터인데도 큰 환난을 대비하지 않는다.'"라고 했다.

- 「注」, "'放', 依也."
- 正義曰: 鄭注「天官 · 食醫」, 『儀禮』「少牢饋食」有此訓. 『漢書』公孫賀等「傳」「贊」引桓寬『鹽鐵論』曰: "桑大夫不師古, 始放于末利." 師古「注」, "放, 縱也." 謂縱心于利也. 一說放, 依

---

71 『대학』 전10장: 국가의 어른이 되어 재용에 힘쓰는 자는 반드시 소인으로부터 비롯되기 마련이니, 그런 소인으로 하여금 나라를 다스리게 하면, 천재와 인재가 함께 이를 것이다.[長國家而務財用者, 必自小人矣, 彼小人之使爲國家, 菑害竝至.]

72 예양부(芮良夫, ?~?): 중국 주(周)나라의 경사(卿士)이다. 제후국인 예(芮)나라의 왕으로, 자가 양부(良夫)이므로 예양부라고 부르는 것이다. 성은 희(姬)이다. 여왕(厲王)이 영이공(榮夷公)을 경사로 삼으려고 하자, 영이공은 이익을 좇기를 좋아하므로 그를 등용하면 주나라는 반드시 망하게 될 것이라고 하며 강력하게 저지하였다. 결국 받아들여지지 않자 벼슬을 그만두고 은거하였다.

也. 案. 放縱義亦通.

○ 「주」의 "'방(放)'은 따름[依]이다."

○ 정의에서 말한다.

정현은 『주례(周禮)』「천관총재하(天官冢宰下) · 사의(食醫)」와 『의례(儀禮)』「소뢰궤사례(少牢饋食禮)」를 주석하면서도 이렇게 해석했다. 『후한서』 공손하(公孫賀) 등의 「전」과 「찬」에는 환관(桓寬)[73]의 『염철론』을 인용해서 "상대부(桑大夫)[74]는 옛 법도를 따르지 않고 비로소 상업[末利]을 방종(放縱)했다."라고 했는데, 안사고의 「주」에 "방(放)은 방종한다[縱]는 뜻이니, 이익에 마음을 함부로 풀어놓았다는 말이다. 일설에 방(放)은 따른다[依]는 뜻이라고 한다."라고 했다. 살펴보니, 방종이라는 뜻도 역시 통한다.

---

73 환관(桓寬, ?~?): 전한 여남[汝南, 하남성 상채(上蔡)] 사람. 자는 차공(次公)이다. 선제(宣帝) 때 주로 활동하여 천거를 받아 낭(郞)이 되고, 여강태수승(廬江太守丞) 등을 지냈다. 『춘추공양전(春秋公羊傳)』에 뛰어났다. 학식이 깊고 문장을 잘 지었다. 소제(昭帝) 때 승상, 어사(御史) 및 여러 현량(賢良), 문학들과 함께 염철(鹽鐵) 관영(官營)의 문제를 논한 염철 회의의 변론 기록을 집성하여 『염철론(鹽鐵論)』을 만들었다.

74 상대부(桑大夫): 전한 하남(河南) 낙양(洛陽)의 정치가 상홍양(桑弘羊, 기원전 152?~기원전 80)을 가리킨다. 장사꾼의 아들로 태어나 무제(武帝) 건원(建元) 원년(기원전 140)경 암산의 재능을 인정받고 치속도위(治粟徒尉)에 임명되었다. 대사농(大司農)이 되어 천한(天漢) 3년(기원전 98) 염철과 주류(酒類)에 대해 관영을 하도록 조치를 취하고, 평준(平準)과 균수(均輸) 기구를 설립했다. 이를 통해 전국의 상품을 통제하고 물가를 억제하면서, 상인들이 지나친 이익을 남기지 못하도록 하는 한편 세수(稅收)의 증대도 꾀했다. 좌서장(左庶長)의 작위가 내려졌다. 후원(後元) 2년(기원전 87) 소제(少帝)가 어린 나이에 즉위하자 무제의 유조(遺詔)로 곽광(霍光)과 함께 정치를 보좌하면서 어사대부(御史大夫)에 올랐다. 그의 정책에 대한 불만이 높아지자 원시(元始) 6년(기원전 81) 현량문학(賢良文學)의 선비들과 궁정에서 전매법 등 일련의 문제에 관해 격론을 펼쳤는데, 계속 관영을 고수했다. 그 기록이 『염철론』이다. 다음 해 연왕(燕王) 유단(劉旦)과 상관걸(上官桀) 등이 모반을 일으켰을 때 피살되었다.

4-13

子曰: "能以禮讓, 爲國乎, 何有? 【注】 '何有'者, 言不難. **不能以禮讓, 爲國, 如禮何?** 【注】 包曰: "'如禮何'者, 言不能用禮."

공자가 말했다. "예와 겸양으로써 할 수 있다면 나라를 다스림에 무슨 어려움이 있겠는가? 【주】 '하유(何有)'는 어렵지 않다[不難]는 말이다. **예와 겸양으로써 할 수 없다면 나라를 다스림에 예를 뭣하겠는가?"** 【주】 포함이 말했다. "'여예하(如禮何)'란 예를 쓸 수 없다는 말이다."

원문 正義曰: "讓"者, 禮之實; "禮"者, 讓之文. 先王慮民之有爭也, 故制爲禮以治之. 禮者, 所以整壹人之心志, 而抑制其血氣, 使之咸就于中·和也.

역문 정의에서 말한다.

"겸양[讓]"은 예의 실질[實]이고 "예"는 겸양의 문채[文]이다. 선왕은 백성들에게 다툼이 있음을 염려했기 때문에 예를 제정해서 다스렸다. 예란 사람의 심지(心志)를 정일(整壹)하게 하고 혈기를 억제해서 모두가 중(中)과 화(和)로 나아가게 하는 것이다.

원문 "爲國"者, 爲猶治也. 『管子』「五輔篇」, "夫人必知禮然後恭敬, 恭敬然後尊讓, 尊讓然後少長·貴賤不相踰越, 故亂不生而患不作, 故曰: '禮不可不謹也'."

『禮記』「禮運」曰: "何謂人情? 喜·怒·哀·懼·愛·惡·欲, 七者弗學而能. 何謂人義? 父慈·子孝·兄良·弟弟·夫義·婦聽·長惠·幼順·君仁·臣忠, 十者謂之人義. 講信修睦, 謂之人利; 爭奪相殺, 謂之人患. 故聖人之所以治人七情, 修十義, 講信修睦, 尙辭讓, 去爭奪, 舍禮何以治之?"

『左』「襄」十三年「傳」, "君子曰: '讓, 禮之主也. 世之治也, 君子尙能而讓其下; 小人農力以事其上. 是以上下有禮, 而讒慝黜遠, 由不爭也, 謂之懿德. 及其亂也, 君子稱其功以加小人; 小人伐其技以憑君子. 是以上下無禮, 亂虐竝生, 由爭善也, 謂之昏德. 國家之敝, 恒必由之.'" 諸文竝足發明此章之義.

역문 "나라를 다스림[爲國]"

"위(爲)"는 다스림[治]과 같다. 『관자』「오보(五輔)」에 "사람은 반드시 예를 안 뒤에 공손하고 경건하며, 공손하고 경건한 뒤에 존중하고 겸양하며, 존중하고 겸양한 뒤에 젊은이와 어른 · 존귀한 자와 비천한 자가 서로 본분을 넘지 않기 때문에 혼란이 생기지 않고 환란이 일어나지 않는다. 그러므로 '예는 삼가지 않을 수 없다'라고 한다."라고 했다.

『예기』「예운(禮運)」에서 말했다. "무엇을 사람의 정(情)이라고 하는가? 희(喜) · 노(怒) · 애(哀) · 구(懼) · 애(愛) · 오(惡) · 욕(欲)인데, 이 일곱 가지는 배우지 않아도 능한 것이다. 무엇을 사람의 의라고 하는가? 아버지는 자애하고 아들은 효도하며, 형은 어질고 아우는 공경하며, 남편은 의롭고 아내는 순종하며, 어른은 베풀고 어린이는 유순하며, 임금은 어질고 신하는 충성하는 것, 이 열 가지를 사람의 의라 한다. 신의를 강구하고 화목을 닦는 것을 사람의 이로움[利]이라 하고, 다투고 빼앗으며 서로 죽이는 것을 사람의 우환[患]이라고 한다. 그러므로 성인이 사람의 칠정을 다스리고 열 가지 의를 닦으며, 신의를 강구하고 화목을 닦으며, 사양(辭讓)을 숭상하고 다투고 빼앗음을 제거함에 예를 버리고 무엇으로 다스리겠는가?"

『춘추좌씨전(春秋左氏傳)』「양공(襄公)」 12년의 「전」에 "군자가 말했다. '겸양은 예의 근본이다. 세상이 잘 다스려진 때에는 군자는 능력을 높여 아랫사람에게 양보(讓步)하고, 소인은 노력[農力]하여 윗사람을 섬겼다. 그러므로 상하에 예가 있어 사악[讒慝]한 무리가 멀리 축출되었으니, 이는 서로 다투지 않은 데서 연유한 것인데, 이를 일러 의덕(懿德)이라 한다. 세상이 어지러워짐에 미쳐 군자는 자기의 공로를 자랑하여 소인을 멸시하고, 소인은 자기의 재주를 자랑하여 군자를 능멸하였다. 그러므로 상하에 예가 없어 변란과 학정이 아울러 생겼으니, 이는 상하(上下)가 서로 잘한다고 다투는 데서 연유한 것으로, 이를 일러 혼덕(昏德)이라 한다. 국가가 쇠퇴하는 것은 항상 여기에서 연유하였다.'"라고 했는데, 앞의 여러 글들은 모두 이 장의 뜻을 충분히 드러내 밝혀 주고 있다.

원문 『後漢』「劉愷傳」賈逵上書引此文, 作"能以禮讓爲國, 於從政乎何有?" 「列女傳」曹世叔妻上疏引亦同. 此疑出『齊』·『古』文異.

역문 『후한서』「유개전(劉愷傳)」에 가규(賈逵)[75]가 글을 올리면서 이 문장을 인용했는데, 거기에는 "예와 겸양으로써 나라를 다스리면 정치에 종사함에 무슨 어려움이 있겠는가?"라고 되어 있는데, 「열녀전(列女傳)」에서

---

75 가규(賈逵, 30~101): 후한 부풍(扶風, 섬서성) 평릉(平陵) 사람. 자는 경백(景伯)이다. 약관의 나이에 오경(五經)의 본문과 『좌씨전(左氏傳)』을 암송했고, 대하후(大夏侯)의 『상서(尙書)』를 가르쳤으며, 곡량(穀梁)의 학설에도 정통했다. 명제(明帝) 영평(永平) 연간에 『춘추좌씨전해고(春秋左氏傳解詁)』와 『국어해고(國語解詁)』를 저술하여 바쳤다. 또 『춘추좌씨전(春秋左氏傳)』과 참위(讖緯)를 결합한 글을 올려 박사(博士)에 올랐다. 장제(章帝) 때는 금문경학자 이육(李育)과의 논쟁을 통해 고문 경전의 지위를 높였다. 천문(天文)에 조예가 깊어 장제 원화(元和) 2년(85)부터 화제 영원(永元) 4년(92) 사이에 이범(李梵), 이숭(李崇) 등과 『사분율(四分律)』을 정정하는 작업을 시행해 천문에 관한 여러 가지 문제들을 해결했다. 구양(歐陽)과 대소하후(大小夏侯)의 『고문상서(古文尙書)』의 이동(異同)이라든지 제노한(齊魯韓) 삼시(三詩)와 『모시(毛詩)』의 이동을 밝혔다. 『경전의고(經傳義詁)』와 『논란(論難)』을 저술하여 뒷날 마융과 정현 등이 고문 경서의 학문을 대성할 수 있는 길을 닦아 놓았다. 저술이 많았지만 대부분 없어졌고, 청나라 때 사람이 편집한 문집이 남아 있다.

조세숙(曹世叔)[76] 아내의 상소에 인용한 것[77] 역시 똑같다. 이는 『제논어』와 『고논어』의 글자가 다른 데서 나온 것인 듯싶다.

● 注, "何有者, 言不難."

● 正義曰: 『後漢』「列女傳」「注」, "'何有', 言若無有." 是其不難也.

○ 「주」의 "하유(何有)는 어렵지 않다[不難]는 말이다."

○ 정의에 말했다.

『후한서』「열녀전」의 「주」에 "'하유(何有)'는 없는 것 같다는 말이다."라고 했는데, 이것이 어렵지 않다는 것이다.

4-14

子曰: "不患無位, 患所以立; 不患莫己知, 求爲可知也." 【注】 包曰: "求善道而學行之, 則人知己."

공자가 말했다. "작록의 지위가 없음을 근심하지 말고 작록의 지위에 설 방법을 근심하며, 자기를 알아주지 않음을 근심하지 말고 알아줄 만하게 되기를 구해야 한다." 【주】 포함이 말했다. "훌륭한 도[善道]를 찾아서 배우고 행하면 남이 나를 알아준다."

76 조세숙(曹世叔, ?~?): 중국 후한(後漢)의 문인 · 학자. 반고(班固)의 여동생인 반소(班昭)의 남편으로 요절함.

77 『후한서』 권114, 「열녀전(列女傳) · 조세숙처(曹世叔妻)」에 보인다.

원문 正義曰: 『周官』「太宰」八則, “四曰祿位, 以馭其士.” 「注」, “爵次也.” “立”者, 立乎其位也. “患所以立”, 猶言患無所以立. 下篇“其未得之也, 患得之”, 亦謂患不得之, 皆語之急爾. 『潛夫論』「貴忠篇」引此文作“患己不立”, 當是以義增成.

역문 정의에서 말한다.

『주관(周官)』「태재(太宰)」의 8칙(八則)에 “넷째는 녹위(祿位)이니, 선비들을 활용한다.”[78]라고 했는데, 「주」에 “위(位)는 작록의 지위[爵次]이다.”[79]라고 했다. “선다[立]”라는 것은, 그 작록의 지위에 선다는 것이다. “작록의 지위에 설 방법을 근심하라[患所以立]”라는 말은 작록의 지위에 설 방법이 없음을 근심하라는 말과 같다. 아래 「양화(陽貨)」의 “아직 녹위를 얻지 못하여서는 얻을 것을 근심한다.”라는 것 역시 얻지 못할까 근심한다는 말이니, 모두 말을 급하게 한 것일 뿐이다. 『잠부론(潛夫論)』「귀충(貴忠)」에 이 문장을 인용하면서 “자기가 서지 못함을 근심하라[患己不立]”라고 했는데, 당연히 뜻을 보충해서 문장을 이룬 것이다.[80]

원문 或謂“立”與“位”同. 上二句兩“位”字, 與下二句兩“知”字方法一例. 『漢石經』「春秋」“公卽位”作“卽立”. 『周官』“小宗伯掌建國之神位”, 故書“位”作“立”. 鄭司農云: “古立·位同字.” “患所以位”, 謂患己所以稱其位者, 此說亦通.

역문 간혹 “입(立)”과 “위(位)”는 같다고 한다. 앞 두 구절의 두 개의 “위(位)”

---

78 『주례(周禮)』「천관총재상(天官冢宰上)·태재(大宰)」.

79 『주례주소(周禮注疏)』 권2, 「천관총재상(天官冢宰上)·태재(大宰)」 정현의 「주」. 「주」에는 “位, 爵次也.”로 되어 있으므로, 「주」에 따라 해석했다.

80 증성(增成): 부족한 부분을 보충하여 완전하게 이룸.

자와 아래 두 구절의 두 개의 “지(知)” 자의 방법이 같은 예[一例]이다. 『한석경』「춘추(春秋)」에 “공이 즉위했다[公卽位]”가 “즉립(卽立)”으로 되어 있다. 『주관』에 “소종백은 건국의 신위(神位)를 관장한다.[小宗伯掌建國之神位.]”라고 했는데, 고서(故書)에는 “위(位)”가 “입(立)”으로 되어 있다. 정사농(鄭司農)은 “옛날에 입(立)과 위(位)는 같은 글자였다.”[81]라고 했다. “작록의 지위에 설 방법을 근심하라[患所以立]”라는 말은 자기가 그 작록의 지위에 어떻게 걸맞을 것인가를 근심하라는 말이라고 하는데, 이 설명 역시 통한다.

원문 案, “不患無位, 患所以立”, 就莅官時言之; “不患莫己知, 求爲可知”, 就爲學時言之. 『荀子』「非十二子篇」, “君子能爲可貴, 不能使人必貴己; 能爲可信, 不能使人必信己; 能爲可用, 不能使人必用己. 故君子恥不修, 不恥見汚; 恥不信, 不恥不見信; 恥不能, 不恥不見用. 是以不誘於譽, 不恐於誹, 率道而行, 端然正己, 不爲物傾側, 夫是之謂誠君子.” 皇本“己”字下有“也”字.

역문 살펴보니, “작록의 지위가 없음을 근심하지 말고 작록의 지위에 설 방법을 근심하라”라는 것은 관직에 임했을 때의 상황에서 말한 것이고, “자기를 알아주지 않음을 근심하지 말고 알아줄 만하게 되기를 구해야 한다”라는 것은 학문할 때의 입장에서 말한 것이다. 『순자』「비십이자편」에 “군자는 귀하게 여길 만한 존재가 될 수는 있지만, 남들로 하여금 반

---

81 원(元)의 화혜동(和惠棟)이 찬(撰)한 『춘추좌전보주(春秋左傳補註)』 권1에 “정중(鄭衆)이 말했다. ‘고문 『춘추경』에는 공즉위(公卽位)가 공즉립(公卽立) 운운이라고 되어 있으니, 옛날에는 위(位)와 입(立)은 같은 글자였다.[鄭衆曰: ‘古文『春秋經』公卽位, 爲公卽立云, 古位·立同字也.]”라는 표현이 보인다.

드시 자기를 귀하게 여기도록 할 수는 없고, 믿을 수 있는 존재가 될 수는 있어도 남들로 하여금 반드시 자기를 믿게 할 수는 없으며, 쓸 수 있는 존재가 될 수는 있어도 남들로 하여금 반드시 자기를 쓰게 할 수는 없다. 그러므로 군자는 스스로 수양하지 않음을 부끄러워하지 모욕을 당하는 것을 부끄러워하지 않으며, 자기가 남을 믿지 않음을 부끄러워하지, 신뢰받지 못함을 부끄러워하지 않으며, 자기의 무능을 부끄러워하지 쓰이지 않음을 부끄러워하지 않는다. 이런 까닭에 명예에 유혹되지 않고, 비방을 두려워하지 않으며 도를 따라 행동하고 단정하게 자기를 바로잡으며 남에 의해 기울어지지 않으니, 이를 일러 진실한 군자라 한다."라고 했다. 황간본에는 "기(己)" 자 아래 "야(也)" 자가 있다.

4-15

子曰: "參乎! 吾道一以貫之." 曾子曰: "唯!" 【注】 孔曰: "直曉不問, 故答曰'唯!'"

공자가 말했다. "삼(參)아! 나의 도는 하나로 관통한다." 증자가 말했다. "네!" 【주】 공안국이 말했다. "바로 깨달아 질문하지 않을 것이기 때문에 '네!'라고 대답한 것이다."

원문 正義曰: "參"者, 曾子名. 『說文』"森"字, "讀若曾參之參", 則"參"·"森"音同. 其字子輿, 則取三人同輿義也. 曾子時與門人同侍夫子, 深知聖道, 故夫子呼告之也.

역문 정의에서 말한다.

"삼(參)"은 증자의 이름이다. 『설문해자』에 "삼(森)" 자에 대해, "증삼(曾參)이라고 할 때의 삼(參)과 같은 음으로 읽어야 한다."[82]라고 했으니, 그렇다면 "삼(參)"과 "삼(森)"은 발음이 같다. 그의 자는 자여(子輿)이니 세 사람이 함께 수레를 탄다는 뜻을 취한 것이다. 증자는 당시에 문인들과 함께 공자를 모시면서 성인의 도를 깊이 알았기 때문에 공자가 호명(呼名)하여 일러 준 것이다.

원문 "一以貫之"者, 焦氏循『雕菰樓集』曰: "孔子言'吾道一以貫之', 曾子曰: '忠恕而已矣', 然則一貫者, 忠恕也. 忠恕者何? 成己以及物也. 孔子曰: '舜其大知也與! 舜好問而好察邇言, 隱惡而揚善, 執其兩端, 用其中於民.' 孟子曰: '大舜有大焉, 善與人同, 舍己從人, 樂取於人以爲善.' 舜於天下之善無不從之, 是眞一以貫之, 以一心而容萬善, 此所以大也."

역문 "하나로 관통하고 있다[一以貫之]"

초순의 『조고루집(雕菰樓集)』에서 말했다. "공자가 '나의 도는 하나로 관통한다' 하자, 증자는 '충서(忠恕)일 뿐이다'라고 했으니, 그렇다면 하나로 관통한다는 것은 충서이다. 충서란 무엇인가? 자기를 이루어 남에게 미치는 것[成己以及物]이다. 공자는 말하길 '순은 크게 지혜로운 분이실 것이다! 순은 묻기를 좋아하고 평범한 말을 살피기를 좋아하시되 악을 숨겨 주고 선을 드러내시며, 두 끝을 잡고 헤아려 그 중(中)을 취한 뒤에 백성에게 쓰셨다.'[83]라 하고, 맹자는 말하길 '대순(大舜)은 그보다 더

---

82 『설문해자』 권6: 삼(森)은 나무가 빽빽한 모양이다. 임(林)으로 구성되었고, 목(木)으로 구성되었다. 증삼(曾參)이라고 할 때의 삼(參)과 같은 음으로 읽어야 한다. 소(所)와 금(今)의 반절음이다.[森, 木多貌. 從林從木. 讀若曾參之參. 所今切.]

83 『중용』 제6장.

위대한 점이 있었으니, 남과 잘 동화되어 자기를 버리고 남을 따르며 남에게서 취하여 선으로 삼기를 좋아하셨다.'[84]라고 했다. 순은 천하의 선을 따르지 않음이 없었으니, 이것이 참으로 하나로 관통하는 것이며, 한결같은 마음으로 모든 선을 받아들인 것, 이것이 위대하게 된 까닭이다."

원문 又云: "孟子曰: '物之不齊, 物之情也.' 惟其不齊, 則不得以己之性情, 例諸天下之性情, 卽不得執己之所習·所學·所知·所能, 例諸天下之所習·所學·所知·所能. 故有聖人所不知而人知之, 聖人所不能而人能之; 知己有所欲, 人亦各有所欲, 己有所能, 人亦各有所能. 聖人盡其性以盡人物之性, 因材而敎育之, 因能而器使之, 而天下之人, 共包函於化育之中, 致中·和, 天地位焉, 萬物育焉. 是故人之有技若己有之, 保邦之本也; 己所不知, 人其舍諸, 擧賢之要也; 知之爲知之, 不知爲不知, 力學之基也. 克己則無我, 無我則有容天下之量. 有容天下之量, 以善濟善, 而天下之善揚; 以善化惡, 而天下之惡亦隱. 貫者通也, 所謂通神明之德, 類萬物之情也. 惟事事欲出乎己, 卽嫉忌之心生; 嫉忌之心生, 則不與人同而與人異. 不與人同而與人異, 執一也, 非一以貫之也.

---

84 『맹자』「공손추상(公孫丑上)」. 주희(朱熹)가 "善與人同"을 "선(善)을 공적(公的)으로 해서 사사롭게 여기지 않은 것이다.[公天下之善, 而不爲私也.]"라고 설명함에 따라, 이 문장은 주로 "선을 남들과 함께한다."라고 해석하는데, 본문에서 볼 때 "자기를 버리고 남을 따른다[舍己從人]"라는 말 자체가 남과 동화됨을 의미하고, 또 『논어』「공야장(公冶長)」의 "晏平仲善與人交"를 "안평중은 남과 사귀기를 잘한다."라고 해석하면서 "善"을 "잘"이라는 뜻의 부사로 해석한 것을 보면, 이 문장에서도 "善"을 "잘"이라는 뜻의 부사로 보아 "남과 잘 동화된다"라고 해석하는 것이 옳을 듯하다. 순이 남과 잘 동화되는 모습은 『맹자』의 여러 곳에서 보인다.

역문 또 "맹자는 '만물이 똑같지 않은 것은 만물의 실정이다.'[85]라고 했는데, 똑같지 않다면 자기의 성정(性情)을 가지고 온 천하의 성정을 예를 들 수 없으니, 바로 자기가 익히고 배우고 알고 능한 것을 가지고 온 천하가 익히고 배우고 알고 능한 것을 예를 들 수 없다. 그러므로 성인은 알지 못하는 것이지만 남은 알고 성인은 능하지 못한 것이지만 남은 능한 것이 있으며, 자기가 바라는 것이 있으면 남도 각각 바라는 것이 있으며 자기가 능한 것이 있으면 남도 각각 능한 것이 있음을 알아야 한다. 성인이 자기의 성(性)을 다 알아 남과 사물의 성을 다 알게 해 주고, 자질에 따라 가르치고 길러 주며 능력에 따라 그릇에 맞게 부리매, 천하의 사람들이 모두 함께 화육(化育)하는 가운데 포함되어 중(中)과 화(和)를 이루면 천지가 제자리를 잡고 만물이 제대로 길러진다.[86] 그러므로 남이 재주가 있으면 마치 자기가 가지고 있는 것처럼 여기는 것이 나라를 보전하는 근본이고, 자기가 알지 못하는 사람을 남이 버려 두지 않는 것이 현명한 인재를 등용하는 요점이며, 아는 것을 안다고 하고 모르는 것을 모른다고 하는 것이 학문에 힘쓰는 기초이다. 자기를 다스리면 자기만을 내세움이 없고, 자기만을 내세움이 없으면 천하를 받아들이는 아량이 있다. 천하를 받아들이는 아량이 있으면 선으로 선을 이루매 천하의 선이 드러나고, 선으로 악(惡)을 교화시키매 천하의 악 또한 숨는다. 관

---

85 『맹자』「등문공상」.

86 『중용』 제1장. 기뻐하고 성내고 슬퍼하고 즐거워하는 정(情)이 일어나지 않은 상태를 중(中)이라 이르고, 기뻐하고 성내고 슬퍼하고 즐거워하는 정이 일어나 모두 절도(節度)에 맞는 상태를 화(和)라 이른다. 중이란 천하의 큰 근본이고, 화란 천하에 두루 통하는 도이다. 중과 화를 이루면, 천지가 제자리를 잡고 만물이 제대로 길러진다.[喜怒哀樂之未發謂之中; 發而皆中節謂之和. 中也者, 天下之大本也; 和也者, 天下之達道也. 致中和, 天地位焉, 萬物育焉.]

(貫)이란 통한다[通]는 뜻이니, 이른바 신명(神明)의 덕을 통하고, 만물의 정을 분류한다는 것이다.[87] 모든 일이 자기에게서 나오기를 바라면 시기하고 질투하는 마음이 생겨나고, 시기하고 질투하는 마음이 생겨나면 남과 하나가 되지 못하고 남과 달라진다. 남과 하나가 되지 못하고 남과 달라지는 것은 하나에 집착[執一][88]하는 것이니, 이는 하나로 통하는 것이 아니다.

원문 孔子又謂子貢曰: '女以予爲多學而識之者與?' 曰: '然, 非與?' 曰: '非也, 予一以貫之.' 聖人惡夫不知而作者, 曰: '多聞, 擇其善者而從之; 多見而識之, 知之次也.' '次'者, 次乎一以貫之者也. 多學而後多聞多見, 多聞多見, 則不至守一先生之言, 執一而不博, 然多仍在己, 未嘗通於人. 未通於人, 僅爲知之次, 而不可爲大知. 必如舜之舍己從人, 而知乃大. 不多學, 則蔽於一曲, 雖兼陳萬物而縣衡, 無其具, 乃博學則不能皆精. 吾學焉, 而人精焉, 舍己以從人, 於是集千萬人之知, 以成吾一人之知, 此'一以貫之'所以視多學而識者爲大也. 孔子非不多學而識, 多學而識, 不足以盡. 若曰'我非多學而識者也', 是'一以貫之'者也. 多學而識, 成己也; 一以貫之, 成己以及物也. 僅多學而未一貫, 得其半, 未得其全, 故非之."

---

87 『주역(周易)』「계사하(繫辭下)」: 옛날 포희씨(包犧氏)가 천하의 왕 노릇 할 때 위로는 하늘에서 상을 관찰하고 아래로는 땅에서 법을 관찰하며, 새와 짐승의 문과 천지의 마땅함을 관찰하며, 가까이는 자신에게서 상을 취하고 멀리는 사물에게서 취하였다. 이에 비로소 팔괘를 만들어 신명의 덕을 통하고 만물의 정을 분류하였다.[古者, 包犧氏之王天下也, 仰則觀象於天; 俯則觀法於地; 觀鳥獸之文與地之宜; 近取諸身; 遠取諸物. 於是, 始作八卦, 以通神明之德, 以類萬物之情.]

88 『맹자』「진심상」: 자막(子莫)은 그 중간을 잡았으니, 중간을 잡는 것이 도에 가까우나, 중간을 잡기만 하고 저울질함이 없으면 하나에 집착하는 것과 같다.[子莫執中, 執中爲近之, 執中無權, 猶執一也.]

역문 공자는 또 자공에게 일러 말하기를 '너는 나를 많이 배워서 그것을 기억하고 있는 자라고 생각하느냐?'라고 하자, '그렇습니다. 아닙니까?'라고 대답했는데, 공자가 말하길 '아니다. 나의 도는 하나로 관통한다.'[89]라고 했다. 성인은 알지도 못하면서 창작하는 사람을 싫어하면서 말하길 '많이 듣고서 그중에서 좋은 것을 가려서 따르고, 많이 보고서 기억한 것이니, 나면서부터 안 사람의 다음이다.'[90]라고 했는데, '다음[次]'이란, 하나로 관통하는 자의 다음이라는 뜻이다. 많이 배운 뒤에 많이 듣고 많이 보아야 하니, 많이 듣고 많이 보면 한 선생의 말만 지켜 하나를 고집해서 넓지 못한 지경에 이르지는 않지만, 그래도 대부분은 여전히 자기에게 달려 있어서 아직은 일찍이 남에게까지 관통하지는 않은 것이다. 아직 남에게까지 관통하지 않았다면 겨우 나면서부터 안 사람의 다음이 되는 것으로 크게 지혜로운 사람이 될 수 없다. 반드시 순이 자기를 버리고 남을 따른 것처럼 해야 지혜로움이 이에 크게 되는 것이다. 많이 배우지 않으면 하나의 곡절에만 가려져 비록 만물을 아울러 늘어놓고 균형을 잡으려 하더라도 도구가 없으니, 결국엔 널리 배우기만 하면 모두가 정밀해질 수 없는 것이다. 내가 배우매 남이 정밀해지고, 자기를 버려 남을 따라야 이에 천만인의 지혜를 모아 나 한 사람의 지혜를 이루니, 이 '하나로 관통함'은 많이 배워서 그것을 기억하고 있는 것이 큰 지혜가 됨을 보는 방법이다. 공자가 많이 배워서 그것을 기억하고 있지 않은 것은 아니지만, 많이 배워서 그것을 기억하는 것이 전부가 되기에는 부족하다. '나는 많이 배워서 그것을 기억하고 있는 사람이 아니다.'라고 말한 것과 같은 것이 바로 '하나로 관통한다'라는 것이다. 많이 배워

---

89 『논어』「위영공(衛靈公)」.

90 『논어』「술이」.

서 그것을 기억하는 것은 자기를 이루는 것이고, 하나로 관통하는 것은 자기를 이루어 남에게까지 미치는 것이다. 겨우 많이 배우기만 하고 아직 관통하지 못했다면 그 반은 얻었지만 아직 그 전체를 얻은 것은 아니기 때문에 (많이 배워서 그것을 기억하는 사람이) 아니라고 한 것이다."라고 했다.

원문 又『廣雅』「釋詁」, "貫, 行也." 王氏念孫『疏證』, "「衛靈公篇」, '子貢問曰: "有一言而可以終身行之者乎?" 子曰: "其恕乎!"「里仁篇」, '子曰: "吾道一以貫之."' '一以貫之', 卽一以行之也. 『荀子』「王制篇」云: '爲之貫之.' 貫亦爲也. 『漢書』「穀永傳」云: '以次貫行, 固執無違.'『後漢書』「光武十王傳」云: '奉承貫行.' 貫亦行也. 『爾雅』, '貫, 事也.' 事與行義相近, 故事謂之貫, 亦謂之服; 行謂之服, 亦謂之貫矣."

역문 또 『광아』「석고」에 "관(貫)은 행한다[行]는 뜻이다."라 했는데, 왕염손의 『광아소증』에 "『논어』「위영공(衛靈公)」에, '자공이 묻기를 "한 글자만으로도 종신토록 행할 만한 것이 있습니까?"라고 하자 공자가 "아마도 서(恕)일 것이다!"라고 하고, 「이인」에 '공자가 말했다. "나의 도는 하나로 관통한다."'라고 했으니, '하나로 관통한다'라는 것은 바로 하나를 가지고 행한다는 뜻이다. 『순자』「왕제편」에 '예(禮)를 익히고 행한다.[爲之貫之.]'라고 했는데, 이때의 관(貫) 역시 행한다[爲]는 뜻이다. 『전한서』「곡영전(穀永傳)」에 '순서대로 이어서 행하여 굳게 지키고 어김이 없어야 한다.'[91] 했고, 『후한서』「광무십왕전(光武十王傳)」에 '받들어 계승하여 행한다[奉承貫行].'라고 했는데, 관(貫)은 역시 행한다[行]는 뜻이다. 『이

91 안사고의 『후한서』「주」에는 "관(貫)은 이어짐[聯續]이다.[貫, 聯續也.]"라고 했는데, 유보남은 "行"으로 보았다.

아』「석고」에 '관(貫)은 일삼는다[事]는 뜻이다.'라고 했는데, 일삼다[事]와 행하다[行]는 뜻이 서로 근사하기 때문에 일삼다[事]를 관(貫)이라 하기도 하고, 또 복(服)이라 하기도 하며, 행하다[行]를 복(服)이라 하기도 하며, 또 관(貫)이라 하기도 하는 것이다."라고 했다.

원문 阮氏元『揅經室集』曰: "'吾道一以貫之', 此言孔子之道皆於行事見之, 非徒以文學爲教也. 一與壹同. 『後漢』「馮緄傳」·『淮南』「說山訓」·『管子』「心術篇」皆訓一爲專, 『大戴』「衛將軍」·『荀子』「勸學·臣道」·『後漢書』「順帝紀」皆訓一爲皆, 『荀子』「大略」·『左』「昭」二十六年·『穀梁』「僖」九年·『禮記』「表記·大學」皆訓壹爲專. '一以貫之', 猶言壹是皆以行事爲教也. 弟子不知所行爲何道, 故曾子曰'夫子之道, 忠恕而已矣.'" 又云: "子貢之'一貫', 亦當訓爲行事, 此夫子恐子貢但以多學而識學聖人, 而不於行事學聖人也. 夫子於曾子則直告之, 於子貢則略加問難而出之, 卒之告子貢曰: '予一以貫之.' 亦謂壹是皆以行事爲教也, 亦卽忠恕之道也."

역문 완원(阮元)의 『연경실집(揅經室集)』에 "'나의 도는 하나로 관통한다'라고 했는데, 이는 공자의 도가 모두 일을 행하는 데서 드러나는 것이지, 단지 문학(文學)만을 가르침으로 삼은 것이 아니라는 말이다. 일(一)은 일(壹)과 같다. 『후한서』「풍곤전(馮緄傳)」과 『회남자(淮南子)』「설산훈(說山訓)」과 『관자』「심술」에는 모두 일(一)을 오로지[專]의 뜻으로 해석했고, 『대대례』「위장군(衛將軍)」과 『순자』「권학」과 「신도(臣道)」, 『후한서』「순제기(順帝紀)」에서는 모두 일(一)을 모두[皆]라는 뜻으로 해석했으며, 『순자』「대략」과 『춘추좌씨전』「소공(昭公)」 26년의 기사와 『춘추곡량전(春秋穀梁傳)』「희공(僖公)」 9년의 기사 및 『예기』「표기」와 「대학」에서는 모두 일(壹)을 오로지[專]라는 뜻으로 해석했으니, 하나로 관통한다[一以貫之]는 말은 한결같이 모두 일을 행하는 것으로써 가르침을 삼는다는 말과 같다. 다른 제자들은 어떤 도를 행한 것인지 몰랐기 때문에 증자가 '선생님의 도는 충과 서일 뿐이다.'라고 했다."라고 하였다.

또 "자공에게 말해 준 '하나로 관통함[一貫]' 역시 마땅히 일을 행하는 것으로 해석해야 하니, 이는 공자가 자공이 다만 많이 배우고 기억하는 것으로 성인을 배우는 것이라 여기고 일을 행하는 것에서 성인을 배우지 않을까 걱정한 것이다. 공자가 증자에게는 직접 일러 주었지만, 자공에게는 약간 어려운 질문을 보태어 말하다가 끝에 가서 자공에게 일러 말하기를 '나의 도는 하나로 관통한다.'라고 했으니, 역시 한결같이 모두 일을 행함을 가르침으로 삼았다는 말로서, 이 또한 바로 충서(忠恕)의 도(道)인 것이다."라고 했다.

원문 案, "一貫"之義, 自漢以來不得其解, 若焦與王 · 阮二家之說, 求之經旨皆甚合, 故竝錄存之. 皇本"貫之"下有"哉"字.

역문 살펴보니, "하나로 관통한다[一貫]"라는 말의 뜻은, 한나라시대 이래로 제대로 된 해석을 하지 못했지만, 초순과 왕염손, 완원과 같은 두 학파의 학설 같은 경우는 경전의 취지를 추구한 것이 모두 매우 합당하므로 아울러 기록해서 보존해 둔다. 황간본에는 "관지(貫之)" 아래 "재(哉)" 자가 있다.

● 「注」, "直曉不問, 故答曰唯."

● 正義曰: "唯"卽是答, 故以答明之. 『說文』, "唯, 諾也." 「曲禮」「記」"唯而不諾", 「注」, "應辭, 唯恭於諾."

○ 「주」의 "바로 깨달아 질문하지 않을 것이기 때문에 '네!'라고 대답한 것이다."

○ 정의에서 말한다.

"유(唯)"는 즉시 대답하는 말이므로 대답하는 말로 명확히 한 것이다. 『설문해자』에 "유(唯)는 대답한다[諾]는 뜻이다."[92]라고 했고, 『예기』「곡례(曲禮)」의 「기」에 "빨리 대답하고 느리게 대답하지 말라[唯而不諾]"[93]라고 했는데, 「주」에 "응답하는 말은 유(唯)가 낙(諾)보다 공손하다."[94]라고 했다.

子出, 門人問曰: "何謂也?" 曾子曰: "夫子之道, 忠恕而已矣."

공자가 나가자 문인들이 물었다. "무슨 말입니까?" 증자가 말했다. "선생님의 도는 충(忠)과 서(恕)일 뿐입니다."

원문 正義曰: "門人"者, 謂受學於夫子之門之人也. 下篇"子路使門人爲臣", "門人欲厚葬之", "門人不敬子路", 又『孟子』言"門人治任將歸", 皆是夫子弟子. 惟曾子謂門弟子, 則曾子門人. 子夏之門人問交於子張, 則子夏弟子也.

역문 정의에서 말한다.

"문인(門人)"이란 공자의 문하에서 수학(受學)한 사람들을 이른다. 아

---

92 『설문해자』 권2: 유(唯)는 대답한다[諾]는 뜻이다. 구(口)로 구성되었고 추(隹)가 발음을 나타낸다. 이(以)와 수(水)의 반절음이다.[唯, 諾也. 從口隹聲. 以水切.]

93 "唯而不諾"은 『예기』「옥조(玉藻)」에 나오는 표현이고, 「곡례상(曲禮上)」에서 "부모님이 부르시면 천천히 대답해서는 안 되며, 선생이 부르실 때도 천천히 대답해서는 안 되니 빨리 대답하고 일어나야 한다.[父召, 無諾; 先生召, 無諾, 唯而起.]"라고 하였고, 여기의 「주」에 "응답하는 말은 유(唯)가 낙(諾)보다 공손하다.[應辭, 唯恭於諾.]"라고 했다.

94 『예기주소』 권2, 「곡례상(曲禮上)」 정현의 「주」.

래 「자로(子路)」에서 "자로가 문인으로 하여금 가신이 되게 했다."라고 한 것과 「선진(先進)」에서 "문인들이 후하게 장사 지내려 했다."라고 한 것, 「선진」에서 "문인들이 자로를 공경하지 않았다."라고 한 것, 그리고 『맹자』에서 "문인들이 짐을 챙겨 돌아가려고 할 때"[95]라고 한 것은 모두 공자의 제자이다. 오직 증자가 문하의 제자에게 말한 것만 증자의 문인이다.[96] 자하의 문인들이 자장에게 사귀는 것에 대해 질문한 것[97]은 자하의 제자들이다.

원문 "忠恕"者, 「周語」云: "中能應外, 忠也." 「曾子大孝」云: "忠者, 中此者也." 『周官』「大司徒」「注」, "忠, 言以中心." 賈子「道術」, "以己量人謂之恕." 『大戴記』「小辨」云: "知忠必知中; 知中必知恕; 知恕必知外; 知外必知德." 又曰: "內思畢心曰知中, 中以應實曰知恕."

---

95 『맹자』「등문공상」: 옛날에 공자께서 별세하시자, 3년이 지난 다음 문인(門人)들이 짐을 챙겨 돌아가려고 할 때 자공(子貢)의 처소에 들어가서 자공에게 읍하고 서로를 향하여 통곡하여 모두 목이 쉰 뒤에 돌아갔고, 자공은 다시 돌아와 무덤가에 여막(廬幕)을 짓고서 홀로 3년을 더 지낸 뒤에 돌아갔다네.[昔者, 孔子沒, 三年之外, 門人治任將歸, 入揖於子貢, 相嚮而哭, 皆失聲然後歸, 子貢反, 築室於場, 獨居三年然後歸.]

96 『논어』「태백(泰伯)」: "증자(曾子)가 병이 나자, 문하의 제자들을 불러 말하였다. "이불을 걷어 내 발을 보고, 내 손을 보아라.[曾子有疾, 召門弟子曰: '啓予足, 啓予手.']"

97 『논어』「자장(子張)」: 자하(子夏)의 문인이 자장(子張)에게 사귀는 것에 대해서 묻자, 자장이 말했다. "자하는 무엇이라고 말했는가?" "자하께서는 '가한 자를 사귀고 불가한 자를 거절하라' 하셨습니다." 자장이 말했다. "내가 들은 것과는 다르다. 군자는 현명한 이를 존경하고 뭇사람을 포용하며, 잘하는 이를 훌륭하게 여기고 잘 못하는 이를 불쌍히 여긴다. 내가 크게 어질다면 남에게 대해서 어느 곳인들 용납하지 못하겠는가? 내가 어질지 못하다면 남이 곧 나를 거절할 것이니, 어떻게 남을 거절하겠는가?"[子夏之門人問交於子張, 子張曰: "子夏云何?" 對曰: "子夏曰: '可者與之, 其不可者拒之.'" 子張曰: "異乎吾所聞. 君子尊賢而容衆, 嘉善而矜不能. 我之大賢與, 於人何所不容? 我之不賢與, 人將距我, 如之何其距人也?"]

역문 "충서(忠恕)"

『국어』「주어」에 "마음속이 몸 밖의 일에 호응하는 것이 충(忠)이다."라 했고, 『대대례』「증자대효(曾子大孝)」에 "충(忠)이란 이것을 적중하게 하는 것이다."라 했으며, 『주관』「대사도(大司徒)」의 「주」에 "충(忠)은 중(中)과 심(心)을 가지고 말한 것이다."라 했다. 가의(賈誼)의 『신서』「도술(道術)」에 "자기의 입장에서 남을 헤아리는 것을 서(恕)라 한다."라고 했다. 『대대례』「소변(小辨)」에 "충(忠)을 알면 반드시 마음속[中]을 알고, 마음속을 알면 반드시 서(恕)를 알며, 서를 알면 반드시 몸 밖의 일[外]을 알며, 몸 밖의 일을 알면 반드시 덕(德)을 안다."라고 했다. 또 같은 곳에서 "내면으로 마음을 다할 것을 생각하는 것을 마음속[中]을 안다고 하고, 중심을 가지고 실질에 응함을 서를 안다고 한다."라고 했다.

원문 「曾子立孝篇」, "曾子曰: '君子立孝, 其忠之用也, 禮之貴也. 故爲人子而不能孝其父者, 不敢言人父不能畜其子者; 爲人弟而不能承其兄者, 不敢言人兄不能順其弟者; 爲人臣而不能事其君者, 不敢言人君不能使其臣者.'"

역문 『대대례』「증자입효(曾子立孝)」에 "증자가 말했다. '군자가 효를 세움에는 그 충을 이용하고 예를 귀하게 여긴다. 그러므로 사람의 자식이 되어 그 부모에게 효도하지 못하는 자는 감히 남의 부모에게 그 자식을 잘 키우지 못한다고 말하지 못하고, 사람의 아우가 되어 그 형을 잘 받들지 못하는 자는 감히 남의 형에게 그 아우를 잘 따르게 하지 못한다고 말하지 못하며, 남의 신하가 되어 그 임금을 잘 섬기지 못하는 자는 감히 남의 임금에게 그 신하를 잘 부리지 못한다고 말하지 못한다.'"라고 했다.

원문 『禮』「中庸」曰: "子曰: '忠恕違道不遠. 施諸己而不願, 亦勿施於人. 君

子之道四, 丘未能一焉. 所求乎子以事父, 未能也; 所求乎臣以事君, 未能也; 所求乎弟以事兄, 未能也; 所求乎朋友先施之, 未能也. 庸德之行, 庸言之謹, 有所不足, 不敢不勉; 有餘, 不敢盡, 言顧行, 行顧言, 君子胡不慥慥爾!'"

역문 『예기』「중용(中庸)」에서 말했다. "공자가 말했다. '충과 서는 도와 거리가 멀지 않으니, 자신에게 베풀어 보아 원하지 않는 것을 나 또한 남에게 베풀지 말라는 것이다. 군자의 도가 네 가지인데 나는 그중에 한 가지도 잘하지 못한다. 자식에게 바라는 것으로써 부모를 섬기는 것을 잘하지 못하며, 신하에게 바라는 것으로써 군주를 섬기는 것을 잘하지 못하며, 아우에게 바라는 것으로써 형을 섬기는 것을 잘하지 못하며, 벗에게서 바라는 것을 내가 먼저 벗에게 베푸는 것을 잘하지 못한다. 떳떳한 덕을 행하며 떳떳한 말을 삼가서 행실에 부족한 것이 있으면 감히 힘쓰지 않을 수 없으며, 말에 남는 바가 있으면 감히 다하지 않아서 말은 행실을 돌아보며 행실은 말을 돌아보아야 하니, 군자가 어찌 독실하게 하지 않겠는가?'"

원문 二文言忠恕之義最顯. 蓋忠恕理本相通. 忠之爲言中也, 中之所存, 皆是誠實. 『大學』, "所謂誠意, 毋自欺也." 卽是忠也. 『中庸』云: "誠者非自成己而已也, 所以成物也." 『中庸』之"誠", 卽『大學』之"誠意". 誠者, 實也; 忠者, 亦實也. 君子忠恕, 故能盡己之性; 盡己之性, 故能盡人之性. 非忠則無由恕, 非恕亦奚稱爲忠也? 『說文』訓"恕"爲"仁", 此因恕可求仁, 故恕卽爲仁, 引申之義也. 是故仁者, "己欲立而立人; 己欲達而達人". 己立己達, 忠也; 立人達人, 恕也. 二者相因, 無偏用之勢.

역문 「증자입효」와 「중용」 두 글에서 충과 서의 뜻을 말한 것이 가장 분명하다. 충과 서의 이치는 본래 서로 통한다. 충이라는 말은 중심[中]이라는 뜻이고, 중심이 보존하고 있는 것은 모두 성실(誠實)이다. 『대학(大學)』 전6장에서 "이른바 뜻을 성실하게 한다는 것은 스스로를 속이지 말라는 것이다."라고 한 것이 바로 충이다. 『중용』 25장에서 "성(誠)은 자신을 이룰 뿐만 아니라 남을 이루어 주는 것이다."라고 했는데, 『중용』의 "성(誠)"이 바로 『대학』의 "성의(誠意)"이다. 성(誠)은 성실함[實]이고, 충 역시 성실함이다. 군자는 충서를 주로 하기 때문에 자기의 본성을 다할 수 있고, 자기의 본성을 다하기 때문에 남의 성을 다 할 수 있다. 충이 아니면 서를 행할 길이 없고, 서가 아니면 또한 어찌 충을 행하겠는가? 『설문해자』에는 "서"를 "인"으로 해석했는데,[98] 이는 서로 인해 인을 추구할 수 있기 때문에 서가 바로 인이 된다고 한 것이니, 의미를 확장시킨 것이다. 그러므로 인자는 "자기가 서고자 하매 남도 서게 하며, 자기가 통달하고자 하매 남도 통달하게 한다."[99] 자기가 서고 자기가 통달하는 것은 충이고, 남을 서게 하고 남을 통달하게 하는 것은 서이다. 두 가지는 서로가 원인이 되니, 한쪽으로만 작용하는[偏用] 기세가 없다.

원문 "而已矣"者, 無餘之辭. 自古聖賢至德要道, 皆不外忠恕. 能行忠恕, 便是仁聖, 故夫子言"忠恕違道不遠"也. 忠恕之道, 卽"一以貫之"之道. 故門人聞曾子此言, 不復更問矣. 宋 相臺本 · 岳本, 此節下有"『集解』云: '忠以事上, 恕以接下, 本一而已, 惟其人也.'" 其「注」諸本竝無, 蓋後人所增.

역문 "이이의(而已矣)"는 남음이 없다[~일 뿐이다]는 말이다. 예로부터 성현은

---

98 『설문해자』 권10: 서(恕)는 인(仁)이다. 심(心)으로 구성되었고 여(如)가 발음을 나타낸다. 서(恕)는 서의 고문인데, 생략된 형태이다. 상(商)과 서(署)의 반절음이다.[恕, 仁也. 從心如聲. 恕, 古文省. 商署切.]

99 『논어』「옹야」.

덕을 지극히 하고 도를 중요시해서 모두 충과 서를 도외시하지 않았다. 충서를 잘 행하는 것이 바로 인함과 성스러움[聖]이기 때문에 공자가 "충과 서는 도와의 거리가 멀지 않다."[100]라고 한 것이다. 충과 서의 도가 바로 "하나로 관통"하는 도이다. 그러므로 문인들이 다시 더 이상 묻지 않은 것이다. 송대(宋代)의 상대본(相臺本)과 악씨본(岳氏本)에는 이 구절 아래 "『논어집해(論語集解)』에 '충으로 위를 섬기고, 서로 아래를 접하지만 근본은 하나일 뿐이니 오직 사람일 뿐이다.'라고 했다."라는 말이 있는데, 이 「주」는 다른 판본에는 모두 없으니, 아마도 후세의 사람들이 덧붙인 것인 듯싶다.

4-16

子曰: "君子喩於義, 小人喩於利." 【注】 孔曰: "'喩', 猶曉也."

공자가 말했다. "군자는 의(義)에서 밝게 깨닫고 소인은 이(利)에서 밝게 깨닫는다." 【주】 공안국이 말했다. "'유(喩)'는 밝게 깨닫는다[曉]는 뜻과 같다."

원문 正義曰: 包氏愼言『溫故錄』, "「大雅 · 瞻卬」, '如賈三倍, 君子是識.' 「箋」云: '賈物而有三倍之利者, 小人所宜知也. 君子知之, 非其宜也. 孔子曰: "君子喩於義, 小人喩於利."' 案, 如鄭氏說, 則『論語』此章, 蓋爲卿 · 大夫之

100 『중용』 제13장.

專利者而發, 君子 · 小人以位言."

역문 정의에서 말한다.

포신언(包愼言)의 『논어온고록(論語溫故錄)』에 "『시경』「대아 · 첨앙(瞻卬)」, '장사꾼이 3배 이익을 보는 것을 군자가 아는 것과 같다.'라고 했는데, 정현의 「전(箋)」에서 '물건의 값을 매기면서 3배의 이익이 있다는 것을 소인은 마땅히 아는 것이지만, 군자가 아는 것은 마땅함이 아니다. 공자가 말했다. "군자는 의에서 밝게 깨닫고 소인은 이에서 밝게 깨닫는다."'[101]라고 했다. 살펴보니, 만일 정씨의 설과 같다면 아마도 『논어』의 이 장(章)은 이익에만 전념하는 경과 대부들 때문에 발언한 것이고, 군자나 소인은 지위를 가지고 말한 것인 듯싶다."라고 했다.

원문 范寧曰: "棄貨利而曉仁義, 則爲君子; 曉貨利而棄仁義, 則爲小人." 見皇侃『義疏』, 與鄭「箋」意同. 董子對策曰: "古之所予祿者, 不食於力, 不動於末, 故利可均布, 而民可家足. 公儀子相魯, 見其家織帛, 怒而出其妻, 食於舍而茹葵, 慍而拔其葵, 曰: '吾已食祿, 又奪園夫女紅利乎?' 古之賢人君子在列位者皆如是. 及周之衰, 其卿 · 大夫緩於誼而急於利, 故詩人刺之曰: '節彼南山, 維石巖巖. 赫赫師尹, 民其爾瞻.' 爾好義, 則民向仁而俗善, 爾好利, 則民向邪而俗敗. 由是觀之, 天子 · 大夫, 下民之所視效, 豈可居賢人之位而爲庶人行哉? 夫皇皇求利, 惟恐匱乏者, 庶人之意也; 皇皇求仁義, 常恐不能化民者, 卿 · 大夫之意也." 觀董子此言, 可知鄭說之約而該矣.

역문 범녕이 말했다. "재화의 이익을 버리고 인과 의를 밝게 깨달으면 군자

---

101 『모시주소』 권25, 「대아 · 탕지십 · 첨앙」 정현의 「전(箋)」.

가 되고, 재화의 이익을 밝게 깨닫고 인의를 버리면 소인이 된다." 황간의 『논어의소(論語義疏)』를 보면 정현의 「전」과 뜻이 같다. 동중서의 대책(對策)에 "옛날에 녹봉을 받은 자는 힘을 써서 농사를 지음으로써 밥을 먹지 않고, 또 상업과 같은 말단의 일에도 종사하지 않았기 때문에 이익을 균등하게 배분할 수가 있었고 백성들은 집집마다 풍족하게 지낼 수가 있었다. 공의자(公儀子)는 노(魯)나라의 재상으로 있을 때 집 안에 짜던 비단이 있는 것을 보고 화를 내며 그 아내를 내쫓았고, 집에서 식사할 때 뜰에 심었던 아욱을 먹게 하자 화를 내며 아욱을 뽑으면서 '내가 이미 녹봉을 먹고 있는데, 거기에 농부와 길쌈하는 여인의 이익을 빼앗는단 말이냐?'라고 했다. 이런저런 벼슬자리에 앉아 있던 옛날의 어진 사람이나 군자들은 모두 이와 같았다. 주(周)나라가 쇠약해짐에 미쳐 경과 대부들이 의(誼)에 느슨하고 이(利)에 급급하므로 시인들이 이를 풍자하여 '우뚝 솟은 저 남산이여! 바윗돌이 겹겹이 쌓여 있도다. 빛나고 빛나는 태사 윤씨여! 백성들이 모두 그대만을 쳐다보고 있도다.'[102]라고 했다. 그대가 의(義)를 좋아하면 민중들은 인을 지향해서 풍속이 선(善)해지고, 그대가 이를 좋아하면 민중들이 사악함을 지향해서 풍속이 무너진다. 이것을 가지고 본다면 천자와 대부는 하층민이 보고서 본받는 존재이니, 어찌 현인(賢人)의 지위에 있으면서 서인(庶人)의 행실을 자행할 수 있겠는가? 다급하게 이익을 추구하면서 오직 궁핍[匱乏]을 두려워하는 것은 서인의 뜻이고, 다급하게 인과 의를 추구하면서, 항상 민중을 교화시키지 못할까 걱정하는 것은 경과 대부의 뜻이다."[103]라고 했다. 동중서의 이 말을 살펴보면 정현의 설명이 잘 요약되었으면서도 내용이

102 『시경』「소아(小雅)·절남산지십(節南山之什)·절남산(節南山)」.

103 『전한서』 권56, 「동중서전제26(董仲舒傳第二十六)」.

풍부함을 알 수 있다.

원문 焦氏循『雕菰樓文集』, "『荀子』「王制篇」, '古者雖王 · 公 · 卿 · 士 · 大夫之子孫, 不能屬於禮義, 則歸之庶人; 雖庶人之子孫, 積文學 · 正身行能屬於禮義, 則歸之卿 · 士 · 大夫.' 案, 卿 · 士 · 大夫, 君子也; 庶人, 小人也. 貴賤以禮義分, 故君子 · 小人以貴賤言, 卽以能禮義不能禮義言. 能禮義, 故喩於義; 不能禮義, 故喩於利. '無恒產而有恒心者, 惟士爲能', 君子喩於義也. '若民則無恒產, 因無恒心', 小人喩以利也. 惟小人喩以利, 則治小人者必因民之所利而利之, 故『易』以君子孚于小人爲利. 君子能孚於小人, 而後小人乃化於君子. 此敎必本於富, 驅而之善, 必使仰足事父母, 俯足畜妻子. 儒者知 · 義利之辨, 而舍利不言, 可以守己, 而不可以治天下小人. 小人利而後可義, 君子以利天下爲義. 孔子此言, 正欲君子之治小人者, 知小人喩以利."

역문 초순의 『조고루문집』에 "『순자』「왕제편」에 '옛날에는 비록 왕이나 공이나 경이나 사나 대부의 자손이라 할지라도 능히 예의(禮義)에 합당하지 못하면 서인으로 귀속시켜 버리고, 비록 서인의 자손이라 할지라도 학문을 쌓고 행실이 바르며, 능히 예의에 합당하면 경이나 사나 대부에 귀속시켰다.'라고 했다. 살펴보니, 경이나 사나 대부는 군자이고, 서인은 소인이다. 예의를 가지고 귀천(貴賤)을 나누기 때문에 군자와 소인을 귀천으로 말한 것은 바로 예의에 능한가 예의에 능하지 못한가를 가지고 말한 것이다. 예의에 능하기 때문에 의에서 밝게 깨닫고, 예의에 능하지 못하기 때문에 이에서 밝게 깨닫는 것이다. '일정한 생업이 없이도 항상된 마음을 가지는 것은 오직 사만이 할 수 있으니'[104] 군자는 의

104 『맹자』「양혜왕상(梁惠王上)」.

에서 밝게 깨닫는 것이다. '민중으로 말할 것 같으면 일정한 생업이 없으면 항상된 마음도 따라서 없어지니' 소인은 이에서 밝게 깨닫는 것이다. 오직 소인은 이에서 밝게 깨달으니, 소인을 다스리는 자는 반드시 민중들이 이롭게 여기는 것에 따라 이롭게 해 준다. 그러므로 『주역』은 군자가 소인에게서 징험해 보는 것을 이롭게 여긴다.[105] 군자가 소인에게서 징험해 볼 수 있게 된 뒤에 소인이 이에 군자에게 교화된다. 이 교화는 반드시 부(富)를 바탕으로 몰아서 선으로 나아가게 해야 하며, 반드시 위로는 충분히 부모를 섬길 수 있어야 하고 아래로는 충분히 처자식을 기를 수 있어야 한다. 선비는 의와 이의 분별을 알아 이를 버리고 말하지 않아 자기의 지조를 지킬 수 있지만, 천하의 소인을 다스릴 수는 없다. 소인은 이롭게 된 뒤에야 의롭게 될 수 있고, 군자는 천하를 이롭게 함을 의로 삼는다. 공자의 이 말은 바로 군자로서 소인을 다스리는 자가 소인은 이에서 밝게 깨닫는다는 것을 알기를 바란 것이다."라고 했다.

- 「注」, "喩, 猶曉也."
- 正義曰: 『禮記』「文王世子」「注」同. 『淮南』「主術 · 修務訓」「注」, "喩, 明也." "明" · "曉" 義同.

○ 「주」의 "유(喩)는 밝게 깨닫는다[曉]는 뜻과 같다."

○ 정의에서 말한다.

『예기』「문왕세자(文王世子)」의 「주」에도 같다. 『회남자』「주술훈(主術訓)」과 「수무훈(修務訓)」의 「주」에 "유(喩)는 밝다[明]는 뜻이다."라고 했으니, "명(明)"과 "효(曉)"는 뜻이 같다.

---

105 『주역』「해(解)」: 육오(六五)는 군자(君子)가 풀어 버림이 있으면 길(吉)하니, 소인(小人)에게서 징험(徵驗)함이 있으리라.[六五, 君子維有解, 吉, 有孚于小人.]

4-17

子曰: "見賢思齊焉, 見不賢而內自省也." 【注】 包曰: "思與賢者等."

공자가 말했다. "현명한 사람을 보면 그와 같아지기를 생각하고, 현명하지 못한 사람을 보면 안으로 스스로를 살펴야 한다." 【주】 포함이 말했다. "현명한 사람과 같아질 것을 생각함이다."

원문 正義曰: 鄭「注」云: "省, 察也, 察己得無然也." 案, "省察"常訓. 『荀子』「修身篇」, "見善, 修然必以自存也; 見不善, 愀然必以自省也." 卽此章之義.

역문 정의에서 말한다.

정현의 「주」에 "성(省)은 살핀다[察]는 뜻이니, 자기는 그러함이 없는지를 살피는 것이다."라고 했다. 살펴보니, "성(省)"은 살핀다[察]는 뜻이 일반적인 해석이다. 『순자』「수신편(修身篇)」에 "선(善)을 보면 자신을 수양해서 반드시 스스로를 보존해야 하고, 불선(不善)을 보면 근심해서 반드시 스스로를 살펴야 한다."라고 했는데, 바로 이 장의 뜻이다.

● 「注」, "思與賢者等."

● 正義曰: 鄭「注」曰: "齊, 等也." 與包同.

○ 「주」의 "현명한 사람과 같아질 것을 생각함이다."

○ 정의에서 말한다.

정현의 「주」에 "제(齊)는 같다[等]는 뜻이다."라고 했는데, 포함의 해석과 같다.

4-18

子曰: "事父母幾諫, 見志不從, 又敬不違, 勞而不怨." 【注】 包曰: "'幾'者, 微也, 當微諫, 納善言於父母. 見志, 見父母志有不從己諫之色, 則又當恭敬, 不敢違父母意而遂己之諫."

공자가 말했다. "부모를 섬김에는 은미하게 간(諫)하고, 간언(諫言)을 따르지 않으려는 뜻을 보면 더욱 공경하여 부모의 뜻을 어기지 않아야 하며, 근심하되 원망하지 않아야 한다." 【주】 포함이 말했다. "'기(幾)'는 은미함[微]이니 마땅히 은미하게 간하여 부모님께 선한 말씀을 드려야 한다. 뜻을 보되, 부모님의 뜻에 자기의 간언을 따르지 않으려는 기색이 있음을 보면 더욱 마땅히 공경해야 하고, 감히 부모의 뜻을 어기고서 자기의 간언을 이루려 해서는 안 된다."

원문 正義曰: 『說文』云: "諫, 証也." 謂以言正之也. 『白虎通』「諫諍」云: "諫者, 間也, 更也, 是非相間, 革更其行也." 『孝經』云: "父有爭子, 則身不陷於不義." 是父母有過, 人子當諫止之也.

역문 정의에서 말한다.

『설문해자』에 "간(諫)은 간한다[証]는 뜻이다."[106]라고 했는데, 말로써 바르게 한다는 말이다. 『백호통의』「간쟁」에 "간(諫)이란, 틈[間]이라는 뜻이며, 고친다[更]는 뜻이니, 옳고 그름이 서로 틈이 생겼을 때 그 행실을 혁신하고 고치는 것이다."라고 했다. 『효경(孝經)』「간쟁장(諫諍章)」에

106 『설문해자』 권3: 간(諫)은 간하다[証]의 뜻이다. 언(言)으로 구성되었고 간(柬)이 발음을 나타낸다. 고(古)와 안(晏)의 반절음이다.[諫, 証也. 從言柬聲. 古晏切.]

"아버지에게 간쟁(諫爭)하는 자식이 있으면 그 자신은 의롭지 못한 일에 빠지지 않는다."라고 했으니, 부모에게 허물이 있으면 자식은 마땅히 간언해서 그치게 해야 한다.

원문 "勞而不怨"者, 王氏引之『經義述聞』, "勞, 憂也. 高誘注『淮南』「汜論訓」曰: '勞, 憂也.' 凡『詩』言'實勞我心', '勞心忉忉', '勞心慱慱', '勞人草草'之類, 皆謂憂也. 『論語』'勞而不怨', 承上'見志不從'而言, 亦謂'憂而不怨'也. 「曲禮」曰: '三諫而不聽, 則號泣而隨之', 可謂憂矣. 皇侃「疏」引「內則」'撻之流血, 不敢疾怨'以爲證. 案, '撻之流血', 非勞之謂也. 邢昺「疏」曰: '父母使己以勞辱之事, 己當盡力服其勤, 不得怨父母.' 則又與上文'幾諫'之事無涉, 胥失之矣. 『孟子』「萬章篇」曰: '父母愛之, 喜而不忘; 父母惡之, 勞而不怨.' 勞與喜相類, 亦謂憂而不怨也."

역문 "근심하되 원망하지 않아야 한다[勞而不怨]"

왕인지의 『경의술문(經義述聞)』에 "노(勞)는 근심한다[憂]는 뜻이다. 고유(高誘)는 『회남자』「사론훈(汜論訓)」[107]을 주석하면서 '노(勞)는 근심한다[憂]는 뜻이다.'라 했다. 『시경』에서 '실로 내 마음 근심하게 한다[實勞我心]',[108] '근심하는 마음 도도하다[勞心忉忉]',[109] '근심하는 마음 단단하다[勞心慱慱]',[110] '근심스러운 사람 초초하다[勞人草草]'[111]라고 말한 따위는 모두 근심한다[憂]는 말이다. 『논어』의 '노이불원(勞而不怨)'은 앞의 '간언을

---

107 『논어정의』에 "「精神篇」"이라고 되어 있는데, 『회남홍렬해(淮南鴻烈解)』를 근거로 "「사론훈(汜論訓)」"으로 고쳤다.

108 『시경』「국풍(國風)·패(邶)·연연(燕燕)」.

109 『시경』「국풍·제(齊)·보전(甫田)」.

110 『시경』「국풍·회(檜)·소관(素冠)」.

111 『시경』「소아·소민지십(小旻之什)·항백(巷伯)」.

따르지 않으려는 뜻을 보면[見志不從]'을 이어서 말한 것이니, 역시 '근심하되 원망하지 않아야 한다'라는 말이다. 『예기』「곡례하(曲禮下)」에 '누차 간해도 들어주시지 않거든 목 놓아 울면서 뒤를 따른다.'라고 했으니, 근심을 이른다고 할 수 있다. 황간의 「소」에서는 『예기』「내칙(內則)」의 '종아리를 쳐 피가 흘러도 감히 미워하거나 원망하지 않는다.'라는 말을 인용해서 증명하였다. 살펴보니, '종아리를 쳐 피가 흐름'은 수고로움을 말하는 것이 아니다. 형병의 「소」에 '부모가 나에게 수고롭고 괴로운 일을 시키더라도 나는 힘을 다해 부지런히 그 일을 하고 부모를 원망해서는 안 된다.'라고 했는데, 그렇다면 또 앞의 '은미하게 간하는[幾諫]'일과 관련이 없으니, 모두 잘못된 것이다. 『맹자』「만장하(萬章下)」에 '부모가 사랑해 주시면 기뻐하여 잊지 않고[喜而不忘], 부모가 미워하시면 근심하되 원망하지 않는다[勞而不怨].'라고 했는데, 노(勞)와 희(喜)는 서로 비슷하니, 역시 근심하되 원망하지 않는다는 말이다."라고 했다.

원문 案, 王說是也. 「祭義」, "父母愛之, 喜而不忘; 父母惡之, 懼而無怨." "懼"·"憂"義同. "勞而不怨", 謂憂父母之不從, 更思進諫也. 皇本"敬"下有"而"字.

역문 살펴보니, 왕인지의 설명이 옳다. 『예기』「제의(祭義)」에 "부모가 사랑해 주시면 기뻐하여 잊지 않고, 부모가 미워하시면 근심하되 원망하지 않는다."라고 했는데, "구(懼)"와 "우(憂)"는 뜻이 같다. "근심하되 원망하지 않음[勞而不怨]"은 부모가 따르지 않음을 근심해서 간언을 드릴 것을 다시 생각한다는 말이다. 황간본에는 "경(敬)" 아래 "이(而)" 자가 있다.

● 「注」, "幾者"至"之諫".

● 正義曰:『易』「繫辭傳」, "幾者, 動之微."『說文』, "幾, 微也."「坊記」, "子云: '從命不忿, 微諫不倦, 勞而不怨, 可謂孝矣.'" "微諫"卽幾諫. 此「注」言"微諫", 當卽本「坊記」. 鄭彼「注」云: "微諫不倦者, 子於父母尙和順, 不用鄂鄂." 又「檀弓」云: "事親有隱而無犯." 鄭「注」云: "無犯, 不犯顔而諫.『論語』曰: '事父母幾諫.'" 合鄭兩「注」觀之, 是微諫爲和順之意,「內則」所云: "父母有過, 下氣怡色, 柔聲以諫"是也.

○「주」의 "기자(幾者)"부터 "지간(之諫)"까지.

○ 정의에서 말한다.

『주역』「계사하(繫辭下)」에 "기(幾)는 움직임이 은미한 것이다."라고 했고,『설문해자』에 "기(幾)는 은미하다[微]는 뜻이다."[112]라고 했으며,『예기』「방기」에 "공자가 말했다. '명령을 따르되 성내지 아니하고, 은미하게 간하되[微諫] 게으르지 않으며, 근심하되 원망하지 않아야 효라 이를 수 있다.'"라고 했는데, "미간(微諫)"이 바로 기간(幾諫)이다. 여기의「주」에서 "미간"이라고 한 것은 당연히「방기」를 근거로 한 것이다. 정현은「방기」의「주」에서 "은미하게 간하고 게으르지 않다는 것은 자식이 부모에 대해 온화함과 순종함을 숭상하고 직언을 쓰지 않는다는 것이다."[113]라고 했다. 또『예기』「단궁상(檀弓上)」에 "어버이를 섬길 때에는 은미하게 간하고 얼굴을 범해서 간하는 일은 없어야 한다.[有隱而無犯.]"라고 했는데, 정현의「주」에 "무범(無犯)이란 얼굴을 범해서 간하지 않는 것이다.『논어』에서 말했다. '부모를 섬김에 있어 은미하게 간하는 것이다.'"[114]라고 했다. 정현의 두「주」를 합해서 살펴보면, 은미하게 간함[微諫]은 온화하고 순종한다[和順]는 뜻이 되니,『예기』「내칙」에서 말한 "부모에게 허물이 있으면 기운을 가라앉히고 얼굴빛을 온화하게 하고 목소리를 부드럽게 해서 간한다."라는 것이 이것이다.

112『설문해자』권4: 기(𢆶)는 은미하다[微]는 뜻이며, 거의[殆]라는 뜻이다. 유(𢆶)로 구성되었고 수(戍)로 구성되었다. 수(戍)는 국경을 수비하는 군사[兵守]이다. 은미하게 국경을 수비하는 군사는 위태롭다. 거(居)와 의(衣)의 반절음이다.[𢆶, 微也. 殆也. 從𢆶戍. 戍, 兵守也. 而兵守者, 危也. 居衣切.]

113『예기주소』권51,「방기」정현의「주」.

114『예기주소』권6,「단궁상(檀弓上)」정현의「주」.

원문 "納善言於父母"者, 謂所諫之辭, 皆是善言, 所謂諭父母於道也. "見志, 見父母志有不從己諫之色"者, 言父母志不可見, 但見父母色, 知其志也.

역문 "부모님께 선한 말씀을 드려야 한다"라는 것은 간하는 말이 모두 선한 말임을 이르니, 이른바 부모를 도리로 밝게 깨우친다는 것이다. "뜻을 보되, 부모님의 뜻에 자기의 간언을 따르지 않으려는 기색이 있음을 본다"라는 것은 부모의 뜻은 볼 수가 없으니, 다만 부모의 기색을 보고 그 뜻을 알아차려야 한다는 말이다.

원문 "則又當恭敬"云云者, 「內則」云: "諫若不入, 起敬起孝, 說則復諫, 不說, 與其得罪於鄕黨州閭, 寧孰諫." 是子見父母不從, 當益加孝敬, 思復進諫, 不可遽違父母意, 徑情直行, 但欲遂己之諫, 不計父母之恥怒也. 「祭法」云: "父母有過, 諫而不逆." 鄭「注」, "順而諫之." "不逆"與"不違"義同, 蓋不違亦是"幾諫", 非不敢違父母意, 遂不諫也. 『白虎通』「諫諍」云: "子諫父, 父不從, 不得去者, 父子一體而分, 無相離之法, 猶火去木而滅也. 『論語』'事父母幾諫, 又敬不違'." 『白虎通』引此文, 以"不違"爲"不去", 卽「內則」所云"不說"則"孰諫", 必待親從諫而後已, 己不得違而去之也. 此與包「注」義別, 亦通.

역문 "더욱 마땅히 공경해야 하고" 운운한 것.

『예기』「내칙」에 "간언이 만약 받아들여지지 않으면 더욱 공경하고 더욱 효도해서 기뻐하시면 다시 간해야 하니, 기뻐하지 않으시더라도, 부모가 향당이나 고을에서 죄를 짓는 것보다는 차라리 되풀이해서 간하는 것이 더 낫다."라고 했으니, 자식은 부모가 자기의 간언을 따르지 않으려는 기색을 보면 마땅히 더욱 효와 공경을 보태어 다시 간언을 드릴 것을 생각해야지, 갑자기 부모의 뜻을 어기고 곧이곧대로 행동해서 단지 자기의 간언을 이루려고만 하고 부모의 수치와 노여움을 헤아리지 않으면 안 되는 것이다. 『예기』「제법(祭法)」에 "부모에게 허물이 있으면 간하되 거스르지 않는다."라고 했는데, 정현의 「주」에 "순종하면서 간하는 것이다."[115]라고 했다. 그렇다면 "거스르지 않음[不逆]"과 "어기지 않음[不違]"은 뜻이 같고, 어기지 않음 역시 "은미하게 간함[幾諫]"이니, 감히 부모의 뜻을 어기지 않으려 마침내 간하지 않는 것이 아니다. 『백호통의』「간쟁」에 "자식이 부모에게 간하되 부모가 따르지 않더라도 떠날 수 없는 것은 부모와 자식은 한 몸에서 나뉘었으므로 서로 떠날 수 있는 법도가 없기 때문이니 이는 마치 불이 나무를 떠나면 꺼져 버리는 것과 같다. 『논어』에 '부모를 섬김에 있어 은미하게 간하고 더욱 공경하고 어기지 않는다.'라고 했다."라고 하였다. 『백호통의』에서는 이 글을 인용하면서 "어기지 않음[不違]"을 "떠나지 않음[不去]"이라 했는데, 바로 『예기』「내칙」에서 "기뻐하지 않으시면[不說]" "되풀이해서 간함[孰諫]"이 더 낫다는 것이니, 반드시 어버이가 간언을 따르기를 기다린 뒤에 그쳐야 하고, 자기는 부모의 뜻을 어기고 떠날 수 없다는 말이다. 이 말은 포함의 「주」와 뜻이 구별되지만 역시 통한다.

4-19

子曰: "父母在, 不遠遊, 遊必有方." 【注】 鄭曰: "'方', 猶常也."

공자가 말했다. "부모가 살아 계시면 멀리 가지 말며, 가더라도 반드시 일정한 장소가 있어야 한다." 【주】 정현이 말했다. "'방(方)'은 일

115 『예기주소』 권48, 「제의(祭義)」 정현의 「주」. 『논어정의』에는 "順一而諫之"라고 되어 있는데, 『논어주소』를 근거로 "順而諫之"로 고쳤다.

정함[常]과 같다."

원문 正義曰: 皇本"不遠"上有"子"字. 『詩』「板」「傳」, "遊, 行也." 此常訓. 吳氏嘉賓『說』, "必有方者, 亦非遠遊也. 雖近且必有其所常至, 使家人知之, 「曲禮」曰: '所遊必有常'是也."

역문 정의에서 말한다.

황간본에는 "불원(不遠)" 앞에 "자(子)" 자가 있다. 『시경』「판(板)」의 「전(傳)」에 "유(遊)는 감[行]이다."[116]라고 했는데, 이것이 일반적인 해석이다. 오가빈(吳嘉賓)[117]의 『사서설(四書說)』에 "'반드시 일정한 장소가 있어야 한다[必有方]'라는 것 역시 멀리 가지 않는 것이다. 비록 가깝고 또 반드시 일정하게 이르는 곳이 있더라도 집안의 사람들에게 알게 해야 하니 『예기』「곡례상(曲禮上)」에서 '가는 곳을 반드시 일정함이 있게 한다'라고 한 것이 이것이다."라고 했다.

원문 案, 「玉藻」云: "親老, 出不易方." 義與此同. 邢「疏」云: "遊必有常所, 使父母呼己, 得卽知其處也. 設若告云'詣甲', 則不得更詣乙, 恐父母呼己於甲處, 不見, 則使父母憂也."

---

116 『모시주소』 권24, 「대아 · 생민지십(生民之什) · 판(板)」의 「전」. 『시경』「판(板)」에 "네가 가서 노는 곳까지 미친다.[及爾游衍.]"라고 한 단락의 「전」에 "유(游)는 감[行]이고, 연(衍)은 넘침[溢]이다.[游行, 衍溢也.]"라고 되어 있으니, 여기의 "遊" 자와는 다르다.

117 오가빈(吳嘉賓, 1803~1864): 청나라 강서(江西) 남풍(南豊) 사람. 자는 자서(子序)이다. 양명학을 숭상하여 잠심독오(潛心獨悟)를 통한 자득(自得)을 중시했다. 삼례(三禮)를 깊이 연구하여 『의례설(儀禮說)』과 『예기설(禮記說)』, 『상복회통설(喪服會通說)』을 저술했다. 그 밖의 저서에 『주역설(周易說)』과 『상서설(尙書說)』, 『시설(詩說)』, 『사서설(四書說)』, 『구자득지실문초(求自得之室文鈔)』 등이 있다.

역문 살펴보니, 『예기』「옥조(玉藻)」에 "어버이가 늙으셨으면 외출할 때에 방소(方所)를 변경하지 않는다." 했는데, 뜻이 여기서 말한 것과 같다. 형병의 「소」에 "멀리 갈 경우에는 반드시 일정한 장소를 정해 두어 만일 부모가 나를 부르실 경우 즉시 내가 있는 곳을 알 수 있게 해야 한다. 가령 '갑(甲)의 장소로 간다'라고 하였다면 행선지를 변경해서 을(乙)의 장소로 가지 못하니, 이는 부모께서 갑의 장소에서 나를 부르셨다가 만나지 못하면 부모로 하여금 근심하시게 할까 두렵기 때문이다."[118]라고 했다.

● 「注」, "'方', 猶常也."

● 正義曰: 鄭注「檀弓」·「禮器」竝同.

○ 「주」의 "'방(方)'은 일정함[常]과 같다."

○ 정의에서 말한다.

정현이 『예기』「단궁(檀弓)」과 「예기(禮器)」를 주석한 곳에도 모두 같다.

4-20

子曰: "三年無改於父之道, 可謂孝矣." 【注】 鄭曰: "孝子在喪, 哀戚思慕, 無所改於父之道, 非心所忍爲."

공자가 말했다. "3년 동안 아버지의 도를 고침이 없어야 효라 이

118 『논어주소』 권4, 「이인제4」 형병의 「소」.

를 수 있다." 【주】 정현이 말했다. "효자가 상중에 있을 때에 슬퍼하고 사모하면서 아버지의 도를 고치는 일이 없는 것은 마음에 차마 할 수 있는 바가 아니기 때문이다.

● 正義曰: 『釋文』曰: "此章與「學而篇」同, 當是重出." 陳氏鱣『古訓』曰: "『漢石經』亦有此章, 當是弟子各記所聞, 故鄭注之." 案, 『論語』中重出者數章, 自緣聖人屢言及此, 故記者隨文記之. 『春秋繁露』「祭義篇」, "孔子曰: '書之重, 辭之復, 嗚乎! 不可不察也. 其中必有美者焉.'"

○ 정의에서 말한다.

『경전석문』에서 말하길 "이 장은 「학이(學而)」와 같으니, 당연히 중복해서 나온 것이다."라고 하였고, 진전(陳鱣)의 『논어고훈(論語古訓)』에 "『한석경』에도 이 장이 있으니, 당연히 제자들이 각각 들은 것을 기록한 것이기 때문에 정현이 그렇게 주석한 것이다."라고 했는데, 살펴보니, 『논어』 가운데 중복해서 나온 것이 여러 장인데, 본래 성인이 자주 말한 것이 여기에 미쳤기 때문에 기록하는 사람들이 글에 따라 그렇게 기록한 것이다. 『춘추번로』「제의(祭義)」에 "공자가 말했다. '글이 중복되고 말이 반복되니, 아! 살피지 않을 수 없구나. 그 가운데 반드시 훌륭한 것이 있을 것이다.'"라고 했다.

● 「注」, "鄭曰"至"忍爲".

● 正義曰: 「學而」是孔「注」, 今此是鄭「注」. 本或二處皆有「集解」, 或有無者.

○ 「주」의 "정왈(鄭曰)"부터 "인위(忍爲)"까지.

○ 정의에서 말한다.

「학이」에는 공안국의 「주」가 있고, 지금 여기에는 정현의 「주」가 있는데, 판본에 따라 혹은 두 군데 모두 「집해」가 있는 판본도 있고, 혹은 없는 판본도 있다.

4-21

子曰: "父母之年, 不可不知也, 一則以喜, 一則以懼." 【注】 孔曰: "見其壽考則喜, 見其衰老則懼."

공자가 말했다. "부모의 나이를 몰라서는 안 되니, 한편으로는 그 때문에 즐겁고, 한편으로는 그 때문에 두렵다." 【주】 공안국이 말했다. "부모가 장수하신 것을 보면 즐겁고, 부모가 노쇠하신 것을 보면 두렵다."

원문 正義曰: "喜"·"懼"者, 『說文』云: "喜, 樂也. 懼, 恐也." 皇「疏」引李充曰: "孝子之事親也, 養則致其樂, 病則致其憂, 憂樂之情深, 則喜懼之心篤. 然則獻樂以排憂, 進歡而去戚者, 其惟知父母之年乎! 豈徒知年數而已哉? 貴其能稱年而致養也. 是以惟孝子能達就養之方, 盡將從之節, 喜於康豫, 懼於失和, 孝子之道備也."

역문 정의에서 말한다.

"희(喜)"와 "구(懼)"에 대해 『설문해자』에서 "희(喜)는 즐겁다[樂]는 뜻이다."[119]라고 했고, "구(懼)는 두렵다[恐]는 뜻이다.[120]"라고 했다. 황간의 「소」에 이충을 인용해서 "효자가 어버이를 섬김에, 봉양할 때는 그 즐겁

---

119 『설문해자』 권5: 희(喜)는 즐겁다[樂]는 뜻이다. 주(壴)와 구(口)로 구성되었다. 모든 희(喜)부에 속하는 한자는 다 희(喜)의 뜻을 따른다. 희(歖)는 희(喜)의 고문인데, 흠(欠)으로 구성되었으니, 환(歡)과 구성이 같다. 허(虛)와 이(里)의 반절음이다.[喜, 樂也. 從壴從口. 凡喜之屬皆從喜. 歖, 古文喜從欠, 與歡同. 虛里切.]

120 『설문해자』 권10: 구(懼)는 두렵다[恐]는 뜻이다. 심(心)으로 구성되었고, 구(瞿)가 발음을 나타낸다. 구(愳)는 구(懼)의 고문이다. 기(其)와 우(遇)의 반절음이다.[懼, 恐也. 從心瞿聲. 愳, 古文. 其遇切.]

게 해 드리기를 다하고 병이 들면 자식의 근심을 다해야 하니, 근심하고 즐겁게 해 드리는 정이 깊으면 기뻐하고 두려워하는 마음이 돈독한 것이다. 그렇다면 즐겁게 해 드림으로써 근심을 떨쳐 내고 기쁘게 해 드리면서 슬픔을 없애는 자는 오로지 부모의 나이를 아는 사람뿐일 것이다! 어찌 한갓 나이라는 숫자만 알 뿐이겠는가? 연세에 걸맞게 극진히 봉양함을 귀하게 여겨야 한다. 이런 까닭에 오직 효자만이 가까이 모시고 봉양하는 방법을 통달할 수 있고 장차 돌아가셨을 때의 예절을 극진히 할 수 있으니, 강녕함을 즐거워하고 따뜻한 생기를 잃음을 두려워해야 효자의 도가 갖추어진다."[121]라고 했다.

● 「注」, "孔曰"至"則懼".

● 正義曰: 『釋文』云: "此章「注」, 或云'孔「注」', 或云'包氏', 又作'鄭玄語辭', 未知孰是."

○ 「주」의 "공왈(孔曰)"부터 "즉구(則懼)"까지.

○ 정의에서 말한다.

『경전석문』에 "이 장의 「주」에 대해서 혹은 '공안국의 「주」'라고 하고, 혹은 '포씨(包氏)'라고도 하며, 또는 '정현의 말이다'라고 되어 있기도 한데, 어느 것이 맞는지 모르겠다."라고 했다.

4-22

子曰: "古者言之不出, 恥躬之不逮也." 【注】 包曰: "古人之言, 不妄出口, 爲身行之將不及."

121 『논어집해의소』 권2, 「논어이인제4」 황간의 「소」.

공자가 말했다. "옛사람들이 말을 함부로 내지 않은 것은 자신의 행동이 미치지 못할 것을 부끄러워해서이다." 【주】 포함이 말했다. "옛사람의 말이 함부로 입 밖으로 나오지 않은 것은 자신의 행동이 장차 미치지 않을까? 했기 때문이었다."

원문 正義曰: 『爾雅』「釋詁」, "躬, 身也. 逮·及, 與也." 「釋言」, "逮, 及也." 竝常訓. 『禮』「緇衣」云: "子曰: '言從而行之, 則言不可飾也; 行從而言之, 則行不可飾也. 故君子寡言而行, 以成其信, 則民不得大其美而小其惡.'" 義與此章相發. 皇本作"古之者言之不妄出也".

역문 정의에서 말한다.

『이아』「석고」에 "궁(躬)은 몸[身]이다. 체(逮)와 급(及)은 및[與]의 뜻이다."라 했고, 「석언」에서는 "체(逮)는 미치다[及]의 뜻이다."라고 했는데, 모두 일반적인 해석이다. 『예기』「치의(緇衣)」에 "공자가 말했다. '말하고 이어서 실천하면 말은 꾸밀 것이 없고, 실천하고 이어서 말하면 실천은 꾸밀 것이 없다. 그러므로 군자가 말을 적게 하고 실천해서 그 신뢰를 이루면, 백성들은 자신의 훌륭한 점을 크게 하거나 자신의 악을 작게 할 수가 없을 것이다.'"[122]라고 했으니, 뜻이 이 장과 서로 발명이 된다.

---

122 『예기주소』의 「주」에서는 "종(從)은 따른다[隨]는 뜻과 같다.[從, 猶隨也.]" 했고, 『예기대전(禮記大典)』의 「주」에는 "종(從)은 따른다[順]는 뜻이니, 이치[理]를 따른다는 말이다. 말이 이치를 따라서 행해지면 말이 쓰일 수 있어서 꾸민 말이 아니게 된다.[從, 順也, 謂順於理也. 言順於理而行之, 則言爲可用而非文飾之言矣.]"라고 했는데, 『예기주소』의 「주」에 또 "과(寡)는 마땅히 고(顧)가 되어야 하니, 발음이 잘못된 것이다.[寡, 當爲顧, 聲之誤也.]"라고 한 것을 보면, 이는 「중용」 제13장의 "떳떳한 덕을 행하며 떳떳한 말을 삼가서 행실에 부족한

황간본에는 "옛날의 사람들은 말을 함부로 내지 않았다[古之者言之不妄出也]"라고 되어 있다.

4-23

子曰: "以約失之者鮮矣." 【注】 孔曰: "俱不得中, 奢則驕佚招禍, 儉約無憂患."

공자가 말했다. "요약 때문에 잘못되는 사람은 드물다." 【주】 공안국이 말했다. "사치와 검약(儉約)이 모두 중도(中道)가 될 수 없지만,[123] 사치하면 교만하고 안일해져서 화를 부르고, 검소하고 절약하면 우환(憂患)이 없다."

원문 正義曰: "約"卽"曾子守約"之約. 趙氏佑『溫故錄』, "「賁」盡飾, 受以「剝」; 「節」當位, 受以「孚」. 君子損益盈謙, 與時消息, 於「謙」得六爻之吉, 於「豊」厪日中之憂. 天道人事, 未有不始於約, 終於約者. 約而爲泰則無恒, 泰而能約故可久. 「曲禮」曰: '敖不可長, 欲不可縱, 志不可滿, 樂不可極.' 皆言約之道也." 武氏億『經讀考異』, "此凡兩讀, '以約'爲句, '失之者鮮矣'爲

바가 있으면 감히 힘쓰지 않을 수 없으며, 말에 남는 바가 있으면 감히 다하지 않아서, 말은 행실을 돌아보며 행실은 말을 돌아보아야 한다.[庸德之行, 庸言之謹, 有所不足, 不敢不勉; 有餘, 不敢盡, 言顧行, 行顧言.]"를 염두에 둔 주석이다. 또 「위정(爲政)」에 "자기가 말할 것을 먼저 실행하고서 뒤에 말로 행동을 따른다.[先行其言而後從之.]" 했으므로, 「위정」과 『예기주소』를 참고로 해석했다.

123 『논어주소』 권4, 「이인제4」의 「소」에 "奢儉俱不得中"이라고 되어 있으므로, 『논어주소』를 따라 해석했다.

句, 又'以約失之者'爲句, '鮮矣'爲句, 竝通."

역문 정의에서 말한다.

"약(約)"은 바로 "증자는 지킴이 요약되었다[守約]"[124]라고 할 때의 약(約)이다. 조우(趙佑)[125]의 『사서온고록(四書溫故錄)』에 "『주역』「비(賁)」는 꾸밈을 다했기 때문에, 「박(剝)」으로 받고,[126] 「절(節)」은 지위를 담당하기 때문에, 「중부(中孚)」로 받았다.[127] 군자가 덜고 보태며 채우고 감하는 것은 때와 함께 소멸되고 자라나니, 「겸(謙)」에서는 6효(六爻)의 길함을 얻고, 「풍(豊)」에서는 해가 중천(中天)에 있어 비추듯이 해야 하는 근심을 힘쓴다. 하늘의 도(道)와 사람의 일은 요약됨[約]에서 시작되지 않음이 없고, 요약됨에서 마치지 않음이 없다. 요약되었는데도 크게 통한 체하면 항상된 마음이 없으니,[128] 크게 통하였으면서도 요약할 수 있기 때문에 오래갈 수 있다. 『예기』「곡례상」에 '거만한 마음이 자라나게 해

---

124 『맹자』「공손추상」: 맹시사(孟施舍)가 지킨 것은 기(氣)이니, 또 증자의 지킴이 요약된 것만 못하다.[孟施舍之守, 氣, 又不如曾子之守約也.]

125 조우(趙佑, 1727~1800): 청나라 절강 인화(仁和) 사람. 자는 계인(啓人)이고, 호는 녹천(鹿泉)이다. 근 40여 년 동안 관직에 있으면서 과거를 관장하고 학문을 감독하며 한 해도 허비하지 않았다. 팔고문(八股文)을 잘 지어 크게 명성을 떨쳤다. 저서에 『청헌당집(淸獻堂集)』이 있다.

126 『주역』「서괘전(序卦傳)」: 「비(賁)」는 꾸밈이니 꾸밈을 지극히 한 뒤에 형통(亨通)하면 다하므로 「박(剝)」으로 받았다.[「賁」者, 飾也, 致飾然後, 亨則盡矣. 故受之以「剝」.]

127 『주역』「서괘전」: 절제(節制)하여 믿게 한다. 그러므로 「중부(中孚)」로 받았다.[節而信之. 故受之以「中孚」.]

128 『논어』「술이」: 공자가 말했다. "성인(聖人)을 내가 만나 볼 수 없다면, 군자(君子)라도 만나 볼 수 있으면 좋겠다." 공자가 말했다. "선인(善人)을 내가 만나 볼 수 없다면, 항상된 마음을 가진 자라도 만나 볼 수 있으면 좋겠다. 없으면서 있는 체하고, 비었으면서 가득한 체하며, 요약되었는데도 크게 통한 체하면 항상된 마음을 갖기 어려울 것이다."[子曰: "聖人, 吾不得而見之矣, 得見君子者, 斯可矣." 子曰: "善人, 吾不得而見之矣, 得見有恒者, 斯可矣. 亡而爲有, 虛而爲盈, 約而爲泰, 難乎有恒矣."]

서는 안 되며, 욕망을 무작정 따라서는 안 되며, 자기 뜻대로 채우려 해서는 안 되며, 즐거움을 극에 이르게 해서는 안 된다.'라고 했는데, 모두 요약의 도리를 말한 것이다."라고 했다. 무억(武億)의 『경독고이(經讀考異)』에 "이 장은 전부 해서 두 개의 구두로 되어 있으니, '이약(以約)'을 한 구절로 삼고, '실지자선의(失之者鮮矣)'를 한 구절로 삼기도 하며, 또, '이약실지자(以約失之者)'를 한 구절로 삼고, '선의(鮮矣)'를 한 구절로 삼기도 하는데 모두 통한다."라고 했다.

● 「注」, "俱不"至"憂患".

● 正義曰: 「注」謂約卽儉也. "奢則不孫, 儉則固", 二者俱不得中, 而約可免憂患, 故其失鮮. 『易』「象傳」, "天地不交否, 君子以儉德避難." 「表記」, "子曰: '夫恭近禮, 儉近仁, 信近情, 敬讓以行此, 雖有過, 其不甚矣. 夫恭寡過, 情可信, 儉易容也. 以此失之者, 不亦鮮乎?'" 義與此文相證.

○ 「주」의 "구불(俱不)"부터 "우환(憂患)"까지.

○ 정의에서 말한다.

「주」에서 말하는 약(約)은 검약[儉]이다. "사치하면 불손(不孫)하고, 검소하면 고루함"[129] 두 가지는 모두 중도가 되지 못하지만, 검약하면 우환을 면할 수 있기 때문에 그 잘못이 드물다. 『주역』「비(否) · 상전(象傳)」에 "천지(天地)가 사귀지 않음이 비(否)이니, 군자가 보고서 덕을 검약하여 난(難)을 피해야 한다." 했고, 『예기』「표기」에 "공자가 말했다. '공손함[恭]은 예에 가깝고, 검소함[儉]은 인에 가까우며, 신의[信]는 실정[情]에 가까우니, 공경과 겸양으로써 이것을 행하면 비록 허물이 있더라도 그다지 심하지는 않을 것이다. 공손하면 허물이 적고, 실정이 있으면 신뢰할 수 있으며, 검약하면 받아들이기 쉽다. 이런 것을 가지고 잘못되는 사람은 또한 드물지 않겠는가?'"라고 했는데, 뜻이 이 「주」의 글과 서로 증명이 된다.

---

129 『논어』「술이」.

4-24

子曰: "君子欲訥於言, 而敏於行." 【注】 包曰: "'訥', 遲鈍也, 言欲遲而行欲疾."

공자가 말했다. "군자는 말에는 굼뜨고 행동에는 민첩하고자 한다." 【주】 포함이 말했다. "'눌(訥)'은 굼뜨고 둔하다[遲鈍]는 뜻이니, 말은 굼뜨게 하고자 하고 행동은 빨리 하고자 함이다."

- 「注」, "'訥', 遲鈍也. 言欲遲而行欲疾."
- 正義曰: 『說文』云: "訥, 言難也." 『廣雅』「釋詁」, "訥, 遲也." 『玉篇』引『論語』作"吶", 以"吶"爲"訥"之或體. 『說文』, "㕯, 言之訥也." 㕯在「口部」, 訥在「言部」, 字異義同. 「檀弓」, "其言吶吶然, 如不出諸其口." 「注」, "吶吶, 舒小貌." 亦遲鈍之義. 『釋文』引鄭「注」云: "言欲難." 意與包同.

○ 「주」의 "'눌(訥)'은 굼뜨고 둔하다[遲鈍]는 뜻이니, 말은 굼뜨게 하고자 하고 행동은 빨리 하고자 함이다."

○ 정의에서 말한다.

『설문해자』에 "눌(訥)은 말을 어렵게 한다[言難]는 뜻이다."[130]라 했고, 『광아』「석고」에 "눌(訥)은 굼뜨다[遲]는 뜻이다."라 했으며, 『옥편(玉篇)』에서는 『논어』를 인용하면서 "눌(吶)"이라고 썼는데, "눌(吶)"을 "눌(訥)"의 혹체자(或體字)로 본 것이다. 『설문해자』에 "눌(㕯)은 말이 더딘 것이다."[131]라고 했는데, 눌(㕯) 자는 『설문해자』「구부(口部)」에 있고, 눌(訥) 자

130 『설문해자』 권3: 눌(訥)은 말을 어렵게 한다[言難]는 뜻이다. 언(言)과 내(內)로 구성되었다. 내(內)와 골(骨)의 반절음이다.[訥, 言難也. 從言從內. 內骨切.]

131 『설문해자』 권3: 눌(㕯)은 말이 더딘 것이다. 구(口)와 내(內)로 구성되었다. 모든 눌(㕯)부

는 「언부(言部)」에 있으니 글자는 다르지만 뜻은 같다. 『예기』「단궁하」에 "말은 굼뜨고 굼떠[呐呐然] 마치 입으로 말을 내놓지 못하는 것 같았다."라고 했는데, 「주」에 "눌눌(呐呐)은 느리고 작은[舒小] 모양이다."[132]라고 했으니, 역시 더디고 굼뜨다[遲鈍]는 뜻이다. 『경전석문』에는 정현의 「주」를 인용해서 "말을 어렵게 하고자 한다[言欲難]."라고 했는데, 의미가 포함의 뜻과 같다.

4-25

子曰: "德不孤, 必有隣." 【注】 方以類聚, 同志相求, 故必有隣. 是以不孤.

공자가 말했다. "덕이 있는 사람은 외롭지 않고, 반드시 이웃이 있다." 【주】 같은 도리를 가진 무리는 같은 종류끼리 모이고,[133] 뜻을 같이하는 자는 서로 찾기 때문에 반드시 이웃이 있다. 그러므로 외롭지 않다.

에 속하는 글자는 다 눌(㕯)의 뜻을 따른다. 여(女)와 활(滑)의 반절음이다.[㕯, 言之訥也. 從口從內. 凡之屬皆從. 女滑切.]

132 『예기주소』 권10, 「단궁하(檀弓下)」 정현의 「주」.

133 방이류취(方以類聚): 『주역』「계사상(繫辭上)」에 보이는데, 주희는 『주역본의(周易本義)』에서 "方"에 대해 "일의 실정이 향하는 곳이다.[方, 謂事情所向.]"라 했고, 『주역주소(周易注疏)』 공영달(孔穎達)의 「소」에는 "방(方)은 법술(法術)과 성행(性行)을 이르니, 각각 같은 사람끼리 서로 모이는 것이다.[方, 謂法術性行, 各以類相聚也.]"라 했으며, 『예기대전』「악기(樂記)」의 「주」에는 "방(方)은 도(道)와 같다 하였고, 취(聚)는 처(處)와 같다고 하였다. 즉 군신 · 부자 · 부부 · 장유 · 붕우에 모두 각각 그 도리(道理)가 있으니 각각 그 같은 무리[同類]로서 함께하는 것이 이른바 방이류취이다.[方猶道也, 聚猶處也. 君臣父子夫婦長幼朋友, 各有其道, 則各以其類而處之, 所謂方以類聚也.]"라고 했다.

원문 正義曰: 張栻『解』云: "德立於己, 則天下之善斯歸之, 蓋不孤也. 如善言之集, 良朋之來, 皆所謂'有隣'也. 至於天下歸仁, 是亦'不孤'而已矣." 案, 張『解』深合經旨.

역문 정의에서 말한다.

장식(張栻)의 『논어해(論語解)』에 "덕이 자기에게서 확립되면 천하의 선이 그에게로 귀의하기 때문에 대체로 외롭지 않다. 예를 들어 선한 말이 모이고, 선량한 벗이 오는 것이 모두 이른바 '이웃이 있다[有隣]'라는 것이다. 심지어 천하 사람들이 모두 인한 사람에게 귀의함[134] 역시 '외롭지 않음[不孤]'일 따름이다."라고 했다. 살펴보니, 장식의 『논어해』가 경전의 취지에 매우 합당하다.

원문 『易』「坤·文言」曰: "君子敬以直內, 義以方外. 敬義立而德不孤." 言內外皆有所立, 故"德不孤". "不孤"者, 言非一德也. 『韓詩外傳』齊桓公遇麥丘之封人, 謂其善祝曰: "至德不孤, 善言必再." 又曰: "至德不孤, 善言必三." 義猶明顯.

역문 『주역』「곤(坤)·문언전(文言傳)」에 "군자는 경(敬)으로써 안의 마음을 곧게 하고, 의(義)로써 밖의 일을 바르게 하니, 이렇게 경과 의가 확립되어서 그 덕이 외롭지 않다."라고 했는데, 안의 마음과 밖의 일이 모두 확립됨이 있기 때문에 "덕이 있는 사람은 외롭지 않다"는 말이다. "외롭지 않다"라는 것은 덕이 있는 사람이 하나가 아니라는 말이다. 『한시외전(韓詩外傳)』에 제(齊)나라 환공(桓公)이 맥구(麥丘)의 봉인(封人)을 만났을

---

134 『논어』「안연」에서 "天下歸仁焉"을 해석하면서 유보남은 정의(正義)에서 "歸"를 "稱"의 뜻으로 보았으나, 장식(張栻)은 "歸"를 "돌아감"의 뜻으로 해석한 듯하다. 이 단락은 장식의 문장이므로 장식의 의도에 따라 "歸"를 "귀의하다"로 해석했다.

때 그가 축수(祝壽)를 잘하는 것을 평하여 말하길 "지극한 덕이 있는 사람은 외롭지 않고, 선한 말은 반드시 두 번 하는 것이다." 하고 또 "지극한 덕이 있는 사람은 외롭지 않고 선한 말은 반드시 세 번 하는 것이다."라고 했는데, 뜻이 오히려 더 분명하게 드러난다.

원문 "必有隣"者, 言己有德, 則有德之人亦來歸也. 『鹽鐵論』「論誹篇」引此文說之云: "故湯興而伊尹至, 不仁者遠矣, 未有明君在上, 而亂臣在下也." 『漢書』「董仲舒傳」, "臣聞, 天之所大奉使之王者, 必有非人力所能致而自至者, 此受命之符也. 天下之人, 同心歸之, 若歸父母. 故天瑞應誠而至. 『書』曰: '白魚入於王舟'云云, 此蓋受命之符也. 孔子曰: '德不孤, 必有隣.' 皆積善累德之效也." 此引『論語』爲"人同心歸之"之證. 積善累德, 卽釋不孤義也.

역문 "반드시 이웃이 있다[必有隣]"라는 것은 자기가 덕이 있으면 덕이 있는 다른 사람도 돌아온다는 말이다. 『염철론』「논비(論誹)」에서는 이 문장을 인용해서 설명하면서 "옛날에 탕(湯)임금이 일어나자 이윤(伊尹)이 이르매 불인(不仁)한 자가 멀리 사라졌으니,[135] 밝은 군주가 위에 있는데 어지러운 신하가 아래에 있었던 적은 아직 없었다."라고 했다. 『전한서』「동중서전(董仲舒傳)」에는 "신이 듣건대, 천하에 크게 사명(使命)을 받든 왕은 반드시 인력으로 부를 수 있는 것이 아닌데 스스로 오는 자가 있다고 하니, 이것이 천명을 받는 부절입니다. 천하의 사람들이 한마음으로 귀의하는데, 마치 부모에게 귀의하는 것과 같습니다. 그러므로 하늘의 상서로움은 정성에 감응해서 이르는 것입니다. 『서경』에 '흰 물고기가

135 『논어』「안연」: 탕(湯)임금이 천하(天下)를 소유하였을 때에 여러 사람 중에서 이윤(伊尹)을 등용하니, 불인(不仁)한 자들이 멀리 사라졌다.[湯有天下, 選於衆, 擧伊尹, 不仁者遠矣.]

왕(王)의 배에 들어왔다.'[136]라고 운운했는데, 이것이 아마도 천명을 받은 부절일 것입니다. 공자는 '덕이 있는 사람은 외롭지 않고, 반드시 이웃이 있다'라고 했으니, 모두 선을 쌓고 덕을 누적시킨 효과입니다."라고 했는데, 이는 『논어』를 인용해서 "사람들이 한마음으로 귀의한다"는 증거로 삼은 것이다. 선을 쌓고 덕을 누적시킴이 바로 외롭지 않음[不孤]의 뜻을 해석한 것이다.

원문 皇「疏」, "又一云: '隣, 報也, 言德行不孤矣, 必爲人所報也.' 故殷仲堪曰: '推誠相與, 則殊類可親; 以善接物, 物亦不皆忘, 以善應之. 是以德不孤焉, 必有隣也.'"案, 『說苑』「復思篇」, "孔子曰: '德不孤必有隣', 夫施德者貴不德, 受恩者尙必報." 是以"隣"爲"報", 亦漢人舊誼, 故竝著之.

역문 황간의 「소」에 "또 일설에 '인(隣)은 보답한다[報]는 뜻이니, 덕행(德行)은 외롭지 않고 반드시 남의 보답을 받는다는 말이다.'라고 했다. 그러므로 은중감이 말했다. '정성을 미루어 서로 함께하면 다른 무리들과도 친해질 수 있고, 선으로써 남과 접하면 남 또한 모두 잊지 않고 선으로 응한다. 이런 까닭에 덕이 있는 사람은 외롭지 않고 반드시 이웃이 있는 것이다.'"[137]라고 했다. 살펴보니, 『설원(說苑)』「복사(復思)」에 "공자가 '덕이 있는 사람은 외롭지 않고 반드시 이웃이 있다.'라고 했으니, 덕을 베푸는 자는 덕이 없는 사람을 귀하게 여기고, 은혜를 받는 사람은 반드시 보답할 것을 숭상한다."라고 했는데, 이는 "인(隣)"을 "보답한다[報]"는 뜻으로 본 것으로, 역시 한나라시대 사람들의 오래된 의론[舊誼]이므로 모두 기록해 둔다.

---

136 「위태서(僞泰誓)」의 내용이라고 한다.

137 『논어집해의소』 권2, 「논어이인제4」 황간의 「소」.

● 「注」, “方以”至“不孤”.

● 正義曰: 邢「疏」云: “‘方以類聚’者, 『周易』「繫辭上」文也, 言謂法術性行, 各以類相聚也. 云: ‘同志相求’者, 『周易』「乾卦 · 文言」也, 言志同者相求爲朋友也.”

○ 「주」의 “방이(方以)”부터 “불고(不孤)”까지.

○ 정의에서 말한다.

형병의 「소」에 “‘같은 도리를 가진 무리는 같은 종류끼리 모인다[方以類聚]’라고 한 것은 『주역』「계사상(繫辭上)」[138]의 문장인데, 법술(法術)과 성행(性行)을 이르니, 각각 같은 사람끼리 서로 모인다는 말이다. ‘뜻을 같이하는 자는 서로 찾는다’라는 말은 『주역』「건 · 문언」에 보이니,[139] 뜻이 같은 사람은 서로를 추구해서 벗이 된다는 말이다.

4-26

子游曰: “事君數, 斯辱矣; 朋友數, 斯疏矣.” 【注】 ‘數’, 謂“速數”之數.

자유(子游)가 말했다. “임금을 섬기면서 자주 간하면 욕을 당하게 되고, 벗을 사귀면서 자주 간하면 소원해진다.” 【주】 ‘삭(數)’은 “속삭(速數)”이라고 할 때의 삭(數)을 이른다.

원문 正義曰: “疏”, 遠也. 見『呂覽』「愼行」「注」. 邢「疏」云: “此章明爲臣 · 結

138 『논어정의』에 “上繫辭”로 되어 있는데, “繫辭上”으로 고쳤다.

139 『주역』「건(坤) · 문언(文言)」에는 “同氣相求”라고 되어 있다.

交, 當以禮漸進也." 吳氏嘉賓『說』, "'數'與'疏'對, 『記』曰: '祭不欲數'是也. 君子之交淡如水; 小人之交甘如醴. 君子淡以成; 小人甘以壞, 事君與交友皆若是矣. '數'者, 昵之至於密焉者也. 惟恐其辱, 乃所以召辱; 不欲其疏, 乃所以取疏. 故曰: '上交不諂, 下交不瀆.'" 案, 吳氏此說, 與邢「疏」合.

역문 정의에서 말한다.

"소(疏)"는 멀다[遠]는 뜻이니, 『여람』「신행(愼行)」의 「주」에 보인다. 형병의 「소」에 "이 장은 신하 노릇을 하고 벗과 사귐을 맺을 때엔 마땅히 예로써 점진적으로 해야 함을 밝힌 것이다."라고 했다. 오가빈의 『사서설』에 "'잦음[數]'과 '드묾[疏]'은 서로 대가 되니, 『예기』「제의」에서 '제사는 자주 지내려고 하지 않아야 한다.'라고 한 것이 이것이다. 군자의 사귐은 담백하기가 물과 같고, 소인의 사귐은 달기가 단술과 같다. 군자는 담백함으로 사귐을 이루지만, 소인은 달콤함으로 사귐을 무너뜨리니 임금을 섬김과 벗을 사귐이 모두 이와 같다. '삭(數)'이란 친숙함이 밀접해지는 데까지 이르는 것이다. 오직 욕을 당할까 두려워하지만 결국엔 그 때문에 욕을 부르고, 소원해지기를 바라지 않지만 결국엔 그 때문에 소원함을 취하게 된다. 그러므로 '위로 사귀되 아첨하지 않고 아래로 사귀되 모독하지 않는다.'[140]라고 한 것이다."라고 했다. 살펴보니 오가빈의 이 설명은 형병의 「소」와 일치한다.

원문 『宋書』「蕭思話·劉延孫傳」論, "夫侮因事狎, 敬由近疏. 疏必相思, 狎必相厭. 厭·思一殊, 榮禮自隔. 子曰: '事君數, 斯辱矣.'" 雖引文有誤, 而

---

140 『주역』「계사하」.

其義亦與邢「疏」同.

역문 『송서(宋書)』「소사화(蕭思話)·유연손전(劉延孫傳)」에 논하기를 "업신여김은 일로 인해 친압해지고, 공경은 가까움으로 말미암아 소원해진다. 소원해지면 반드시 서로 사모하고 친압하면 반드시 서로 싫어한다. 싫어함과 사모함은 완전히 다르니 영화로운 예법[榮禮]이 저절로 멀어진다. 공자가 말했다. '임금을 섬기면서 무엇이든 자주 하면 욕을 당하게 된다.'"라고 했는데, 비록 인용한 문장에 오류가 있지만 그 뜻은 또한 형병의 「소」와 같다.

원문 『釋文』云: "數, 鄭'世主反, 謂數己之功勞.'" 『隨書』「李諤傳」, "時當官者好自矜伐, 諤上疏云: '舜戒禹云: "女惟不矜. 天下莫與女爭能. 女惟不伐. 天下莫與女爭功." 言偃又云: "事君數, 斯辱矣. 朋友數, 斯疏矣." 此皆先哲之格言.'" 正本鄭說, 以數爲數己之功勞也.

역문 『경전석문』에 "수(數)는 정현은 '세(世)와 주(主)의 반절음이니, 자기의 공로를 헤아린다는 말이다.'라고 했다."[141]라고 했다. 『수서(隨書)』「이악전(李諤傳)」에 "당시에 관직에 있는 자들이 스스로 자랑하기를 좋아하자, 이악(李諤)이 상소를 올려 '순이 우(禹)에게 경계하기를 "너는 자랑하지 마라. 천하에 너와 능력을 겨룰 자는 없다. 너는 자랑하지 마라. 천하에 너와 공을 다툴 자는 없다." 하고, 언언(言偃)은 또 "임금을 섬기면서 자기의 공로를 헤아리면 욕을 당하게 되고, 벗을 사귀면서 자기의 공로를 헤아리면 소원해진다."라고 했으니, 이는 모두 선철(先哲)들의 격언(格言)입니다.'라 했다."라고 했는데, 이는 바로 정현의 설을 근거로 해서 수

141 『경전석문』 권24, 「논어음의·이인제4」.

(數)를 자기의 공로를 헤아린다는 것으로 생각한 것이다.

원문 先兄五河君『經義說略』辨之云: "如鄭此說, 則下'朋友數'不可通, 當訓爲數君友之過. 『漢書』「項籍傳」·「陳餘傳」·「司馬相如傳下」·「主父偃傳」「注」竝云: '數, 責也.' 『國策』「秦策」「注」'數, 讓'·'責, 讓', 皆數其過之義. 「儒行」, '其過失可微辨, 而不可面數也.' 謂不可面相責讓也." 兪氏樾『群經平議』說同. 又云: "「曲禮」云: '爲人臣之禮, 不顯諫.' 故諫有五, 而孔子從其諷, 其於朋友, 則曰'忠告而善道之'. 事君而數, 則失'不顯諫'之義. 朋友而數, 則非所以'善道之'矣." 此說於義亦順. 因竝著之.

역문 작고하신 형[先兄]인 오하군(五河君)의 『경의설략(經義說略)』에서는 이것을 변별하여 "정현의 이 말대로라면 아래의 '붕우삭(朋友數)'은 통할 수 없으니, 마땅히 임금이나 벗의 허물을 꾸짖는다는 뜻으로 해석해야 한다. 『전한서』「항적전(項籍傳)」과 「진여전(陳餘傳)」, 「사마상여전하(司馬相如傳下)」와 「주부언전(主父偃傳)」의 「주」에 모두 '삭(數)은 책망한다[責]는 뜻이다.'라고 했고, 『전국책(戰國策)』「진책(秦策)」의 「주」에 '삭(數)은 꾸짖음[讓]이다'라 하고, '책(責)은 꾸짖음[讓]이다.'라고 했으니, 모두 그 허물을 꾸짖는다는 뜻이다. 『예기』「유행(儒行)」에 '그 과실을 조금 분별할 수 있지만 얼굴에 대고 꾸짖어서는 안 된다.'라고 했는데, 얼굴에 대고 서로 꾸짖어서는 안 된다는 말이다."라고 했다. 유월(兪樾)의 『군경평의(群經平議)』의 설도 같다. 또 "『예기』「곡례하」에 '남의 신하 된 도리는 임금의 잘못을 드러내 놓고 간하지 않는다.' 했으니, 따라서 간하는 방법에는 다섯 가지가 있는데, 공자는 풍간(諷諫)의 방법을 따랐고, 벗에 대해서는 '진심으로 일러 주고 잘 이끌어 준다.'[142]라고

142 『논어』「안연」.

했다. 임금을 섬기면서 자주 간하다 보면 '드러내 놓고 간하지 않는'[143] 의리를 잃게 된다. 벗과 사귀면서 자주 꾸짖으면 '잘 인도하는 것'이 아니다."라고 했으니, 이 설이 의리상 또한 순조롭다. 따라서 아울러 기록해 둔다.

● 「注」, "數, 謂'速數'之數".

● 正義曰: 『爾雅』「釋詁」, "數, 疾也." 「樂記」, "衛音趨數煩志." 「注」, "趨數讀如促速." 「祭義」, "其行也趨趨以數." 「注」, "數之言速也." 是數 · 速音義皆相近, 此「注」義不顯備.

○ 「주」의 "삭(數)은 '속삭(速數)'이라고 할 때의 삭(數)을 이른다."

○ 정의에서 말한다.

『이아』「석고」에 "삭(數)은 빠르다[疾]는 뜻이다."라 했고, 『예기』「악기」에 "위(衛)나라 음악은 급하고 빠른 경향이 있어 뜻을 번잡스럽게 한다."라고 했는데, 「주」에 "추삭(趨數)은 촉속(促速)과 같은 뜻으로 읽어야 한다."[144]라고 했다. 『예기』「제의」에 "갈 때에는 종종걸음[趨趨]으로 다니는 것이 빨랐다[數]."라고 했고, 「주」에 "삭(數)이라는 말은 빠르다[速]는 뜻이다."[145]라고 했는데, 삭(數)과 속(速)은 소리와 뜻이 모두 서로 가까우나, 이 「주」는 뜻이 분명하게 갖추어지지는 않았다.

원문 胡氏紹勳『拾義』申此「注」, 謂"數者, 疾諫也." 又謂"數有驟義, 如『廣雅』「釋詁三」·『小爾雅』「廣言」皆訓'驟'爲'數'. 『左傳』「宣」二年'驟諫'服

---

143 『예기』「곡례하」: 남의 신하 된 예는 임금의 잘못을 드러내 놓고 간하지 않으며, 세 번 간하고도 들어주지 않으면 그 자리를 떠나는 것이다.[爲人臣之禮, 不顯諫, 三諫而不聽, 則逃之.]

144 『예기주소』 권39, 「악기(樂記)」 정현의 「주」. 정현의 「주」에는 "추삭(趨數)은 촉속(促速)이라고 읽어야 하니, 발음이 잘못된 것이다.[趨數, 讀爲促速, 聲之誤也.]"라고 되어 있다.

145 『예기주소』 권47, 「제의」 정현의 「주」.

「注」·『楚辭』「悲回風」‘驟諫君而不聽兮’「注」竝云: ‘驟, 數也.’ 驟諫未有不致辱者.” 此說當得「注」意.

역문 호소훈(胡紹勳)[146]의 『사서습의(四書拾義)』에서는 이 「주」를 확대해서 “삭(數)이란 빠르게 간한다는 뜻이다.”라고 했다. 또 “삭(數)은 자주[驟]라는 뜻이 있으니, 예를 들면 『광아』 권3, 「석고」[147]와 『소이아(小爾雅)』「광언(廣言)」에는 모두 ‘취(驟)’를 ‘자주[數]’로 해석하였다. 『춘추좌씨전』「선공(宣公)」 2년에 ‘자주 간하다[驟諫]’라는 표현에 대한 복건(服虔)의 「주」와 『초사(楚辭)』「비회풍(悲回風)」의 ‘임금에게 자주 간했지만 듣지 않는다’라고 한 표현에 대한 「주」에서 모두 ‘취(驟)는 자주[數]라는 뜻이다.’라고 했다. 자주 간함[驟諫]은 아직 욕을 당하지 않은 자가 없다.”라고 했는데, 이 설이 「주」의 뜻에 합당하다.

원문 陳氏鱣『古訓』引錢廣伯說“速數”乃“疏數”之訛, 非是. 皇本此「注」爲孔安國.

역문 진전의 『논어고훈』에 전광백(錢廣伯)[148]의 설을 인용해서 “속삭(速數)”

---

146 호소훈(胡紹勳, 1789~1862): 청나라 안휘(安徽) 적계(績溪) 사람. 자는 문보(文甫), 호는 양천(讓泉)이다. 호배휘(胡培翬)의 족제(族弟)이고, 문자학에 조예가 깊었다. 저서에 『주역이문소증(周易異文疏證)』과 『춘추이문소증(春秋異文疏證)』, 『사서습의(四書拾義)』가 있었는데, 지금은 『사서습의』만 전한다.

147 『논어정의』에는 “『廣雅』「釋詁三」”으로 되어 있으나, 『광아』에서 “驟”는 권3, 권7, 권10에 보이는데, 『광아』 권1부터 권4까지가 「석고」이다.

148 전광백(錢廣伯, ?~?): 청나라 절강 해녕(海寧) 사람. 이름은 복(馥)이고, 광백(廣伯)은 그의 자, 호는 만정(幔亭) 또는 녹창(綠窓)이다. 생애는 자세하지 않다. 평생 과거 공부를 포기하고, 학생을 가르치는 것으로 업을 삼았다. 장이상(張履祥)의 학문을 흠모했고, 진전(陳鱣), 엄원조(嚴元照)와 학문을 연마했다. 경학 연구에 있어서는 한유(漢儒)를 종주로 했고, 음운학(音韻學)과 교감(校勘)에 뛰어나 당대 학자인 단옥재(段玉裁)와 노문초(盧文弨)의 칭송을

은 바로 "소삭(疏數)"의 잘못이라고 했는데, 틀렸다. 황간본에는 이 「주」가 공안국의 주로 되어 있다.

받았다. 수십 종의 책을 교정했다. 저서에 문인이 집록한 『소학암유고(小學盦遺稿)』가 있다. 마흔을 넘기지 못하고 죽었다.

논어정의 권6

論語正義卷六

公冶長第五 集解(공야장 제5 집해)

○●○

凡二十九章(모두 29장이다)

5-1

子謂公冶長, "可妻也. 雖在縲紲之中, 非其罪也." 以其子妻之. 【注】 孔曰: "冶長, 弟子, 魯人也. 姓公冶, 名長. '縲', 黑索; '紲', 攣也, 所以拘罪人."

공자(孔子)가 공야장(公冶長)을 평하며 "딸을 시집보낼 만하다. 비록 포승줄에 묶여 수감된 적이 있었으나, 그의 죄가 아니었다."라 하고, 자신의 딸을 그에게 시집보냈다. 【주】 공안국(孔安國)이 말했다. "공야장은 제자로 노(魯)나라 사람이다. 성은 공야(公冶)이고 이름은 장(長)이다. '유(縲)'는 검은 끈이고, '설(紲)'은 묶는다는 뜻이니, 죄인을 구속하는 것이다."

원문 正義曰: "以"者, 主婚之辭. "子"者, 『儀禮』「喪服」經, "女子子在室爲父." 「注」, "子, 女也." "妻"者, 以女適人, 與之爲妻也. 『說文』, "妻, 婦與夫齊者也." 『大戴禮』「保傅」云: "謹爲子孫娶妻嫁女, 必擇孝悌世世有行義者." 故此辨其非罪. 及論南容, 亦稱其德行, 示當謹擇士也. "非其罪", 傳無所聞.

역문 정의에서 말한다.

"이(以)"는 혼인을 주관했다는 말이다. "자(子)"는 『의례(儀禮)』「상복(喪服)」의 경문(經文)에 "성인이 된 딸이 집에 있을 때 아버지를 위해"라고 했는데, 「주」에 "자(子)는 딸[女]이다."[1]라고 했다. "처(妻)"는 딸을 남에게 보내어 아내가 되도록 허락한다는 뜻이다. 『설문해자(說文解字)』에 "처(妻)는 지어미[婦]로서 지아비[夫]와 대등한 관계에 있는 사람이라는 뜻이다."[2]라고 했다. 『대대례(大戴禮)』「보부(保傅)」에 "삼가 자손을 위해 장가들이고 딸을 시집보냄에 반드시 효도하고 공경해서 대대로 의(義)를 실행함이 있는 자를 택한다."[3]라고 했다. 따라서 여기에서는 그가 죄를 지은 것이 아님을 변별한 것이다. 남용(南容)을 논함에 미쳐서도 역시 그의 덕행(德行)을 칭찬했으니, 이는 선비를 선택함에도 마땅히 삼가야 함을 보인 것이다. "그의 죄가 아니다[非其罪]"라고 했는데, 죄에 대해서는 전해 들은 바가 없다.

원문 皇「疏」引范寧曰: "公冶行正獲罪, 罪非其罪, 孔子以女妻之, 將以大明衰世用刑之枉濫, 勸將來實守正之人也." 又引別書名『論釋』稱'公冶長解禽語"食死人肉", 致疑爲殺人, 繫獄', 邢「疏」斥其不經. 愚以『周官』"夷隸

1 『의례주소(儀禮注疏)』 권11, 「상복(喪服)」 정현(鄭玄)의 「주」.

2 『설문해자(說文解字)』 권12: 처(婁)는 지어미[婦]로서 지아비[夫]와 대등한 관계에 있는 사람이라는 뜻이다. 여(女)와 좌(屮)와 우(又)로 구성되었다. 우(又)는 지사문자(持事文字)로서 아내의 직분(妻職)을 뜻한다. 처(㛗)는 처(妻)의 고문인데 여(女)로 구성되었다. 귀(肖)는 귀(貴) 자의 고문이다. 칠(七)과 계(稽)의 반절음이다.[婁, 婦與夫齊者也. 從女從屮從又. 又, 持事, 妻職也. 㛗, 古文妻從女. 肖, 古文貴字. 七稽切.]

3 『논어정의』에는 "行" 자 아래 "仁" 자가 있으나, 『대대례(大戴禮)』「보부(保傅)」를 근거로 삭제하고 해석했다.

掌與鳥言", "貉隸掌與獸言", 則以公治解鳥語, 容或有之, 而謂因此獲罪, 則傅會之過矣. "紲", 『唐石經』作"絏", 張參『五經文字』以爲避諱偏旁.

역문 황간(皇侃)의 「소」에 범녕(范寧)의 말을 인용해서 "공야장은 행실이 올바른데 죄를 얻었으나 죄가 그의 죄가 아니었으므로 공자께서 딸을 그에게 시집보내셨으니, 장차 쇠락한 세상에서 형벌이 잘못되고 지나치게 남용되고 있음을 크게 밝히고, 이후 진실로 올바름을 지키는 사람을 권장하신 것이다."[4]라고 했고, 또 『논석(論釋)』이라는 제목의 별도의 책을 인용해서 '공야장이 새들이 "죽은 사람의 인육을 먹었다"라는 말을 이해했지만 오히려 사람을 죽였다고 의심을 받고 결박당해 옥에 갇혔다.'[5]라

---

4 『논어집해의소(論語集解義疏)』 권3, 「논어공야장제5(論語公冶長第五)」 황간(皇侃)의 「소」.

5 『논어집해의소』 권3, 「논어공야장제5」 황간의 「소」. 별개의 한 책이 있는데 서명(書名)이 『논석(論釋)』이다. 그 책에 다음과 같은 내용이 있다. "공야장(公冶長)이 위(衛)나라에서 노(魯)나라로 돌아올 때 두 나라 국경에 당도하여, 새들이 서로 부르며 '청계(淸溪)로 가서 죽은 사람의 고기를 먹자.'라고 지저귀는 소리를 들었다. 조금 뒤에 한 노파가 길을 막고 앉아 통곡하는 것을 보고서 공야장이 왜 우느냐고 물으니, 그 노파가 '우리 아들이 얼마 전에 먼 길을 떠나 아직까지 돌아오지 않으니, 이미 죽은 것으로 생각되는데 그 시신이 어디 있는지 몰라 이렇게 찾아 나선 것이오.'라고 하였다. 공야장이 '조금 전에 새들이 서로 부르며 "청계로 가서 죽은 사람의 고기를 먹자."라고 하는 소리를 들었으니, 죽은 사람이 아마도 노파의 아들인 것 같소.'라고 말해 주었다. 노파가 청계로 가서 그 아들을 찾았는데, 이미 죽어 있었다. 노파가 즉시 촌장에게 고소하니 촌장이 '노파는 시신이 청계에 있는 줄을 어떻게 알았느냐?'라고 물었다. 노파가 '공야장을 만났는데 그가 그렇게 말하였소.'라고 대답하였다. 촌장은 '공야장이 사람을 죽이지 않았다면 어떻게 그 시신이 청계에 있는 줄을 알았겠는가?'라고 하고서, 공야장을 결박하여 옥관에게 넘겼다. 옥관이 공야장에게 '어째서 사람을 죽였느냐?'라고 묻자, 공야장은 '나는 새의 말을 알기 때문에 시신이 그곳에 있는 줄을 안 것이지, 내가 사람을 죽인 것이 아니오.'라고 대답했다. 그러자 옥관은 '시험해 보고서 만약 새의 말을 안다면 즉시 석방하겠지만 만약 새의 말을 알지 못한다면 죽일 것이다.'라고 하고서, 60일을 기한으로 정해 공야장을 옥에 가두었다. 60일이 되는 날에 참새가 옥사(獄舍)의 울짱에 앉아 서로 부르며 지저귀니 공야장이 빙그레 웃었다. 이를 본 옥리(獄吏)가 옥관에게 '공야장이 참새의 말에 웃었으니 새들의 말을 아는 것 같습니다.'라고 아뢰니, 옥관이 옥리를 시켜

고 했는데, 형병(邢昺)의 「소」에서는 사리에 맞지 않는 허황된 말이라고 배척했다.[6] 내가 생각하기에 『주관(周官)』에 "이예(夷隸)는 새와 말하는 것을 관장한다."[7]라고 하고, "맥예(貉隸)는 짐승과 말하는 것을 관장한다."[8]라고 했으니, 공야장이 새들의 말을 이해하는 능력이 혹시라도 있다고 해서 이 때문에 죄를 얻었다고 한다면 지나치게 견강부회하는 것이다. "설(紲)"은 『당석경(唐石經)』에 "설(絏)"로 되어 있는데, 장삼(張參)의 『오경문자(五經文字)』에는 휘(諱)를 피하기 위한 편방(偏旁)[9]이라고 보았다.

공야장에게 참새들이 무슨 말을 하였기에 웃은 것인지를 묻게 하였다. 공야장이 '참새들이 짹짹거리며 "백련수 가에 곡식을 싣고 가던 수레가 엎어져서 황소가 뿔이 부러졌다. 곡식을 다 수습하지 않았으니 가서 쪼아 먹자"라고 서로 불렀습니다.'라고 대답하였다. 옥관은 믿지 않고서 사람을 보내어 가서 살펴보게 하니, 과연 그의 말대로였다."[別有一書名爲『論釋』云; "公冶長從衛還魯, 行至二堺上, 聞鳥相呼, '往清溪, 食死人肉.' 須臾見一老嫗當道而哭, 冶長問之, 嫗曰: '兒前日出行,于今不反, 當是已死亡, 不知所在.' 冶長曰: '向聞鳥相呼, "往清溪食肉", 恐是嫗兒也.' 嫗住看卽得其兒也, 已死. 卽嫗告村司, 村司問, '嫗從何得知之?' 嫗曰: '見冶長道如此.' 村官曰: '冶長不殺人, 何緣知之?' 囚録冶長付獄. 主問, '冶長何以殺人?' 冶長曰: '解鳥語, 不殺人.' 主曰: '當試之, 若必解鳥語, 便相放也; 若不解, 當今償死.' 駐冶長在獄六十日. 卒日有雀子緣獄柵上, 相呼嘖嘖, 冶長含笑. 吏啓主'冶長笑雀語, 是似解鳥語.' 主敎長雀何所道而笑之, 冶長曰: '雀鳴嘖嘖相呼, 白蓮水邊有車翻覆黍粟, 牡牛折角. 收斂不盡, 相呼往啄.' 獄未信, 遣人往看, 果如其言."]

6 『논어주소(論語注疏)』 권5, 「공야장제5(公冶長第五)」 형병(邢昺)의 「소」. 구설(舊說)에는 "공야장이 새들의 말을 알아들었기 때문에 감옥에 갇혔다."라고 하였으나, 사리에 맞지 않는 허황된 말이므로 지금 취하지 않는다.[舊說 "冶長解禽語, 故繫之縲絏." 以其不經, 今不取也.]

7 『주례(周禮)』「추관사구상(秋官司寇上) · 이예(夷隸)」.

8 『주례』「추관사구상 · 맥예(貉隸)」.

9 편방(偏旁): 한자의 합체자의 조성 부분으로, 왼쪽을 편이라고 하고 오른쪽을 방이라고 한다. 고대 금석문에 『서경(書經)』에 나오는 글자가 없을 경우 편과 방으로 쓰인 글자를 찾아 이를 합쳐 새로 글자를 만들면 된다는 말이다.

● 「注」, “冶長”至“罪人”.

● 正義曰: 『史記』「弟子傳」, “公冶長, 齊人.” 『家語』「弟子解」則云“魯人”, 與此孔「注」合. 『史記』“長可妻也”, 不連“公冶”爲文, 故此「注」以公冶爲姓, 長爲名. 而又稱“冶長”者, 猶馬遷·葛亮之比, 凡兩字姓, 得單擧一字也. 『家語』云“名萇”, 邢「疏」引『家語』作“字子長”, 『釋文』引『家語』作“字子張”, 據『史』「傳」亦“字子長”. 皇「疏」及『釋文』引范寧曰: “名芝, 字子長.” 「白水碑」作“子之”, 似又以子之爲字. 諸說各異, 當以『史』「傳」爲正.

○ 「주」의 “야장”부터 “죄인(罪人)”까지.

○ 정의에서 말한다.

『사기(史記)』「중니제자열전(仲尼弟子列傳)」에 “공야장은 제(齊)나라 사람이다.”라고 했는데, 『공자가어(孔子家語)』「칠십이제자해(七十二弟子解)」에는 “노나라 사람”이라고 했으니, 여기의 공안국 「주」와 일치한다. 『사기』「중니제자열전」에 “장(長)은 딸을 시집보낼 만하다.”라고 하여 “공야(公冶)”를 붙이지 않고 글을 썼기 때문에 여기의 「주」에서는 공야(公冶)를 성(姓)이라 하고 장(長)을 이름이라고 한 것이다. 그리고 또 “야장(冶長)”이라고 일컫는 것은 마천(馬遷)이라던가 갈량(葛亮)의 비유와 같이 성이 두 글자일 경우 단지 한 글자만 거론할 수 있다. 『공자가어』에 “이름은 장(萇)이다.”[10]라고 했고, 형병의 「소」에 『공자가어』를 인용하면서 “자(字)는 자장(子長)이다.”[11]라고 했으며, 『경전석문(經典釋文)』에는 『공자가어』를 인용하면서 “자는 자장(子張)이다.”[12]라고 했는데, 『사기』「중니제자열전」에 의거해 보아도 역시 “자는 자장(子長)이다.”라고 했다. 황간의 「소」와 『경전석문』에서는 범녕의 말

---

10 『공자가어(孔子家語)』에는 이러한 표현이 없고, 다만, 『사기(史記)』「중니제자열전(仲尼弟子列傳)」의 「주」에 “『사기색은(史記索隱)』에 ‘『공자가어』에 ″노나라 사람으로 이름은 장(萇)이다.″라고 했다.’라고 하였다.[『索隱』, ‘『家語』, ″魯人, 名萇.″’]”라는 표현과 당의 사마정(司馬貞)이 찬(撰)한 『사기색은』「중니제자열전(仲尼弟子列傳)」의 「주」에 “『공자가어』에 ‘노나라 사람으로 이름은 장(萇)이다.’라고 했다.[『家語』云: ‘魯人, 名萇.’]”라는 표현이 있는 것으로 보아, 이 내용은 유보남이 『사기』를 보고 기록한 듯하다.

11 『논어주소』 권5, 「공야장제5」. 그런데, “字子長”과 다음의 “字子張” 역시 『공자가어』의 내용이 아니라 『사기』「주」와 『사기색은』의 「주」의 내용이다.

12 『경전석문(經典釋文)』 권24, 「논어음의(論語音義)·공야장제5(公冶長第五)」.

을 인용해서 "이름은 지(芝)이고 자는 자장(子長)이다."[13]라고 했다. 『백수비(白水碑)』에는 "자지(子之)"라고 되어 있으니 또 자지를 자로 삼았던 것 같다. 여러 설들이 각각 다르니 마땅히 『사기』「중니제자열전」을 정설로 삼아야 한다.

원문 "縲"爲黑索者, 『說文』無"縲"字, "纍"下云: "綴得理也, 一曰大索也." "縲"與"纍"同. 凡索者皆綴屬而成, 故兩訓可互取. 『史記』此文作"累", 『淮南子』「氾論訓」"累紲"兩見. 『孟子』「梁惠王下」"係累其子弟", 趙岐「注」, "係累, 猶縛結也." 『荀子』「成相」"箕子累", 楊倞「注」, "累讀爲縲." 案, "累"卽"纍"之省. 『春秋左氏傳』"不以纍臣釁鼓", "兩釋纍囚", "使其衆男女別而纍", 皆以纍爲索也.

역문 "유(縲)"는 검은색으로 만든 노끈인데, 『설문해자』에 "유(縲)" 자는 없고, "유(纍)" 자 아래 "꿰어서 조리를 얻었다는 뜻이다. 일설에는 큰 노끈이라고 한다."[14]라고 했으니, "유(縲)"와 "유(纍)"는 같은 글자이다. 모든 노끈은 꿰매고 엮어서 만들기 때문에 두 가지 뜻을 서로 취할 수 있다. 『사기』에는 이 글자가 "누(累)"로 되어 있고, 『회남자(淮南子)』「범논훈(氾論訓)」에는 "누설(累紲)"이 두 번 보인다.[15] 『맹자(孟子)』「양혜왕하(梁惠王下)」에 "그 자제들을 잡아간다[係累其子弟]"라고 했는데, 조기(趙岐)의 「주」

13 『논어집해의소』 권3, 「논어공야장제5」 황간의 「소」와 『경전석문』 권24, 「논어음의 · 공야장제5」.

14 『설문해자』 권13: 유(纍)는 꿰어서 조리를 얻었다는 뜻이다. 일설에는 큰 노끈이라고 한다. 사(糸)로 구성되었고 뇌(畾)가 발음을 나타낸다. 역(力)과 추(追)의 반절음이다.[纍, 綴得理也. 一曰大索也. 從糸畾聲. 力追切.]

15 『회남자(淮南子)』「범논훈(氾論訓)」에 "관중은 포승줄에 묶여 구속 수감 중에서 벗어나 제나라의 정치를 세웠다.[管仲免於累紲之中, 立齊國之政.]"라는 표현과 "포승줄에 묶여 구속 수감 중에서 풀려났다.[解于累紲之中.]"라는 표현이 보인다.

에 "계루(係累)는 결박[縛結]과 같다."[16]라고 했다. 『순자(荀子)』「성상편(成相篇)」에 "기자(箕子)가 포승줄에 묶여 감옥에 갇혔다.[箕子累.]"라고 했는데, 양경(楊倞)의 「주」에 "누(累)는 유(縲)의 뜻으로 읽어야 한다."라고 했다. 살펴보니, "누(累)"는 바로 "유(纍)"의 생략된 자형이다. 『춘추좌씨전(春秋左氏傳)』에 "포승줄에 묶여 옥에 갇힌 신하를 죽여 그 피로 북에 칠하지 않는다[不以纍臣釁鼓]"[17] 했고, "양국이 서로 포승줄에 묶인 채 갇혀 있는 포로를 석방한다[兩釋纍囚]"[18]라고 했으며, "그 무리를 남녀로 구별해 포승줄로 결박한다[使其衆男女別而纍]"[19]라고 했으니, 모두 유(纍)를 포승줄[索]로 본 것이다.

원문 『說文』, "紲, 系也. 從系世聲. 緤, 紲或從枼." 『廣雅』「釋詁」, "紲, 系也." 「釋器」, "紲, 累索也." 「少儀」, "犬則執緤." 『左氏傳』, "臣負羈紲." 是紲亦繩索之稱. 凡系人系物, 皆謂之紲. 孔以"紲"爲攣者, 『說文』, "攣, 係也." 『易』「中孚」, "有孚攣如." 馬「注」, "攣, 連也." 虞「注」, "攣, 引也." 義皆可證.

역문 『설문해자』에 "설(紲)은 묶는다[系]는 뜻이다. 계(系)로 구성되었고 세(世)가 발음을 나타낸다. 설(緤)은 설(紲)의 혹체자이니 엽(枼)으로 구성되었다."[20]라고 했고, 『광아(廣雅)』「석고(釋詁)」에 "설(紲)은 묶는다[系]는 뜻

---

16 『맹자주소(孟子注疏)』 권2하, 「양혜왕장구하(梁惠王章句下)」 조기(趙岐)의 「주」.

17 『춘추좌씨전(春秋左氏傳)』「희공(僖公)」 33년.

18 『춘추좌씨전』「성공(成公)」 3년.

19 『춘추좌씨전』「양공(襄公)」 25년.

20 『설문해자』 권13: 설(紲)은 묶는다[系]는 뜻이다. 계(系)로 구성되었고 세(世)가 발음을 나타낸다. 『춘추전(春秋傳)』에 "신이 말고삐를 잡고[臣負羈紲]"라고 했다. 설(緤)은 설(紲)의 혹체자이니 엽(枼)으로 구성되었다. 사(私)와 열(列)의 반절음이다.[紲, 系也. 從糸世聲. 『春秋

이다.”라고 했으며, 「석기(釋器)」에 “설(紲)은 묶는 끈[纍索]이다.”라고 했고, 『예기(禮記)』「소의(少儀)」에 “개는 목줄을 잡는다.[犬則執緤.]”[21]라고 했으며, 『춘추좌씨전』에는 “신이 말고삐를 잡고[臣負羈紲]”[22]라고 했으니, 이 설(紲) 또한 노끈[繩索]을 일컫는 것이다. 사람을 묶고 물건을 묶는 것을 모두 설(紲)이라고 한다.

공안국이 “설(紲)”을 묶는다[攣]는 뜻으로 본 것.

『설문해자』에 “연(攣)은 묶는다[係]는 뜻이다.”[23]라 했고, 『주역(周易)』「중부(中孚)」에 “믿음을 두어 연결하듯 한다.[有孚攣如.]”라고 했는데, 마융(馬融)의 「주」에 “연(攣)은 잇는다[連]는 뜻이다.”[24]라 했고, 우번(虞翻)의 「주」에 “연(攣)은 잡아당긴다[引]는 뜻이다.”[25]라고 했으니, 뜻을 모두 증명할 수 있다.

5-2

子謂南容, “邦有道, 不廢; 邦無道, 免於刑戮.” 以其兄之子妻之. 【注】 王曰: “南容, 弟子南宮縚, 魯人也, 字子容. ‘不廢’, 言見用.”

傳』曰: “臣負羈紲.” 緤, 紲或從枼. 私列切.]

21 『논어정의』에는 “紲”로 되어 있으나, 『예기(禮記)』「소의(少儀)」에 “緤”로 되어 있다. 『예기』를 근거로 수정하였다.

22 『춘추좌씨전』「희공」 24년. 『춘추좌씨전』에는 “絏”로 되어 있다.

23 『설문해자』 권12: 연(攣)은 묶는다[係]는 뜻이다. 수(手)로 구성되었고 연(䜌)이 발음을 나타낸다. 여(呂)와 원(員)의 반절음이다.[攣, 係也. 從手䜌聲. 呂員切.]

24 『주역주소(周易注疏)』 권3, 「소축(小畜)」 구오효(九五爻)의 소주(小注)에 보인다.

25 당(唐) 이정조(李鼎祚) 찬(撰), 『주역집해(周易集解)』 권3, 「비(比)」 구오효의 「주」에 보인다.

공자가 남용을 평가하기를 “나라에 도(道)가 있을 때 버림을 받지 않을 것이고, 나라에 도가 없을 때 형벌을 면할 것이다.”라고 하고 형의 딸을 그에게 시집보냈다. 【주】 왕숙(王肅)이 말했다. “남용은 제자 남궁도(南宮縚)이고 노나라 사람이다. 자는 자용(子容)이다. ‘불폐(不廢)’는 등용된다는 말이다.”

원문 正義曰: 『爾雅』「釋詁」, “廢, 舍也.” 此常訓. 『說文』, “戮, 殺也.” 『廣雅』「釋詁」, “戮, 殺也, 辱也, 辠也.” 義皆相近. 『大戴禮』「衛將軍文子篇」, “獨居思仁, 公言言義, 其聞之『詩』也, 一日三復‘白圭之玷’, 是南宮縚之行也. 夫子信其仁, 以爲異姓.” 盧辯「注」, “謂以兄之子妻之也.”

역문 정의에서 말한다.

『이아(爾雅)』「석고(釋詁)」에 “폐(廢)는 버린다[舍]는 뜻이다.”라고 했는데, 이것이 일반적인 해석이다. 『설문해자』에 “육(戮)은 죽인다[殺]는 뜻이다.”[26]라 했고, 『광아』「석고」에는 “육(戮)은 죽이다[殺] · 욕보이다[辱] · 허물하다[辠]라는 뜻이다.”라고 했으니, 뜻이 모두 서로 가깝다. 『대대례』「위장군문자(衛將軍文子)」에, “홀로 있을 때에는 인(仁)을 생각하고, 공적(公的)으로 말할 때에는 의(義)를 말하며, 『시경(詩經)』을 들을 때에는 하루에 세 번 ‘흰 옥돌로 만든 홀의 티’[27]를 반복해서 암송하는 것이 남궁도의 행실이다. 공자는 그의 인함을 믿고 조카사위[異姓]로 삼았다.”라고

---

26 『설문해자』 권12: 육(戮)은 버린다[殺]는 뜻이다. 과(戈)로 구성되었고 요(翏)가 발음을 나타낸다. 역(力)과 육(六)의 반절음이다.[戮, 殺也. 從戈翏聲. 力六切.]

27 『시경(詩經)』「대아(大雅) · 탕지십(蕩之什) · 억(抑)」: 흰 옥돌로 만든 홀의 흠은 오히려 갈면 될 수 있지만, 말의 흠은 갈아 낼 수 없다.[白圭之玷, 尙可磨也, 斯言之玷, 不可爲也.]

했는데, 노변(盧辯)의 「주」에 "형의 딸을 그에게 시집보냈다는 말이다."[28]라고 했다.

원문 案, "思仁"·"言義", 則有臨民之德, 當國有道時, 必見錄用也; 其心謹言, 則當無道時, 危行言遜, 故可免刑戮也. 皇「疏」云: "昔時講說, 好評公冶·南容德有優劣, 故妻有己女·兄女之異. 侃謂二人無勝負也. 卷舒隨世, 乃爲有智, 而枉濫獲罪, 聖人猶然, 亦不得以公冶爲劣也. 以己女妻公冶, 以兄女妻南容, 非謂權其輕重, 政是當其年相稱而嫁事, 非一時在次耳, 而可無意其間也."

역문 살펴보니, "인을 생각함"과 "의를 말함"은 바로 백성에게 임하는 덕이 있다는 것이니, 나라에 도가 있을 때를 당하여서는 반드시 채용[錄用][29]될 것이고,[30] 그 마음으로 말을 삼갔다면 도가 없을 때를 당하여서는 행동은 고상하고 바르게 하되 말은 겸손하게 할 것이기[31] 때문에 형벌에서 벗어날 수 있다. 황간의 「소」에 "옛날의 강설(講說)에서는 공야장과 남용의 덕에 우열이 있기 때문에 자기 딸과 형의 딸을 시집보냄에 차이가 있다고 평하였다. 그러나 나는 두 사람의 우열이 없다고 생각한다. 자기의 재덕(才德)을 거두어들여 감추거나[32] 펼치기를 시대에 따라 달리함은

---

28 『대대례』 권6, 「위장군문자(衛將軍文子)」 노변(盧辯)의 「주」.

29 녹용(錄用): 초록(抄錄)해 두었다가 서용(敍用)하는 것. 공신 또는 충신의 자손을 기록해 두었다가 채용하는 것.

30 『논어(論語)』「헌문(憲問)」: 원헌(原憲)이 수치에 대해서 묻자 공자가 말했다. "나라에 도(道)가 있을 때 녹(祿)을 먹는 것이니, 나라에 도가 없을 때 녹을 먹는 것이 수치이다."[憲問恥, 子曰: 邦有道穀, 邦無道穀, 恥也.]

31 『논어』「헌문」: 공자가 말했다. "나라에 도가 있을 때는 말과 행동을 고상하고 바르게 하고, 나라에 도가 없을 때는 행동은 고상하고 바르게 하되 말은 겸손하게 해야 한다."

32 『논어』「위영공(衛靈公)」: 군자로구나, 거백옥(蘧伯玉)은! 나라에 도가 있으면 벼슬하고, 나

바로 지혜가 있기 때문이고, 형벌이 잘못되고 지나치게 남용되어 죄를 얻었지만 성인은 오히려 옳다고 여겼으니, 역시 공야장을 남용보다 열등하다고 할 수는 없다. 자기의 딸을 공야장에게 시집보내고 형의 딸을 남용에게 시집보낸 것은 경중(輕重)을 따졌다는 말이 아니라, 바로 마땅히 그 나이가 서로 맞아서 혼사를 치른 것이고, 혼사가 같은 시기 같은 자리에서 잇달아 있었던 것이 아니었을 뿐이니, 그 사이에 다른 뜻은 있을 수 없다."[33]라고 했다.

원문 "兄之子"者, 『史記索隱』引『家語』云: "梁紇娶魯之施氏, 生九女, 其妾生孟皮, 病足. 乃求婚於顔氏徵在." 則孔子兄卽孟皮也. 孟皮此時已卒, 故孔子爲兄子主婚.

역문 "형의 딸[兄之子]"

『사기색은』에 『공자가어』를 인용해서 "숙량흘(叔梁紇)이 노나라 시씨(施氏)에게 장가들어 아홉 명의 딸을 낳았고, 그 첩이 맹피(孟皮)를 낳았는데, 맹피는 절름발이였다. 이에 안징재(顔徵在)에게 구혼을 하였다."라고 했으니, 공자의 형은 바로 맹피이다. 맹피는 이때 이미 죽었기 때문에 공자가 형의 딸을 위해 혼인을 주관한 것이다.

- 「注」, "南容"至"子容".
- 正義曰: "南宮"者, 兩字氏, 亦單擧一字, 故曰"南". 『史記』「仲尼弟子列傳」, "南宮括, 字子容." "括"又作"适". 『史』以南宮括 · 南容爲一人, 此「注」又以南容 · 南宮縚爲一人. 「檀弓」,

---

라에 도가 없으면 재덕을 거두어 감추었다.

33 『논어집해의소』 권3, 「논어공야장제5」 황간의 「소」.

"南宮縚之妻之姑喪, 夫子誨之髽." 而『家語』又以"三復白圭"爲"南宮韜之行", "韜"與"縚"同. 「論語釋文」亦云: "韜, 本又作縚." 則陸所見此「注」亦作"韜". "韜"與"容"·"括"義皆相貫, 作"縚"作"适", 皆通用字.

○ 「주」의 "남용(南容)"부터 "자용(子容)"까지.

○ 정의에서 말한다.

"남궁(南宮)"은 두 글자로 된 성씨인데 역시 한 글자만 단독으로 들었기 때문에 "남(南)"이라고 한 것이다. 『사기』「중니제자열전」에 "남궁괄(南宮括)은 자가 자용(子容)이다."라고 했는데, "괄(括)"은 또 "괄(适)"로 되어 있기도 하다. 『사기』에서는 남궁괄과 남용을 한 사람으로 보았는데, 여기의 「주」에서도 남용과 남궁도를 한 사람으로 보았다. 『예기』「단궁상(檀弓上)」에 "남궁도의 아내가 시어머니의 상을 당했을 때 공자가 북상투[髽][34] 트는 법을 가르쳤다." 했고, 『공자가어』에서는 또 "백규(白圭) 내용의 시를 세 번 반복한 것"을 "남궁도(南宮韜)의 행실"이라고 했으니, "도(韜)"와 "도(縚)"는 같은 글자이다. 「논어석문(論語釋文)」에도 "도(韜)는 어떤 판본에는 또 도(縚)로 되어 있다."[35]라고 했으니, 그렇다면 육덕명(陸德明)이 본 이 장의 「주」에도 역시 "도(韜)"로 되어 있었던 것이다. "도(韜)"는 "용(容)"이나 "괄(括)"과 뜻이 모두 서로 통하니, "도(縚)"로 쓰거나 "괄(适)"로 쓰거나 모두 통용되는 글자이다.

원문 鄭氏「檀弓」「注」云: "南宮縚, 孟僖子之子南宮閱也, 字子容, 其妻孔子兄女." 「疏」云: "案, 『左氏傳』'孟僖子將卒, 召其大夫云: "屬說與何忌於夫子, 以事仲尼."' 以南宮爲氏, 故『世本』云: '仲孫獲生南宮縚'是也."

역문 정씨(鄭氏)의 『예기』「단궁상」의 「주」에 "남궁도(南宮縚)는 맹희자(孟僖子)의 아들인 남궁열(南宮閱)인데, 자는 자용(子容)이고 그의 아내는 공자의 형의 딸이다."[36]라 했고, 「소」에 "살펴보니, 『춘추좌씨전』에 '맹희자

34 북상투[髽]: 부인이 상중(喪中)에 묶는 머리.

35 『경전석문』 권24, 「논어음의·공야장제5」. 『논어정의』에는 "縚本又作韜"로 되어 있는 것을 『경전석문』을 근거로 "韜本又作縚"로 수정했다.

가 막 운명하려 할 때 그의 가신[大夫]을 불러 이르기를 "열(說: 남궁열)과 하기[何忌: 맹의자(孟懿子)]를 공자에게 맡겨 중니(仲尼)를 스승으로 섬기게 하라."라고 했다.'[37] 하였는데, 남궁(南宮)을 씨(氏)로 삼았기 때문에 『세본(世本)』[38]에 '중손확(仲孫獲)이 남궁도(南宮縚)를 낳았다.'라고 했으니, 바로 이 사람이다."[39]라고 했다.

원문 案, 仲孫獲卽孟僖子, 『世本』誤以南宮縚·南宮閱爲一人, 而鄭君遂承其誤. "閱"與"說"通用字, 『左傳』所云"屬說", 卽南宮閱也. 又名仲孫閱, 又名南宮說, 而其謚爲敬, 其字爲叔, 與南宮縚無涉. 自鄭君誤依『世本』, 而陸德明『釋文』·司馬貞『史記索隱』皆沿用之. 然『漢書』「古今人表」分列南宮敬叔·南容爲二人, 則『世本』不可信.

역문 살펴보니, 중손확은 바로 맹희자인데, 『세본』에서 실수로 남궁도와 남궁열을 같은 사람으로 보았고 정군(鄭君)도 마침내 그 잘못을 따라한 것이다. "열(閱)"과 "열(說)"은 통용되는 글자이니, 『춘추좌씨전』의 이른바 "열을 맡겼다[屬說]"라는 것은 바로 남궁열(南宮閱)이다. 또 이름은 중손열(仲孫閱)이고, 또 다른 이름은 남궁열(南宮說)이며, 그의 시호는 경(敬), 그의 자는 숙(叔)이니, 남궁도와는 아무런 관계가 없다. 정군이 『세본』을 잘못 의존하는 바람에, 육덕명의 『경전석문』과 사마정(司馬貞)[40]

---

36 『예기주소』 권6, 「단궁상(檀弓上)」 정현의 「주」.

37 『춘추좌씨전』「소공(昭公)」 7년 「전」.

38 『세본(世本)』: 책 이름. 『한서』「예문지」 등 여러 문헌에 이름이 전하나 책은 전하지 않는다.

39 『예기주소』 권6, 「단궁상」 공영달(孔穎達)의 「소」.

40 사마정(司馬貞, 679~732): 당나라의 사학자로 하내군(현재 하남성 초작시 심양시) 출신이다. 당 현종 때 조산대부 및 소문관 학사 등에 이르렀으며 3대 사기 주석집 중 하나인 『사기색은(史記索隱)』 30권을 편찬하였다.

의 『사기색은』이 모두 그 잘못을 따라 쓴 것이다. 그러나 『전한서(前漢書)』「고금인표(古今人表)」에서는 남궁경숙(南宮敬叔)과 남용을 서로 다른 두 사람으로 나누어 나열했으니, 『세본』은 믿을 만한 것이 못 된다.

원문 明錢可選著『補闕疑』曾列四疑以辨之, 謂"孔子在魯, 族姓頗微, 而敬叔爲公族元士, 定已娶於彊家, 豈孔子得以兄子妻之?" 又「檀弓」載"南宮敬叔反, 必載寶而朝, 孔子謂'不如速貧之愈.'" 若而人豈能抑權力而伸有德, 謹言行而不廢於有道之邦者耶?

역문 명(明)나라 전가선(錢可選)[41]이 지은 『보궐의(補闕疑)』에 일찍이 네 가지 의심을 나열하여 변별하면서 "공자가 노나라에 있을 때 겨레붙이와 성씨[族姓]가 매우 쇠미해지자 경숙(敬叔)이 공족(公族)의 원사(元士)가 되어 벌써 강력한 가문에 장가를 들었으니, 어떻게 공자가 형의 딸을 그에게 시집보낼 수 있었겠는가?"라고 했고, 또 『예기』「단궁상」에 "남궁경숙이 벼슬을 잃은 뒤에 조정에 돌아올 때 반드시 보화(寶貨)를 수레에 싣고서 입조(入朝)하였는데, 공자가 말하길 '빨리 가난해지는 것이 더 낫다.'라고 했다."라고 했으니, 이와 같이 그저 그런 사람인데 어떻게 권력을 억누르고 덕을 신장(伸張)시킬 수 있겠으며, 언행을 삼가서 도 있는 나라에서 버려지지 않을 수 있겠는가?

원문 毛氏奇齡『四書賸言』亦謂"敬叔卽曾受僖子命, 與兄懿子學禮孔子, 然竝不在弟子之列." 『史記』·『家語』所載弟子止容一人, 向使容卽敬叔, 則未有載敬叔不載懿子者, 至縚妻姑喪, 孔子誨其女髽法. 若是敬叔, 則此姑

41 전가선(錢可選, ?~?): 미상.

者, 孟僖子妻也. 世族喪服自有儀法, 不容誨也.

역문 모기령(毛奇齡)의 『사서승언(四書賸言)』에도 역시 "경숙이 일찍이 희자(僖子)의 명을 받고 형인 의자(懿子)와 함께 공자에게 예를 배웠지만 둘 다 제자의 반열에는 있지 않다."라고 했다. 『사기』와 『공자가어』에 실려 있는 제자는 단지 남용 한 사람뿐이니, 만약 남용이 곧 경숙이라면 『사기』와 『공자가어』에 남용만 기재하고 의자는 기재하지 않는다든가, 심지어 남궁도의 아내가 시어머니의 상을 당했을 때 공자가 그 형의 딸에게 북상투 트는 법을 가르쳤을 리가 없다. 만약 이 사람이 경숙이었다면 그 시어머니란 맹희자의 아내이다. 세족(世族)의 상복(喪服)은 본디 법도[儀法]가 있어서 가르칠 수가 없는 것이다.

원문 至若『史記』·『家語』, 各載敬叔從孔子適周, 見金人緘口, 孔子戒以謹言, 事與容無涉. 二家之論致確. 梁氏玉繩『古今人表考』·『史記志疑』說略同. 惟毛氏『賸言』以南宮适別爲一人, 非是. 南容與『史記』不合, 其誤顯然, 此故不載其說也. 又顔師古『漢書』「注」, "南容卽南宮縚也, 敬叔卽南宮括也." 以南宮括爲敬叔, 亦誤.

역문 더구나 『사기』와 『공자가어』 같은 경우, 각각 경숙이 공자를 좇아 주나라로 가서 금으로 만든 인형의 입을 꿰맨 것을 보았는데, 공자가 말을 삼가라고 경계한 일도 남용과는 상관이 없다. 전가선과 모기령의 의론이 매우 정확하다. 양옥승(梁玉繩)의 『한서고금인표고(漢書古今人表考)』와 『사기지의(史記志疑)』의 설도 대략 같다. 다만 모기령의 『사서승언』에서 남궁괄(南宮适)을 별도의 한 사람으로 본 것은 옳지 않다. 남용은 『사기』와는 합치하지 않으니 잘못임이 분명하기 때문에 여기서는 의도적으로 그 설을 쓰지 않았다. 또 안사고(顔師古)의 『전한서』「주」에 "남용은 바로 남궁도이고, 경숙은 바로 남궁괄(南宮括)이다."[42]라고 했는데, 남궁괄을 경숙이라고 한 것은 역시 잘못이다.

5-3

子謂子賤. 【注】 孔曰: "子賤, 魯人, 弟子宓不齊." "君子哉若人! 魯無君子者, 斯焉取斯?" 【注】 包曰: "'若人'者, 若此人也. 如魯無君子, 子賤安得此行而學行之?"

공자가 자천(子賤)을 평하였다. 【주】 공안국이 말했다. "자천은 노나라 사람으로, 제자인 복부제(宓不齊)이다." "군자로구나, 이 사람이여! 노나라에 군자가 없었다면 이 사람이 어디에서 이런 덕을 취했겠는가?" 【주】 포함(包咸)이 말했다. "'약인(若人)'이란 이 사람이다.[43] 만약 노나라에 군자가

---

42 『전한서(前漢書)』에는 이러한 표현이 없고, 『후한서(後漢書)』 권88, 「부섭전(傅燮傳)」의 「주」에, "『공자가어』에 자공(子貢)이 위 문자(衛文子)에게 대답해서 말했다. '하루에 세 번 흰 홀의 흠을 반복하니, 이는 남궁도의 행실이다.'[『家語』子貢對衛文子曰: '一日三復白圭之玷, 是南宮縚之行也.']"라는 표현이 보이고, 남궁괄에 대해서는 『전한서』 권67, 「양호주매운전(楊胡朱梅云傳)」의 「주」와 『후한서』 권94, 「사필전(史弼傳)」의 「주」에 한 번씩 보이는데, 이 내용과는 상관이 없다.

43 약차(若此): 약(若)은 차(此)와 같은 뜻으로 쓰이니, 동의사(同義詞)를 연용(連用)한 것이다. 왕인지(王引之)의 『경전석사(經典釋詞)』에 "약(若)은 차(此)와 같다. 장공(莊公) 4년의 『춘추공양전(春秋公羊傳)』에 '현명한 천자가 있었다면 양공(襄公)이 이러한 행동을 할 수 있었겠는가?[襄公得爲若行乎?]'라고 했는데, '약행(若行)'은 이러한 행동[此行]이라는 말이고, 희공(僖公) 26년의 「전」에 '어찌하여 국내나 국외에서 똑같이 이러한 말을 쓰는 것인가?[曷爲以外內同若辭?]'라고 했는데, '약사(若辭)'는 이러한 말[此辭]을 이른다. 정공(定公) 4년의 「전」에 '군주께서 만일 중국을 근심하는 마음을 가지고 계시다면 이때가 좋은 기회입니다.[若時可矣.]'라고 했는데, '약시(若時)'는 이때[此時]를 이르는 것이고, 『논어』「공야장(公冶長)」에 '군자로구나 이 사람이여![君子哉若人!]'라고 했는데, '약인(若人)'은 이 사람[此人]을 이른다. 『관자(管子)』「팔관(八觀)」에 '이러한 계책에 통달하지 못한 자[不通於若計者]에게는 나라를 경

없었더라면 자천이 어떻게 이러한 덕행을 얻어서 배워 행할 수 있었겠는가?"

원문 正義曰: 『呂氏春秋』「察賢篇」, "宓子賤治單父, 彈鳴琴, 身不下堂, 而單父治. 巫馬期以星出, 以星入, 日夜不居, 以身親之, 而單父亦治. 巫馬期問其故於宓子. 曰: '我之謂任人, 子之謂任力, 任力者故勞, 任人者故逸.' 宓子則君子矣." 『韓詩外傳』同.

역문 정의에서 말한다.

『여씨춘추(呂氏春秋)』「찰현(察賢)」에 "복자천(宓子賤)이 선보(單父)를 다스릴 때 거문고나 타면서 당(堂)에서 내려오지 않아도 선보가 잘 다스려졌다. 무마기(巫馬期)는 별을 보면서 나가고 별을 보면서 들어오는 등 밤낮 쉴 새 없이 몸소 친히 일을 했는데, 선보가 또한 잘 다스려졌다. 무마기가 그 까닭을 묻자, 복자천은 '말하자면, 나는 사람에게 맡겼고, 그대

영하게 해서는 안 된다.'라고 했고, 『안자춘추(晏子春秋)』「간상(諫上)」에 '비록 지성·대현(至聖大賢)이 있다 하더라도 어찌 이런 참언을 이겨 낼 수 있겠습니까?[豈能勝若讒哉?]'라고 했으며, 『묵자(墨子)』「절장(節葬)」에 '이 말을 본받고, 이 말을 실행한다.[法若言, 行若道.]'라고 했고, 『여씨춘추(呂氏春秋)』「진란(振亂)」에 '천하의 우두머리에게는 근심거리가 되고 백성들에게는 커다란 재해가 되는 일 중에서 이러한 논설[若說]이 가장 심각한 것이다.'라고 했으며, 『전국책(戰國策)』「제책(齊策)」에 '이 말을 들으면[聞若言] 누구나 눈물을 흘리며, 팔을 휘두르며 싸우고자 하지 않는 자가 없었다.'라고 했는데, '약(若)' 자는 모두 '차(此)'와 같은 뜻이다. 연용해서 말하면 '약차(若此)'라고 하는 것이다.[若, 猶此也. 莊四年『公羊傳』曰: '有明天子, 則襄公得爲若行乎?' 謂此行也; 僖二十六年「傳」曰: '曷爲以外內同若辭?' 謂此辭也. 定四年「傳」曰: '君如有憂中國之心, 則若時可矣.' 謂此時也; 『論語』「公冶長篇」曰: '君子哉若人!' 謂此人也. 『管子』「八觀篇」曰: '不通於若計者, 不可使用國.' 『晏子』「諫篇」曰: '雖有至聖大賢, 豈能勝若讒哉?' 『墨子』「節葬篇」曰: '法若言, 行若道.' 『呂氏春秋』「振亂篇」曰: '爲天下之長患, 致黔首之大害者, 若說爲深.' 「齊策」曰: '聞若言, 莫不揮泣奮臂而欲戰.' '若'字竝與'此'同義. 連言之則曰'若此'.]"라고 하여 "若此"가 "此"의 뜻으로 쓰인 예를 방증하였다.

는 힘에 맡긴 것이니, 힘에 맡긴 사람은 원래 고생스럽고 사람에게 맡긴 사람은 원래 편안한 법이다.'라고 했으니, 복자천은 군자로다."라고 했다. 『한시외전(漢詩外傳)』에도 같다.

원문 又云: "子賤治單父, 其民附, 孔子曰: '告丘之所以治之者.' 對曰: '所父事者三人, 所兄事者五人, 所友者十有二人, 所師者一人.' 孔子曰: '所父事者三人, 足以教孝矣; 所兄事者五人, 足以教弟矣; 所友者十有二人, 足以祛壅蔽矣; 所師者一人, 足以慮無失策, 擧無敗功矣. 惜也不齊爲之小, 不齊爲之大, 功乃與堯·舜參矣.'" 『說苑』「政理篇」略同. 然則夫子所云魯之君子, 卽指所父事·兄事·所友·所師者言. 子賤爲政, 在能得人, 故『說苑』又載子賤告夫子以三得, 終之以朋友益親, 夫子贊美子賤能取人, 而又以見魯多君子, 故云: "若魯無君子, 子賤安所取法以成其治乎?"

역문 또 "복자천이 선보를 다스릴 때 그곳의 백성들이 잘 따르자 공자가 말했다. '나에게 잘 다스려지는 까닭을 말해 보거라.' 복자천이 대답했다. '아버지로 섬긴 자가 세 사람이고, 형으로 섬긴 자가 다섯 사람이며, 벗으로 사귄 자가 열두 사람, 스승으로 모신 자가 한 사람입니다.' 공자가 말했다. '아버지로 섬긴 자가 세 사람이면 충분히 효를 가르칠 수 있고, 형으로 섬긴 자가 다섯 사람이면 충분히 우애를 가르칠 수 있으며, 벗으로 사귄 자가 열두 사람이면 충분히 이목을 막고 가리는 폐단[壅蔽]을 없앨 수 있고, 스승으로 모시는 자가 한 사람이면 충분히 생각에 실책이 없을 수 있고, 일을 거행함에 낭패를 보는 일이 없을 수 있다. 옛날에 부제(不齊: 복자천)는 하찮더니, 부제가 큰 인물이 되어, 공이 요(堯)·순(舜)과 같다.'"[44]라고 했다. 『설원(說苑)』「정리(政理)」의 내용도 대략 같다.

---

44 이 내용은 『여씨춘추』에는 보이지 않고, 『한시외전(漢詩外傳)』 권8에 보인다.

그렇다면 공자가 말하는 노나라의 군자란 바로 아버지로 섬기고 형으로 섬기며 벗으로 사귀고 스승으로 모시는 자를 가리켜 말하는 것이다. 자천의 정치는 인재를 잘 얻는 데 달려 있었기 때문에『설원』에는 또 자천이 공자에게 세 가지 얻은 것을 아뢰면서 벗들이 더욱 친해졌다는 말로 마치자 공자가 자천이 인재를 잘 취했음을 칭찬한 내용을 싣고, 또 노나라에 군자가 많음을 보았기 때문에 "만약 노나라에 군자가 없었더라면 자천이 어디에서 법을 취하여 그 정치를 이루었겠는가?"라고 한 것이다.[45]

원문 『新序』「雜事二」, "魯君使宓子賤爲單父宰, 子賤辭去, 因請借善書者二人, 使書憲書敎品, 魯君予之. 至單父使書, 子賤從旁引其肘, 醜則怒之, 欲好書則又引之. 書者患之, 請辭而去, 歸告魯君, 魯君曰: '子賤苦吾擾之, 使不得施其善政也.' 乃命有司無得擅徵發單父, 單父之化大治. 故孔子曰: '君子哉子賤! 魯無君子者, 斯安取斯?'美其德也."『新序』與『說苑』同出劉向. 蓋魯君信用子賤, 而子賤又能取人以輔其治, 故孔子美之.

---

45 『설원(說苑)』 권7, 「정리(政理)」: 자천(子賤)이 말했다. "제가 벼슬한 이래로 잃은 것은 없고 얻은 것이 세 가지입니다. 전에 읽었던 글을 지금 이행하면서 시행하매 이 때문에 배운 것이 날로 더욱 밝아졌으니, 첫 번째 얻은 것입니다. 봉록이 비록 적기는 하지만 멀건 죽이라도 친척들에게 공급할 수 있어서 이 때문에 친척들이 더욱 친해졌으니, 두 번째 얻은 것입니다. 공적인 일이 비록 급하기는 하나 밤에도 부지런히 죽은 사람을 조상하고 병든 사람을 문병해서 이 때문에 벗들이 더욱 친해졌으니, 세 번째 얻은 것입니다." 그러자 공자가 자천을 평하였다. "군자로구나, 이 사람은! 군자로구나, 이 삶은! 노나라에 군자가 없었더라면 이 사람이 어디에서 이런 덕을 취했겠는가?"[子賤曰: "自吾之仕, 未有所亡而所得者三. 始誦之文, 今履而行之, 是學日益明也, 所得者一也. 奉祿雖少, 鬻鬻得及親戚, 是以親戚益親也, 所得者二也. 公事雖急, 夜勤弔死視病, 是以朋友益親也, 所得者三也." 孔子謂子賤曰: "君子哉, 若人! 君子哉, 若人! 魯無君子者, 斯焉取斯?"]

역문 『신서(新序)』「잡사2(雜事二)」에 "노나라 임금이 복자천에게 선보의 수령을 맡도록 하자, 자천이 임금에게 하직하고 임지로 떠나면서, 이어 글씨를 잘 쓰는 이 두 사람을 빌려줄 것을 청하여 그들로 하여금 교품(敎品)을 법도에 맞게 낱낱이 적은 것을 쓰도록 해서 노나라 임금에게 주도록 했다. 선보에 이르러서도 교품을 쓰게 하였는데, 자천은 그들이 글을 쓰고 있을 때 곁에서 그들의 팔꿈치를 잡아당겨 글씨가 비뚤어지면 화를 내었고, 글씨를 잘 쓰려고 하면 또 잡아당기곤 하였다. 이에 글 쓰는 자들은 이것이 괴로워 사직을 하고 떠나갈 것을 청하고, 돌아가 노나라 임금에게 이 사실을 아뢰자 노나라 임금은 '자천이 내가 그를 흔들어 그로 하여금 그의 선정(善政)을 펼치지 못하게 함을 괴로워하고 있구나.'[46] 라 하고, 이에 유사(有司)에게 명하여 선보에서 함부로 징발(徵發)함이 없게 하자, 선보의 교화가 크게 다스려졌다.[47] 그러므로 공자가 '군자로구

---

46 『신서(新序)』에는 이 부분이 "歸告魯君, 魯君曰"로 되어 있는데, 인용한 말이 노나라 임금의 말이라면, 노나라 임금이 자천을 믿고, 자천이 인재를 취하여 그의 정치를 도왔다는 유보남의 설명이 맞지 않게 된다. 『태평어람(太平御覽)』 권268, 「직관부66(職官部六十六)·양령장하(良令長下)」에 "歸以告魯君曰: 子賤苦吾擾之."로 되어 있는데, 아마도 『태평어람』에 인용된 내용으로 보아야 옳을 듯싶다.

47 『통감절요(通鑑節要)』 권45, 「당기(唐紀)·덕종황제하(德宗皇帝下)」의 「주」에 유사한 내용이 보인다. "노나라가 복자천으로 하여금 선보의 읍재가 되게 하였는데, 자천은 노나라 군주가 참소하는 말을 따라서 자신이 선보에서 정사를 행할 수 없을까 염려하였다. 이에 임금의 가까운 관리 중에 글씨를 잘 쓰는 자를 청하여 그와 함께 관청에 이르러서 그로 하여금 글씨를 쓰게 하고는 옆에서 그의 팔뚝을 잡아당겨 글씨가 삐뚤어지면 성을 내고, 글씨를 잘 쓰고자 하면 또다시 팔뚝을 당기곤 하였다. 글씨를 쓰는 자가 하직하고 돌아가서 이 사실을 노나라 군주에게 아뢰었다. 노나라 군주가 공자에게 묻자, 공자가 말하기를 '복부제는 군자입니다. 생각건대 이것을 가지고 임금께 간한 듯합니다.' 하였다. 노나라 군주가 깨닫고 말하기를 '과인이 복자의 정치를 어지럽히고는 그에게 잘하도록 요구한 것이 여러 번이었다.' 하고 사람을 시켜 복자천에게 고하기를 '그대의 제재를 따르겠다.' 하였는데, 얼마 지나지 않아 선보가 잘 다스려졌다.[魯使宓子賤爲單父宰, 子賤恐魯君聽讒, 不得行其政. 請君之近吏善

나, 자천은! 노나라에 군자가 없었다면 이 사람이 어떻게 이러한 덕을 취하였겠는가?'라고 하여 그의 덕을 찬미한 것이다."라고 했다. 『신서』와 『설원』은 모두 유향(劉向)이 지은 것이다. 노나라 임금이 자천을 신용(信用)하매, 자천도 인재를 잘 등용하여 그의 정치를 보좌했기 때문에 공자가 그를 찬미한 것이다.

● 「注」, "子賤, 魯人, 弟子宓不齊."

● 正義曰: 『史記』『弟子列傳』, "宓不齊, 字子賤, 少孔子四十九歲." 不言何國人. 『家語』「弟子解」始云"魯人", 與此「注」合. 『漢書』「藝文志」有"「宓子」十六篇", 顏師古「注」, "宓讀與伏同." 又或作虙, 見『五經文字』所引『論語』『釋文』. 然『釋文』以作"宓"爲誤, 則不知"虙"·"宓"俱從必得聲, 未爲誤也. 又或作"密", 見『淮南子』「泰族訓」.

○ 「주」의 "자천은 노나라 사람으로, 제자인 복부제이다."

○ 정의에서 말한다.

『사기』『중니제자열전』에 "복부제는 자가 자천이고, 공자보다 49세 어리다."라고 했는데, 어느 나라 사람인지는 말하지 않았다. 『공자가어』「칠십이제자해」에 처음으로 "노나라 사람"이라고 했는데, 이 「주」와 일치한다. 『전한서』「예문지(藝文志)」에 "「복자(宓子)」 16편이 있다"라고 했는데, 안사고의 「주」에 "복(宓)은 복(伏)과 같은 음으로 읽어야 한다."라고 했다. 또 간혹 복(虙)으로 되어 있기도 한데, 『오경문자』에서 인용한 『논어(論語)』에 대한 『경전석문』에 보인다. 그러나 『경전석문』에서는 "복(宓)"으로 되어 있는 것이 잘못이라고 여겼는데, 그렇다면 "복(虙)"과 "복(宓)"이 모두 필(必)로부터 발음을 얻었으므로,[48] 잘못이 되지는

書者, 與俱至官, 使書之, 從旁引其肘, 書醜則怒之, 欲好書則又引之, 書者辭歸, 以告魯君, 以問孔子, 孔子曰: '宓不齊, 君子也. 意者, 以此爲諫乎.' 公寤曰: '寡人亂宓子之政而責其善者數矣.' 使人告之曰: '從子之制.' 未幾, 單父治.]"

48 "복(虙)"은 『설문해자』 권5에 "복(虙)은 범(虎)의 모양이다. 호(虍)로 구성되었고, 필(必)이 발음을 나타낸다. 방(房)과 육(六)의 반절음이다.[虙, 虎皃. 從虍必聲. 房六切.]"라 했고, "복

않음을 모른 것이다.

5-4

子貢問曰: "賜也何如?" 子曰: "女, 器也." 【注】 孔曰: "言女器用之人." 曰: "何器也?" 曰: "瑚璉也." 【注】 包曰: "'瑚璉', 黍稷之器. 夏曰瑚, 殷曰璉, 周曰簠簋, 宗廟之器貴者."

자공(子貢)이 물었다. "저는 어떻습니까?" 공자가 말했다. "너는 그릇이다." 【주】 공안국이 말했다. "너는 쓸모 있는 그릇과 같은 사람이라는 말이다." 자공이 물었다. "어떤 그릇입니까?" 공자가 말했다. "호련(瑚璉)이다." 【주】 포함이 말했다. "'호련'은 기장[黍稷]을 담는 그릇이다. 하(夏)나라시대에는 호(瑚)라 했고, 은(殷)나라시대에는 연(璉)이라 했으며, 주(周)나라시대에는 보궤(簠簋)라 했는데, 종묘의 제기 중에 귀중한 것이다."

원문 正義曰: 夫子論諸弟子, 非在一時, 記者以次書之. 皇「疏」謂"子貢聞孔子評諸弟子而不及己, 故有此問", 非也.

역문 정의에서 말한다.

공자가 여러 제자들을 논평한 것은 한때에 있었던 일이 아니므로 기록하는 자들이 순서에 따라 기록하였다. 황간의 「소」에 "자공이 공자가

(宓)"은 『설문해자』 권7에 "복(宓)은 편안하다[安]는 뜻이다. 면(宀)으로 구성되었고, 필(必)이 발음을 나타낸다. 미(美)와 필(畢)의 반절음이다.[宓, 安也. 從宀必聲. 美畢切.]"라고 했다.

여러 제자를 평하는 것을 듣다가 자기를 언급하지 않았기 때문에 이 질문을 한 것이다."[49]라고 했는데, 아니다.

원문 惠氏棟『九經古義』, "瑚璉當爲胡連. 『春秋傳』曰: '胡簋之事', 「明堂位」曰: '夏后氏之四連', 皆不從玉旁. 『孔廟禮器碑』又作胡輦, 古連·輦字通. 段氏玉裁『說文』「注」引『禮器碑』, 又引「司馬法」'夏后氏輦曰餘車, 殷曰胡奴車, 周曰輜輦.'" 疑"胡"·"輦"皆取車爲名.

역문 혜동(惠棟)의 『구경고의(九經古義)』에 "호련(瑚璉)은 마땅히 호련(胡連)으로 써야 한다. 『춘추좌씨전』에 '제사[胡簋]의 일'[50]이라 했고, 『예기』「명당위(明堂位)」에 '하후씨(夏后氏)의 4련(四連)[51]'이라 했는데, 모두 옥(玉) 변으로 구성되어 있지 않다. 『공묘예기비(孔廟禮器碑)』에는 또 호련(胡輦)으로 되어 있는데, 옛날에는 연(連) 자와 연(輦) 자가 통용되었다. 단옥재(段玉裁)의 『설문해자주(說文解字注)』에는 『공묘예기비』를 인용하고, 또 「사마법(司馬法)」을 인용하면서 '하후씨는 수레[輦]를 여거(余車)라 했고, 은나라 때는 호노거(胡奴車)라 했으며, 주나라 때는 치련(輜輦)이라 했다.' 라고 하였다."[52]라고 했으니, 아마도 "호(胡)"와 "연(輦)"은 모두 수레를 가져다 이름으로 삼은 듯하다.

원문 案, 『說文』, "槤, 瑚槤也." 其字從木, 當是以木爲之. 『潛夫論』「贊學」云: "胡簋之器, 其始也, 乃山野之木." 是其證. 陳祥道『禮書』, "瑚以玉·簋

---

49 『논어집해의소』 권3, 「논어공야장제5」 황간의 「소」.

50 『춘추좌씨전』「애공(哀公)」 11년.

51 『예기』「명당위(明堂位)」에는 "四璉"으로 되어 있다.

52 『구경고의(九經古義)』 권16, 「논어고의(論語古義)」.

以竹爲之." 只以瑚字從玉, 簋字從竹, 妄爲說之, 無他證也. 馮氏登府『異文考證』考"胡連"本瓦器, 而飾以玉, 孟郁修『堯廟碑』"瑚"字又作堌, 可知胡連本瓦器, 故後人又加土旁.

역문 살펴보니, 『설문해자』에 "연(槤)은 제기[瑚槤]이다."[53]라고 했는데, 글자가 목(木)으로 구성되었으니, 당연히 나무로 만든 것이다. 『잠부론(潛夫論)』「찬학(贊學)」에 "호궤(胡簋)라는 제기는 그 시초를 살펴보면 바로 산과 들의 나무에서 시작되었다."[54]라고 한 것이 바로 그 증거이다. 진상도(陳祥道)[55]의 『예서(禮書)』에 "호(瑚)는 옥으로 만들고, 궤(簋)는 대나무로 만든다."라고 했는데, 다만 호(瑚) 자는 옥(玉) 변으로 구성되었고, 궤(簋) 자는 죽[竹] 머리로 구성되었으니, 멋대로 말한 것으로 다른 증거가 없다. 풍등부(馮登府)의 『논어이문고증(論語異文考證)』에서는 "호련(胡連)"을 고증하여 본래는 와기(瓦器)인데 옥으로 장식했다고 하였고, 맹욱수(孟郁修)[56]의 『요묘비(堯廟碑)』에 "호(瑚)" 자는 또 호(堌)로 되어 있으니, 호련(胡連)이란 본래 와기이며, 따라서 후대 사람들이 또 토(土) 변을 더한 것임을 알 수 있다.

원문 案, 「考工記」, "旊人爲簋." 馮見簋是瓦器, 而「明堂位」以"四連"·"六瑚"·"八簋"爲文, 則胡連亦瓦器. 然「旊人」「疏」云: "祭宗廟皆用木簋, 今

---

53 『설문해자』 권6: 연(槤)은 제기[瑚槤]이다. 목(木)으로 구성되었고, 연(連)이 발음을 나타낸다. 이(里)와 전(典)의 반절음이다.[槤, 瑚槤也. 從木連聲. 里典切.]

54 『잠부론(潛夫論)』에는 "瑚簋之器"로 되어 있다.

55 진상도(陳祥道, 1053~1093): 북송 복주(福州) 민청(閩淸) 사람. 자는 용지(用之) 또는 우지(祐之)이다. 박학했고, 특히 예학(禮學)에 정통했다. 저서에 『예서(禮書)』와 『논어전해(論語全解)』가 있다.

56 맹욱수(孟郁修, ?~?): 미상.

此用瓦簋, 祭天地及外神尙質, 器用陶匏之類也." 則簋有以木, 以瓦之異. 『堯廟碑』是祭外神, 當用瓦, 故字作口. 若『論語』言祭宗廟之器, 本不用瓦, 不得同彼文作口也.

역문 살펴보니, 『주례(周禮)』「고공기(考工記)」에, "방인(瓬人)은 궤(簋)를 만든다."라고 했는데, 풍등부는 궤(簋)를 와기로 보았고, 『예기』「명당위」에서는 "4련"·"6호(六瑚)"·"8궤(八簋)"라는 말을 사용해서 문장을 썼으니, 그렇다면 호련(胡連) 역시 와기이다. 그러나 「방인(瓬人)」의 「소」에 "종묘에 제사할 때 모두 목궤(木簋)를 사용하는데, 지금은 와궤(瓦簋)를 사용하고, 천지(天地) 및 외신(外神)에게 제사할 때는 질(質)을 숭상하니, 그릇은 질그릇이나 박과 같은 종류를 사용한다."[57]라고 했으니, 그렇다면 궤에는 나무로 만든 것과 질그릇으로 만든 것의 차이가 있다. 『요묘비』는 외신에게 제사한 것이니 마땅히 질그릇으로 만든 것을 썼기 때문에 글자가 호(瑚)로 되어 있는 것이다. 『논어』와 같은 경우는 종묘에서 제사하는 제기를 말한 것이므로 본래 질그릇을 사용하지 않으니, 『요묘비』의 글과 똑같이 호(瑚) 자로 쓸 수 없었던 것이다.

● 「注」, "瑚璉"至"貴者".

● 正義曰: 鄭「注」云: "黍稷器, 夏曰瑚, 殷曰璉." 與包咸同. 『說文』云: "黍, 禾屬而黏者也. 稷, 齋也." 程氏瑤田『九穀考』說, "黍穗似禾而舒散, 今北人稱黃小米. 稷, 今之高粱." 宗廟之祭, 食用黍稷, 此瑚璉爲盛黍稷器也. 其制之異同, 鄭注「明堂位」已云"未聞".

○ 「주」의 "호련(瑚璉)"부터 "귀자(貴者)"까지.

○ 정의에서 말한다.

---

57 『주례주소(周禮注疏)』 권41, 「동관고공기하(冬官考工記下)」 가공언(賈公彦)의 「소」.

정현(鄭玄)의 「주」에 "기장을 담는 그릇은 하나라시대에는 호(瑚)라 했고, 은나라시대에는 연(璉)이라 했다."라고 하였으니 포함의 설과 같다. 『설문해자』에 "서(黍)는 벼[禾]에 속하는 것으로 찰진 것이다."[58]라 했고, 또 "직(稷)은, 기장[齋]이다."[59]라고 했다. 정요전(程瑤田)의 『구곡고(九穀考)』에서 말하길, "기장의 이삭은 벼와 같으면서도 퍼져서 흩어져 있는데 지금 북쪽의 사람들은 황소미(黃小米)라 일컫는다. 직(稷)은 지금의 고량(高粱)이다."라고 했다. 종묘의 제사에서 매는 기장을 사용하는데, 이 호련은 기장을 담는 그릇이 된다. 그 제도의 같고 다른 점에 대해서는 정현이 『예기』「명당위」를 주석하면서 이미 "아직 들어 보지 못했다."라고 했다.

원문 凌氏曙『典故覈』引『三禮圖』, "瑚受一升, 如簠而平下. 璉受一升, 漆赤中, 蓋亦龜形, 飾口以白金, 制度如簋而銳下." 則以瑚圓璉方, 未知何本. 「明堂位」稱夏之四璉, 殷之六瑚, 今包·鄭「注」俱云"夏瑚殷璉", 賈·服·杜注『左傳』亦言"夏曰瑚", 疑今本「明堂位」文有誤也. "周曰簠簋"者, 鄭注『周官』「舍人」云: "方曰簠, 圓曰簋, 盛黍稷稻粱器." 賈「疏」, "案, 『孝經』云: '陳其簠簋', 「注」云'內圓外方, 受斗二升'者, 直據簠而言. 若簋則內方外圓." 此其制也. 夫子言"賜也達, 可使從政", 故以宗廟貴器比之. 言女器若

---

58 『설문해자』 권7: 서(黍)는 벼[禾]에 속하는 것으로 찰진 것이다. 대서(大暑)에 파종하므로 서(黍)라고 한다. 화(禾)로 구성되었고, 우(雨)의 생략형이 발음을 나타낸다. 공자가 말했다. "서(黍)는 술을 만들 수 있으므로 벼[禾]가 물[水]로 들어가는[入] 모습으로 구성되었다." 모든 서(黍)부에 속하는 한자는 다 서(黍)의 뜻을 따른다. 서(舒)와 여(呂)의 반절음이다.[黍, 禾屬而黏者也. 以大暑而種, 故謂之黍. 從禾, 雨省聲. 孔子曰: "黍可爲酒, 禾入水也." 凡黍之屬皆從黍. 舒呂切.]

59 『설문해자』 권7: 직(稷)은 기장[齋]이니 오곡 가운데 으뜸이다. 화(禾)로 구성되었고 측(畟)이 발음을 나타낸다. 직(稅)은 직(稷)의 고문으로 생략된 자형이다. 자(子)와 역(力)의 반절음이다.[稷, 齋也, 五穀之長. 從禾畟聲. 稅, 古文稷省. 子力切.]

瑚璉者, 則"可薦鬼神, 羞王公"矣.

역문 능서(凌曙)의 『사서전고핵(四書典故覈)』에 『삼례도(三禮圖)』를 인용하면서, "호(瑚)는 한 되를 수용하는데, 궤(簋)와 마찬가지로 아래를 평평하게 하였다. 연(璉)도 한 되를 수용하는데, 붉은색을 칠하였고 덮개는 또한 거북 모양이며 아가리는 백금으로 장식했으니, 제도는 보(簠)와 같으면서도 아래를 뾰족하게 하였다."라고 했으니, 그렇다면 호를 둥근 그릇으로 보고 연을 모난 그릇으로 본 것인데, 무엇을 근거로 한 것인지는 모르겠다. 『예기』「명당위」에 하나라의 4련과 은나라의 6호를 일컬었는데, 지금 포함과 정현의 「주」에서 모두 "하나라시대에는 호라 하고 은나라시대에는 연이라 한다" 하고, 가공언(賈公彦)과 복건(服虔)과 두예(杜預)는 『춘추좌씨전』을 주석하면서 역시 "하나라시대에는 호라 한다"라고 했으니, 아무래도 지금 판본의 「명당위」 문장에 오류가 있는 듯하다.

"주나라시대에는 보궤라 했다."

정현은 『주관』「사인(舍人)」을 주석하면서 "모난 것을 보(簠)라 하고 둥근 것을 궤(簋)라 하니, 기장과 벼와 조를 담는 그릇이다."[60]라고 했고, 가공언의 「소」에는 "살펴보니, 『효경(孝經)』에 '보궤를 진설한다.'[61]라고 했는데, 「주」에 '안으로는 둥글게 하고 밖으로 모나게 하는데, 한 말 두 되를 수용한다.'라는 것은 직접 보를 들어서 말한 것이다. 궤와 같은 경우는 안으로는 모나게 하고 밖으로 둥글게 한다."[62]라고 했으니, 이것이 보와 궤의 제도이다. 공자는 말하길 "사(賜)는 사리에 통달했으니, 정치에 종사하게 할 만하다."[63]라고 했으니, 따라서 종묘의 귀한 제기를 가지

---

60 『주례주소』 권16, 「지관사도하(地官司徒下) · 사인(舍人)」 정현의 「주」.

61 『효경(孝經)』「상친장(喪親章)」.

62 『주례주소』 권16, 「지관사도하 · 사인」 가공언의 「소」.

고 비유를 한 것이다. 너의 그릇됨이 제기[瑚璉]와 같다는 것은 "귀신(鬼神)에게 올릴 수 있고, 왕공(王公)에게 바칠 수 있다"[64]라는 말이다.

5-5

或曰: "雍也仁而不佞." 【注】 馬曰: "雍, 弟子. 仲弓名, 姓冉." 子曰: "焉用佞? 禦人以口給, 屢憎於人, 不知其仁, 焉用佞?" 【注】 孔曰: "'屢', 數也. 佞人口辭捷給, 數爲人所憎惡."

어떤 사람이 말했다. "옹(雍)은 인(仁)한데도 말재주를 피우지 않는다." 【주】 마융이 말했다. "옹은 제자이다. 중궁(仲弓)이 이름이고 성은 염(冉)이다." 공자가 말했다. "말재주를 어디에 쓰겠는가? 수다스럽고 재빠른 말재주로 남의 말문을 막다가 자주 남에게서 미움을 받으니, 그런 사람이 인에 있어서는 어떠한지 모르겠으나, 말재주를 어디에 쓰겠는가?" 【주】 공안국이 말했다. "'누(屢)'는 자주이다. 말을 잘하는 사람은 말재주가 매우 민첩하고 재빨라 자주 남들의 미움을 받는다."

원문 正義曰: 『說文』云: "佞, 巧讇高材也." 「曲禮」「釋文」, "口才曰佞." 下篇 "惡夫佞者" · "無乃爲佞乎?"訓同. 仲弓德行中人, 行必先人, 言必後人, 或

---

63 『논어』「옹야(雍也)」: 계강자(季康子)가 물었다. "사(賜)는 정치에 종사하게 할 만합니까?" 공자가 대답했다. "사는 사리에 통달했으니 정치에 종사함에 무슨 어려움이 있겠습니까?" [曰: "賜也可使從政也與?" 曰: "賜也達, 於從政乎何有?"]

64 『춘추좌씨전』「은공(隱公)」 3년: 웅덩이의 물이나 길바닥에 고인 물도 귀신에게 올릴 수 있고 왕공에게 바칠 수 있다.[潢汙行潦之水, 可薦於鬼神, 可羞於王公.]

者以爲仁而不佞者. 當時尙佞, 見雍不佞, 故深惜之.

역문 정의에서 말한다.

『설문해자』에 "영(佞)은 교묘하게 아첨하는 데 뛰어난 재주이다."[65]라 했고, 『예기』「곡례(曲禮)」의 「경전석문(經典釋文)」에는 "말재주를 영(佞)이라 한다."[66]라고 했는데, 아래 편의 "말재주 있는 자를 미워한다[惡夫佞者]"[67]라고 한 것과 "말재주를 구사하려는 것이 아닌가?[無乃爲佞乎?]"[68]라고 한 것도 뜻이 같다. 중궁은 덕행이 적중하는 사람으로 실천은 반드시 남보다 앞섰으며, 말은 반드시 남보다 뒤에 하였기 때문에 어떤 사람들은 그가 인한데도 말재주를 피우지 않는다고 여겼다. 당시에는 말재주를 숭상했는데, 옹이 말재주를 피우지 않음을 보았기 때문에 매우 애석하게 여긴 것이다.

원문 "禦"者, 『爾雅』「釋言」云"禁也". "不知其仁", 言以口給禦人, 不知其人於仁何如也. 『唐石經』初刻作"其仁", 後磨改作"其人", 皇本末二句尾竝有"也"字.

역문 "어(禦)"는 『이아』「석언(釋言)」에 "금한다[禁]는 뜻이다."라고 했다. "부지기인(不知其仁)"이란, 풍부하고 재빠른 말재주로 남의 말문을 막으니 그런 사람이 인에 있어서는 어떠한지 모르겠다는 말이다. 『당석경』에는 처음에 "기인(其仁)"이라고 새겼다가 뒤에 갈아 내고 "기인(其人)"이라

---

65 『설문해자』 권12: 영(佞)은 교묘하게 아첨하는 데 뛰어난 재주이다. 여(女)로 구성되었고, 신(信)의 생략된 자형이다. 내(乃)와 정(定)의 반절음이다.[佞, 巧讇高材也. 從女, 信省. 乃定切.]

66 『경전석문』 권11, 「예기음의(禮記音義) · 예기곡례제1(禮記曲禮第一)」.

67 『논어』「선진(先進)」.

68 『논어』「헌문」.

고 고쳤고, 황간본에는 끝 두 구절의 말미에 모두 "야(也)" 자가 있다.

● 「注」, "雍, 弟子. 仲弓名, 姓冉."

● 正義曰: 『史記』「弟子列傳」, "冉雍, 字仲弓." 鄭『目錄』云"魯人". 『論衡』「自紀篇」以仲弓爲冉伯牛子, 『史記索隱』引『家語』又云: "伯牛之宗族." 二說各異, 當從『論衡』.

○ 「주」의 "옹은 제자이다. 중궁이 이름이고 성은 염이다."

○ 정의에서 말한다.

『사기』「중니제자열전」에 "염옹(冉雍)은 자가 중궁이다."라고 했고, 정현의 『논어공자제자목록(論語孔子弟子目錄)』에는 "노나라 사람이다."라고 했다. 『논형(論衡)』「자기편(自紀篇)」에서는 중궁을 염백우(冉伯牛)의 아들이라고 했고, 『사기색은』에서는 『공자가어』를 인용해서 또 "백우(伯牛)의 종족(宗族)이다."라고 했는데, 두 이야기가 각각 다르니, 마땅히 『논형』을 따라야 한다.

● 「注」, "屢數"至"憎惡".

● 正義曰: 『毛詩』「賓筵」「箋」, "屢, 數也." 此常訓. "捷給"者, 捷, 速也; 給, 足也. 『荀子』「性惡篇」, "齊給便敏而無類." 「注」, "給謂應之速, 如供給者也." 「非十二子篇」, "齊給便利, 而不順禮義." 「注」, "給, 急也." 速・急皆引申之義. 『大戴禮』「保傅篇」, "接給而善對." 「曾子立事篇」, "進給而不讓."

○ 「주」의 "누삭(屢數)"부터 "증오(憎惡)"까지.

○ 정의에서 말한다.

『모시(毛詩)』「빈연(賓筵)」의 「전」에 "누(屢)는 자주[數]이다."[69]라고 했는데, 이것이 일반적인 해석이다.

"첩급(捷給)"

---

69 『모시주소(毛詩注疏)』 권21, 「소아(小雅)・보전지십(甫田之什)・빈지초연(賓之初筵)」 정현의 「전(箋)」. 『논어정의』에는 "傳"으로 되어 있다. 『모시주소』를 근거로 "箋"으로 고쳤다.

첩(捷)은 빠르다[速]는 뜻이고, 급(給)은 충분하다[足]는 뜻이다. 『순자』「성악편(性惡篇)」에 "말은 재빨리 응답하고 경쾌하며 민첩하되 처음부터 끝까지 모두 법도에 거스르고 어긋난다.[齊給便敏而無類.]"라고 했는데, 「주」에 "급(給)은 응답함이 빠른 것이 마치 물건을 가지고 있다가 쓰임에 응하는 것[供給]과 같다는 말이다."라 했고, 「비십이자편(非十二子篇)」에서는 "말을 빠르고 급하게 하며 언사(言辭)가 민첩해도 예의를 따르지 않음.[齊給便利, 而不順禮義.]"이라고 했는데, 「주」에서 "급(給)은 급함[急]이다."라고 했으니, 빠름[速]과 급함[急]은 모두 의미를 확장시킨 것이다. 『대대례』「보부」에는 "민첩하게 응대를 잘한다.[接給而善對.]"라고 했고, 「증자입사(曾子立事)」에서는 "빨리 나아가고 사양하지 않는다.[進給而不讓.]"라고 했다.

원문 『說苑』「尊賢篇」孔子對哀公以取人之術曰: "毋取拑者, 毋取口銳者. 拑者, 大給利, 不可盡用; 口銳者, 多誕而寡信, 後恐不驗也." 皆謂口辭捷給也. 『韓詩外傳』, "人之利口贍辭者, 人畏之, 畏之斯惡之. 子曰: '惡利口之覆邦家者.'"

역문 『설원』「존현(尊賢)」에 공자가 애공(哀公)에게 사람을 뽑아서 쓰는 방법을 가지고 대답하기를 "침묵하는 사람을 뽑아서 쓰지 말며, 말재주가 예리한 사람을 뽑아서 쓰지 말아야 합니다. 침묵하는 사람은 대부분 이익에 급급하니 다 쓸 수가 없고, 말재주가 예리한 사람은 대부분이 허황된 말이어서 믿을 만한 것이 적으니 뒤에 그 말이 증명되지 않을까 걱정됩니다."라고 했는데, 모두 말재주가 매우 민첩하고 재빠르다는 말이다. 『한시외전』에는 "사람 중에 구변 좋은 말재주로 말을 잘하면 남이 두려워하니, 두려워하면 이에 미워하게 된다. 공자가 말했다. '구변 좋은 말재주가 나라를 전복시키는 것을 미워한다.'[70]"라고 했다.

5-6

子使漆雕開仕, 對曰: "吾斯之未能信." 【注】 孔曰: "開, 弟子, 漆雕姓, 開名. 仕進之道, 未能信者, 未能究習." 子說. 【注】 鄭曰: "善其志道深."

공자가 칠조개(漆雕開)에게 벼슬하게 하자, 칠조개가 대답하였다. "저는 아직 이것을 자신할 수 없습니다." 【주】 공안국이 말했다. "개(開)는 제자인데, 칠조(漆彫)는 성이고 개는 이름이다. 벼슬에 나아가는 도리를 아직 자신할 수 없다는 것은 아직 연구하여 익히지 못하였다는 말이다." 공자가 기뻐했다. 【주】 정현이 말했다. "그가 도에 뜻을 둔 것이 깊음을 가륵하게 여긴 것이다."

원문 正義曰: 『釋文』, "雕, 本或作凋." 皇本 · 『唐 · 宋石經』皆作"彫". 邢本作"雕", 與『釋文』合. 阮氏元『校勘記』, "依『說文』當作琱. 凡琱琢之成文則曰雕, 雕 · 凋皆叚借字." 案, 依阮說, 漆雕氏必其職掌漆飾琱刻, 以官爲氏者也. 夫子使開仕, 當在爲魯司冠時. 皇「疏」云: "答師稱'吾'者, 古人皆然也." 考答師稱吾, 僅見此文. 宋氏翔鳳『過庭錄』, "疑吾爲启字之訛, 启卽啟字." 亦通.

역문 정의에서 말한다.

『경전석문』에 "조(雕)는 판본에 따라 더러 조(凋)로 되어 있기도 하다."[71]라고 했다. 황간본과 『당석경』 · 『송석경(宋石經)』에는 모두 "조

---

70 『논어』「양화(陽貨)」.

71 『경전석문』 권24, 「논어음의 · 공야장제5」.

(彫)"로 되어 있다. 형병본에는 "조(雕)"로 되어 있으니, 『경전석문』과 일치한다. 완원(阮元)의 『십삼경주소교감기(十三經注疏校勘記)』에 "『설문해자』에 의거하면 마땅히 조(琱)로 써야 한다. 대체로 다듬고 쪼아서 완성한 문양을 조(彫)라 하는데, 조(雕)와 조(凋)는 모두 가차자(叚借字)이다." 라고 했다.

살펴보니, 완원의 설에 의거하면 칠조씨(漆雕氏)는 분명 그 직책이 옥돌을 다듬어 새긴 조각물에 옻칠로 장식하는 일을 담당했으므로 관직으로 씨(氏)를 삼은 것이다. 공자가 칠조개에게 벼슬하게 한 것은 당연히 노나라의 사구(司寇)가 되었을 때에 있었던 일이다. 황간의 「소」에 "스승에게 대답하면서 '저[吾]'라고 일컫는 것은, 옛사람들은 모두 그렇게 했다."[72]라고 하였는데, 상고해 보니 스승에게 답하면서 저[吾]라고 한 경우는 겨우 이 문장에서만 보인다. 송상봉(宋翔鳳)의 『과정록(過庭錄)』에 "아마도 오(吾)는 계(启) 자의 잘못인 듯하니, 계(启)는 바로 계(啟) 자이다." 라고 했는데, 역시 통한다.

● 「注」, "開弟"至"究習".

● 正義曰: 『史記』「弟子列傳」, "漆雕開, 字子開." 閻氏若璩『四書釋地』謂"上開本啟字, 漢人避諱所改." 引『漢』「藝文志」"孔子弟子漆雕啟"證之, 其說是也. 「古今人表」亦作"啟", 啟者, 開也. 故字子開. 此「注」以開爲名, 作僞者之疏可知. 楊簡『先聖大訓』又名憑, 『家語』「弟子解」又字子若, 『白水碑』字子修, 皆妄人所造. 鄭『目錄』云: "魯人", 『家語』則云: "蔡人", 亦誤也.

○ 「주」의 "개제(開弟)"부터 "구습(究習)"까지.

○ 정의에서 말한다.

72 『논어집해의소』 권3, 「논어공야장제5」 황간의 「소」.

『사기』「중니제자열전」에 "칠조개는 자가 자개(子開)이다."라 했고, 염약거(閻若璩)의 『사서석지(四書釋地)』에는 "앞의 개(開)는 본래는 계(啟) 자인데, 한나라시대 사람들이 피휘(避諱)해서 고친 것이다."[73]라고 하면서, 『전한서』「예문지」에서 "공자의 제자 칠조계(漆雕啟)"라고 한 것을 인용해 증명했는데, 그의 말이 옳다. 『전한서』「고금인표」에도 "계(啟)"로 되어 있는데, 계(啟)란 연다[開]는 뜻이다. 그러므로 자개(子開)를 자로 삼은 것이다. 여기의 「주」에서는 개(開)를 이름이라고 했으니, 위작(僞作)을 만든 자들이 얼마나 서툰지 알 만하다. 양간(楊簡)[74]의 『선성대훈(先聖大訓)』에는 또 이름이 빙(憑)이라고 하였고, 『공자가어』「칠십이제자해」에서는 또 자가 자약(子若)이라고 했으며, 『백수비』에는 자가 자수(子修)라고 했는데, 모두 망령된 사람들이 지어낸 것이다. 정현의 『논어공자제자목록』에 "노나라 사람"이라고 했는데, 『공자가어』에는 "채(蔡)나라 사람"이라고 했으니, 역시 잘못이다.

원문 仕進之道, 恐未能究習, 故云"未能信". "信"者, 有諸己之謂也, 由開之言觀之, 其平時好學, 不自矜伐, 與其居官臨民謹畏之心, 胥見於斯. 其後仕

---

73 『사서석지(四書釋地)』「삼속권중(三續卷中) · 칠조개(漆雕開)」. 『사서석지』에는 "『사기』「열전」에 '칠조개(漆雕開)는 자가 자개(子開)이다.'라고 했는데, 앞의 개(開)는 본래 계(啓) 자이니, 경제(景帝)의 휘를 피한 것이다.[『史』「列傳」漆雕開, 字子開, 上開本啓字, 避景帝諱也.]"라고 되어 있다.

74 양간(楊簡, 1141 ~ 1226): 남송 명주(明州) 자계(慈溪) 사람. 자는 경중(敬仲)이고, 호는 자호선생(慈湖先生)이며, 시호는 문원(文元)이다. 육구연(陸九淵)을 스승으로 섬겨 육씨심학파(陸氏心學派)의 대표적 인물이 되었다. 낙평지현(樂平知縣)을 지냈는데, 학교를 일으키고 학생을 가르쳐 읍내에 밤에는 도둑이 없었고 길가에 물건이 떨어져 있어도 줍지 않았다. 영종(寧宗) 가정(嘉定) 초에 온주지주(溫州知州)로 나갔는데, 먼저 기적(妓籍)을 없애고 청렴과 검소함으로 주민들의 존경을 받았다. 원섭(袁燮), 서린(舒璘), 심환(沈煥) 등과 함께 녹상사선생(甬上四先生), 사명사선생(四明四先生)으로 일컬어졌다. 육구연의 심학을 우주의 만물(萬物), 만상(萬象), 만변(萬變)이 모두 자신에게 속해 있다는 유아론(唯我論)으로 발전시켰다. 저서에 『자호시전(慈湖詩傳)』과 『양씨역전(楊氏易傳)』, 『계폐(啓蔽)』, 『선성대훈(先聖大訓)』, 『오고해(五誥解)』, 『자호유서(慈湖遺書)』 등이 있다.

與不仕, 史傳竝無明文. 『家語』謂開“習『尙書』, 不樂仕”. 夫不樂仕, 非聖人之敎. 『中庸』云: “誠者非自成己而已也, 所以成物也.” 夫子謂“仁者, 己欲立而立人, 己欲達而達人”. 子路亦謂“不仕無義, 欲潔其身, 而亂大倫”, 是開之言“未能信”, 實以仕進之道未能究習, 而非不樂仕矣. 此「注」雖僞作, 猶能不失其義. 王肅注『家語』云: “言未能明信斯書義.” 是肅自爲附會.

역문 벼슬에 나아가는 도리를 아직 연구하여 익히지 못한 것을 두려워했기 때문에 “아직 자신할 수 없습니다[未能信]”라고 한 것이다. “자신한다[信]”는 것은 실제로 자기 몸에 가지고 있음을 이르는 것이니,[75] 칠조개의 말을 따라 살펴보면 그가 평상시에 배우기를 좋아하면서도 스스로 뽐내거나 자랑하지 않은 것과, 그가 관직에 거처하고 민중에게 임할 때 삼가고 두려워하는 마음이 여기에서 모두 보인다. 이 뒤로는 벼슬하거나 벼슬하지 않은 것이 역사나 전기에 모두 분명한 자료가 없다. 『공자가어』에는 칠조개를 평하여 “『상서』를 익히고 벼슬하는 것을 좋아하지 않았다.”라고 했다. 벼슬하는 것을 좋아하지 않는 것은 성인의 가르침이 아니다. 『중용(中庸)』에 “성(誠)은 자신을 이룰 뿐만 아니라 남을 이루어 주는 것이다.”[76]라 했고, 공자는 “인자(仁者)는 자기가 서고자 하면 남도 서

75 『맹자(孟子)』「진심하(盡心下)」: 호생불해(浩生不害)가 물었다. “악정자(樂正子)는 어떠한 사람입니까?” 맹자께서 말씀하셨다. “선인(善人)이며, 신인(信人)입니다.” “무엇을 선(善)이라 하며, 무엇을 신(信)이라 합니까?” “하고자 할 만함을 ‘선’이라 이르고, 그러한 선을 실제로 자기 몸에 가지고 있는 것을 ‘신’이라 이르며, 선을 힘써 행해서 자기 몸에 가득 채운 것을 ‘미(美)’라 이르고, 가득 차서 밖으로 광채가 드러나는 것을 ‘대(大)’라 이르고, 대인이면서 저절로 변화하여 자취가 없는 것을 ‘성(聖)’이라 이르며, 성스러워 알 수 없는 것을 ‘신(神)’이라 이르니, 악정자는 앞의 두 단계의 중간이며, 뒤의 네 단계의 아래입니다.”[浩生不害問曰: “樂正子何人也?” 孟子曰: “善人也; 信人也.” “何謂善, 何謂信?” 曰: “可欲之謂善, 有諸己之謂信, 充實之謂美, 充實而有光輝之謂大, 大而化之之謂聖, 聖而不可知之之謂神, 樂正子二之中, 四之下也.”]

게 해 주고, 자기가 통달하고자 하면 남도 통달하게 한다."[77]라고 했으며, 자로(子路) 역시 "벼슬하지 않는 것은 의(義)가 없는 것이니, 자기 자신을 깨끗하게 하고자 하여 큰 윤리를 어지럽히는 것이다."[78]라고 했으니, 여기서 칠조개가 "아직은 자신할 수 없다"라고 한 것은 실제로 벼슬에 나아가는 도리를 아직 연구하여 익히지 못했기 때문이지, 벼슬하는 것을 좋아하지 않은 것이 아니다. 여기의 「주」가 비록 위작(僞作)이긴 하지만, 그래도 그 의를 잃지는 않았다. 왕숙은 『공자가어』를 주석하면서 "아직은 이 글의 뜻을 분명하게 자신할 수 없다는 말이다."[79]라고 했는데, 이는 왕숙이 스스로 견강부회를 한 것이다.

● 「注」, "善其志道深."

● 正義曰: 子曰: "三年學, 不至於穀, 不易得也." 卽此義.

○ 「주」의 "그가 도에 뜻을 둔 것이 깊음을 갸륵하게 여긴 것이다."

○ 정의에서 말한다.

공자가 말하길 "3년을 배우고서 봉록에 뜻을 두지 않는 사람은 얻기가 쉽지 않다."[80]라고 했

---

76 『중용(中庸)』 제25장.

77 『논어』「옹야」.

78 『논어』「미자(微子)」.

79 『공자가어』에 "칠조개는 채(蔡)나라 사람으로 자는 자약(子若)이며, 공자보다 11세 어리다. 『상서』를 익히고 벼슬하는 것을 좋아하지 않았는데, 공자가 '자네의 나이는 벼슬할 만한 나이거늘, 때가 장차 지나가려고 하네.'라고 하자, 자약이 그 글에 아뢰기를 '저는 아직 이것을 자신할 수 없습니다.'라고 하자 공자가 기뻐했다.[漆雕開蔡人, 字子若, 少孔子十一歲. 習『尙書』, 不樂仕, 孔子曰: '子之齒可以仕矣, 時將過.' 子若報其書曰: '吾斯之未能信.' 孔子悅焉.]"라고 했는데, 왕숙(王肅)의 「주」에 "아직은 이 글의 뜻을 분명하게 자신할 수 없다는 말이다.[言未能明信此書義.]"라고 했다.

80 『논어』「태백(泰伯)」.

으니, 바로 이 뜻이다.

5-7

子曰: "道不行, 乘桴浮于海, 從我者, 其由與!" 【注】 馬曰: "'桴', 編竹木, 大者曰'栰', 小者曰'桴'." 子路聞之喜. 【注】 喜與己俱行.

공자가 말했다. "도(道)가 행해지지 않아 내가 뗏목을 타고 바다를 건널 것이니, 나를 따를 자는 아마도 유(由)일 것이다!" 【주】 마융이 말했다. "뗏목[桴]은 대나무를 엮어 만든 것이니, 큰 것을 '벌(栰)'이라 하고, 작은 것을 '부(桴)'라 한다. 자로가 이 말을 듣고 기뻐했다. 【주】 자기와 함께 가겠다고 한 것을 기뻐한 것이다.

- 正義曰: "乘", 『說文』作"椉", 云"覆也". 覆者, 加乎其上也. 『詩』「七月」「傳」, "乘, 升也." "浮"者, 『說文』云"氾也", 『漢書』「地理志」「注」, "浮, 以舟渡也." "于", 皇本作"於", 『爾雅』「釋詁」, "于, 於也." 二字義同, 故經傳通用.

- 정의에서 말한다.

  "승(乘)"은 『설문해자』에 "승(椉)"으로 되어 있는데, "덮는다[覆]는 뜻이다."[81]라 했다. 덮는다[覆]는 것은 그 위에 무엇을 보탠다는 뜻이다. 『시경』「칠월(七月)」의 「전」에 "승(乘)은 오른

81 『설문해자』 권5: 승(椉)은 덮는다[覆]는 뜻이다. 입(入)과 걸(桀)로 구성되었다. 걸(桀)은 교활하다[黠]는 뜻이다. 군법(軍法)에 "승(椉)"이라고 하였다. 식(食)과 능(陵)의 반절음이다. [椉, 覆也. 從入桀. 桀, 黠也. 軍法曰"椉". 食陵切.]

다[升]는 뜻이다."[82]라 했다. "부(浮)"란 『설문해자』에 "떠서 돌아다닌다[氾]는 뜻이다."[83]라고 했고, 『전한서』「지리지(地理志)」의 「주」에 "부(浮)는 배로 건넌다는 뜻이다."라 했다. "우(于)"는 황간본에는 "어(於)"로 되어 있는데, 『이아』「석고」에 "우(于)는 어(於)이다."라고 했으니, 두 글자는 뜻이 같기 때문에 경전에서는 통용된다.

원문 王氏瑬『四書地理考』, "浮海指渤海." 『說文』, "海, 天池也, 以納百川者." 又云: "澥, 勃澥, 海之別也." 『潛丘劄記』, "太史公多言勃海, 「河渠書」謂永平之勃海, 『封禪書』謂登萊之勃海, 「蘇秦列傳」指天津衛之海, 「朝鮮列傳」指海之在遼東者. 勃海之水大矣, 非專爲近勃海郡者也."

역문 왕류(王瑬)[84]의 『사서지리고(四書地理考)』에 "부해(浮海)는 발해(渤海)를 가리킨다." 했다. 『설문해자』에 "해(海)는 하늘의 못[天池]이니, 온갖 냇물을 받아들이는 곳이다."[85]라 하고, 또 "해(澥)는 발해(勃澥)이니 바다를 구별한 명칭[86]이다."[87]라고 했다. 염약거의 『잠구차기(潛丘劄記)』에 "태사

---

82 『모시주소』 권15, 「국풍(國風)·빈(豳)·칠월(七月)」의 「전」.

83 『설문해자』 권11: 부(𣿭)는 떠서 돌아다닌다[氾]는 뜻이다. 수(水)로 구성되었고 부(孚)가 발음을 나타낸다. 박(縛)과 모(牟)의 반절음이다.[𣿭, 氾也. 從水孚聲. 縛牟切.]

84 왕류(王瑬, 1786~1843): 청대의 학자. 원래의 이름은 중류(仲瑬)이고 자는 양생(亮生)이다. 강소성(江蘇省) 오현(吳縣) 동산(東山) 사람으로 일찍부터 벼슬에 나아가지 않고 저술에 몰두했다. 도광(道光) 8년(828) 『전폐추언(錢幣芻言)』을 저술하여 금속 화폐를 지폐로 대체할 것을 주창했고, 오직 초법(鈔法)만이 나라를 부유하고 민중을 부유하게 할 수 있다고 생각해서 화폐를 무제한으로 발행할 것을 주장했다. 저서로는 『향당정의(鄕黨正義)』, 『사서지리고(四書地理考)』, 『전폐추언』, 『전폐추언속각(錢幣芻言續刻)』, 『전폐추언재속(錢幣芻言再續)』 등이 있다.

85 『설문해자』 권11: 해(𣴴)는 하늘의 못[天池]이다. 모든 냇물을 받아들이는 곳이다. 수(水)로 구성되었고 매(每)가 발음을 나타낸다. 호(呼)와 개(改)의 반절음이다.[𣴴, 天池也. 以納百川者. 從水每聲. 呼改切.]

공(太史公)이 발해(勃海)를 말한 것이 많은데, 『사기』「하거서(河渠書)」에서는 영평(永平)의 발해를 말했고, 「봉선서(封禪書)」에서는 등래(登萊)의 발해를 말했으며, 「소진열전(蘇秦列傳)」에서 언급한 것은 천진위(天津衛)의 바다를 가리키며, 「조선열전(朝鮮列傳)」에서 언급한 것은 요동(遼東)에 있는 바다를 가리킨다. 발해의 물은 크니, 오로지 발해군(勃海郡)을 가까이하고 있는 것만은 아니다."라고 했다.

원문 案, 『漢書』「地理志」, "玄菟, 樂浪, 武帝時置, 皆朝鮮·濊貉·句驪蠻夷. 殷道衰, 箕子去之朝鮮, 教其民以禮義, 田蠶織作. 樂浪·朝鮮民犯禁八條, 相殺以當時償殺; 相傷以穀償; 相盜者男沒入爲其家奴, 女子爲婢, 欲自贖者, 入五十萬. 雖免爲民, 俗猶羞之, 嫁娶無所仇. 是以其民終不相盜, 無門戶之閉, 婦人貞信不淫辟, 可貴哉, 仁賢之化也! 然東夷天性柔順, 異於三方之外, 故孔子悼道不行, 設浮於海, 欲居九夷, 有以也." 顏「注」, "言欲乘桴筏而適東夷, 以其國有仁·賢之化, 可以行道也." 據「志」言, 則浮海指東夷, 卽勃海也.

역문 살펴보니, 『전한서』「지리지」에 "현도(玄菟)와 낙랑(樂浪)은 무제(武帝) 때 설치했는데, 모두 조선(朝鮮)과 예맥(濊貉)과 구려(句驪)라고 하는 만이

---

86 단옥재(段玉裁)의 『설문해자주(說文解字注)』에 "바다의 구별은 강의 구별과 같다. 발해(勃澥)가 바다에 속하지만 큰 바다가 아닌 것은 마치 타수(沱水)가 강에 속하지만 큰 강이 아닌 것과 같다. 『설문해자』에 혹은 속(屬)이라고도 하고 혹은 별(別)이라고도 하는데, 속(屬)이라고 하면 별(別)이 그 가운데 있는 것이고, 별(別)이라고 하면 속(屬)이 그 가운데 있는 것이다.[海之別猶江之別. 勃澥屬於海, 而非大海, 猶沱屬於江, 而非大江也. 『說文』或言屬, 或言別, 言屬而別在其中; 言別而屬在其中.]"라고 하였다.

87 『설문해자』 권11: 해(𤅡)는 발해(勃澥)이니 바다의 별칭이다. 수(水)로 구성되었고 해(解)가 발음을 나타낸다. 일설에는, 해(澥)는 바로 해곡(澥谷)이라고 한다. 호(胡)와 매(買)의 반절음이다.[𤅡, 勃澥, 海之別也. 從水解聲. 一說, 澥卽澥谷也. 胡買切.]

(蠻夷)의 땅이었다. 은나라의 도가 쇠하자 기자(箕子)는 조선으로 가서 그 나라의 민중들에게 예의와 농사, 양잠과 방직의 일을 가르쳤다. 낙랑과 조선의 민중들에게는 팔조금법[犯禁八條]이 있었으니, 살인을 한 자는 즉시 사형에 처하여 갚아 주고, 상해를 입힌 자는 곡식으로 갚게 하며, 도둑질을 한 자는 남자는 그 집안의 노비가 되고 여자는 여자 종이 되어야 하며 속죄하려면 50만의 금액을 내야 한다. 비록 죄를 면하고 백성이 되더라도 민간에서 그것을 수치로 여겨 시집가고 장가들려 해도 짝을 구할 수 없었다. 이 때문에 그 나라 백성은 마침내 도둑질하지 않아 문을 닫는 일이 없었으며, 부인들은 절개가 높고 신실하였고 음란하거나 괴벽스럽지 않아 귀하게 여길 만하였으니, 인한 현자[仁賢]의 교화 때문이다! 그렇듯 동이(東夷)는 천성이 유순해서 삼방(三方)[88] 저 밖의 나라들과는 달랐기 때문에 공자는 도가 행해지지 않음을 슬퍼하여 뗏목을 타고 바다를 건널 것을 도모하고 구이(九夷)에서 살기를 원하였으니, 그것도 까닭이 있었던 것이다."라고 했다. 안사고의 「주」에 "뗏목을 타고 동이로 가려고 한 것은 그 나라에 인자(仁者)와 현자(賢者)의 교화가 있어 도를 행할 수 있기 때문이라는 말이다."라고 했으니, 『전한서』「지리지」의 말에 의거하면, 뗏목을 타고 바다를 건넌다[浮海]라고 한 것은 동이를 가리키는 것으로, 그곳은 바로 발해(勃海)였던 것이다.

원문 夫子當日必實有所指之地, 漢世師說未失. 故尙能知其義, 非泛言四海也. 夫子本欲行道於魯, 魯不能竟其用, 乃去而之他國, 最後乃如楚. 則以楚雖蠻夷, 而與中國通已久, 其時昭王又賢, 葉公好士, 故遂如楚以冀其

---

88 안사고(顔師古)에 따르면 남쪽 · 서쪽 · 북쪽을 가리킨다. "안사고가 말했다. '"삼방(三方)"은 남 · 서 · 북을 이른다.'[師古曰: '"三方"謂南 · 西 · 北也.']"

用, 則是望道之行也. 至楚, 又不見用, 始不得已而欲浮海居九夷. 『史記』「世家」雖未載"浮海"及"居九夷"二語, 爲在周遊之後, 然以意測之當是也. 其欲浮海居九夷, 仍爲行道, 由『漢』「志」「注」繹之, 則非遯世幽隱, 但爲世外之想可知. 卽其後浮海居九夷, 皆不果行, 然亦見夫子憂道之切, 未嘗一日忘諸懷矣. 其必言乘桴者, 錢氏坫『論語後錄』謂"『爾雅』「釋水」'庶人乘泭', 夫子言'道不行', 以庶人自處", 是也.

역문 공자는 그날 기필코 실제로 가리킨 지역이 있었고, 한나라시대 사설(師說)에는 잘못이 없다. 따라서 아직도 그 뜻을 알 수 있으니, 범범하게 사해(四海)를 말한 것이 아니다. 공자는 본래 노나라에서 도를 행하고 싶었지만 노나라에서 그가 등용된 목적을 마치지 못하자 이에 노나라를 떠나 다른 나라로 갔다가 최후에는 결국 초(楚)나라로 갔다. 초나라는 비록 야만스러운 오랑캐였지만 중국과 소통한 지 이미 오래되었고, 그 당시 소왕(昭王)은 또 현명하였으며, 섭공은 선비를 좋아했기 때문에 마침내 초나라로 가서 등용되기를 기대했으니, 이는 도가 행해지기를 바란 것이다. 그러나 초나라에 이르렀지만 또 등용되지 않자 비로소 부득이하게 바다를 건너 구이에서 살기를 원했던 것이다. 『사기』「세가(世家)」에는 비록 "바다를 건널 것"이라는 것과 "구이에서 살고자 한다"라는 두 마디 말을 기록하지 않아, 주유천하를 마친 뒤에 있었던 일로 보았지만 의도한 바를 가지고 추측해 보면 분명 주유천하하던 시기에 해당된다. 공자가 바다를 건너 구이에서 살기를 원했다 하더라도 여전히 도를 행함이 되니, 『전한서』「지리지」의 「주」를 따라 연역해 보면 세상을 피해 그윽한 곳에 숨으려 했던 것이 아니라, 단지 세상을 위해 밖으로 나아가 바다를 건너려고 했던 생각이었음을 알 수 있다. 즉 그 뒤에 바다를 건너 구이에 사는 일은 모두 실제로 결행되지 않았지만, 그렇다 하더라도 역시 공자는 도를 근심함이 절실해서 일찍이 단 하루도 마음에서 잊지 않았던 것이다. 공자가 굳이 뗏목을 타겠다고 말한 것에 대해 전점(錢坫)의 『논어후록(論語後錄)』에는 “『이아』「석수(釋水)」에 ‘서인(庶人)은 뗏목[泭]을 탄다.’라고 했으니, 공자가 ‘도가 행해지지 않아[道不行]’라고 말한 것은 스스로를 서인으로 자처한 것이다.”라고 했는데 옳다.

원문 『說文』, “憙, 說也. 從心從喜. 喜亦聲.” 今經傳通作“喜”. 皇本“由”下有“也”字.

역문 『설문해자』에 “희(憙)는 기뻐함[說]이다. 심(心)으로 구성되었고, 희(喜)로 구성되었다. 희(喜)는 또 발음을 나타낸다.”[89]라고 했다. 지금의 경전에는 “희(喜)” 자로 통합되어 있다. 황간본에는 “유(由)” 자 아래 “야(也)” 자가 있다.

- 「注」, “桴, 編竹木, 大者曰栰, 小者曰桴.”
- 正義曰: 『詩』「周南」「疏」引『論語』「注」與此「注」同. 臧·宋以爲鄭「注」佚文, 或鄭用其師說也. 『說文』, “桴, 棟名.” 別一義. “泭, 編木以渡也.” 『爾雅』「釋言」, “舫, 泭也.” 孫炎「注」, “方木置水中爲泭筏也.” 『釋文』, “泭字或作游, 樊本作柎.” 「釋水」李巡「注」, “竝木以渡也.” 『詩』「周南」“不可方思”, 「邶風」“方之舟之”, 毛「傳」竝云“方, 泭也.” 方與舫同. 「周南釋文」, “泭, 本亦作游, 又作桴, 或作柎.” 諸字惟“桴”是叚字, 餘皆同音異體也. 韋昭『國語』「注」, “編木曰泭, 小泭曰桴.” 分泭桴爲二, 失其義矣. 王逸『楚辭』「惜往日」「注」, “編竹木曰泭.” 與此「注」同.

○ 「주」의 “뗏목[桴]은 대나무를 엮어 만든 것이니, 큰 것을 ‘벌(栰)’이라 하고, 작은 것을 ‘부(桴)’

---

89 『설문해자』 권5: 희(憙)는 기뻐함[說]이다. 심(心)으로 구성되었고, 희(喜)로 구성되었다. 희(喜)는 또 발음을 나타낸다. 허(許)와 기(記)의 반절음이다.[憙, 說也. 從心從喜. 喜亦聲. 許記切.]

라 한다."

○ 정의에서 말한다.

『시경』「주남(周南)」의 「소」에 『논어』의 「주」를 인용했는데, 여기의 「주」와 같다. 장용(臧庸)과 송상봉은 정현의 「주」가 일문(佚文)이거나 혹은 정현이 그 스승의 설을 사용한 것이라고 생각했다. 『설문해자』에 "부(桴)는 마룻대[楝]의 명칭이다."[90]라 했으니, 일반적인 의미와는 다르다. "부(泭)는 나무를 엮어 물을 건너는 것이다."[91] 『이아』「석언」에 "방(舫)은 뗏목[泭]이다."라고 했는데, 손염(孫炎)의 「주」에 "네모난 두꺼운 널빤지를 물 위에 띄워 뗏목으로 삼는 것이다."[92]라고 했다. 『경전석문』에 "부(泭) 자는 간혹 부(游)로 쓰는데, 번광(樊光)[93]본에는 부(柎)로 되어 있다."[94]라고 했고, 『이아』「석수」 이순(李巡)의 「주」에 "나무를 나란히 엮어서 물을 건너는 것이다."라고 했다. 『시경』「국풍(國風)·주남·한광(漢廣)」에 "뗏목으로 갈 수가 없다.[不可方思.]" 했고, 「국풍·패(邶)·곡풍(谷風)」에 "뗏목을 타고 가고 배를 타고 간다.[方之舟之.]" 했는데, 모형(毛亨)의 「전」에 모두 "방(方)은 땟목[泭]이다." 라고 했으니, 방(方)은 방(舫)과 같은 뜻이다. 「주남석문(周南釋門)」에 "부(泭)는 어떤 판본에는 또 부(游)로 되어 있기도 하고, 또는 부(桴)로 되어 있기도 하며, 더러는 부(柎)로 되어 있기도 하다."[95]라고 했는데, 여러 글자들 중 오직 "부(桴)"만 가자(叚字)이고, 나머지는 모두 동음이체자(同音異體字)이다. 위소(韋昭)의 『국어(國語)』「제어(齊語)」의 「주」에 "나무를 엮어 놓은 것을 뗏목[泭]이라 하는데, 작은 뗏목을 부(桴)라 한다."라고 하여 부(泭)와 부(桴)

---

90 『설문해자』 권6: 부(桴)는 마룻대[楝]의 명칭이다. 목(木)으로 구성되었고 부(孚)가 발음을 나타낸다. 부(附)와 유(柔)의 반절음이다.[桴, 楝名. 從木孚聲. 附柔切.]

91 『설문해자』 권11: 부(泭)는 나무를 엮어 물을 건너는 것이다. 수(水)로 구성되었고, 부(付)가 발음을 나타낸다. 방(芳)과 무(無)의 반절음이다.[泭, 編木以渡也. 從水付聲. 芳無切.]

92 『이아주소(爾雅注疏)』 권2, 「석언제2(釋言第二)」 형병의 「소」에 "손염이 말했다. '방(舫)은 물 위에 띄워 뗏목으로 삼는 것이다.[孫炎曰: '舫, 水中爲泭筏也.']"라고 되어 있다.

93 번광(樊光, ?~?): 동한시대 경조[京兆, 지금의 섬서성(陝西省) 서안(西安) 동쪽] 사람. 저술로는 『이아주(爾雅注)』 6권이 있다.

94 『경전석문』 권29, 「이아음의상(爾雅音義上)·석언제2(釋言第二)」. 그런데, 『경전석문』이나 『이아주소』에는 모두 '柎'가 '坿沇'으로 되어 있다.

95 『경전석문』 권5, 「모시음의상(毛詩音義上)·주남(周南)」.

를 구분해서 두 가지로 보았는데, 본래의 뜻을 잃은 것이다. 왕일(王逸)의 『초사장구(楚辭章句)』「석왕일(惜往日)」의 「주」에 "대나무를 엮어서 만든 것을 뗏목[泭]이라 한다."라고 했으니, 여기의 「주」와 같다.

원문 『方言』, "泭謂之䉵, 䉵謂之筏. 筏, 秦·晉之通語也. 江·淮家居䉵中, 謂之薦." 『廣雅』「釋水」, "䉵·箣·瀿, 筏也." 『衆經音義』卷三, "筏, 『通俗文』作䑽, 『韻集』作橃. 編竹木浮於河以運物也. 南土名䉵, 北人名筏." 『楚辭』王逸「注」, "楚人曰泭, 秦人曰橃." "筏"·"䑽"·"橃"竝同. 「周南」「釋文」引郭璞「音義」云: "木曰䉵, 竹曰筏, 小筏曰泭." 泭爲小, 則筏爲大, 此據人當時所稱別之. 然泭·筏對文, 有大小之殊, 散文亦通稱. 故『方言』·『廣雅』廣列異名, 不爲分別也.

역문 『방언(方言)』에 "부(泭)를 부(䉵)[96]라 하고, 부(䉵)를 벌(筏)이라 한다. 벌(筏)은 진(秦)나라와 진(晉)나라의 통용어이다. 양자강[江]과 회수[淮] 근처의 집들은 뗏목[䉵] 위에 있는데, 그것을 천(薦)이라 한다."[97]라고 했다. 『광아』「석수(釋水)」에 "부(䉵)와 부(箣)와 횡(瀿)은 뗏목[筏]이다."라고 했다. 『중경음의(衆經音義)』 권3에 "벌(筏)은 『통속문(通俗文)』에 벌(䑽)로 되어 있고, 『운집(韻集)』에는 벌(橃)로 되어 있다. 대나무를 엮어서 강에 띄워

---

96 『광아(廣雅)』「석수(釋水)」의 「주」에 박(薄)과 가(佳)의 반절음이라 했고, 명(明)의 진사원(陳士元)이 찬(撰)한 『논어류고(論語類考)』「기구고(器具考)」에 "䉵는 음이 부(敷)이고, 薦는 음이 부(符)이다.[䉵音敷; 薦音符.]"라고 했다.

97 『방언(方言)』 곽박(郭璞)의 「주」에는 "䉵"의 음은 없으며, "薦"에 대해서는 "음이 천이다.[音荐.]"라고 했고, 『광아』「석수」의 「주」에 박(薄)과 가(佳)의 반절음이라 했으며, 명의 진사원이 찬한 『논어류고』「기구고」에 "'䉵'는 음이 부(敷)이고, '薦'는 음이 부(符)이다.[䉵音敷; 薦音符.]"라고 했는데, 『논어류고』의 설이 맞을 듯하나, 여기서는 『방언』의 인용이므로 "薦"의 음을 "천(荐)"으로 했다.

물건을 운반하는 것이다. 남쪽에서는 부(䉢)라 부르고, 북쪽의 사람들은 벌(筏)이라 불렀다."라고 했다. 『초사장구』 왕일의 「주」에 "초나라 사람들은 부(泭)라 했고, 진(秦)나라 사람들은 벌(橃)이라 했다."라고 했으니, "벌(筏)"과 "벌(𦨈)"과 "벌(橃)"은 모두 같은 뜻이다. 「주남석문」에는 곽박(郭璞)의 「모시음의(毛詩音義)」를 인용하면서 "나무로 만든 것을 부(䉢)라 하고, 대나무로 만든 것을 벌(筏)이라 하며, 작은 벌(筏)을 부(泭)라 한다."[98]라고 했는데, 부(泭)가 작은 뗏목이라면 벌(筏)은 큰 뗏목이 되니, 이는 당시의 사람들이 칭하던 것을 근거로 구별한 것이다. 그러나 부(泭)와 벌(筏)은 대문(對文)[99]으로, 크고 작은 차이가 있지만, 산문(散文)[100]일 경우에도 역시 두루 통하는 명칭이다. 그러므로 『방언』과 『광아』에서 다른 명칭들을 장황하게 나열하면서도 분별하지 않은 것이다.

● 「注」, "喜與己俱行."

● 正義曰: 子路親師, 雖相從患難勿恤也. 今見夫子使從浮海, 若夫子獨許己與之俱行, 故聞而喜也.

○ 「주」의 "자기와 함께 가겠다고 한 것을 기뻐한 것이다."

○ 정의에서 말한다.

자로는 스승과 친했으므로 비록 서로 따르며 환난을 함께 겪더라도 근심하지 않았다. 지금 만일 공자가 따라서 바다를 건너게 한다면, 마치 공자가 유독 자기만 선생과 더불어 함께 갈

---

98 『경전석문』 권5, 「모시음의상 · 주남」.

99 대문(對文): 서로를 상대적 개념으로 파악하여 설명하는 문사. 상대적인 개념으로 풀이한다고 할 때에는 대언(對言)이라고도 한다.

100 운율이나 음절의 수 등에 얽매이지 않고 자유롭게 쓴 글. 혼언(混言) 또는 산언(散言)이라고도 한다.

것을 허락한 것 같다고 보았기 때문에 듣고서 기뻐한 것이다.

子曰: "由也好勇過我, 無所取材." 【注】 鄭曰: "子路信夫子欲行, 故言好勇過我. '無所取材'者, 無所取於桴材. 以子路不解微言, 故戲之耳. 一曰: '子路聞孔子欲浮海便喜, 不復顧望, 故孔子歎其勇曰"過我". "無所取哉", 言唯取於己. 古字材·哉同.'"

공자가 말했다. "유는 용맹을 좋아하는 것이 나보다 뛰어나지만 뗏목을 만들 재목을 취할 곳이 없구나." 【주】 정현이 말했다. "자로가 공자가 진짜로 떠나려 한다고 믿었기 때문에 용맹을 좋아하는 것이 나보다 뛰어나다고 한 것이다. '무소취재(無所取材)'란 뗏목을 만들 목재를 취할 곳이 없다는 말이다. 자로가 공자의 깊은 뜻이 담긴 은미(隱微)한 말을 이해하지 못했기 때문에 그를 놀린 것일 뿐이다. 일설에 '자로는 공자가 바다를 건너려 한다는 말을 듣고 대뜸 기뻐하고 다시 깊이 생각지[顧望] 않았기 때문에 공자가 그의 용기에 감탄해서 "나보다 뛰어나다"라고 한 것이다. "무소취재(無所取哉)"란 오직 자기에게서 취할 뿐이라는 말이다.[101] 옛날에는 글자가 재(材)와 재(哉)가 같았다.'라고 하였다."

- 「注」, "子路"至"哉同".
- 正義曰: 「注」用鄭義, 後則『集解』兼存他說也. 『釋文』, "'過我'絶句." 此本鄭氏. 又云: "一讀

101 이는 "過" 자에서 구두를 끊은 것으로 "유는 용맹을 좋아함이 뛰어나니, 내가 인재를 취할 곳이 없구나![由也好勇過, 我無所取材!]"라고 해석했을 때의 내용이다. 자세한 것은 아래 해설에 나온다.

過字絶句." 此『集解』後說.

○ 「주」의 "자로(子路)"부터 "재동(哉同)"까지.

○ 정의에서 말한다.

「주」는 정현의 뜻을 인용한 것이고, 뒷부분은 『논어집해(論語集解)』에 아울러 있는 다른 설들이다. 『경전석문』에 "'과아(過我)'에서 구두를 끊어야 한다."라고 했는데, 이는 정씨(鄭氏)의 설에 근거한 것이다. 또 "한편으로는 과(過) 자에서 구두를 끊어 읽어야 한다."라고 했는데, 이는 『논어집해』의 뒷부분의 설이다.

원문 『說文』, "材, 木梃也." 『周官』「大宰」"五曰材貢", 『史記』「貨殖傳」"山居千章之材", 竝謂木也. 夫子浮於海, 是不得已之思, 其勢必不能行, 子路信爲實然, 則以不解夫子微言故也. "微"者, 『爾雅』「釋詁」云: "匿, 微也." 微者, 隱也, 其義深隱, 則曰"微言", 猶所謂"隱語"也. 子路伉直, 不解微言, 故夫子但言"無所取材爲桴"以戲之, 所以深悟之也.

역문 『설문해자』에 "재(材)는 나무줄기[木梃]이다."[102]라 했고, 『주관』「태재(大宰)」에 "다섯 번째를 재공(材貢)이라 한다."라고 했으며, 『사기』「화식전(貨殖傳)」에 "산에는 천장(千章)의 재목이 있다."[103]라고 했는데, 모두 목재(木材)를 이른다. 공자가 바다를 건너려고 한 것은 부득이한 생각이었으니, 그 형세가 반드시 실행될 수 없는 것이었는데, 자로는 실제로 그렇게 할 것이라고 믿었으니, 이는 공자의 은미한 말을 이해하지 못했기 때문이다.

"미(微)"

102 『설문해자』 권6: 재(㭒)는 나무줄기[木梃]이다. 목(木)으로 구성되었고 재(才)가 발음을 나타낸다. 작(昨)과 재(哉)의 반절음이다.[㭒, 木梃也. 從木才聲. 昨哉切.]

103 천장(千章)의 재목: 장(章)은 큰 재목. 천장의 재목은 많고 큰 재목이라는 뜻.

『이아』「석고」에 "익(匿)은 미(微)이다."라고 했는데, 미(微)란 숨는다[隱]는 뜻이니, 그 뜻이 깊이 숨어 있으면 "미언(微言)"이라고 하는데, 이른바 "은어(隱語)"와 같다. 자로는 굳세고 정직했지만 은미한 말[微言]을 이해하지 못했기 때문에 공자는 다만 "뗏목을 만들 재목을 취할 곳이 없다"라는 말로 놀린 것일 뿐이니, 깊이 깨우쳐 주기 위함이었다.

원문 『爾雅』「釋詁」, "戲, 謔也." 『三國』「吳志 · 薛綜傳」權欲浮海親征公孫淵, 綜諫曰: "昔孔子疾時, 托乘桴之語, 季由是喜, 拒以'無所取才'." 繹其辭義, 亦謂桴材. 作"才"者, 叚借字.

역문 『이아』「석고」에 "희(戲)는 놀림[謔]이다."라고 했다. 『삼국지(三國志)』「오지(吳志) · 설종전(薛綜傳)」에 손권(孫權)이 바다를 건너 친히 공손연(公孫淵)을 정벌하려 하자, 설종(薛綜)이 간하기를 "옛날 공자가 아플 때 뗏목을 타고 바다를 건너겠다는 말을 가탁(假託)했었는데, 자로[季由]가 이를 기뻐하자 '뗏목을 만들 재목을 취할 곳이 없다[無所取才]'라는 말로 제지했습니다."라고 했는데, 그 말의 뜻을 연역해 보면 역시 뗏목을 만들 재목[桴材]을 이른다. "재(才)"로 되어 있는 것은 가차(叚借)한 글자이다.

원문 "一曰"云云, 以"過"爲好勇太過我. "無所取材", 爲但以由從, 不復取他人哉, 言必不能也. 云"古字材哉同"者, 馮氏登府『異文考證』"哉字從才, 才與哉通." 崔瑗『張平子碑』, "往才汝諧." 邢昺『爾雅』「疏」, "哉, 古文才."

역문 "일설에는"이라고 운운한 것.

"과(過)" 자를 가지고 용맹을 좋아함이 나보다 훨씬 더 뛰어나다는 뜻으로 삼았다. "무소취재(無所取材)"란, 다만 유로 하여금 따르게 할 뿐, 다시 다른 사람을 취하지 않는다는 뜻이 되니, 반드시 할 수 없다는 말이다.

"옛날에는 글자가 재(材)와 재(哉)가 같았다."

풍등부의 『논어이문고증』에 "재(哉) 자는 재(才)로 구성되었는데, 재(才)는 재(哉) 자와 통용된다." 했고, 최원(崔瑗)[104]의 『장평자비(張平子碑)』에 "네가 가서 잘 처리하라.[往才汝諧.]"[105]라고 했으며, 형병의 『이아』「소」에는 "재(哉)는 재(才)의 고문이다."라고 했다.

5-8

孟武伯問, "子路仁乎?" 子曰: "不知也." 【注】 孔曰: "仁道至大, 不可全名也." 又問, 子曰: "由也, 千乘之國, 可使治其賦也, 不知其仁也." 【注】 孔曰: "'賦', 兵賦."

맹무백(孟武伯)이 물었다. "자로는 인합니까?" 공자가 말했다. "모르겠습니다." 【주】 공안국이 말했다. "인(仁)의 도(道)는 지극히 크기 때문에, 완전하게 명명(命名)할 수 없다." 또 묻자, 공자가 말했다. "유는 천승(千乘)의 나라에 군부(軍賦)를 다스리게 할 수는 있지만, 그가 인한지

---

104 최원(崔瑗, 78~143): 후한 탁군(涿郡) 안평(安平) 사람이다. 자는 자옥(子玉)이다. 어릴 때 아버지를 잃었지만 학문에 뜻을 두고 매진하여 가규(賈逵)에게 배워 천문역산(天文曆算)에 정통했다. 경방(京房)의 『역전(易傳)』에도 밝았다. 마융(馬融), 장형(張衡)과 절친했다. 저서에 『초서세(草書勢)』가 있다.

105 『서경』「우서(虞書) · 순전(舜典)」에 순(舜)이 수(垂)에게 관직을 맡길 때 먼저 "누가 나의 백공의 일을 순히 다스리겠는가?[疇若予工?]"라 하고 끝에 "가서 네 직책을 조화롭게 수행하라.[往哉汝諧.]" 하고, 익(益)에게 관직을 맡길 때는 먼저 "누가 나의 산택의 초목과 조수를 순히 다스리겠는가?[疇若予上下草木鳥獸?]"라 하고 끝에 "가서 네 직책을 조화롭게 수행하라.[往哉汝諧.]"라고 했는데, 이 "往哉汝諧"를 『장평자비(張平子碑)』에서는 "往才汝諧"로 썼다는 말이다.

는 모르겠습니다." 【주】 공안국이 말했다. "'부(賦)'는 병부(兵賦)이다."

원문 正義曰: 『史記』「弟子傳」作"季康子問", 當出『古論』. 『釋文』, "賦, 梁武帝云: '『魯論』作傳.'" 陳氏鱣『古訓』曰: "賦, 傅同音, 故『魯論』借用." 『大戴禮』「衛將軍文子篇」子貢歷言仲由·冉有·公西赤之行, 文子以爲一諸侯之相. 與此章所論相合.

역문 정의에서 말한다.

『사기』「중니제자열전」에는 "계강자(季康子)가 물었다."라고 되어 있는데, 당연히 『고논어(古論語)』에서 나온 것이다. 『경전석문』에 "부(賦)에 대해서 양 무제(梁武帝)는 '『노논어(魯論語)』에는 부(傅)로 되어 있다.'라고 했다."[106]라고 했다. 진전(陳鱣)의 『논어고훈(論語古訓)』에 "부(賦)는 부(傅)와 음이 같기 때문에 『노논어』에서 차용(借用)한 것이다."라고 했다. 『대대례』「위장군문자」에 자공이 중유(仲由)와 염유(冉有)와 공서적(公西赤)의 행실을 낱낱이 언급하자 위(衛)나라의 장군인 문자(文子)가 한 제후(諸侯)의 재상이 될 만하다고 여겼으니, 이 장에서 논한 것과 서로 일치한다.

원문 程氏瑤田『論學小記』, "夫仁, 至重而至難者也. 故曰'仁以爲己任, 任之重也; 死而後已, 道之遠也'. 如自以爲及, 是未死而先已, 聖人之所不許也. 故曰'回也, 其心三月不違仁', '吾見其進也, 未見其止也.' 言夫行恕以終其身, 死而後已, 不自以爲及者也. 故有問人之仁於夫子者, 則皆曰'未

106 『경전석문』 권24, 「논어음의 · 공야장제5」에는 "梁武云: '『魯論』作傳.'"이라 하여 "帝" 자가 없다.

知', 蓋曰'吾未知其及焉否'也."

역문 정요전의 『논학소기(論學小記)』에 "인이란 지극히 중(重)하면서도 지극히 어려운 것이다. 그러므로 '인을 자기의 임무로 삼으니 임무가 무거운 것이며, 죽은 뒤에야 끝나니 길이 먼 것이다.'[107]라고 한 것이다. 만일 스스로 인에 이르렀다고 여긴다면 이는 아직 죽지도 않았는데 먼저 끝낸 것이니, 성인이 허락하지 않는 것이다. 그러므로 '안회(顔回)는 그 마음이 석 달 동안 인에서 떠나지 않았다.'[108]라고 했으며, '나는 그가 진보하는 것은 보았지만, 그가 중지하는 것은 보지 못했다'[109]라고 했으니, 서(恕)를 행하여 그 몸을 마쳐 죽은 뒤에야 끝났으니 스스로 인에 이른 사람이라고 여기지 않았다는 말이다. 그러므로 남의 인에 대하여 공자에게 질문이 있는 자에게는 모두 '아직 모르겠다.'라고 말했으니, 대체로 '나는 아직 그가 인에 이르렀는지 아닌지 모르겠다.'라는 말이다."라고 했다.

- 「注」, "'賦', 兵賦."
- 正義曰: 鄭「注」, "賦, 軍賦." 此孔所襲. 『說文』, "賦, 斂也." 顔師古『漢書』「地理志」「注」, "賦者, 發斂土地所生之物, 以供天子也." 胡氏渭『禹貢錐指』, "周時軍旅之征謂之賦. 『周禮』「大司馬」「注」, '賦, 給軍用者也.' 「小司徒」「注」曰: '賦謂出車徒給繇役也.' 『左傳』曰: '天子之老請帥王賦.' 又曰'悉索敝賦', 又曰'韓賦七邑', 又曰'魯賦八百乘, 邾賦六百乘'. 又曰'鄫無

---

107 『논어』「태백」: 선비는 뜻이 크고 의지가 굳세지 않으면 안 되니, 임무가 무겁고 길이 멀기 때문이다. 인을 자기의 임무로 삼으니 또한 막중하지 않은가? 죽은 뒤에야 끝나니 또한 멀지 않은가?[士不可以不弘毅, 任重而道遠. 仁以爲己任, 不亦重乎? 死而後已, 不亦遠乎?]

108 『논어』「옹야」.

109 『논어』「자한(子罕)」.

賦於司馬', 其所謂賦者, 軍賦也."

○ 「주」의 "부(賦)는 병부(兵賦)이다."

○ 정의에서 말한다.

정현의 「주」에 "부(賦)는 군부(軍賦)이다."라고 했는데, 이는 공안국을 그대로 따른 것이다. 『설문해자』에 "부(賦)는 거두어들인다[斂]는 뜻이다."[110]라고 했다. 안사고의 『전한서』「지리지」의 「주」에 "부(賦)란 토지에서 생산되는 물건을 징발하고 거두어들여 천자에게 바치는 것이다."라고 했다. 호위(胡渭)[111]의 『우공추지(禹貢錐指)』에 "주나라시대에는 군대의 세금[征]을 부(賦)라 했다. 『주례』「대사마(大司馬)」의 「주」에 '부(賦)는 군수용품을 공급하는 자이다.'[112]라 했고, 「소사도(小司徒)」의 「주」에서는 '부(賦)는 전차와 보병을 공출하고 요역(繇役)을 공급한다는 말이다.'[113]라고 했다. 『춘추좌씨전』에 '천자의 경사(卿士: 老)인 내가 왕의 군대를 거느린다.'[114]라고 했고, 또 '우리 나라의 군대를 다 동원했다.[悉索敝賦]'[115]라고 했으며, 또 '한씨(韓氏)가 군부를 징수(徵收)하는 일곱 성읍(城邑)'[116]이라 했고, 또 '노나라의 군부는 8백 승(乘)이고, 주(邾)나라의 군부는 6백 승이다.'[117]라고 했으며, 또 '증(鄫)나라

---

110 『설문해자』 권6: 부(賦)는 거두어들인다[斂]는 뜻이다. 패(貝)로 구성되었고 무(武)가 발음을 나타낸다. 방(方)과 우(遇)의 반절음이다.[賦, 斂也. 從貝武聲. 方遇切.]

111 호위(胡渭, 1633~1714): 청나라 절강(浙江) 덕청(德淸) 사람. 초명은 연생(渭生)이고, 자는 굴명(朏明)이며, 호는 동초(東樵)이다. 태학에 들어가 공부했지만 과거를 단념하고 학문에 전념했다. 경학 연구에 진력했는데, 특히 지리고증(地理考證)에 정밀했다. 일찍이 염약거(閻若璩), 고조우(顧祖禹), 황의(黃儀) 등과 함께 서건학(徐乾學)을 도와 『대청일통지(大淸一統志)』를 편수했다. 저서에 『우공추지(禹貢錐指)』와 『역도명변(易圖明辨)』, 『홍범정론(洪範正論)』, 『대학익진(大學翼眞)』, 『주역규방(周易揆方)』 등이 있다. 『역도명변』은 송유(宋儒)가 말한 하도낙서(河圖洛書)가 거짓임을 밝힌 책이고, 『우공추지』는 전인(前人)들이 지리상으로 소홀했거나 틀린 부분을 바로잡은 책이다.

112 『주례주소』 권29, 「하관사마상(夏官司馬上) · 대사마(大司馬)」 정현의 「주」.

113 『주례주소』 권11, 「지관사도상(地官司徒上) · 소사도(小司徒)」 정현의 「주」. 『논어정의』에는 "小司馬"로 되어 있다. 『주례주소』를 근거로 고쳤다.

114 『춘추좌씨전』「소공」 13년.

115 『춘추좌씨전』「양공」 8년.

116 『춘추좌씨전』「소공」 5년.

는 진(晉)나라 사마(司馬)에게 납부하는 군부가 없다.'라고 했으니, 이른바 부(賦)라는 것은 군부이다."라고 했다.

"求也何如?" 子曰: "求也, 千室之邑, 百乘之家, 可使爲之宰也, 不知其仁也." 【注】 孔曰: "'千室之邑', 卿大夫之邑. 卿大夫稱家. 諸侯千乘. 大夫百乘. '宰', 家臣."

"구(求)는 어떻습니까?" 공자가 말했다. "구는 천 실(千室)의 읍(邑)과 백승(百乘)의 집안에 가신(家臣)이 되게 할 수는 있지만, 그가 인한지는 모르겠습니다." 【주】 '천 실의 읍'은 경대부(卿大夫)의 읍이다. 경대부를 가(家)라 칭한다. 제후는 천승이고, 대부(大夫)는 백승이다. '재(宰)'는 가신이다.

원문 正義曰: 武伯更問"求·赤於仁何如?" 夫子直告以二子之才, 不俟再問也. "千室之邑"者, 『說文』, "室, 實也. 從宀從至, 至所止也." "邑, 國也. 從口. 先王之制, 尊卑有大小, 從卪." "宰"者, 『公羊』「隱」元年「傳」, "宰者何? 官也." 古凡大小官多稱宰, 如塚宰·大宰·膳宰·宰夫·宰胥·宰旅及邑長家臣, 皆名宰也. 『左』「隱」元年「疏」引鄭注『論語』云: "公大都之城, 方三里." 臧·宋輯本列之此文之下, 考『左傳』云: "凡邑有宗廟先君之主曰都." 又云: "先王之制, 大都不過參國之一." 鄭以國爲上公之國. 『周官』「典命」, "公九命, 其國家宮室·車旗·衣服·禮儀皆以九爲節." 鄭「注」

117 『춘추좌씨전』「애공」 7년.

云:"公城蓋方九里." 是大都三國之一, 則爲三里矣. 就鄭君殘「注」繹之, 千室之邑謂公邑.

역문 정의에서 말한다.

맹무백이 "염구와 공서적이 인에 대하여 어떠합니까?"라고 재차 질문을 하자, 공자가 곧바로 두 사람의 재능을 일러 주었으니, 다시 질문하기를 기다리지 않은 것이다.

"천 실의 읍"

『설문해자』에 "실(室)은 가득 찼다[實]는 뜻이다. 면(宀)과 지(至)로 구성되었다. 지(至)는 머무는 곳이다."[118]라고 했고, "읍(邑)은 나라[國]이다. 위(囗)로 구성되었다. 선왕의 제도는 지위가 높고 낮음에 크고 작음의 차이가 있다. 절(卪)로 구성되었다."[119]라고 했다.

"재(宰)"

『춘추공양전(春秋公羊傳)』「은공(隱公)」 원년의 「전」에 "재(宰)는 무엇인가? 관직[官]이다."라고 했는데, 옛날에는 모든 크고 작은 관직을 재(宰)라고 일컫는 경우가 많았으니, 예를 들면 총재(冢宰)·태재(大宰)·선재(膳宰)·재부(宰夫)·재서(宰胥)·재려(宰旅) 및 읍의 장로와 가신을 모두 재(宰)라 명명했다. 『춘추좌씨전』「은공(隱公)」 원년의 「소」에는 정현이 『논어』를 주석하면서 "공(公)의 큰 도읍의 성은 사방 3리이다."라고 한 것을 인용했고, 장용과 송상봉의 집본(輯本)에는 이 문장의 아래에다

118 『설문해자』 권7: 실(㝁)은 가득 찼다[實]는 뜻이다. 면(宀)과 지(至)로 구성되었다. 지(至)는 머무는 곳이다. 식(式)과 질(質)의 반절음이다.[㝁, 實也. 從宀從至. 至, 所止也. 式質切.]

119 『설문해자』 권7: 읍(邑)은 나라[國]이다. 위(囗)로 구성되었다. 선왕의 제도는 지위가 높고 낮음에 크고 작음의 차이가 있다. 절(卪)로 구성되었다. 모든 읍(邑)부에 속하는 한자는 다 읍(邑)의 뜻을 따른다. 어(於)와 급(汲)의 반절음이다.[邑, 國也. 從囗. 先王之制, 尊卑有大小, 從卪. 凡邑之屬皆從邑. 於汲切.]

열거해 놓았는데, 『춘추좌씨전』을 살펴보면 "종묘와 선군(先君)의 신주가 있는 읍(邑)을 '도(都)'라 한다."라고 했으며, 또 "선왕의 제도에 큰 도읍의 성은 국도의 1/3을 넘지 못한다."라고 했으니, 정현은 나라[國]를 상공(上公)의 나라로 여긴 것이다. 『주관』「전명(典命)」에 "상공[120]은 9명(九命)으로 임명하는데, 그 국가(國家)의 궁실과 수레와 국기, 의복과 예의를 모두 9명으로써 절도를 삼는다."[121]라고 했는데, 정현의 「주」에 "공(公)의 성(城)은 대체로 사방 9리(里)이다."라고 했으니, 여기서 큰 도읍의 성이 국도의 1/3이라면 사방 3리가 되는 것이다. 정군이 남긴 「주」에 따라서 연역해 보면 천 실의 읍이란 공의 읍을 이른다.

원문 凌氏曙『四書典故覈』云: "『周官』之制, 天子自六鄕以外, 分六遂·家稍·小都·大都. 其餘之地, 制爲公邑, 使大夫治之. 在二百里·三百里, 以上大夫如州長, 在四百里·五百里, 以下大夫如縣正: 皆屬於遂人. 「載師」'以公邑之田任甸地', 擧甸以該稍·縣·畺也. 鄕·遂之民, 以七萬五千家爲定, 其餘夫皆受田於公邑. 故遂人授民夫以廛, 田百畝, 萊五十畝, 餘夫亦如之. 餘夫所受, 公邑之萊也. 「太宰」'九賦', 邦甸·家稍·都鄙之賦皆公邑所出. 諸侯之國亦然. 以魯言之, 三鄕三遂之外, 除大夫之采邑, 皆公邑. 孔子爲中都宰, 子夏爲莒父宰, 子賤爲單父宰, 子游爲武城宰, 皆公邑也. 惟費宰爲季氏邑, 成宰爲孟氏邑, 郈宰爲叔孫氏邑, 非公邑耳. 王畿之地, 鄕·遂以家計, 公邑蓋以里計. 諸侯之地, 皆以家計. 故春秋之世, 動

---

120 『주례』「춘관종백상(春官宗伯上)·전명(典命)」에 "上公"으로 되어 있으므로 『주례』를 근거로 해석했다. 상공(上公)은 왕의 삼공(三公)으로 덕이 있는 이이며, 국가를 둔 자로서, 9백 리의 땅을 두었다.

121 『주례』「춘관종백상·전명」.

云書社幾百, 蓋二十五家爲社, 可知邑之大小, 皆論室之多少也.『周禮』, ‘四井爲邑, 四邑爲丘, 四丘爲甸, 四甸爲縣, 四縣爲都.’ 鄭「注」, ‘甸方八里, 旁加一里治洫, 則方十里爲一成. "四甸爲縣", 方二十里.’ 縣二百五十六井, 二千三百四十夫之地. 以鄭意推「司馬法」算之, 宮室·塗巷, 三分去一, 通不易, 一易, 再易計之, 爲一室受二夫之田, 實一縣受田出稅人爲七百六十九夫, 又旁加一里, 內受田治洫人四百三十一夫, 共千二百夫. 云‘千室之邑’, 擧成數也. 或容有餘夫分授. 杜氏注『左傳』‘築郿’曰: ‘"四縣爲都, 四井爲邑." 然宗廟所在, 則雖邑曰"都", 尊之也.’ 孔「疏」引『釋例』曰: ‘邑有先君宗廟, 雖小曰"都", 都而無廟, 固宜稱城.’ 案, 此則自井以上至縣, 凡有城皆稱邑. 至四縣爲都, 乃稱都, 故云‘千室之邑’. 其宰則如『周禮』之縣正也."

역문 능서의 『사서전고핵』에 "『주관』의 제도에, 천자는 6향(六鄕) 밖을 6수(六遂)·가초(家稍)·소도(小都)·대도(大都)로 나누고. 그 나머지 땅은 공읍(公邑)으로 제정해서 대부로 하여금 다스리게 한다. 2백 리·3백 리 이내에 있는 것은 상대부가 다스리는데 주장(州長)과 같고, 4백 리·5백 리 이외에 있는 것은 하대부가 다스리는데 현정(縣正)과 같고, 모두 수인(遂人)에 소속된다. 『주례』「재사(載師)」에 ‘공읍(公邑)의 전지(田地)는 전지(甸地)에서 경영하도록 한다.’라고 했는데, 이는 전지(甸地)를 거론함으로써 초지(稍地)·현지(縣地)·강지(畺地)를 포함해서 말한 것이다.[122] 6향과 6수의 백성은 각각 75,000가구로 정하는데 그 여부(餘夫)는 모두 공읍에

122 『주례』「지관사도하·재사(載師)」: 공읍(公邑)의 전지(田地)는 전지(甸地)에서 경영하게 하고 가읍(家邑)의 전지는 초지(稍地)에서 경영하게 하며, 소도(小都)의 전지는 현지(縣地)에서 경영하게 하고 대도(大都)의 전지는 강지(畺地)에서 경영하게 한다.[以公邑之田, 任甸地; 以家邑之田, 任稍地; 以小都之田, 任縣地; 以大都之田, 任畺地.]

서 전지를 받는다. 따라서 6수의 사람들에게는 민부(民夫)에게 전리(廛里)를 주는데, 전지(田地) 100무(畝)와 내전(萊田) 50무를 주고, 여부 역시 이와 같다. 여부가 받는 것은 공읍의 내전이다. 『주례』「천관총재상(天官冢宰上)·태재(太宰)」의 '9부(九賦)'[123]인 방전(邦甸)·가초·도비(都鄙)의 세금은 모두 공읍에서 나오는 것이다. 노나라의 입장에서 말한다면 3향(三鄕)과 3수(三遂) 외에 대부의 채읍(采邑)을 제외하면 모두 공읍이다. 공자가 중도재(中都宰)가 된 것과 자하(子夏)가 거보재(莒父宰)가 된 것, 자천이 선보재(單父宰)가 된 것과 자유가 무성(武城)의 읍재(邑宰)가 된 것은 모두 공읍에서 있었던 일이다. 다만 비재(費宰)는 계씨의 읍이고, 성재(成宰)는 맹씨의 읍이며, 후재(郈宰)는 숙손씨의 읍으로 공읍이 아닐 따름이다. 왕기(王畿)의 토지는, 6향과 6수는 가구의 수로 계산을 하고 공읍은 대체로 이(里) 단위로 계산을 한다. 제후의 토지는 모두 가구의 수로 계산한다. 그러므로 춘추시대에는 걸핏하면 사(社)를 기록한 것이 몇백이라고 운운하는데, 대체로 25가(家)가 1사(社)가 되니, 읍(邑)의 크고 작음은 모두 실(室)의 많고 적음을 논한 것임을 알 수 있다. 『주례』에 '4정(四井)이 1읍(邑)이 되고, 4읍이 1구(丘)가 되며, 4구가 1전(甸)이 되고, 4전이 1현(縣)이 되며, 4현이 1도(都)가 된다.'[124]라고 했는데, 정현의 「주」에 '전(甸)은 사방 8리인데 양 옆에 1리씩 덧붙여 밭 사이 도랑[洫]을 만드니, 그렇다면 사방 10리가 1성(成)이 된다. "4전이 1현이 된다"라고 했으니, 사방 20리이다.'[125]라고 했다. 1현(縣)은 256정(井)이고, 2,340부(夫)의 땅이다. 정현의 생각대로 「사마법」을 추측해서 계산해 보면, 궁실(宮室)과

---

123 9가지 세금.

124 『주례』「지관사도상(地管司徒上)·소사도(小司徒)」.

125 『주례주소』 권11, 「지관사도상·소사도」 정현의 「주」.

도항(塗巷)의 1/3을 제외하고, 매년 경작할 수 있는 땅[不易]과, 1년 간격으로 윤작[一易]하는 땅, 2년 간격으로 윤작[再易]하는 땅을 통계를 내어 1실(一室)로 삼고 2부(二夫)의 전지(田地)를 받으니, 실제로 1현에서 전지를 받아 세금을 내는 사람은 769부가 되고, 또 양 옆에 1리씩 덧붙이니, 안으로 전지를 받고 밭 사이 도랑을 만드는 사람이 431부이니, 모두 1,200부이다. '천 실의 읍'이란 성수(成數)[126]를 든 것이다. 혹 여부에게 나누어 주는 것도 있다. 두예는 『춘추좌씨전』의 '미(郿)읍에 성을 쌓았다.'[127]라고 한 기사를 주석하면서 '(『주례』「지관사도상(地管司徒上) · 소사도」에) "4현이 1도가 되고, 4정이 1읍이 된다."라고 하였다. 그러나 종묘가 있는 곳은 비록 읍이라도 "도"라고 하니, 이는 종묘 때문에 높여 칭하는 것이다.'[128]라고 했고, 공영달(孔穎達)의 「소」에서는 『춘추석례(春秋釋例)』를 인용해서 '읍에는 선군의 종묘가 있으니, 비록 작더라도 "도"라 하고, 도라고 할지라도 종묘가 없으면 진실로 성(城)이라 칭함이 옳다.'[129]라고 했다. 살펴보니, 이는 정으로부터 올라가 현에 이르기까지 성이 있으면 모두 읍이라 칭했다는 것이다. 4현에 이르러 1도가 되어야 이에 도라 칭했기 때문에, '천 실의 읍'이라고 한 것이다. 그곳의 읍재[宰]는 『주례』의 현정(縣正)과 같다."라고 했다.

원문 鄭此「注」又云: "大夫之家, 邑有百乘, 采地, 一同之廣輪也." 案, 『大學』云: "百乘之家". 鄭「注」, "有采地者也." 「坊記」云: "家富不過百乘." 兩「疏」

---

126 성수(成數): 정수(整數) 또는 자연수(自然數)와 같은 말로, 십(十), 이백(二百), 삼천(三千), 사만(四萬) 등의 수를 이른다.

127 『춘추좌씨전』「장공(莊公)」 28년.

128 『춘추좌전주소(春秋左傳注疏)』 권9, 「장공(莊公)」 28년 두예(杜預)의 「주」.

129 『춘추좌전주소』 권9, 「장공」 28년과 권56, 「정공(定公)」 15년 공영달의 「소」에 보인다.

以爲皆卿采邑, 凡卿亦稱大夫, 故鄭君此「注」及「雜記」「注」竝言大夫有百乘也. 「坊記」「疏」以爲百里正一同之制. 「司馬法」, “六尺爲步, 步百爲畝, 畝百爲夫, 夫三爲屋, 屋三爲井. 井十爲通, 通爲匹馬三十家, 士一人, 徒二人. 通十爲成, 成百井, 三百家, 革車一乘, 士十人, 徒二十人. 十成爲終, 終千井, 三千家, 革車十乘, 士百人, 徒二百人. 十終爲同, 同方百里, 萬井, 三萬家, 革車百乘, 士千人, 徒二千人.” 此「司馬法」, 鄭君引以注「小司徒」, 知此采地一同亦其制也. 賈公彦「小司徒」「疏」云: “謂之爲同者, 取象雷震百里所聞同.” 是“同”方百里之義也. “廣輪”猶言廣長, 凡輪皆直行, 此據開方法言之.

역문 정현은 여기에 대한 「주」에서 또 “대부의 집안[家]은 읍(邑)에 백승이 있고, 채지(采地)는 넓이가 사방 1백 리[一同][130]이다.”라고 했다. 살펴보니, 『대학(大學)』에 “백승의 집안”이라고 했는데, 정현의 「주」에 “(백승의 집안은) 채지를 가진 자이다.”[131]라고 했다. 『예기』「방기(坊記)」에 “대부 집안[家]의 부(富)는 백승을 넘지 못한다.”라고 했는데, 『예기』「대학(大學)」과 「방기」 두 곳의 「소」에서는 모두 경(卿)의 채읍(采邑)이라고 보았으니, 모든 경은 또 대부라고도 칭했기 때문에 정군이 여기에 대한 「주」와 『예기』「잡기(雜記)」의 「주」에서 모두 대부가 백승을 소유한다고 한 것이다. 「방기」의 「소」에는 1백 리(里)를 사방 1백 리[一同]의 제도라고 보았다. 「사마법」에 “6척(尺)이 1보(步)이고, 1백 보가 1무(畝)이며, 1백 무가 1부(夫)이고, 3부가 1옥(屋)이며, 3옥이 1정(井)이고, 10정이 1통(通)

---

130 일동(一同): 사방 백 리의 땅이라는 뜻이다. 『춘추좌씨전』「양공」 25년에 “천자의 땅은 일기이고, 열국은 일동이다.[天子之地一圻, 列國一同.]”라는 말이 나오는데, 두예의 「주」에 일기(一圻)는 “사방 천 리[方千里]”라고 하였고, 일동(一同)은 “사방 백 리[方百里]”라고 하였다.

131 『예기주소』 권60, 「대학(大學)」 정현의 「주」.

인데, 통은 1필의 말을 내는 30가(家)로서 사(士) 1인(人)과 졸도(卒徒) 2인을 낸다. 10통이 1성(成)이니, 1성은 1백 정이고 3백 가로서 혁거(革車) 1승과 사 10인과 졸도 20인을 낸다. 10성이 1종(終)인데, 1종은 1천 정이고 3천 가로서, 혁거 10승과 사 1백 인, 졸도 2백 인을 낸다. 10종이 1동인데, 1동은 사방 1백 리이고, 1만 정에 3만 가로서 혁거 1백 승과 사 1천 인과 졸도 2천 인을 둔다."라고 했다. 이 「사마법」을 정군이 인용해서 『주례』「소사도」를 주석했으니, 여기의 채지 사방 1백 리[一同] 역시 그 제도임을 알 수 있다. 가공언의 『주례』「소사도」의 「소」에 "그것을 동(同)이라고 하는 까닭은 우레가 1백 리까지 터져 나와 들리는 것이 똑같음을 형상화했기 때문이다."라고 했으니, 이때의 "동(同)"은 사방 1백 리라는 뜻이다. "광륜(廣輪)"은 너비와 길이[廣長]라는 말과 같은데, 무릇 바퀴[輪]는 모두 곧게 가기 때문이니, 이는 개방법(開方法)을 근거로 한 말이다.

● 「注」, "'千室之邑', 卿大夫之邑."

● 正義曰: 「注」以"千室之邑"爲卿大夫采邑, 不爲公邑, 與鄭氏異, 則似冉有只能仕於私家, 於義未能備也. 皇「疏」云: "舊說五等之臣, 其采地亦爲三等, 各依其君國十分爲之. 上公地方五百里, 其臣大采方五十里, 中采方二十五里, 小采方十二里半. 侯方四百里, 其臣大采方四十里, 中采方二十里, 小采方十里. 伯方三百里, 其臣大采方三十里, 中采方十五里, 小采方七里半. 子方二百里, 其臣大采方二十里, 中采方十里, 小采方五里. 男方百里, 其臣大采方十里, 中方五里, 小采方二里半. 凡制地方一里爲井, 井有三家, 若方二里半, 有方一里者六, 又方半里者一, 則合十八家有餘, 故『論語』云'十室之邑'也. 其中大小各隨其君, 故或有三百戶, 是方十里者一, 或有千室, 是方十里者三有餘也."

○ 「주」의 "'천 실의 읍'은 경대부의 읍이다."

○ 정의에서 말한다.

「주」에는 "천 실의 읍"을 경대부의 채읍이라 하고, 공읍이라고 하지 않았으니, 정씨의 설과는 다르다. 그렇다면 염유는 단지 사가(私家)에서나 벼슬할 수 있을 뿐인 듯하니, 의미가 제대로 갖추어지지 않는다. 황간의 「소」에 "구설(舊說)에, 다섯 등급의 신하는 그 채지도 역시 세 등급인데, 각각 그 군주국을 기준으로 10으로 나눈다. 상공(上公)은 채지가 사방 5백 리인데, 그 신하들은 대채(大采)가 사방 50리, 중채(中采)는 사방 25리, 소채(小采)는 사방 12리 반(半)이다. 후작은 사방 4백 리인데, 그 신하들은 대채가 사방 40리, 중채는 사방 20리, 소채는 사방 10리이다. 백작은 사방 3백 리인데, 그 신하들은 대채가 사방 30리, 중채는 사방 15리, 소채는 7리 반이다. 자작은 사방 2백 리인데, 그 신하들은 대채가 사방 20리, 중채는 사방 10리, 소채는 사방 5리이다. 남작은 사방 1백 리인데, 그 신하들은 대채가 사방 10리, 중채는 사방 5리, 소채는 사방 2리 반이다. 무릇 땅의 제도를 제정할 때 사방 1리가 1정이 되고, 1정에는 3가가 있으니, 사방 2리 반으로 말할 것 같으면 사방 1리 되는 것이 여섯, 그리고 사방 반 리 되는 것이 하나가 있으니, 그렇다면 합해서 18가 남짓 있으므로 『논어』에서 '10실(十室)의 읍(邑)'이라고 한 것이다. 그 가운데 크고 작은 것은 각각 그 군주를 따라서 정하기 때문에 혹 3백 호가 있기도 하니, 이는 사방 10리 되는 것이 하나인 것이고, 혹은 천 실이 있기도 한데, 이는 사방 10리 되는 것이 세 개 남짓인 것이다."[132]라고 했다.

"赤也何如?" 子曰: "赤也, 束帶立於朝, 可使與賓客言也, 不知其仁也. 【注】 馬曰: "赤, 弟子公西華. 有容儀, 可使爲行人."

"적(赤)은 어떠합니까?" 공자가 말했다. "적은 띠를 매고 조정에 서서 빈객(賓客)과 함께 외교의 일을 이야기하게 할 만하지만, 그가 인한지는 모르겠습니다." 【주】 마융이 말했다. "적은 제자 공서화(公西華)이다. 예에 맞는 용모와 예에 맞는 행동거지가 있어서 사신[行人]으로 삼을 만했다.

132 『논어집해의소』 권3, 「논어공야장제5」 황간의 「소」.

원문 正義曰: 『說文』, "束, 縛也." 『釋名』「釋言語」, "束, 促也, 相促近也." "帶", 系繚於要, 所在整束其衣, 故曰"束帶". 『釋名』「釋衣服」, "帶, 蔕也. 著於衣, 如物之繫蔕也." 『漢孫根碑』, "束鞶立朝", 本此文, 當爲『齊』·『古』之異. 鞶者, 革帶. 段氏玉裁『說文注』云: "古有大帶, 有革帶. 革帶以繫佩韍, 而後加之大帶, 則革帶統於大帶, 故許於鞶曰大帶也." 戴氏清『四書典故考辨』, "凡冕服皆素帶, 而爵弁·皮弁·朝服玄端皆緇帶. 爲擯相者, 當服皮弁, 所謂束帶與賓客言者, 乃緇帶也."

역문 정의에서 말한다.

『설문해자』에 "속(束)은 묶는다[縛]는 뜻이다."[133]라고 했고, 『석명(釋名)』「석언어(釋言語)」에 "속(束)은 다가온다[促]는 뜻이니 서로 가깝게 다가온다는 말이다."라고 했다. "대(帶)"는 허리에 매어서 두르는 것이니, 그 옷을 단정하게 묶는 것이기 때문에 "띠를 묶는다[束帶]"라고 한 것이다. 『석명』「석의복(釋衣服)」에 "대(帶)는 패옥을 다는 큰 가죽[蔕]이다. 옷에 부착하면 마치 물건을 매어서 꼭지를 튼 것과 같다."라고 했다. 『한손근비(漢孫根碑)』에 "띠를 묶고 조정에 섰다"라고 했는데, 『논어』의 이 문장에서 근거한 것으로, 당연히 『제논어(齊論語)』·『고논어』와는 차이가 난다. 반(鞶)은 혁대(革帶)이다. 단옥재의 『설문해자주』에 "옛날에는 대대(大帶)가 있고 혁대(革帶)가 있었는데, 혁대로 폐슬(蔽膝)을 차고 그런 뒤에 대대를 덧대니, 혁대는 대대에 통합되기 때문에 허신(許愼)이 반을 대대라고 한 것이다."라고 했다. 대청(戴淸)[134]의 『사서전고고변(四書典故

---

133 『설문해자』 권6: 속(束)은 동여매다[縛]라는 뜻이다. 구(囗)와 목(木)으로 구성되었다. 모든 속(束)부에 속하는 글자는 다 속(束)의 뜻을 따른다. 서(書)와 옥(玉)의 반절음이다.[束, 縛也. 從囗木. 凡束之屬皆從束. 書玉切.]

134 대청(戴淸, 1762~1827): 청나라 강소(江蘇) 의징(儀徵) 사람. 자는 정재(靜齋)이다. 자료를 채록하는 일에 전념했고, 자료의 차이점이나 의문점 등을 규명하는 데 노력했다. 저서에 『사

考辨)』에 "모든 면복(冕服)[135]에는 다 소대(素帶)를 두르고, 작변(爵弁)과 피변(皮弁), 조복(朝服)과 현단복(玄端服)에는 모두 치대(緇帶)를 두른다. 빈상(擯相)[136]이 된 자는 마땅히 복을 입고 피변을 하니, 이른바 '띠를 두르고 빈객과 함께 이야기한다'라는 것은 바로 치대인 것이다."라고 했다.

원문 "立於朝"者, 立與位同. 『爾雅』「釋宮」, "中庭之左右謂之位." 『左氏傳』 "有位於朝", 卽立於朝也. 禮行聘於廟, 朝會·燕饗則於廟, 或於朝, 或於寢, 此祇言朝者, 亦擧一以晐耳. 凌氏曙『四書典故覈』, "其立位則接客時, 陳擯於大門外, 上擯近君, 門東, 西面, 旣入廟門, 擯者負東塾東上立, 則在中庭. 至授玉時, 上擯進阼階之西, 釋辭於賓, 遂相君拜, 旣受玉, 退負東塾而立." 此但依聘禮言之, 亦擧聘則他禮可推知也.

역문 "입어조(立於朝)"

입(立)은 위(位)와 같다. 『이아』「석궁(釋宮)」에 "중정(中庭)의 좌우를 위(位)라 한다." 했고, 『춘추좌씨전』의 "조정에 자리가 있다."[137]라는 것은 바로 조정에 섰다는 것이다. 예(禮)에 사당에서 빙례(聘禮)를 행하고, 조회와 연향(燕饗)은 사당에서 행하거나 혹은 조묘(朝廟), 혹은 침묘(寢廟)에서 행하기도 하는데, 여기서 다만 조(朝)라고만 말한 것은 역시 한 가지만 들어서 나머지를 겸비한 것일 뿐이다. 능서의 『사서전고핵』에 "자리

서전고고변(四書典故考辨)』과 『군경석지(群經釋地)』, 『경사관견(經史管見)』, 『운변(韻辨)』, 『쌍감초당시문집(雙柑草堂詩文集)』 등이 있다.

135 면복(冕服): 임금이 대례(大禮)나 제례(祭禮)를 행할 때 착용하던 복장으로, 면류관(冕旒冠)과 곤룡포(袞龍袍)를 가리킨다.

136 빈상(擯相): 빈(擯)은 내빈을 인도하는 것이고, 상(相)은 상주를 도와서 손님을 접대하는 것이다.

137 『춘추좌씨전』「소공」 16년.

에 섰다는 것은 손님을 접대할 때, 손님을 맞이하는 자[接賓者]를 대문 밖에 도열시키고, 상빈(上擯)이 임금을 가까이하여 문 동쪽에서 서쪽을 향해 서 있다가, 이미 묘문(廟門)에 들어오면 접빈자(接賓者)는 동숙(東塾)[138]을 등지고 동쪽을 위로 하여 서 있게 되니, 그렇다면 중정에 있는 것이다. 옥을 줄 때에는 상빈이 동쪽 계단[阼階]의 서쪽으로 나아가 손님에게 축사를 풀어 말하고 마침내 임금을 도와 절하고, 옥을 받고 나서는 물러나 동숙을 등지고 선다."라고 했는데, 이는 다만 빙례에 근거해서 말한 것이니, 역시 빙례를 거론했다면 다른 예도 미루어 알 수 있다.

원문 『說文』, "賓, 所敬也. 客, 寄也." 謂他國諸侯及卿大夫也. 凌氏廷堪『禮經釋例』, "案「聘禮」, '及廟門, 幾筵既設, 擯者出請命.' 「注」, '上擯待而出, 請受賓所以來之命, 重停賓也.' 又云: '擯者入告, 出辭玉.' 「注」, '擯者, 上擯也.' 「覲禮」, '侯氏入門右, 坐奠圭, 再拜稽首, 擯者謁.' 「注」, '謁猶告也. 上擯告以天子前辭, 欲親受之, 如賓客也.' 又「聘禮」'擯者出請事', 敖繼公曰: '擯者, 上擯也. 是相大禮皆上擯之事也.'"

역문 『설문해자』에 "빈(賓)은 공경하는 대상[所敬]이다."[139]라고 했고, 또 "객(客)은 위탁한다[寄]는 뜻이다."[140]라고 했으니, 다른 나라의 제후와 경대부를 이른다. 능정감(凌廷堪)의 『예경석례(禮經釋例)』에 "『의례』「빙례(聘禮)」를 살펴보니, '묘문에 이르러, 궤(几)와 연(筵)이 이미 설치되면 접빈

---

138 동숙(東塾): 묘문(廟門) 안의 동쪽 당(堂).

139 『설문해자』 권6: 빈(賓)은 공경하는 대상[所敬]이다. 패(貝)로 구성되었고 빈(㝐)이 발음을 나타낸다. 빈(賔)은 빈(賓)의 고문이다. 필(必)과 인(鄰)의 반절음이다.[賓, 所敬也. 從貝㝐聲. 賔, 古文. 必鄰切.]

140 『설문해자』 권7: 객(客)은 위탁한다[寄]는 뜻이다. 면(宀)으로 구성되었고, 각(各)이 발음을 나타낸다. 고(苦)와 격(格)의 반절음이다.[客, 寄也. 從宀各聲. 苦格切.]

자가 나와서 손님 나라 임금의 명(命)을 청한다.'라고 했는데, 「주」에 '상빈이 기다렸다가 나와서 손님이 가지고 온 명을 청하여 받고, 손님을 정중히 머물게 한다.'[141] 했고, 또 '접빈자가 안으로 들어가 아뢰고 나와서 옥을 가져온 것에 대해 감사의 인사를 한다.'라고 했는데, 「주」에 '접빈자는 상빈이다.'[142]라고 했다. 『의례』「근례(覲禮)」에 '제후가 문의 오른쪽으로 들어와, 앉아서 규(圭)를 바치며 재배하고 머리를 조아리면 접빈자가 고한다[謁].'라고 했는데, 「주」에 '알(謁)은 고(告)와 같다. 상빈이 천자가 앞에서 한 말을 고해 주는 것이니, 이는 친히 받기를 빈객처럼 하고자 해서이다.'[143]라고 했다. 또 「빙례」에 '접빈자가 문밖에 나와 빈객으로 오게 된 일을 묻는다.'라고 했는데, 오계공(敖繼公)[144]은 이에 대해 다음과 같이 말했다. '접빈자는 상빈이다. 여기에서 큰 예를 돕는 것은 모두 상빈의 일이다.'"라고 했다.

원문 據凌氏言, 此"與賓客言", 亦是上擯. 下篇言"宗廟之事, 如會同, 願爲小相"小相於「聘禮」則"承擯·紹擯", 此赤自謙之辭, 故夫子曰: "赤也爲之小, 孰能爲之大?" 明赤能爲上擯也. 又案"與言", 當兼禮辭及無常之辭. 若成

---

141 『의례주소』 권8, 「빙례(聘禮)」 정현의 「주」.

142 『의례주소』 권8, 「빙례」 정현의 「주」.

143 『의례주소』 권10, 「근례(覲禮)」 정현의 「주」.

144 오계공(敖繼公, ?~?): 원나라 복주(福州) 장락(長樂) 사람. 이름을 계옹(繼翁)이라 하기도 한다. 자는 군선(君善) 또는 군수(君壽)이다. 오흥(吳興)에 집을 두고 작은 누대를 지어 그 안에서 기거했는데, 겨울에도 화로를 피우지 않고 여름에도 부채질을 하지 않으면서 힘써 책을 읽었다. 진사(進士)가 되어 대책(對策)을 냈다가 당시 재상의 비위를 거슬러 끝내 벼슬하지 못하고 경학(經學) 연구에 매진했다. 성종(成宗) 대덕(大德) 연간에 추천을 받아 신주교수(信州敎授)에 제수되었지만, 부임하기 전에 죽었다. 『의례』를 깊이 연구하여 『의례집설(儀禮集說)』을 저술했다.

三年"齊侯朝晉, 將授玉, 郤克趨進曰"云云. 襄七年, "衛孫文子來聘, 公登亦登, 叔孫穆子趨進曰"云云. 皆是無常之辭.

역문 능씨의 말에 의거하면 여기에서 "빈객과 함께 이야기를 하는 것" 역시 상빈이다. 아래 「선진(先進)」에서 "종묘의 일과 회동에서 작은 집례(執禮: 小相)가 되기를 원한다."라고 할 때의 소상(小相)은 「빙례」에서는 "승빈(承擯) 또는 소빈(紹擯)"이니, 이는 적(공서화)이 스스로를 겸손하게 한 말이기 때문에 공자가 "적이 작은 집례가 된다면, 누가 큰 집례가 될 수 있겠는가?"라고 했으니, 적이 상빈이 될 수 있음을 분명히 한 것이다. 또 "함께 말함[與言]"을 살펴보면, 마땅히 예의상 하는 말과 일상적이지 않은 말을 겸한 것이다. 예컨대, 『춘추좌씨전』「성공(成公)」 3년의 "제(齊)나라 후작이 진(晉)나라에서 조회하며 옥을 바치려 할 때, 극극(郤克)이 빠른 걸음으로 앞으로 나와 말하였다."라고 운운한 것과, 「양공(襄公)」 7년에 "위(衛)나라 손문자(孫文子)가 와서 빙문할 때, 양공(襄公)이 뜰의 한 층계(層階)를 오를 때마다 그도 양공과 나란히 층계를 오르자, 숙손목자(叔孫穆子)가 빠른 걸음으로 나아가 그에게 말하였다."라고 운운한 것과 같은 것은 모두 일상적이지 않은 말이다.

원문 『大戴禮』「衛將軍文子篇」, "子貢曰: '志通而好禮, 擯相兩君之事, 篤雅其有禮節也, 是公西赤之行也.' 孔子曰: '禮儀三百, 可勉能也; 威儀三千, 則難也.' 公西赤問曰: '何謂也?' 孔子曰: '貌以擯禮, 禮以擯辭, 是之謂也.' 孔子之語人也, 曰'當賓客之事則通矣.' 謂門人曰: '二三子, 欲學賓客之禮者, 於赤也.'" 皆雜記公西赤事, 與此章及下篇互證.

역문 『대대례』「위장군문자」에, "자공이 말했다. '뜻이 통하고 예를 좋아하며, 두 군주가 서로 마주 대할 때 접빈(接賓)하는 일을 돕는 데 돈독하고 단아하게 그 예절을 갖춘 것이 공서적의 행실입니다.' 공자가 말했다.

'예의(禮儀) 3백(三百)은 힘쓰면 할 수 있는 것이지만, 위의(威儀) 3천(三千)은 어렵다.' 공서적이 '무슨 말씀입니까?'라고 묻자, 공자가 말했다. '손님을 맞이하는 예[擯禮]로써 예모(禮貌)를 갖추고 손님을 맞이하는 말로 예우(禮遇)해야 하니, 이것을 말하는 것이다.' 공자는 사람들에게 말할 때, '빈객의 일에 당해서만큼은 능통해야 한다.'라고 하면서 문인들에게 이르길, '예들아, 빈객을 맞이하는 예를 배우고 싶으면 공서적에게서 배우거라.'라고 했다." 하였는데, 모두 공서적의 일을 섞어서 기록한 것으로 이 장과 아래 편에서 서로 증명된다.

● 「注」, "赤弟"至"行人".

● 正義曰: 『史記』「弟子傳」, "公西赤, 字子華, 少孔子四十二歲." 公西, 兩字氏. 鄭『目錄』云"魯人". "容儀"謂禮容禮儀, 容主貌, 儀主事也. 『周官』「序官」"大行人, 中大夫二人, 小行人, 下大夫四人." 「注」云: "行人, 主國使之禮." 此指主國出聘, 其使臣稱行人也. 與擯相各是一職, 而皆主賓客. 若子華使齊, 卽是行人之比, 故馬以此"可使爲行人"也.

○ 「주」의 "적제(赤弟)"부터 "행인(行人)"까지.

○ 정의에서 말한다.

『사기』「중니제자열전」에 "공서적은 자가 자화(子華)이고 공자보다 마흔두 살 어리다."라고 했는데, 공서(公西) 두 글자가 씨(氏)이다. 정현의 『논어공자제자목록』에 "노나라 사람이다"라고 했다. "용의(容儀)"는 예에 맞는 용모와 예에 맞는 행동거지라는 말인데, 용(容)은 모양을 위주로 말하고, 의(儀)는 일을 위주로 말한다. 『주관』「서관(序官)」에 "대행인(大行人)에는 중대부(中大夫)가 2인이고, 소행인(小行人)에는 하대부(下大夫)가 4인이다."라 하고, 「주」에 "행인(行人)은 나라의 사신의 예를 주관한다."[145]라고 했는데, 이는 주인 된 나라에서 빙문 보낼 때 그 사신을 행인이라 칭함을 가리키는 말이다. 빈상과는 각각 다른 직책이기는 하지만 모두 빈객을 주관한다. 자화가 제(齊)나라로 심부름 간 것과 같은 것이 바로 행인에

---

145 『주례주소』 권34, 「추관사구상(秋官司寇上)」 정현의 「주」.

비견되므로 마융은 이것을 가지고 "사신[行人]으로 삼을 만했다."라고 한 것이다.

5-9

子謂子貢曰: "女與回也孰愈?" 【注】 孔曰: "'愈', 猶勝也." 對曰: "賜也何敢望回? 回也聞一以知十, 賜也聞一以知二." 子曰: "弗如也, 吾與女弗如也." 【注】 包曰: "旣然子貢不如, 復云'吾與女俱不如'者, 蓋欲以慰子貢也."

공자가 자공에게 말했다. "너와 안회 중에 누가 나으냐?" 【주】 공안국이 말했다. "'유(愈)'는 나음[勝]과 같다." 자공이 대답했다. "제가 어찌 감히 안회를 바라보면서 견줄 수 있겠습니까? 안회는 하나를 들으면 열을 알고, 저는 하나를 들으면 둘을 압니다." 공자가 말했다. "네가 그만 못하다. 나와 너는 모두 그만 못하다." 【주】 포함이 말했다. "이미 자공이 안회만 못함을 인정[然]하고 다시 '나와 너는 모두 안회만 못하다.'라고 한 것은 아마도 이 말로 자공을 위로하려 한 것인 듯하다."

원문 正義曰: "望"者, 『釋名』「釋姿容」, "望, 茫也, 遠視茫茫也." 子貢言顔子有大智之德, 己不敢視比之也. 『釋文』, "聞, 本或作'問'字, 非." "知十"·"知二", 皆叚數多寡以明優劣也.

역문 정의에서 말한다.

"망(望)"은, 『석명』「석자용(釋姿容)」에 "망(望)은 아득함[茫]이니, 멀리 아득하게 바라본다는 뜻이다."라고 했다. 자공이 안자(顔子)는 크게 지혜로운 덕을 가지고 있기 때문에 자기가 감히 바라보면서 견줄 수 없다고 말한 것이다. 『경전석문』에 "문(聞)은 판본에 따라 혹 '문(問)' 자로 되어 있기도 한데, 잘못이다."[146]라고 했다. "열을 안다[知十]"와 · "둘을 안다[知二]"는 것은 모두 수의 많고 적음을 빌려 우열을 밝힌 것이다.

원문 『說文』云: "十, 數之具也." 數始於一, 終於十. 君子之爲學也, 原始要終, 一以貫之, 其在聖門, 惟顏子好學, 能有此詣. 夫子與回言"終日不違"及"退省其私, 亦足以發." 發者, 夫子所未言之義, 即顏子所聞而知之者也. 子貢未能一貫, 故聞一但能知二. 二者一之比, 言己未能盡其義也. 『釋文』云: "吾與爾, 本或作女, 音汝."

역문 『설문해자』에 "십(十)은 수(數)가 구비된 것이다."[147]라고 했는데, 수는 일(一)에서 시작되고, 십(十)에서 끝난다. 군자는 학문을 함에 처음을 따져 보고 끝을 궁구해서 하나로 관통하는데, 성인의 문하에서는 오직 안자만이 배우기를 좋아해서 이러한 조예(造詣)를 가질 수 있었다. 공자는 안회와 함께 이야기할 때, "종일토록 반문(反問)을 제기하지 않았다." 하고, "물러간 뒤에 그가 평소 사생활에서 여러 제자들과 함께 거처하고 학문하면서 도의를 이해하고 풀어내며, 대의를 드러내 밝히는 것을 살펴보니, 역시 충분히 드러내 밝힌다[發]."라고 했는데, 여기서 드러내 밝힌 것[發]은 공자가 아직 말하지 않은 의(義)이니, 바로 안자는 '들어서 안 자[聞而知之者]'인 것이다. 자공은 아직 하나로 관통하지 못했기 때문에

---

146 『경전석문』 권24, 「논어음의 · 공야장제5」.

147 『설문해자』 권3: 십(十)은 수(數)가 구비된 것이다. 일(一)은 동서(東西)가 되고, 곤(丨)은 남북(南北)이 되니, 사방과 중앙이 갖추어진 것이다. 모든 십(十)부에 속하는 한자는 다 십(十)의 뜻을 따른다. 시(是)와 집(執)의 반절음이다.[十, 數之具也. 一爲東西, 丨爲南北, 則四方中央備矣. 凡十之屬皆從十. 是執切.]

하나를 들으면 단지 둘을 알 수 있을 뿐이다. 둘이란 하나에 비교되는 것이니 자기는 아직 그 의를 다 알지 못한다는 말이다. 『경전석문』에 "오여이(吾與爾)의 이(爾)는 어떤 판본에는 간혹 여(女) 자로 되어 있는데, 여(汝)로 발음한다."[148]라고 했다.

- 「注」, "愈, 猶勝也."
- 正義曰: 鄭有此「注」, 孔所襲也. 『廣雅』「釋言」, "愈, 賢也." 賢 · 勝義近.

○ 「주」의 "유(愈)는 나음[勝]과 같다."

○ 정의에서 말한다.

정현에게도 이 「주」가 있으니, 위공(僞孔)이 그대로 따른 것이다. 『광아』「석언(釋言)」에 "유(愈)는 현명함[賢]이다."라고 했는데, 현명함[賢]과 나음[勝]은 뜻이 근사하다.

- 「注」, "旣然"至"貢也".
- 正義曰: 『論衡』「問孔篇」, "吾與汝俱弗如也." 『鄭玄別傳』, "馬季長謂盧子幹曰: '吾與女皆不如也.'" 『後漢』「橋玄傳」魏武祭文"仲尼稱不如顏淵", 『三國志』「夏侯淵傳」下令稱之曰: "淵虎步關右, 所向無前. 仲尼有言, '吾與爾不如也.'" 俱與此「注」義合.

○ 「주」의 "기연(旣然)"부터 "공야(貢也)"까지.

○ 정의에서 말한다.

『논형』「문공편(問孔篇)」에 "나와 너는 모두 그만 못하다."라고 했고, 『정현별전(鄭玄別傳)』에 "마계장(馬季長)[149]이 노자간(盧子幹)[150]에게 말했다. '나와 너는 모두 그(정현)만 못하

---

148 『경전석문』 권24, 「논어음의 · 공야장제5」.

149 마계장(馬季長): 마융(馬融). 계장(季長)은 마융의 자이다.

150 노자간(盧子幹, 159?~192): 후한 탁군 탁현(涿縣) 사람. 노식(盧植)으로, 자가 자간(子幹)이다. 영제(靈帝) 건녕(建寧) 연간에 박사(博士)가 되고, 구강태수(九江太守)를 지냈다. 다시 의랑(議郞)이 되어 채옹(蔡邕) 등과 동관(東觀)에서 오경(五經)을 교정하고 『한기(漢記)』를

다.'"라고 했으며, 『후한서』 「교현전(橋玄傳)」 위무(魏武)의 제문(祭文)에 "중니는 안연(顔淵)만 못함을 일컬었다."라고 했고, 『삼국지』 「하후연전(夏侯淵傳)」에는 조공(曹公)[151]이 명령을 내려 일컫기를 "하후연(夏侯淵)이 관우(關右)[152] 지방을 호랑이 같은 위엄으로 걸어가니 향하는 곳마다 앞에 아무도 대적할 자가 없다. 중니가 말하기를 '나와 너는 모두 안연만 못하다.'라고 했다."라고 하였는데, 모두 여기의 「주」와 뜻이 일치한다.

원문 皇「疏」引顧歡曰: "回爲德行之俊, 賜爲言語之冠, 淺深雖殊, 而品裁未辨, 欲使名實無濫, 故假問'孰愈'? 子貢旣審回·賜之際, 又得發問之旨, 故擧'十'與'二', 以明懸殊愚智之異. 夫子嘉其有自見之明, 而無矜尅之貌, 故判之以'弗加', 同之以'吾與女'. 此言'我'與'爾'雖異, 而同言'弗如', 能與聖師齊見, 所以爲慰也."

역문 황간의 「소」에는 고환(顧歡)[153]이 "안회는 덕행(德行)의 으뜸이고, 사(자공)는 언어의 최고봉인데, 깊고 얕음은 비록 다르지만 인물의 됨됨이를 재량해서 품별함[品裁]이 분명하게 나뉘지 않아, 이름과 실제가 넘침이

보완했다. 정현과 함께 마융에게 경전을 배워 고금의 문학에 통했고, 정밀하게 연구하되 장구(章句)의 해석에 얽매이지 않았다. 고문경학(古文經學)을 숭상하여 학관(學官)에 세울 것을 주장했다. 저서에 『상서장구(尙書章句)』와 『삼례해고(三禮解詁)』가 있었지만 전하지 않고, 『소대례기주(小戴禮記注)』만 청나라 왕모(王謨)의 한위유서초(漢魏遺書鈔)에 전한다.

151 조공(曹公): 위 무제(魏武帝) 조조(曹操)를 가리킨다.

152 관우(關右): 함곡관(函谷關) 이서(以西)의 땅. 관서(關西) 지역.

153 고환(顧歡, 420~483): 남제(南齊)의 도사(道士). 오흥(吳興) 염관[鹽官, 절강 해녕(海寧)] 사람으로, 자는 경이(景怡) 또는 현평(玄平)이다. 처음에 소현(邵玄)을 따라 오경(五經)을 배웠다가 나이 20여 살에 다시 뇌차종(雷次宗)을 사사했다. 황로(黃老)의 술책을 좋아해 음양서(陰陽書)를 두루 꿰뚫었다. 나중에 천태산(天台山)에 학교를 열어 학생들을 가르쳤다. 영명(永明) 원년(483) 제 무제(齊武帝)가 불러 태학박사(太學博士)로 삼았지만 극구 사양했다. 저서에 문집 30권이 전한다.

없게 하고자 했기 때문에 '누가 더 나으냐?'라고 가정해서 질문한 것이다. 자공은 이미 안회와 자기의 차이를 자세히 살펴서 알고 있었고, 또 질문의 취지를 이해하고 있었기 때문에 '열'과 '둘'을 언급하여 어리석음과 지혜로움의 차이가 현격하게 다름을 밝힌 것이다. 공자는 자공이 분명한 자기 견해를 가지고 있으면서 자랑하거나 이기려는 태도가 없음을 가상히 여겼기 때문에, '안회만 못하다'라고 판정하고, '나와 너'라고 함으로써 자공과 같이한 것이다. 이는 '나[我]'와 '너[爾]'가 비록 다르지만, 똑같이 '안회만 못하다'라고 말하여 성스러운 스승과 나란하게 볼 수 있게 했다는 말이니, 그래서 위로가 되는 것이다."[154]라고 말한 것을 인용했다.

5-10

宰予晝寢. 【注】 孔曰: "宰予, 弟子宰我." 子曰: "朽木不可雕也, 【注】 包曰: "'朽', 腐也. '雕', 雕琢刻畫." 糞土之牆不可圬也. 【注】 王曰: "'圬', 鏝也. 此二者以喩雖施功猶不成." 於予與何誅?" 【注】 孔曰: "'誅', 責也. 今我當何責於女乎? 深責之."

재여(宰予)가 침실을 그림으로 장식하자, 【주】 공안국이 말했다. "재여는 제자인 재아(宰我)이다. 공자가 말했다. "썩은 나무에는 조각을 할 수 없고, 【주】 포함이 말했다. "'후(朽)'는 썩은 것이다. '조(彫)'는 새기고 쪼아 그림을 새기는 것이다." 더러운 흙으로 쌓은 담은 흙손질할 수 없으니,

154 『논어집해의소』 권3, 「논어공야장제5」 황간의 「소」.

【주】 왕숙이 말했다. "'오(杇)'는 흙손[鏝]이다. 이 두 가지는 아무리 공을 들여도 성공할 수 없음을 비유한 것이다." **재여에게 무엇을 꾸짖겠는가?"** 【주】 공안국이 말했다. "'주(誅)'는 꾸짖음[責]이다. 지금 내가 너에게 무엇을 꾸짖겠느냐는 말이니, 그를 심하게 꾸짖은 것이다."

● 正義曰: 江氏聲『論語竢質』, "『說文』, '晝, 日之出入, 與夜爲界.' 是日出後爲晝. 凡人雞鳴而起, 宰我日出後尙寢寐未起, 故責之." 鄭「注」云: "寢, 臥息也." 案『說文』, "寑, 臥也." 其字從宀, 故所臥室亦名之. 『釋名』「釋宮室」, "寢, 寑也, 所寢息也." 是也. 晝非寢時, 故『禮』言君子"不晝居內", 若"晝居內, 雖問疾焉可也." 夫晝居內且不可, 矧晝寢耶?

○ 정의에서 말한다.

강성(江聲)[155]의 『논어사질(論語竢質)』에 "『설문해자』에 '주(晝)는 해가 나왔다가 들어가는 때이니, 밤과는 경계가 된다.'[156]라고 했는데, 해가 나온 뒤가 낮이 된다. 모든 사람은 닭이 울면 일어나는데, 재아는 해가 나온 뒤에도 여전히 누워 자면서 일어나지 않았기 때문에 꾸짖은 것이다."라고 했고, 정현의 「주」에는 "침(寢)은 누워서 쉰다[臥息]는 뜻이다."라고 했다. 『설문해자』를 살펴보니, "침(寑)은 누워 있다[臥]는 뜻이다."[157]라고 했는데, 글자가 면

155 강성(江聲, 1720~1799): 청나라 강소 원화(元和) 사람. 자는 경도(鱷濤) 또는 숙운(叔澐)이고, 만호는 간정(艮庭)이다. 성격이 경개(耿介)해서 과거를 포기하고 경학 연구에만 전념했다. 혜동의 『고문상서고(古文尙書考)』와 염약거의 『상서고문소증(尙書古文疏證)』을 읽고 『고문상서』가 위작임을 알았다. 마융과 정현의 주석 및 기타 자료를 참고하여 『금문상서』 29편을 주해한 『상서집주음소(尙書集注音疏)』를 저술했다. 소학(小學)에 조예가 깊었으며, 『설문해자』를 정밀히 연구하여 『육서설(六書說)』을 지었다. 경학 관련 저서에 『논어사질(論語竢質)』 등이 있다.

156 『설문해자』 권3: 주(晝)는 해가 나왔다가 들어가는 때이니, 밤과는 경계가 된다. 화(畫)의 생략형으로 구성되었고, 일(日)로 구성되었다. 주(晝)는 주(晝)의 주문(籒文)이다. 척(陟)과 구(救)의 반절음이다.[晝, 日之出入, 與夜爲界. 從畫省, 從日. 晝, 籒文晝. 陟救切.]

157 『설문해자』 권7: 침(寑)은 누워 있다[臥]는 뜻이다. 면(宀)으로 구성되었고, 침(㑴)이 발음을

(宀)으로 구성되었기 때문에, 방에 누워 있는 것 역시 그렇게 명명한 것이다. 『석명』「석궁실(釋宮室)」에 "침(寢)은 침실[寢]이니, 누워서 쉬는 곳이다."라고 했는데, 옳다. 낮은 누워 있는 때가 아니기 때문에, 『예기』에 군자는 "낮에는 내실에 틀어박혀 있지 않는다." 만약 "낮에 내실에 거처하면 비록 그에게 병문안을 하더라도 괜찮다."[158]라고 했으니, 낮에 내실에 거처하는 것조차도 안 되는데, 하물며 낮에 누워 있을 수 있겠는가?

원문 韓·李『筆解』謂"晝, 舊文作畫字." 所云"舊文", 或有所本. 李匡義『資暇錄』, "寢, 梁武帝讀爲'寢室'之寢, 晝作胡卦反, 且云'當爲畫字', 言其繪畫寢室." 周密『齊東野語』, "嘗見侯白所注『論語』, 謂晝當作畫字. 侯白, 隋人." 二讀與"舊文"合. 李氏聯琇『好雲樓集』, "『漢書』「楊雄傳」'非木摩而不彫, 牆塗而不畫', 此正雄所作『甘泉賦』諫宮觀奢泰之事, 暗用『論語』, 可證'畫寢'之說. 漢儒已有之."

역문 한유(韓愈)와 이고(李翱)[159]의 『논어필해(論語筆解)』에 "주(晝)는 옛 문헌[舊文]에 화(畫) 자로 되어 있다."라고 했는데, 이른바 "옛 문헌[舊文]"이라

나타낸다. 침(寑)은 침(寢)의 주문(籀文)인데, 생략된 형태다. 칠(七)과 임(荏)의 반절음이다.[寢, 臥也. 從宀侵聲. 寑, 籀文寢省. 七荏切.]

158 『예기』「단궁상(檀弓上)」에 보인다. 『예기』에는 "낮에 내실에 거처하면 그에게 질병이 있는가를 문병해도 괜찮고, 밤에 밖에서 기거하면 조문을 해도 괜찮다.[夫晝居於內, 問其疾可也; 夜居於外, 弔之可也.]"라고 했다.

159 이고(李翱, 772~841): 당나라 농서[隴西, 감숙성 진안(秦安)] 조군(趙郡) 사람. 자는 습지(習之)이고, 시호는 문(文)이다. 양무소왕(凉武昭王)의 후예다. 정원(貞元) 14년(798) 진사가 되고, 처음에 교서랑(校書郎)에 올랐다. 이후 국자박사(國子博士)와 사관수찬(史館修撰)을 지냈다. 양숙(梁肅)에게 수학했고, 한유(韓愈)의 친한 벗이자 질서(姪壻)로 그의 학문을 계승 발전시켜 '한리(韓李)'라 불렸다. 유가사상을 숭상하여 공맹(孔孟)의 도를 지키는 것을 자신의 임무라 여겼다. 저서에 『이문공집(李文公集)』 속에 있는 「복성설(復性說)」과 『역전(易詮)』, 『맹자주(孟子注)』, 『논어필해(論語筆解)』 등이 있다.

했으니, 아마도 근거한 것이 있는 듯하다. 이광의(李匡義)[160]의 『자가록(資暇錄)』에 "침(寢)을 양 무제는 '침실(寢室)'이라고 할 때의 침(寢)으로 읽고, 주(畫)는 호(胡)와 괘(卦)의 반절음이라고 되어 있으며, 또 '마땅히 화(畫) 자가 되어야 한다.'라고 했으니, 침실에 그림을 그렸다는 말이다."라고 했고, 주밀(周密)[161]의 『제동야어(齊東野語)』에 "일찍이 후백(侯白)[162]이 주석한 『논어』를 보니, 주(畫)는 마땅히 화(畫) 자가 되어야 한다고 했다. 후백은 수(隋)나라 사람이다."라고 했는데, 『자가록』과 『제동야어』의 설명과 "구문(舊文)"이 일치한다. 이연수(李聯琇)[163]의 『호운루집(好雲樓集)』에 "『한서』「양웅전(楊雄傳)」에 '나무가 아니면 갈기만 하고 조각하지 않

---

160 이광의(李匡義, ?~?): 당나라시대 인물. 당 소종(昭宗) 때 종정소경(宗正少卿)을 지냈다. 이정문(李正文) 또는 이광부(李匡乂)라고도 하며, 자는 제옹(濟翁)이다. 저서에는 『자가집(資暇集)』 3권과 『양한지당연기(兩漢至唐年紀)』 1권이 있다.

161 주밀(周密, 1232~1308): 송나라 말기 제남(濟南) 사람. 나중에 오흥(吳興)으로 옮겨 살았다. 사(詞) 작가로, 자는 공근(公瑾)이고, 호는 초창(草窓) 또는 빈주(蘋洲), 변양노인(弁陽老人), 사수잠부(四水潛夫) 등을 썼다. 일찍이 변산(弁山)에 살면서 자호를 변양소옹(弁陽嘯翁)이라 했고 또 소재(蕭齋)라고도 했다. 송나라가 망하자 벼슬하지 않고 항주(杭州)로 옮겨가 왕기손(王沂孫), 장염(張炎), 구원(仇遠) 등과 함께 사사(詞社)를 결성했다. 저서가 대단히 많은데, 옛것을 수집하고 기록한 것이 대부분이다. 『제동야어(齊東野語)』와 『초창사(草窓詞)』, 『초창운어(草窓韻語)』, 『무림구사(武林舊事)』, 『계신잡지(癸辛雜識)』, 『호연재아담(浩然齋雅談)』, 『운연과안록(雲烟過眼錄)』 등은 모두 학술적 가치가 있다. 남송 사인(詞人)들의 작품을 모은 『절묘호사(絶妙好詞)』도 있다.

162 후백(侯白, ?~?): 수(隋)나라시대의 학자. 자는 군소(君素), 위군(魏郡) 임장(臨漳, 지금의 하북성 임장현) 사람이다. 저서에 『정이기(旌異記)』와 『계안록(啓顔錄)』이 있다.

163 이연수(李聯琇, 1820~1878): 청나라 말기의 관리이자 학자, 시인으로, 강서성(江西省) 임천현(臨川縣) 온수장계촌(溫圳楊溪村) 사람이다. 자는 계영(季瑩)이고, 호는 소호(小湖)이다. 박학다식하고 천문여지(天文輿地), 명물훈고(名物訓詁), 전장제도(典章制度), 쇄한일사(瑣閑軼事), 고증해석(考證解釋) 등에 정통하고 남다른 견해를 지니고 있었다. 저서로 『호운루초집(好雲樓初集)』, 『이집(二集)』, 『청사열전(清史列傳)』, 『사산시존(師山詩存)』, 『변풍답기(采風劄記)』, 『치망일록(治忘日錄)』 등이 있다.

았고, 담장은 진흙만 바르고 그림을 그리지 않았다.'라고 했는데, 이는 바로 양웅(揚雄)이 지은 『감천부(甘泉賦)』에서 감천궁의 궁관(宮觀)이 사치스럽고 큰 것을 간한 일로, 은연중에 『논어』를 인용하고 있어서, '침실에 그림을 그렸다'라는 설을 증명할 수 있다. 한나라시대의 유학자들에게는 벌써 그러한 설이 있었던 것이다."라고 했다.

원문 案, 『禮』言天子廟飾"山節藻梲". 『穀梁』「莊」廿四年「傳」, "『禮』, 天子之桷, 斲之礱之, 加密石焉; 諸侯之桷, 斲之礱之; 大夫斲之, 士斲本." 又廿三年「傳」, "『禮』, 天子諸侯黝堊, 大夫倉, 士黈." 『周官』「守祧」云: "其祧則守祧黝堊之." 皆說宗廟之飾, 其宮室當亦有飾. 鄭注「禮器」云: "宮室之飾, 士首本, 大夫達棱, 諸侯斲而礱之, 天子加密石焉." 此本「晉語」.

역문 살펴보니, 『예기』「명당위」에 천자의 종묘 장식에는 "기둥 끝 두공(枓拱)에 산 모양을 조각하고 들보 위의 동자기둥에 마름을 새긴다."라고 했고, 『춘추곡량전(春秋穀梁傳)』「장공(莊公)」24년의 「전」에 "『예』에 천자의 서까래는 깎고 연마한 다음 세밀한 무늬가 있는 밀석(密石)으로 정밀하게 연마하고, 제후의 서까래는 깎고 연마하기만 하며, 대부는 깎기만 하고, 사는 밑동을 깎기만 한다."라고 했으며, 또 23년의 「전」에서는 "『예』에 천자와 제후는 검푸른색으로 벽을 칠하고 백토를 바르며, 대부는 푸른색을 칠하며, 사는 누런색을 칠한다."라고 했다. 『주관』「수조(守祧)」에 "조제(祧祭)를 지낼 때에 수조(守祧)[164]는 검푸른색으로 벽을 칠하고 백토를 바른다."[165]라고 했는데, 모두 종묘의 장식을 설명한 것으로,

164 수조(守祧): 선왕(先王)과 선공(先公)의 묘(廟)와 조(祧)를 관리하고 그곳에 보관된 의복을 관리하는 일을 관장하는 관직.

165 『주례』「춘관종백상 · 수조(守祧)」.

그 궁실에도 역시 마땅히 장식이 있다. 정현은 『예기』「예기(禮器)」를 주석하면서 "궁실의 장식은 사는 서까래의 머리 부분과 밑동만 깎고, 대부는 모서리까지 깎으며, 제후는 깎아서 연마하고, 천자는 깎고 연마한 다음 세밀한 무늬가 있는 밀석으로 정밀하게 연마한다."[166]라고 했는데 이 말은 『국어』「진어(晉語)」에 근거한 것이다.

원문 又『爾雅』「釋宮」, "牆謂之堊." 統廟寢言之. 『周官』「掌蜃」云: "共白盛之蜃." 「注」云: "謂飾牆使白之蜃也." 此與黝堊異飾, 當是宮室中所用. 『左』「襄」卅一年「傳」"圬人以時塓館宮室." 亦當謂加飾. 春秋時, 大夫·士多美其居. 故土木勝而知氏亡, 輪奐頌而文子懼. 意宰予晝寢, 亦是其比. 夫子以"不可雕"·"不可杇"譏之, 正指其事. 此則"舊文", 於義亦得通也.

역문 또 『이아』「석궁」에 "담장[牆]을 악(堊)이라 한다."라고 했는데, 묘침(廟寢)[167]을 통틀어 말한 것이다. 『주관』「장신(掌蜃)」에 "성대한 궁실을 꾸밀 때 사용되는 하얀 대합조개를 제공한다."[168]라고 했고, 「주」에 "담장을 장식할 때 흰색의 대합조개를 사용하도록 한다는 말이다."[169]라고 했는데, 이는 검푸른색으로 벽을 칠하고 백토를 바르는 것과는 다른 장식으로, 당연히 궁실 안에서 사용했던 것이다. 『춘추좌씨전』「양공」 31년

---

166 『예기주소』 권23, 「예기(禮器)」 정현의 「주」.

167 묘침(廟寢): 일반적으로 종묘(宗廟)를 가리킨다. 종묘에서 공적 공간인 '묘(廟)'와 사적 공간인 '침(寢)'이 앞뒤로 결합된 유교적 의례 공간의 기본 형식을 일컫기도 한다. '침(寢)'은 일반적으로 왕의 거처를 일컫는 말로서 살아 있을 때와 죽은 다음의 시설에 동일하게 붙는 이름이다. 즉, 생전에 거처하는 시설은 정침(正寢), 연침(燕寢), 노침(路寢) 등으로 구분하고, 사후 시설은 매장 시설인 능침(陵寢)과 사당 시설인 묘침으로 구분한다. 이때 묘침은 죽은 이의 신주를 모시고 제사를 지내는 시설로서 태묘(太廟) 혹은 종묘와 같은 의미이다.

168 『주례』「지관사도하·장신(掌蜃)」.

169 『주례주소』 권16, 「지관사도하·장신(掌蜃)」 정현의 「주」.

의 「전」에 "오인(圬人)이 때때로 객관(客館) 궁실(宮室)의 벽에 흙손질을 하였다."라고 했는데, 역시 당연히 장식을 더했다는 말이다. 춘추시대에 대부와 사는 많이들 자기들이 기거하는 곳을 아름답게 꾸몄다. 그러므로 새로 지은 궁실이 화려했기 때문에 지씨[知伯]가 멸망한 것이며,[170] 크고 아름다운 궁실을 칭송하자 조 문자(趙文子)가 두려워한 것이다.[171] 생각해 보니, 재여가 침실에 그림을 그린 것 역시 이를 비유한 것인 듯싶다. 공자가 "조각할 수 없다"·"흙손질할 수 없다"라고 비난한 것은 바로 이 일을 지적했던 것이다. 이것이 바로 "옛 문헌[舊文]"이니, 의리상 또한 통할 만하다.

---

170 『국어(國語)』 권15, 「진어9(晉語九)」: 지양자(知襄子)가 궁실을 아름답게 건조하고 있을 때, 가신인 사줄(士茁)이 저녁에 찾아가자 지백(知伯)이 말했다. "궁실이 아름답지요!" 사줄이 대답했다. "아름다운 것은 좋습니다만, 신은 또한 두려움이 있습니다." 지백이 말했다. "무엇이 두렵소?" 사줄이 대답했다. "신은 문서를 관장하며 주군을 섬기고 있습니다. … 지금 새로 지은 궁실이 화려하니 신은 이 일이 사람들을 편안치 못하게 할까 두렵습니다." 궁실이 완성되자 3년 만에 지씨(知氏)는 멸망했다.[知襄子爲室美, 士茁夕焉, 知伯曰: "室美夫!" 對曰: "美則美矣, 抑臣亦有懼也." 知伯曰: "何懼?" 對曰: "臣以秉筆事君. … 今土木勝, 臣懼其不安人也." 室成, 三年而知氏亡.]

171 『국어』 권14, 「진어8(晉語八)」: 조 문자(趙文子)가 궁실을 지으면서 그 서까래를 깎고 연마해서 아름답게 꾸몄다. 장로(張老)가 저녁에 가서 이를 보더니 조 문자를 만나 보지도 않고 돌아갔다. 조 문자가 이 사실을 듣고 수레를 타고 가서 물었다. "내가 잘못한 점이 있으면 그대는 또한 나에게 일러 주시오. 어째서 그리도 빨리 돌아가셨소?" 장로가 대답했다. "… 지금 그대는 귀한 신분이 되자 의를 잊고, 부유해지자 예를 잊었기에 나는 그대가 화를 면하지 못할까 두렵습니다. 그러니 어찌 감히 고할 수 있겠습니까?" 조 문자가 집으로 돌아와 서까래를 연마하지 말라고 명하자, 목수가 모두 다시 깎을 것을 청하자 문자가 말했다. "그만두시오. 후세 사람들로 하여금 서까래를 깎은 것은 인자(仁者)가 한 것이고, 서까래를 연마한 것은 불인자(不仁者)가 한 것임을 보게 해야 하오.[趙文子爲室, 斲其椽而礱之. 張老夕焉而見之, 不謁而歸. 文子聞之, 駕而往曰: "吾不善, 子亦告我. 何其速也?" 對曰: "… 今子貴而忘義, 富而忘禮, 吾懼不免, 何敢以告?" 文子歸令之勿礱也, 匠人請皆斲之, 文子曰: "止. 爲後世之見之也. 其斲者, 仁者之爲也, 其礱者, 不仁者之爲也.]

원문 "雕", 皇本·『唐·宋石經』竝作"彫". 『釋文』, "糞, 或作糞." 『說文』此篆作"𡊄", 云: "棄除也, 從廾推華棄釆也." 胡氏紹勳『四書拾義』, "『左傳』云: '小人糞除先人之敝廬.' 是除穢謂糞, 所除之穢亦謂糞. 此經'糞土'猶言'穢土'. 古人牆本築土而成, 曆久不免生穢, 故曰'不可杇'."

역문 "조(雕)"는 황간본과 『당석경』과 『송석경』에 모두 "조(彫)"로 되어 있다. 『경전석문』에 "분(糞)은 '간혹 분(糞)으로 되어 있다."[172]라고 했고, 『설문해자』에는 이 글자의 전자체(篆字體)가 "분(𡊄)"으로 되어 있는데, 거기에 "버리고 제거한다[棄除]는 뜻이다. 공(廾)과 반(華)을 밀어서 버린 부분과 변(釆)으로 구성되었다."[173]라고 했다. 호소훈(胡紹勳)의 『사서습의(四書拾義)』에 "『춘추좌씨전』에 '소인(小人)이 선인(先人)의 낡은 집을 청소했다[糞除].'라고 했으니, 더러운 것을 제거하는 것을 분(糞)이라고 하고, 제거되는 더러운 것 역시 분(糞)이라고 한다. 이 경전의 '분토(糞土)'란 '더러운 흙(穢土)'이란 말과 같다. 옛사람들의 담장은 흙을 쌓아서 만드는데, 세월이 오래 지나면 더러운 것이 생겨남을 벗어날 수 없기 때문에 '흙손질할 수 없다'라고 한 것이다."라고 했다.

원문 "牆"者, 『說文』作"牆", 云"垣蔽也." 『釋名』「釋宮室」, "牆, 障也, 所以自障蔽也." "杇", 皇本·『釋文』本竝作"圬", 『說文』有"杇"無"圬", "圬"乃"杇"之俗. 『玉篇』作"杅", 隸體小變. 『宋石經』作"朽", 此形近之訛. "於予與何誅", 『釋文』云: "與, 語辭." 王氏引之『經傳釋詞』, "與, 猶也也. '於予與改

172 『경전석문』 권24, 「논어음의·공야장제5」.

173 『설문해자』 권4: 분(𡊄)은 버리고 제거한다[棄除]는 뜻이다. 공(廾)과 반(華)을 밀어서 버린 부분과 변(釆)으로 구성되었다. 관부(官溥)의 설에 "미(米) 자 같지만 미 자가 아닌 것은 시(矢) 자이다."라고 했다. 방(方)과 문(問)의 반절음이다.[𡊄, 棄除也. 從廾推華棄釆也. 官溥說, "似米而非米者, 矢字." 方問切.]

是'同."

역문 "담장[牆]"은 『설문해자』에 "장(牆)"으로 되어 있고, "가리는 담[垣蔽]이다."[174]라 했고, 『석명』「석궁실」에 "장(牆)은 가로막는 것[障]이니, 스스로를 가로막아 가리는 것이다."라 했다. "흙손[杇]"은 황간본과 『경전석문』본에는 모두 "오(圬)"로 되어 있는데, 『설문해자』에는 "오(杇)" 자만 있고 "오(圬)" 자는 없으니, "오(圬)"는 바로 "오(杇)"의 속체자(俗體字)이다. 『옥편(玉篇)』에는 "우(杅)"로 되어 있는데, 예서체에서 조금 변한 것이다. 『송석경』에는 "후(朽)"로 되어 있는데, 이는 글자 모양이 비슷해서 잘못된 것이다.

"재여에게 무엇을 꾸짖겠는가?[於予與何誅?]"라고 한 것에 대해, 『경전석문』에 "여(與)는 어조사[語辭]이다."[175]라고 했고, 왕인지(王引之)의 『경전석사(經傳釋詞)』에는 "여(與)는 야(也) 자와 같다. '재여에게서 이것을 고쳤다[於予與改是]'[176]라고 한 것도 같다."라고 했다.

● 「注」, "宰予, 弟子宰我."

● 正義曰: 宰我, 已見「八佾篇」. 此稱宰予, 予爲其名. 『爾雅』「釋詁」, "予, 我也." 皇本此「注」爲包氏.

○ 「주」의 "재여는 제자인 재아이다."

---

174 『설문해자』 권5: 장(牆)은 가리는 담[垣蔽]이다. 색(嗇)으로 구성되었고 장(爿)이 발음을 나타낸다. 장(牆)은 주문(籒文)인데 두 개의 화(禾) 자로 구성되었다. 장(牆)도 주문(籒文)인데 역시 두 개의 내(來) 자로 구성되었다. 재(才)와 양(良)의 반절음이다.[牆, 垣蔽也. 從嗇爿聲. 牆, 籒文從二禾. 牆, 籒文亦從二來. 才良切.]

175 『논어정의』에는 "疑辭"라고 되어 있다. 『경전석문』 권24, 「논어음의 · 공야장제5」를 근거로 수정하고 해석했다.

176 『논어』「공야장」.

○ 정의에서 말한다.

재아는 이미 「팔일(八佾)」에 보인다. 여기서는 재여라고 칭했는데, 여(予)는 그의 이름이다. 『이아』「석고」에 "여(予)는 나[我]라는 뜻이다."라고 했다. 황간본에는 이 「주」가 포함의 주석으로 되어 있다.

● 「注」, "朽腐"至"鏝也".

● 正義曰: 『說文』, "歺, 腐也. 朽, 歺或從木. 腐, 爛也. 剮, 剝也. 琱, 治玉也." 義竝相近. 雕·彫皆叚借字. "刻畫"猶"刻劃". 『說文』, "刻, 鏤也. 劃, 錐刀畫曰劃." 是也.

○ 「주」의 "후부(朽腐)"부터 "만야(鏝也)"까지.

○ 정의에서 말한다.

『설문해자』에 "후(歺)는 썩었다[腐]는 뜻이다. 후(朽)는 후(歺)의 혹체자인데 목(木)으로 구성되었다.[177] "부(腐)는 문드러진다[爛]는 뜻이다.[178] 조(剮)는 깎는다[剝]는 뜻이다.[179] 조(琱)는 옥을 다듬는 것[治玉]이다.[180]"라고 했는데, 뜻이 모두 서로 가깝다. 조(雕)와 조(彫)는 모두 가차자(叚借字)이다. "그림을 새기다[刻畫]"는 "각획(刻劃)"과 뜻이 같으니, 『설문해자』에서 "각(刻)은 새긴다[鏤]는 뜻이다.[181] 획(劃)은 송곳이나 칼로 그리는 것을 획(劃)이라

---

177 『설문해자』 권4: 후(歺)는 썩었다[腐]는 뜻이다. 알(歺)로 구성되었고 교(丂)가 발음을 나타낸다. 후(朽)는 후(歺)의 혹체자인데 목(木)으로 구성되었다. 허(許)와 구(久)의 반절음이다.[歺, 腐也. 從歺丂聲. 朽, 歺或從木. 許久切.]

178 『설문해자』 권4: 부(腐)는 문드러진다[爛]는 뜻이다. 육(肉)으로 구성되었고, 부(府)가 발음을 나타낸다. 부(扶)와 우(雨)의 반절음이다.[腐, 爛也. 從肉府聲. 扶雨切.]

179 『설문해자』 권4: 조(剮)는 깎는다[剝]는 뜻이다. 도(刀)로 구성되었고, 해(害)가 발음을 나타낸다. 고(古)와 달(達)의 반절음이다.[剮, 剝也. 從刀害聲, 古達切.]. "조(剮)"는 "割"의 이체자이기도 하다.

180 『설문해자』 권1: 조(琱)는 옥을 다듬는 것[治玉]이다. 한편으로는 옥(玉) 같은 돌이라고도 한다. 옥(玉)으로 구성되었고, 주(周)가 발음을 나타낸다. 도(都)와 요(寮)의 반절음이다.[琱, 治玉也. 一曰石似玉. 從玉周聲. 都寮切.]

181 『설문해자』 권4: 각(刻)은 새긴다[鏤]는 뜻이다. 도(刀)로 구성되었고 해(亥)가 발음을 나타낸다. 고(苦)와 득(得)의 반절음이다.[刻, 鏤也. 從刀亥聲. 苦得切.]

한다.[182]"라고 한 것이 이것이다.

원문 "杇鏝"者, 『爾雅』「釋宮」, "鏝謂之杇." 李巡曰: "鏝一名杇, 塗工作具也." 郭璞云: "泥鏝, 言用泥以鏝也." 『說文』「木部」, "杇, 所以塗也. 秦謂之杇, 關東謂之槾. 從木亏聲. 槾, 杇也. 從木曼聲." 「金部」, "鏝, 鐵杇也. 從金曼聲." 段氏玉裁「木部」「注」, "此器今江·浙以鐵爲之, 或以木. 『戰國策』, '豫讓變姓名, 入宮塗厠, 欲以刺襄子. 襄子如厠, 心動, 執問塗者, 則豫讓也. 刃其杅曰: "欲爲智伯報讎."' '杅'謂塗厠之杅, 今本皆作扞, 矦旰切, 繆甚. '刃其杅', 謂皆用木而獨刃之."

역문 "오(杇)는 흙손[鏝]"

『이아』「석궁」에 "흙손[鏝]을 오(杇)라 한다." 했고, 이순은 "만(鏝)은 일명 오(杇)인데, 흙일을 하는 도공(塗工)의 작업 도구이다."라고 했으며, 곽박은 "이만(泥鏝)이다"라고 했는데, 진흙을 사용해서 흙손질하는 것이라는 말이다. 『설문해자』「목부(木部)」에 "오(杇)는 흙칠을 하는 것이다. 진(秦)나라에서는 그것을 오(杇)라 했고, 관동(關東) 지역에서는 그것을 만(槾)이라고 했다. 목(木)으로 구성되었고 우(亏)가 발음을 나타낸다.[183] 만(槾)은 흙손[杇]이다. 목(木)으로 구성되었고, 만(曼)이 발음을 나타낸

---

182 『설문해자』 권4: 획(劃)은 송곳이나 칼로 그리는 것을 획(劃)이라 한다. 도(刀)로 구성되었고 화(畫)로 구성되었으며, 화(畫)가 또 발음을 나타낸다. 호(呼)와 맥(麥)의 반절음이다.[劃, 錐刀曰劃. 從刀從畫, 畫亦聲. 呼麥切.]

183 『설문해자』 권6: 오(杇)는 흙칠을 하는 것이다. 진(秦)나라에서는 그것을 오(杇)라 했고, 관동(關東) 지역에서는 그것을 만(槾)이라고 했다. 목(木)으로 구성되었고 우(亏)가 발음을 나타낸다. 경(哀)과 도(都)의 반절음이다.[杇, 所以塗也. 秦謂之杇, 關東謂之槾, 從木亏聲. 哀都切.]

다.[184]"라고 했고, 「금부(金部)」에, "만(鏝)은 쇠로 만든 흙손[鐵杇]이다. 금(金)으로 구성되었고, 만(曼)이 발음을 나타낸다."[185]라고 했다. 단옥재의 『설문해자』「목부」의 「주」에 "이 기구는 지금 강소성(江蘇省)과 절강성(浙江省)에서는 쇠로 만드는데 더러 나무를 사용하기도 한다. 『전국책』에 '예양(豫讓)이 성과 이름을 바꾸고 궁에 들어가 측간(廁間)에 진흙을 바르면서 조 양자(趙襄子)를 찌르려 했다. 조 양자가 측간으로 가다가 마음이 섬뜩하기에 진흙 칠하는 자를 체포하여 문초해 보니 바로 예양이었다. 예양은 흙손[杅]의 양날을 칼날로 만들고 말했다. "지백(智伯)을 위해 원수를 갚으려 한다."'라고 했다. '흙손[杅]'은 측간에 진흙을 바르는 흙손[杅]인데, 지금 판본에는 모두 한(扞)으로 되어 있고, 후(侯)와 간(旰)의 반절음이라고 하나, 오류가 심하다. '흙손의 양날을 칼날로 만들었다[刃其杅]'라는 것은 모두 나무를 사용했는데, 혼자만 칼날을 사용했다는 말이다."라고 했다.

원문 案, 杇, 槾, 同物異名, 用以塗牆, 故亦謂塗牆之人爲杇人, 『左傳』稱"圬人以時"是也. 『孟子』「滕文公下」"毁瓦畫墁", 謂所墁之牆, 雜畫之也.

역문 살펴보니, 오(杇)와 만(槾)은 같은 물건인데 이름이 다른 것으로, 이것을 사용해서 담장에 진흙을 바르기 때문에 또한 담장에 진흙 바르는 사람을 일러 오인(杇人)이라고도 하니, 『춘추좌씨전』에서 "미장공[圬人]이 때때로"[186]라고 한 것이 이것이다. 『맹자』「등문공하(滕文公下)」에 "기왓

---

184 『설문해자』 권6: 만(槾)은 흙손[杇]이다. 목(木)으로 구성되었고, 만(曼)이 발음을 나타낸다. 모(母)와 관(官)의 반절음이다.[槾, 杇也. 從木曼聲. 母官切.]

185 『설문해자』 권14: 만(鏝)은 쇠로 만든 흙손[鐵杇]이다. 금(金)으로 구성되었고, 만(曼)이 발음을 나타낸다. 만(槾)은 만(鏝)의 혹체자인데, 목(木)으로 구성되었다. 모(母)와 관(官)의 반절음이다.[鏝, 鐵杇也. 從金曼聲. 槾, 鏝或從木. 母官切.]

장을 깨뜨리고 담에 함부로 낙서를 해 놓고도[毁瓦畫墁]"라고 한 것도, 흙손질한 담장에 잡스러운 그림을 그린다는 말이다.

● 「注」, "'誅', 責也."

● 正義曰: 『周官』「大宰」, "八曰誅, 以馭其過." 「注」, "誅, 責讓也." 「司救」, "掌萬民之邪惡過失, 而誅讓之." 「注」, "誅, 誅責也."

○ 「주」의 "'주(誅)'는 꾸짖음[責]이다."

○ 정의에서 말한다.

『주관』「태재」에 "여덟 번째는 주(誅)이니, 이로써 그 허물을 부리는 것이다."라고 했는데, 「주」에 "주(誅)는 꾸짖음[責讓]이다."[187]라 했고, 「사구(司救)」에는 "모든 백성의 사악함과 과실을 관장해서 꾸짖는다."라고 했는데, 「주」에 "주(誅)는 꾸짖음[誅責]이다."[188]라고 했다.

5-11

子曰: "始吾於人也, 聽其言而信其行; 今吾於人也, 聽其言而觀其行. 於予與改是." 【注】 孔曰: "'改是', 聽言信行, 更察言觀行, 發於宰我之晝寢."

공자가 말했다. "처음에는 내가 사람들에 대해 그의 말을 듣고 그의 행실을 믿었었는데, 지금은 내가 사람들에 대해 그의 말을 듣

186 『춘추좌씨전』「양공」 31년.

187 『주례주소』 권2, 「천관총재상(天官冢宰上) · 태재(太宰)」 정현의 「주」.

188 『주례주소』 권14, 「지관사도하 · 사구(司救)」 정현의 「주」.

고 그의 행실을 살피니, 재여에게서 이것을 고쳤다." **【주】** 공안국이 말했다. "'이것을 고친[改是]' 것은 말을 듣고 행실을 믿었지만, 다시 말을 살피고 행실을 관찰함으로 고쳐진 것이 재아가 침실을 그림으로 장식한 것에서 비롯되었다."

원문 正義曰: 『逸周書』「芮良夫解」云: "以言取人, 人飾其言; 以行取人, 人竭其行. 飾言無庸, 竭行有成." 『說苑』「尊賢篇」, "夫言者, 所以抒其匈而發其情者也. 是故先觀其言而揆其行. 夫以言觀其行, 雖有姦軌之人, 無以逃其情矣." 是取人之術當以言察其行也. 『大戴禮』「五帝德篇」, "子曰: '吾欲以言語取人, 於予邪改之.'" 卽此章義. 『集注』引胡氏曰: "'聽言觀行', 聖人不待是而後能, 亦非緣此而盡疑學者. 特因此立敎以警群弟子, 使謹於言而敏於行耳." 皇·邢「疏」連上爲一章, 與總章數不合.

역문 정의에서 말한다.

『일주서(逸周書)』「예양부해(芮良夫解)」에 "말로 사람을 취하면 사람들은 그들의 말을 꾸미려 들고, 행실로 사람을 취하면 사람들은 그들의 행실을 다하려 든다. 말을 꾸미는 사람은 쓸데가 없고, 행실을 다하는 사람은 성과가 있다."라고 했다. 『설원』「존현」에 "말이라는 것은 가슴 속의 생각을 표현하고 감정을 드러내는 것이다. 이런 까닭에 우선 그 사람의 말을 살피고 그의 행실을 헤아려야 한다. 그가 한 말을 가지고 그의 행실을 살피면 비록 법을 어기고 난을 일으키는 사람이 있다 할지라도 자기의 진정을 숨기지 못할 것이다."라고 했다. 『대대례』「오제덕(五帝德)」에 "공자가 말했다. '내가 말로 사람을 취하려고 했으나, 재여에게서 그것을 고쳤다.'"라고 했으니, 바로 이 장의 뜻이다. 『논어집주(論語集注)』에서는 호씨(胡氏)가 "'말을 듣고 다시 행실을 살펴보게 되었다.'라는 것은, 성인이 이 일을 기다린 뒤에 그렇게 된 것도 아니며, 또한 이로 말미암아 배우는 자들을 모두 의심한 것도 아니다. 다만 이로 인하여 가르침을 세워 여러 제자를 깨우쳐서 말을 삼가고 행실에 힘쓰게 하려고 한 것일 뿐이다."라고 한 말을 인용했다. 황간과 형병의 「소」는 앞 장과 연결해서 한 문장[一章]으로 만들었으니, 전체적으로 장(章)의 수가 일치하지 않는다.

● 「注」, "發於宰我之晝寢."

● 正義曰: 『論衡』「問孔篇」說亦與此同. 愚謂前篇"人而不仁, 如禮·樂何", 在'季氏舞八佾'·'三家「雍」徹'章後, 則"人"指"季氏"·"三家"言. 下篇"子所雅言", 在"學「易」"章後, 則"所"字指"「易」"言. "民可使由, 不可使知", 在"『詩』禮樂"章後, 則"可使由, 不可使知", 指『詩』·禮·樂言. "吾友張也爲難能也", 在"堂堂乎張"章前, 則"難能"指"堂堂"言. 此皆前後章相發明之例, 姑擧數則, 爲此「注」證之.

○ 「주」의 "재아가 침실을 그림으로 장식한 것에서 비롯되었다."

○ 정의에서 말한다.

『논형』「문공편」의 설 역시 이것과 같다. 내가 생각하기에 앞 「팔일」의 "사람으로서 인하지 않으면 어찌 예와 악을 행할 수 있겠는가?"라고 한 구절이 '계씨(季氏)가 여덟 줄로 춤을 추게 한' 문장과 '세 대부 집 사람이 「옹(雍)」을 노래하면서 제사상을 거두었다.'라는 문장 뒤에 있으니, 그렇다면 여기서 말하는 "사람[人]"은 "계씨"와 "세 대부 집 사람[三家]"을 가리켜서 한 말이다. 아래 「술이(述而)」의 "공자가 발음을 정확히 해서 한 말[子所雅言]"이라고 한 구절도, "『주역』을 배우면[學「易」]"이라고 한 문장 뒤에 있으니, 그렇다면 "소(所)" 자는 "「역(易)」"을 가리켜서 한 말이다. 「태백(泰伯)」의 "민중은 『시경』과 예와 음악을 따르게 할 수는 있지만 알게 할 수는 없다."라고 한 구절은, "『시경』에서 시작하고, 예에서 입신(立身)하며, 음악에서 완성한다."라고 한 문장 뒤에 있으니, 그렇다면 "따르게 할 수 있지만 알게 할 수는 없다"라는 것은 『시경』과 예와 음악을 가리켜서 한 말이다. 「자장(子張)」의 "내 친구 자장은 능히 필적하기 어려운 사람이지만"이라고 한 구절은, "당당하구나, 자장이여!"라고 한 문장 앞에 있으니, 그렇다면 "필적하기 어렵다[難能]"는 것은 "당당함[堂堂]"을 가리켜서 한 말이다. 이는 모두 앞 문장과 뒤 문장이 서로를 드러내 밝혀 주는 용례이니, 우선 이 몇 가지 원칙을 들어 이 「주」의 이해를 위한 증거로 삼는다.

5-12

子曰: "吾未見剛者." 或對曰: "申棖." 【注】 包曰: "申棖, 魯人." 子曰: "棖也慾, 焉得剛?" 【注】 孔曰: "'慾', 多情慾."

공자가 말했다. "나는 아직 강(剛)한 사람을 보지 못하였다." 어떤 사람이 대답했다. "신정(申棖)이 강한 사람입니다." 【주】 포함이 말했다. "신정은 노나라 사람이다." 공자가 말했다. "신정은 정욕(情慾)이 많은 사람이지, 어찌 강한 사람일 수 있겠는가?" 【주】 공안국이 말했다. "'욕(慾)'은 정욕이 많음이다."

원문 正義曰: 鄭「注」云: "'剛', 謂彊志不屈撓." 案, 『說文』, "剛, 彊斷也." 「皐陶謨」, "剛而塞, 彊而毅." 是剛 · 彊義近. 撓者, 曲也, 折也. 志不屈撓, 則"富貴不能淫, 貧賤不能移, 威武不能屈", 所以能無慾也.

凌氏鳴喈『解義』, "剛爲天德, 故近仁. 慾, 「坤」象, 陰也, 損之, '窒慾'也. 「損」初「益」上, 艮以止之. 慾者, 勝人爲彊, 有似乎剛, 故或以爲疑."

역문 정의에서 말한다.

정현의 「주」에 "'강(剛)'은 뜻을 굳세게 해서[彊志] 굽히거나 흔들리지 않음[不屈撓]을 이른다."라고 했다. 살펴보니, 『설문해자』에 "강(剛)은 굳센 결단력[彊斷]이다."[189]라고 했고, 『서경(書經)』「고요모(皐陶謨)」에 "강건

하면서도 착실한 것[剛而塞], 굳세면서도 옳은 것[彊而義]."이라고 했으니, 강(剛)과 강(彊)은 뜻이 가깝다. 요(撓)는 굽힌다[曲]는 뜻이며, 꺾인다[折]는 뜻이다. 뜻이 구부러지거나 흔들리지 않으면 "부유함과 귀함[富貴]이 마음을 방탕하게 하지 못하며, 가난함과 천함[貧賤]이 절개를 옮기지 못하며, 위세와 무력[威武]이 굴복시키지 못하니",[190] 그런 까닭에 욕심이 없을 수 있다.

능명개(凌鳴喈)의 『논어해의(論語解義)』에 "강함[剛]은 천덕[天德]이기 때문에 인에 가깝다. 욕은 「곤괘(坤卦)」의 형상이며, 음(陰)이니,[191] 그것을 덜어 내는 것은 '욕심을 막는다[窒慾]'[192]라는 것으로, 「손괘(損卦)」의 초구효(初九爻)[193]와 「익괘(益卦)」의 상구효(上九爻)[194]에 해당하며, 간(艮)으로

189 『설문해자』 권4: 강(𠛚)은 굳센 결단력[彊斷]이다. 도(刀)로 구성되었고, 강(岡)이 발음을 나타낸다. 강(信)은 강(剛)의 고문인데 이와 같이 쓴다. 고(古)와 낭(郞)의 반절음이다.[𠛚, 彊斷也. 從刀岡聲. 信, 古文剛如此. 古郎切.]

190 『맹자』「등문공하(滕文公下)」.

191 『주역(周易)』「곤(坤)·상(象)」: 땅의 형세가 곤이니, 군자가 이것으로 인하여 후한 덕으로 만물을 싣는다.[地勢坤, 君子以, 厚德載物.] 곤상(坤象)은 순음(純陰)을 나타내는 것으로 땅·신하·음성(陰性)·여성을 상징하는데, 여기서는 욕(慾)을 곤상(坤象)으로 본 것이다.

192 『주역』「손(損)·상」: 산 아래에 못이 있음이 손(損)이니, 군자가 보고서 분노를 징계하고 욕심을 막는다.[山下有澤, 損, 君子以, 懲忿窒欲.] 『주역』「손·상」에는 "欲"으로 되어 있는데, 유보남은 "慾"으로 썼다.

193 『주역』「손」 초구(初九)의 효사에 "초구는 일을 마쳤거든 빨리 떠나가야 허물이 없으리니, 짐작(斟酌)해서 덜어 내야 한다.[初九, 已事, 遄往, 无咎, 酌損之.]"라고 했는데, 정이(程頤)의 「전」에 "손(損)의 뜻은 강(剛)을 덜어 유(柔)에 더하고, 아래를 덜어 위에 더하는 것이다. 초구는 양강(陽剛)으로 사(四)에 응(應)하고, 사는 음유(陰柔)로 상위(上位)에 거하여 초구의 더함에 의뢰하는 자이다.[損之義, 損剛益柔, 損下益上也. 初以陽剛, 應於四, 四以陰柔, 居上位, 賴初之益者也.]"라고 했다.

194 『주역』「익(益)」 상구(上九)의 효사에 "상구는 유익(有益)하게 해 주는 이가 없다. 혹 공격하리니, 마음을 세우되 항상 하지 말아야 하니, 흉(凶)하다.[上九, 莫益之. 或擊之, 立心勿恒,

써 멈춰야 한다.[195] 욕심은 남을 이기는 것을 강(彊)함으로 여기니, 강(剛)과 유사함이 있기 때문에 어떤 사람이 욕을 강(剛)이라고 의심한 것이다."라고 했다.

● 「注」, "申棖, 魯人."

● 正義曰: "棖", 或作"棠", 或作"堂", 或作"黨", 或作"儻". 『漢王政碑』, "黲申棠之欲". 此作"棠"也. 『史記索隱』, "申堂字周." 本『史記』「弟子列傳」, 此作"堂"也. 今本『史記』云: "申黨字周." 此作"黨"也. 朱氏彝尊『弟子考』引漢 文翁『禮殿圖』有"申儻", 此作"儻"也. 諸家文雖有異, 而音則相通. 『詩』「丰」云: "俟我乎堂兮!" 鄭「箋」, "棠當爲棖." 可證也.

唐·宋以來, 因稱名參錯, 分申棖·申黨爲二人. 玄宗開元二十七年, 封申黨 召陵伯·申棖 魯伯; 眞宗祥符二年, 封棖 文登侯·黨 淄川侯, 俱列從祀. 至明嘉靖九年, 因大學士張璁奏, 存棖去黨, 而祀典始正.

○ 「주」의 "신정은 노나라 사람이다."

○ 정의에서 말한다.

"정(棖)"은 더러 "당(棠)"으로도 되어 있고, 혹은 "당(堂)"으로도 되어 있으며, 혹은 "당(黨)"으

凶.]"라고 했는데, 정이의 「전」에 "강(剛)으로 익(益)의 극(極)에 처했으니 유익함을 구하기를 심하게 하는 자이다.[以剛處益之極, 求益之甚者也.]"라고 했고, 또 "상구가 강으로 유익함을 구하기를 지극히 하니, 사람들이 함께 미워하는 것이다.[九以剛而求益之極, 衆人所共惡.]"라고 했다.

195 『주역』「서괘전(序卦傳)」에 "진(震)은 동함[動]이니 물건은 끝내 동할 수 없어 멈추므로 간(艮)으로써 받았고, 간(艮)은 멈춤[止]이니 물건은 끝내 멈출 수 없으므로 점(漸)으로써 받았다.[震者, 動也, 物不可以終動, 止之, 故受之以艮, 艮者, 止也, 物不可以終止, 故受之以漸.]"라고 했고, 「설괘전(說卦傳)」에 "우레로써 동하고, 바람으로써 흩고, 비로써 적시고, 해로써 따뜻하게 하고, 간(艮)으로써 그치고, 태(兌)로써 기쁘게 하고, 건(乾)으로써 군주(君主) 노릇 하고, 곤(坤)으로써 감춘다.[雷以動之, 風以散之, 雨以潤之, 日以烜之, 艮以止之, 兌以說之, 乾以君之, 坤以藏之.]"라고 했다.

로도 되어 있고, 혹은 "당(儻)"으로도 되어 있다. 『한왕정비(漢王政碑)』에 "신당(申棠)의 욕심이 없다[縻申棠之欲]"라고 했으니, 이는 "정(棖)"이 "당(棠)"으로 되어 있는 것이다. 『사기색은』에 "신당(申堂)은 자가 주(周)이다."라고 했는데, 『사기』「중니제자열전」을 근거로 한 것이니, 이는 "정(棖)"이 "당(堂)"으로 되어 있는 것이다. 지금 판본의 『사기』에 "신당(申黨)은 자가 주이다."라고 되어 있으니, 이는 "정(棖)"이 "당(黨)"으로 되어 있는 것이다. 주이존(朱彝尊)[196]의 『공자제자고(孔子弟子考)』에는 한나라 문옹(文翁)[197]의 『예전도(禮殿圖)』에 있는 "신당(申儻)"을 인용했는데, 이는 "정(棖)"이 "당(儻)"으로 되어 있는 것이다. 여러 학자들의 글자가 비록 차이는 있지만 발음은 서로 통한다. 『시경』「국풍 · 봉(丰)」에 "나를 당(堂)에서 기다리더니!"라고 했는데, 정현의 「전(箋)」에 "당(棠)은 마땅히 정(棖)이 되어야 한다."[198]라고 했으니 증거로 삼을 만하다.

당(唐) · 송(宋) 이래로 이름을 칭하는 것이 이리저리 섞갈림으로 인해 신정과 신당(申黨)을

196 주이존(朱彝尊, 1629~1709): 청나라 절강 수수(秀水) 사람. 자는 석창(錫鬯), 호는 죽타(竹垞) 또는 행십(行十), 소장로조어사(小長蘆釣魚師), 금풍정장(金風亭長)이다. 젊어서 명나라가 망한 것을 애통하게 여기면서 왕조의 회복에 뜻을 두었다. 얼마 뒤 천하를 떠돌면서 명성이 점점 높아지자 강희(康熙) 18년(1679) 박학홍사과(博學鴻詞科)에 선발되었다. 고학(古學)에 힘써 금석고증(金石考證) 및 고문시사(古文詩詞)에 밝았다. 『명사(明史)』 편찬에 참여했고, 『문원(文苑)』과 『영주도고록(瀛洲道古錄)』, 『일하구문(日下舊聞)』 등을 편찬했으며, 『오대사(五代史)』에 주를 달기도 했다. 경학 관련 저술로는 한나라 때부터 명나라 때까지의 경설(經說)을 모두 수집하여 편찬한 『경의고(經義考)』가 있는데, 존(存), 일(佚), 궐(闕), 미견(未見) 등으로 자료마다 주석을 달아 목록학의 발전에 크게 공헌했다. 시문(詩文)과 사(詞)에도 일가를 이루어, 시는 왕사진(王士禛)과 이름을 나란히 했고, 사는 진유숭(陳維崧)과 함께 '주진(朱陳)'으로 불렸다. 그 밖의 저서에 수수(秀水) 지방의 장고(掌故)를 기록한 『화록(禾錄)』, 염정(鹽政)을 기록한 『차록(鹺錄)』 및 『폭서정집(曝書亭集)』, 『명시종(明詩綜)』, 『사종(詞綜)』 등이 있다.

197 문옹(文翁, 기원전 179~기원전 101): 한나라 경제(景帝) 때 사람. 이름은 당(黨), 자는 중옹(仲翁)으로 서한(西漢) 경제 때에 촉군태수(蜀郡太守)로 나가서 교화를 펼치고 학교를 일으켜 문풍(文風)을 크게 떨쳤다. 무제(武帝) 때 온 천하에 학교를 설립한 것은 문옹으로부터 비롯되었다고 한다.

198 『모시주소』 권7, 「국풍 · 정(鄭) · 봉(丰)」 정현의 「전(箋)」.

나눠 서로 다른 두 사람이 되었다. 당 현종(玄宗) 개원(開元) 27년에, 신당을 소릉백(召陵伯)에 봉하고 신정을 노백(魯伯)에 봉했고, 송 진종(眞宗) 상부(祥符) 2년에는, 신정을 문등후(文登侯)에 봉하고 신당을 치천후(淄川侯)에 봉하여 함께 문묘에 종사(從祀)했다. 명(明)나라 가정(嘉靖) 9년에 이르러서는, 대학사(大學士) 장총(張璁)[199]의 상소에 따라 신정의 위폐는 존치하고 신당의 위폐를 제거하니, 나라의 제례를 규정한 법전[祀典]이 비로소 바르게 되었다.

원문 『困學記聞』云: “『史記索隱』謂文翁『圖』有申棖·申棠, 今所傳『禮殿圖』有申黨, 無申棖.” 『文獻通考』亦云: “今考文翁『石室圖』, 無所謂棖與棠也.” 是『圖』本止申黨一人. 伯厚所見『圖』作“黨”, 與朱氏彝尊所見『圖』作“儻”不同, 當以朱爲是. 諸字皆由音近通用, 莫知其何者爲正. 『困學記聞』獨以“黨”爲傳寫之訛, 梁氏玉繩『漢書古今人表考』亦以“儻”爲訛, 皆未必然也.

역문 『곤학기문(困學記聞)』에 “『사기색은』에 문옹의 『예전도』에 신정과 신당(申棠)이 있는데, 지금 전해지는 『예전도』에는 신당(申黨)은 있고 신정은 없다.” 했고, 『문헌통고(文獻通考)』 역시 “지금 문옹의 『석실도(石室圖)』를 살펴보니, 이른바 신정과 신당(申棠)이 없다.”라고 했으니, 이 『도』본에는 단지 신당(申黨) 한 사람일 뿐이다. 백후(伯厚)[200]가 본 『예전도』에

---

199 장총(張璁, 1475~1539): 명나라 때의 대신(大臣). 절강 온주부(溫州府) 영가(永嘉) 사람으로 자는 병용(秉用)이고, 호는 나봉(羅峰) 또는 장각로(張閣老), 시호는 문충(文忠)이다. 가정(嘉靖) 원년(1522)에 진사 출신으로 벼슬은 내각수보(內閣首輔), 문연각대학사(文淵閣大學士)를 지냈다. 저서로 『예기장구(禮記章句)』, 『대례요략(大禮要略)』, 『나산주소(羅山奏疏)』, 『나산문집(羅山文集)』, 『정선사공자사전집의(正先師孔子祀典集議)』, 『금등변의(金縢辨疑)』, 『두율훈해(杜律訓解)』, 『칙유록(敕諭錄)』, 『유대록(諭對錄)』, 『흠영대옥록(欽明大獄錄)』, 『비설편(霏雪編)』, 『가정온주부지(嘉靖溫州府志)』 등이 있다.

는 "당(黨)"으로 되어 있는데, 주이존이 본 『예전도』에 "당(儻)"으로 되어 있는 것과는 같지 않으니, 주이존을 옳다고 보는 것이 마땅하다. 여러 글자들은 모두 발음이 같음으로 말미암아 통용된 것인데, 어느 글자가 옳은지는 알지 못하겠다. 『곤학기문』에만 유독 "당(黨)"을 잘못 베껴 쓴 것이라 했고, 양옥승(梁玉繩)의 『한서고금인표고』에도 "당(儻)"을 잘못된 것이라고 했으나, 모두 꼭 그런 것만도 아니다.

원문 『史記索隱』引鄭此「注」云: "申棖, 魯人, 弟子也." 『論語』『釋文』及邢「疏」竝引鄭曰: "申棖, 蓋孔子弟子申續." 又引『家語』"申續字周." 似"續"又"棖"之別名. 『史記索隱』引『家語』作"申繚", 『困學記聞』引『家語』作"申續", 今本『家語』作"申續, 字子周".

역문 『사기색은』에 정현의 이 「주」에서 "신정은 노나라 사람으로, 제자이다."라고 한 것을 인용했다. 『논어』에 대한 『경전석문』 및 형병의 「소」에서도 모두 정현이 "신정은 공자의 제자인 신속(申續)이다."라고 한 것을 인용했고, 또 『공자가어』의 "신속은 자가 주이다."라고 한 것을 인용했

---

200 백후(伯厚): 송나라 경원부(慶元府) 은현(鄞縣, 절강 은현) 사람인 왕응린(王應麟, 1223~1296). 백후(伯厚)는 그의 자이고, 호는 심녕거사(深寧居士) 또는 후재(厚齋)이다. 아버지가 여조겸(呂祖謙)의 제자 누방(樓昉)에게 배워 일찍이 온주지주(溫州知州)를 지냈다. 정주학파(程朱學派)에 속하는 왕야(王埜)와 진덕수(眞德秀) 등에게서 영향을 받았고, 송나라가 망한 뒤(1276) 고향에 은거하면서 20년 동안 경사(經史)를 강술했다. 저작이 매우 많고 학술적 가치도 높아 고증학(考證學)이 대세를 이룬 청나라 때 매우 높은 평가를 받았다. 『옥해(玉海)』는 백과전서적인 저작으로 그가 박학굉사 시험을 준비할 때 정리한 것이다. 『곤학기문(困學記聞)』은 필기류(筆記類) 저작으로 경사(經史)에 관한 연구에서 얻은 바를 정리했다. 『한제고(漢制考)』는 역사에 관한 저작이고, 『통감지리통석(通鑑地理通釋)』은 역사지리학 방면의 저작이다. 『소학감주(小學紺珠)』는 문자학 방면의 성과물이다. 그의 학술을 집성했다고 평가되는 『곤학기문』은 서재 이름이 곤학당(困學堂)인 데서 나왔다. 이 밖에도 『삼자경(三字經)』과 『백가성(百家姓)』을 남겼다.

는데, "속(續)"은 또 "정(棖)"의 별명(別名)인 것 같다. 『사기색은』에는 『공자가어』에 "신요(申繚)"로 되어 있는 것을 인용했고, 『곤학기문』에는 『공자가어』에 "신적(申績)"으로 되어 있는 것을 인용했지만, 지금 판본의 『공자가어』에는 "신궤(申繢)이고, 자는 자주(子周)이다."[201]라고 되어 있다.

원문 錢氏大昕『養新錄』謂古文"賡"·"續"同聲, 『家語』"申續", 蓋讀如"庚", 與"棠"音亦不遠. 今本『家語』作"繢", 則傳寫之誤也. 盧氏文弨『釋文考證』略同. 梁氏『人表考』云: "鄭作申續, 必有所據. '績'與'續'通, '繚'·'繢'兩字, 乃傳寫之譌." 諸說皆依鄭「注」作"續".

역문 전대흔(錢大昕)의 『양신록(養新錄)』에서는 고문(古文)의 "갱(賡)"과 "속(續)"은 발음이 같아서 『공자가어』의 "신속"은 아마도 "경(庚)" 자와 같은 음으로 읽었을 것이니, "당(棠)" 자의 발음과도 멀지 않을 것이라고 했다. 지금 판본의 『공자가어』에는 "궤(繢)"로 되어 있으니, 그렇다면 이는 베껴 쓰기를 잘못한 것이다. 노문초(盧文弨)의 『경전석문고증(經典釋文考證)』도 대략 같다. 양씨(梁氏)의 『한서고금인표고』에 "정현이 신속이라고 한 것은, 반드시 근거한 바가 있다. '적(績)'과 '속(續)'은 통용되고, '요(繚)'와 '궤(繢)' 두 글자는 결국 베껴 쓰기를 잘못한 것이다."라고 했는데, 여러 설들은 모두 정현의 「주」에 "속(續)"으로 되어 있는 것에 의거한 것이다.

원문 臧氏庸『拜經日記』, "徐鯤曰: '『史記索隱』引『家語』作"繚", 據"字周"義, 疑"繚"爲得之.' 庸案, 徐說是也. 『索隱』於'公伯繚字子周'下云: '『家語』

201 『공자가어』 권9, 「칠십이제자해(七十二弟子解)」.

無公伯繚, 而有申子周.' 又於'申黨字周'下云: '『家語』有申繚, 字周.' 又『史記正義』於'公伯繚字子周'下云: '『家語』有申繚 子周.' 然則司馬貞 · 張守節所見『家語』竝作申繚, 蓋『家語』無公伯繚及申堂. 王肅僞造申繚一人以當申堂 · 公伯僚二人, 因二人名姓雖異, 而字周則同, 爲足以相混也. 「論語音義」及『家語』作'申繢', 乃'繚'字形近之譌. 王伯厚所見本作'繢', 今本作'續', 此又'繢'字之轉誤. 「論語音義」引鄭云: '蓋孔子弟子申繢.' 此'繢'字乃後人據誤本『家語』所改, 當本作'申堂', 鄭正據「仲尼弟子列傳」也. 「索隱」曰: '申堂字周, 『論語』有申棖. 鄭玄云: "申棖, 魯人, 弟子也." 蓋申堂是棖不疑, 以棖 · 堂聲相近.' 案, 小司馬此言, 正據鄭注『論語』, 以申棖爲申堂, 故云然也."

역문 장용의 『배경일기(拜經日記)』에 "서곤(徐鯤)이 말했다. '『사기색은』에는 『공자가어』에 "요(繚)"로 되어 있는 것을 인용했는데, "자가 주(周)이다."라고 한 뜻에 의거해 보면 아마도 "요(繚)"가 맞는 것 같다.' 내[臧庸]가 생각해 보니, 서곤의 설명이 옳다. 『사기색은』의 '공백료(公伯繚)는 자가 자주(子周)[202]이다.' 아래 '『공자가어』에는 공백료(公伯繚)가 없고, 신자주(申子周)가 있다.'라고 했으며, 또 '신당(申黨)은 자가 주이다.' 아래 '『공자가어』에 신요(申繚)가 있으니, 자가 주이다.'라고 했으며, 또 『사기정의(史記正義)』의 '공백료는 자가 자주이다.' 아래 '『공자가어』에 신요 자주가 있다.'라고 했다. 그렇다면 사마정(司馬貞)과 장수절(張守節)[203]이 본 『공자가어』에는 모두 신요라고 되어 있고, 『공자가어』에는 공백료와 신당(申堂)은 없다. 왕숙은 신요 한 사람을 위조(僞造)해서 신당과 공백료 두 사람에 해당시켰는데, 두 사람의 이름과 성이 비록 다르지만 자

202 『사기색은』에는 "子" 자가 없다. 『사기』「중니제자열전」을 근거로 보충했다.

203 장수절(張守節, ?~?): 당(唐)나라시대의 역사학자. 저서로 『사기정의(史記正義)』 30권이 있다.

가 주(周)라는 점이 같음으로 인해 충분히 서로 혼동할 만하다. 『경전석문』「논어음의(論語音義)」 및 『공자가어』에 '신속(申續)'이라고 되어 있는 것은 바로 '요(繚)' 자와 형태가 비슷해서 변한 것이다. 왕백후(王伯厚)가 본 『공자가어』본에는 '적(績)'으로 되어 있었으나, 지금의 『공자가어』본에는 '궤(繢)'로 되어 있는데, 이 또한 '속(續)' 자가 잘못된 것이다. 「논어음의」에 정현이 '공자의 제자 신속이다.'[204]라고 한 것을 인용했는데, 이 '속' 자는 바로 후세 사람들이 잘못된 『공자가어』본을 근거로 고친 것이니, 해당 판본에는 '신당(申堂)'으로 되어 있던 것을 정현이 「중니제자열전」을 근거로 고친 것이다. 『사기색은』에 '신당(申堂)은 자가 주인데, 『논어』에 신정이 있다. 정현이 이르길 "신정은 노나라 사람으로 제자이다."라고 했으니, 신당이 신정임은 의심할 것이 없는 것은 정(棖)과 당(堂)은 소리가 서로 가깝기 때문이다.'라고 했다. 살펴보니, 소사마(小司馬)의 이 말은 바로 정현이 『논어』를 주석한 것을 근거로 신정을 신당이라고 생각했기 때문에 그렇게 말한 것이다."라고 했다.

원문 案, 臧說甚辨, 當可依據. 『蒼頡碑』作"字, 子續", 此又因名續而妄爲之. 王肅以申繚 · 申堂 · 公伯繚爲一人, 而非孔子弟子. 此包「注」亦不云弟子, 或包不據「弟子傳」, 以申棖 · 申堂爲非一人也. 至包以棖爲魯人, 與鄭同. 漢『魯峻石壁殘畫象』有魯棖.

역문 살펴보니, 장용의 설명이 매우 분명하니 마땅히 의거할 만하다. 『창힐비(蒼頡碑)』에 "자는 자속(子續)이다"라고 되어 있는데, 이 또한 속(續)을 이름이라고 한 것으로 인해 망령되이 그렇게 된 것이다. 왕숙은 신

204 『경전석문』 권24, 「논어음의 · 공야장제5」.

요·신당·공백료를 한 사람이지만 공자의 제자는 아니라고 생각했다. 이에 대한 포함의 「주」 역시 제자라고 하지는 않았는데, 아마도 포함은 『사기』「중니제자열전」을 근거하지 않고서 신정과 신당을 한 사람이 아니라고 여긴 듯하다. 포함이 신정을 노나라 사람이라고 여긴 것에 대해서는 정현과 같다. 한나라 『노준석벽잔화상(魯峻石壁殘畫象)』에는 노정(魯棖)이라는 이름이 있다.

- 「注」, "慾, 多情慾."
- 正義曰: 古無"慾", 有"欲". 欲根於性而發於情. 故「樂記」言"性之欲", 『說文』言"情, 人之陰氣有欲者"也. 聖凡·智愚, 同此性情, 卽同此欲, 其有異者, 聖智皆能節欲, 能節故寡欲也. 若不知節欲, 則必縱欲, 而爲性情之賊. 故孟子曰: "養心莫善於寡欲. 其爲人也寡欲, 雖有不存焉者, 寡矣; 其爲人也多欲, 雖有存焉者, 寡矣."

○ 「주」의 "욕(慾)은 정욕(情慾)이 많음이다."

○ 정의에서 말한다.

옛날에는 "욕(慾)" 자는 없었고, "욕(欲)" 자만 있었다. 욕(欲)은 성(性)에 뿌리를 두고 정(情)으로 드러난다. 그러므로 『예기』「악기(樂記)」에 "성(性)의 욕구[欲]"라고 한 것이며, 『설문해자』에서 "정(情)은 사람의 음기(陰氣)로서 욕심[欲]을 지닌 것이다."[205]라고 한 것이다. 성인과 범인, 지혜로운 자와 어리석은 자가 성과 정이 같으니, 바로 이 욕구도 같지만, 차이가 나는 것은 성인과 지혜로운 사람은 모두 이 욕구를 절제할 수 있고, 절제할 수 있기 때문에 욕구를 적게 할 수 있다는 것이다. 만약 욕구를 절제할 줄 모르면 욕구를 함부로 부려 성과 정을 해치게 된다. 그러므로 맹자(孟子)가 "마음을 수양(修養)하는 데는 욕구를 적게 가지는 것보다 더 좋은 것은 없다. 그 사람됨이 욕구를 적게 가지고 있다면 비록 본심을 보존하고 있

---

205 『설문해자』 권10: 정(𢡱)은 사람의 음기(陰氣)로서 욕심[欲]을 지닌 것이다. 심(心)으로 구성되었고 청(靑)이 발음을 나타낸다. 질(疾)과 영(盈)의 반절음이다.[𢡱, 人之陰氣有欲者. 從心靑聲. 疾盈切.]

지 않은 자가 있을지라도 숫자가 적을 것이나, 그 사람됨이 욕구를 많이 가지고 있다면 비록 본심을 보존하고 있는 자가 있을지라도 숫자가 적을 것이다."[206]라고 한 것이다.

5-13

子貢曰: "我不欲人之加諸我也, 吾亦欲無加諸人."【注】馬曰: "'加', 陵也." 子曰: "賜也, 非爾所及也."【注】孔曰: "言不能止人使不加非義於己."

자공이 말했다. "저는 남이 저에게 가하기를 원하지 않는 것을, 저 또한 남에게 가함이 없기를 원합니다."【주】마융이 말했다. "'가(加)'는 능멸함[陵]이다." 공자가 말했다. "사야, 네가 미칠 바가 아니다."【주】공안국이 말했다. "남이 나에게 도의(道義)에 맞지 않는 것을 가하지 않도록 그치게 할 수 없다는 말이다."

원문 正義曰: 『大學』言"絜矩之道"云: "所惡於上, 毋以使下; 所惡於下, 毋以事上; 所惡於前, 毋以先後; 所惡於後, 毋以從前; 所惡於右, 毋以交於左; 所惡於左, 毋以交於右." 卽子貢此言之旨.

역문 정의에서 말한다.

『대학』에서 "혈구지도(絜矩之道)"를 말하면서 "윗사람에게서 싫었던 것으로써 아랫사람을 부리지 말며, 아랫사람에게서 싫었던 것으로써 윗

206 『맹자』「진심하」.

사람을 섬기지 말며, 앞사람에게서 싫었던 것으로써 뒷사람에게 먼저 하지 말며, 뒷사람에게서 싫었던 것으로써 앞사람을 따르지 말며, 오른쪽 사람에게서 싫었던 것으로써 왼쪽 사람을 사귀지 말며, 왼쪽 사람에게서 싫었던 것으로써 오른쪽 사람을 사귀지 말라."[207]라고 했는데, 바로 자공의 이 말의 취지이다.

원문 戴氏震『孟子字義疏證』, "夫物之感人無窮, 而人之好惡無節, 則是物至而人化物也. 人化物也者, 滅天理而窮人欲者也. 於是有悖逆詐僞之心, 有淫泆作亂之事. 是故强者脅弱, 衆者暴寡, 知者詐愚, 勇者苦怯, 疾病不養, 老幼孤獨不得其所, 此大亂之道也. 誠以弱·寡·愚·怯與夫疾病·老·幼·孤·獨, 反躬而思其情, 人豈異於我? 一人之欲, 天下人之同欲也. 故曰'性之欲'. 好惡旣形, 遂己之好惡, 忘人之好惡, 往往賊人以逞欲. 反躬者, 以人之逞其欲, 思身受之情也. 情得其平, 是爲好惡之節, 是爲依乎天理."

역문 대진(戴震)의 『맹자자의소증(孟子字義疏證)』에 "사물이 사람을 감응시킴이 끝이 없는데, 사람이 좋아하고 싫어함에 절제가 없으면, 이는 사물이 이름에 따라 사람이 사물에 동화된 것이다. 사람이 사물에 동화되었다는 것은 천리(天理)를 없애 버리고 인욕(人欲)을 끝까지 추구했다는 것이다. 여기에서 어그러지고 거스르며 속이고 거짓된 마음이 있게 되고, 방탕하고 어지러움을 일으키는 일이 있게 된다. 이런 까닭에 강한 사람이 약한 사람을 위협하고, 다수가 소수를 폭압하며, 지혜로운 사람이 어리석은 사람을 속이고, 용기 있는 사람이 겁 많은 사람을 괴롭히며, 병

---

207 『대학(大學)』 전10장.

든 사람이 요양받지 못하고, 늙은이 · 어린이 · 고아 · 자식 없는 노인이 살 곳을 얻지 못하니, 이것이 크게 혼란해지는 길이다.[208] 진실로 약한 사람 · 소수 · 어리석은 사람 · 겁 많은 사람과 병든 사람 · 늙은이 · 어린이 · 고아 · 자식 없는 노인에 대해 스스로 돌이켜 그 실정을 생각해 보면 남이라고 해서 어찌 나와 다르겠는가? 한 사람의 욕구는 천하 모든 사람들과 동일한 욕구이다. 그러므로 '성(性)의 욕구[欲]'라고 한 것이다. 좋아하고 싫어함이 이미 형성되면 자기가 좋아하고 싫어하는 것을 이루고, 남이 좋아하고 싫어하는 것은 잊어버려 종종 남을 해쳐 자기의 욕구를 만족시킨다. 자신을 돌아보는 사람은 남이 자기의 욕구를 만족시킬 때 내 자신이 처하게 될 실정을 생각한다. 공평한 실정을 얻는 것, 이것이 좋아하고 싫어함의 절도가 되고, 이것이 천리에 의거함이 된다."[209]라고 했다.

원문 程氏瑤田『論學小記』「進德篇」曰: "仁者, 人之德也; 恕者, 行仁之方也. 堯 · 舜之仁, 終身恕焉而已矣. 勉然之恕, 學者之行仁也, 自然之恕, 聖人之行仁也, 能恕則仁矣. 不以勉然者爲恕, 自然者爲仁, 生分別也. 子貢曰: '我不欲人之加諸我也, 吾亦欲無加諸人.' 此恕之說也. 自以爲及將止而不進焉, 故夫子以'非爾所及'警之."

역문 정요전의 『논학소기』「진덕(進德)」에 "인이란 사람의 덕이고, 서란 인을 행하는 방법[方]이다. 요와 순의 인은 종신토록 서를 행한 것일 뿐이다. 부지런히 노력하는 서는 배우는 자들이 행하는 인이고, 자연스러운 서는 성인이 행하는 인이니, 거뜬히 서를 실천함이 바로 인인 것이다.

---

208 여기까지는 『예기』「악기(樂記)」의 내용이다.

209 『맹자자의소증(孟子字義疏證)』 권상, 「이(理)」.

부지런히 노력함을 서로 여기거나, 자연스러운 것을 인으로 여기지 않기 때문에 분별을 낳는다. 자공이 '저는 남이 저에게 가하기를 바라지 않는 것을, 저 또한 남에게 가함이 없고자 합니다.'라고 했는데, 이는 서를 말한 것이다. 장차 그쳐서 그리로 나아가지 않는 경지에 미칠 것이라고 스스로 여겼기 때문에 공자가 '네가 미칠 바가 아니다'라는 말로 경계시킨 것이다."라고 했다.

● 「注」, "加, 陵也."

● 正義曰: 『左』「襄」十三年「傳」, "君子稱其功以加小人." 杜「注」, "加, 陵也." 陵者, 大阜有臨下之象. 下篇云"己所不欲, 勿施於人", "施", "加", 同義. 『說文』, "加, 語相增加也." 段氏玉裁改"增"爲"譄", 云: "'譄'下曰'加也', '誣'下曰'加也', 此言'語相譄加也', 知譄・誣・加三字同義. 誣人曰譄, 亦曰加. 『論語』曰'云云', 馬融曰: '加, 陵也.' 袁宏曰: '加, 不得理之謂也.' 劉知幾『史通』曰: '承其詭妄, 重以加諸.' 韓愈『爭臣論』曰: '吾聞君子不欲加諸人, 而惡訐以爲直者.' 皆得加字本義." 沈氏濤『論語孔注辨僞』曰: "『舊唐書』「僕固懷恩傳」, '共生異見, 妄作加諸.' '加諸', 蓋飾辭毀人之謂." 今案, 段・沈說又一義, 非經「注」旨所有.

○ 「주」의 "'가(加)'는 능멸함[陵]이다."

○ 정의에서 말한다.

『춘추좌씨전』「양공」 13년의 「전」에 "군자는 자기의 공로를 자랑하여 소인을 능멸한다."라고 했는데, 두예의 「주」에 "가(加)는 능멸함[陵]이다."라고 했다. 능(陵)이란 커다란 언덕이 아래를 굽어보는 형상이다. 아래 「위영공(衛靈公)」에서는 "자기가 원하지 않는 것을 남에게 베풀지 말라[己所不欲勿施於人]"[210]라고 했으니, "시(施)"와 "가(加)"는 같은 뜻이다. 『설문해자』에 "가(加)는 말이 서로 더해진다는 뜻이다."[211]라고 했는데, 단옥재는 "증(增)" 자를 "증(譄)"

---

210 "己所不欲, 勿施於人."은 「안연(顏淵)」과 「위영공」에 보이나, 「안연」에 보이는 내용은 중궁(仲弓)의 질문에 대한 대답이고, 「위영공」의 내용은 자공의 질문에 대한 대답이므로, "下篇"을 「위영공」으로 해석했다.

자로 고치고, "(『설문해자』의) '증(譄)' 자 아래 '더한다[加]는 뜻이다'[212]라고 하고, '무(誣)' 자 아래 '더한다[加]는 뜻이다.'[213]라고 했는데, 이것이 '말이 서로 더해진다는 뜻이다.'라는 말이니, 증(譄) · 무(誣) · 가(加) 세 글자가 뜻이 같음을 알 수 있다. 남을 무고(誣告)하는 것을 증(譄)이라 하고 또 가(加)라고도 한다. 『논어』에서 말하길 '운운'하면서, 마융은 '가(加)는 능멸함[陵]이다.'라고 했고, 원굉(袁宏)[214]은 '가(加)는 이치를 얻지 못했다는 말이다.'라고 했다. 유지기(劉知幾)[215]의 『사통(史通)』에는 '거짓과 속임수를 이어 거듭 무고하는 말을 가했

---

211 『설문해자』 권13: 가(㗎)는 말이 서로 더해진다는 뜻이다. 역(力)과 구(口)로 구성되었다. 고(古)와 아(牙)의 반절음이다.[㗎, 語相增加也. 從力從口. 古牙切.]

212 『설문해자』 권3: 증(譄)은 더한다[加]는 뜻이다. 언(言)으로 구성되었고, 증(曾)이 발음을 나타낸다. 작(作)과 등(滕)의 반절음이다.[譄, 加也. 從言曾聲. 作滕切.]

213 『설문해자』 권3: 무(誣)는 더한다[加]는 뜻이다. 언(言)으로 구성되었고, 무(巫)가 발음을 나타낸다. 무(武)와 부(扶)의 반절음이다.[誣, 加也. 從言巫聲. 武扶切.]

214 원굉(袁宏, 328~376): 동진(東晉) 진군(陳郡) 양하(陽夏) 사람. 자는 언백(彦伯)이고, 소자(小字)는 호(虎)이다. 문장이 아주 뛰어났다. 영사시(詠史詩)를 지은 일로 사상(謝尙)의 눈에 띄어 참군(參軍)이 되었다. 이후 승진하여 대사마(大司馬) 환온(桓溫) 막부의 기실(記室)이 되었다. 사안(謝安)이 양주자사(揚州刺史)로 있을 때 동양태수(東陽太守)가 되었다. 『후한기(後漢紀)』 30권을 지었는데, 내용이 충실해서 후한의 역사를 아는 데 중요한 자료로 쓰인다. 시인으로서 3백여 편의 작품이 전하며, 저서에 『죽림명사전(竹林名士傳)』 3권과 『삼국명신송(三國名臣頌)』 등이 있다.

215 유지기(劉知幾, 661~721): 당나라 서주(徐州) 팽성(彭城) 사람. 자는 자현(子玄), 시호는 문(文)이다. 고종(高宗) 영흥(永興) 원년(680) 진사가 되고, 획가주부(獲嘉主簿)에 올랐다. 저작랑(著作郎)과 숭문관학사(崇文館學士) 등을 지냈다. 무측천(武則天) 때 봉각사인(鳳閣舍人) 겸 수국사(修國史)에 올랐다. 중종(中宗) 때 태자솔갱령(太子率更令)이 되고, 비서소감(秘書少監)으로 옮겨 『측천황후실록(則天皇后實錄)』을 편찬했다. 또 경룡(景龍) 4년(710) 『사통(史通)』을 완성했다. 자신을 양웅(揚雄)에 비유하여 고성선왕(古聖先王) 및 유가 경전에 대해 회의하거나 비판했다. 최고의 저서로 내편 39편, 외편 13편으로 구성된 『사통』이 있는데, 이 가운데 외편 제4편 「혹경(惑經)」은 『춘추』에 대해 논한 것이고, 제5편 「신좌(申左)」는 『춘추좌씨전』에 대해 논한 것이다. 그 밖의 저서에 『유자현집(劉子玄集)』과 『예종실록(睿宗實錄)』 등이 있다. 30년 동안 국사 편찬 일에 몸담으면서 항상 정확하게 기록할 것을 주장해 역사가라면 재학식(才學識) 세 가지를 갖추어야 한다고 주장했다.

다.'[216]라고 하였으며, 한유의 『쟁신론(爭臣論)』에는 '내가 듣자 하니, 군자는 남을 능멸하고자 하지 않고 남의 비밀을 들춰내는 것을 정직함으로 여기는 것을 미워한다.'라고 했는데, 모두 가(加) 자의 본의(本義)를 얻었다."[217]라고 했다. 심도(沈濤)[218]의 『논어공주변위(論語孔注辨僞)』에 "『구당서(舊唐書)』「복고회은전(僕固懷恩傳)」에 '함께 다른 의견[219]을 내어, 함부로 무고(誣告)하였다.[妄作加諸.]'라고 했는데, '가저(加諸)'는 대체로 말을 꾸며서 남을 비방함을 이른다."라고 했다. 지금 살펴보니, 단옥재와 심도의 설도 하나의 의미가 있기는 하지만, 경전 「주」의 취지가 있는 것은 아니다.

● 「注」, "言不能止人使不加非義於己."

● 正義曰: 義與不義, 以不欲·無欲觀之, 其意自見, 不必更言非義也. 夫子之道不過忠·恕, 故以爲"非爾所及". 若夫橫逆之來, 聲色之誘, 其由外至者, 雖聖賢不能禁止之, 而使其必無, 況在中材以下? 君子知其然也, 故但修其在己, 而不必遽非諸人也. 僞孔此「注」, 全失本旨.

○ 「주」의 "남이 나에게 도의에 맞지 않는 것을 가하지 않도록 그치게 할 수 없다는 말이다."

○ 정의에서 말한다.

의(義)와 불의(不義)는 불욕(不欲)과 무욕(無欲)의 관점에서 살펴보면 그 뜻이 저절로 드러나니 굳이 비의(非義)를 다시 말할 필요가 없다. 공자의 도는 충(忠)과 서(恕)에 불과하기 때문에 "네가 미칠 바가 아니다"라고 한 것이다. 횡역(橫逆)이 닥쳐옴과 성색(聲色)의 유혹과 같이 그 유래가 외부로부터 이른 것은 비록 성현일지라도 그것을 금지시켜 반드시 없게 할

---

216 『사통』「내편(內篇)·채찬(採撰)」. 『논어정의』에는 "誣妄"으로 되어 있으나, 『사통』을 근거로 고쳤다. 포기룡(浦起龍)이 찬한 『사통통석(史通通釋)』에는 "重以加諸" 아래, "다른 책에는 '거듭 무고하는 말을 가했다.'라고 되어 있다.[一作'重加誣語'.]"라는 주석이 있다.

217 『설문해자주』.

218 심도(沈濤, ?~?): 청대의 학자. 자는 서옹(西雍), 호는 포려(匏廬)이다. 저서에 『역음보유연설문고본고(易音補遺淵說文古本考)』와 필기(筆記)·시화(詩話)·시문집(詩文集) 등 여러 종류가 있으며, 『논어공주변위(論語孔注辨僞)』 2권은 대략 도광(道光) 6년(1826년)에 완성된 것으로 보인다.

219 『논어정의』에 "意見"으로 되어 있으나, 『구당서(舊唐書)』를 근거로 "異見"으로 고쳤다.

수가 없는데, 하물며 중재(中材) 이하인 사람에게 있어서이겠는가? 군자는 그럴 줄 알기 때문에 단지 자기에게 있는 것을 닦을 뿐, 굳이 뜬금없이 남을 비난하지 않는다. 위공의 이 「주」는 완전히 본래의 취지를 잃은 것이다.

5-14

子貢曰: "夫子之文章, 可得而聞也. 夫子之言性與天道, 不可得而聞也. 【注】'章', 明也, 文彩形質著見, 可以耳目循. '性'者, 人之所受以生也. '天道'者, 元亨日新之道, 深微, 故不可得而聞也.

자공이 말했다. "선생님의 문장은 밝게 드러나서 이해할 수 있었으나, 선생님께서 말씀하신 성(性)과 천도(天道)는 이해할 수 없었다." 【주】 '장(章)'은 밝음[明]이니, 문채(文彩)와 형질(形質)이 밝게 드러나서 귀로 듣고 눈으로 보고서 따라 배울 수 있다. '성'은 사람이 하늘에게 받아 태어난 것이고, '천도'는 하늘이 갖추고 있는 덕의 작용[元亨利貞]이 날마다 새로워지는 도이니, 그 이치가 심오하고 정미하기 때문에 이해할 수 없다.

원문 正義曰: 『史記』「孔子世家」言, "定公時, 魯自大夫以下, 皆僭離於正道. 故孔子不仕, 退而修『詩』·『書』·禮·樂, 弟子彌衆, 至自遠方, 莫不受業焉." 又云: "孔子之時, 周室微而禮樂廢, 『詩』·『書』缺. 追跡三代之禮, 序『書傳』. 觀殷·夏所損益, 曰: '後雖百世可知也, 以一文一質. 周監於二代, 郁郁乎文哉! 吾從周.' 故『書傳』·『禮記』自孔氏. 語魯太師, '樂云云. 自衛反魯, 然後樂正, 「雅」·「頌」各得其所.' 古者『詩』三千餘篇, 及至孔

子, 去其重, 取可施於禮義, 三百五篇, 孔子皆弦歌之, 以求合「韶」·「武」·「雅」·「頌」之音. 禮樂自此可得而述, 以備王道, 成六藝." 又云: "孔子以『詩』·『書』·禮·樂教, 弟子蓋三千焉."

역문 정의에서 말한다.

『사기』「공자세가(孔子世家)」에 "정공(定公) 때 노나라는 대부 이하 모두가 정도를 벗어났다. 그리하여 공자는 관직에 나아가지 않고 물러나 『시경』·『서경』·예·악을 정리해서 편집하고 수정하였는데, 그러자 제자들이 더욱 많아져 먼 지방으로부터 찾아와 공자에게서 수업(受業)하지 않은 사람이 없었다."라고 했고, 또 "공자 때 주나라 왕실이 쇠약해져 예와 악이 모두 무너졌으며 『시경』과 『서경』도 훼손되어 결함이 있게 되었다. 공자는 하·은·주 삼대의 예를 추적하여 『서전(書傳)』을 차서하였다. 은나라와 하나라에서 덜고 보탠 것을 살펴보고 말하길 '훗날 비록 백 왕조 뒤라 할지라도 이전의 예를 알 수 있을 것이니, 한 번은 문채가 나고 한 번은 질박함이 늘 교체되었기 때문이다. 주나라는 2대(二代: 하·은)의 예를 본보기로 삼았으니[220] 찬란하구나, 문장이! 나는 주나라를 따르겠다.'라고 했다. 이렇게 해서 『서전』과 『예기』가 공자로부터 나왔다. 공자는 또 노나라의 태사(太師)에게 '음악은 알 수 있는 것이라고 운운하면서 위나라로부터 노나라로 돌아온 뒤에 음악이 바로잡혀 「아(雅)」와 「송(頌)」이 각기 제자리를 찾게 되었다.'라고도 했다. 옛날에는 『시경』이 3천여 편이었으나 공자에 이르러 그 중복된 것을 없애고 예의에 맞는 것만을 취하니, 305편인데, 공자가 모두 곡조를 붙여 노래로 부름으로써 「소(韶)」, 「무(武)」, 「아」, 「송」의 음악에 맞추려고 했다. 예와

---

220 2대(二代: 하·은)를 겸하였으니: 「팔일(八佾)」 14에 자세한 설명이 있다.

악이 이로부터 계승될 수 있게 됨으로써 왕도가 갖추어지고 육예(六藝)가 완성되었다."라고 했다. 또 "공자는 『시경』과 『서경』, 예·악으로 가르쳤는데, 제자가 약 3천 명이었다."라고 했다.

원문 據「世家」諸文, 則'夫子文章', 謂『詩』·『書』·禮·樂也. 古樂正, 崇四術以造士, 春·秋敎以禮·樂; 冬·夏敎以『詩』·『書』. 至春秋時, 其學寖廢, 夫子特修明之, 而以之爲敎. 故記夫子四敎, 首在於文, 顏子亦言"夫子博我以文", 此群弟子所以得聞也. 「世家」又云: "孔子晩而喜『易』, 「序」·「彖」·「繫」·「象」·「說卦」·「文言」. 讀『易』, 韋編三絶. 曰: '假我數年, 若是, 我於『易』則彬彬矣.'" 蓋『易』藏太史氏, 學者不可得見. 故韓宣子適魯, 觀書太史氏, 始見『周易』. 孔子五十學『易』, 惟子夏·商瞿晩年弟子得傳是學. 然則子貢言"性與天道不可得聞", 『易』是也. 此說本之汪氏喜荀, 略見所著『且住庵文稿』.

역문 「공자세가」의 여러 글들에 의거해 보면 '선생님의 문장'이란 『시경』과 『서경』·예와 악을 이른다. 옛날에 악정(樂正)은 사술(四術)[221]을 숭상하여 선비를 양성하는데, 봄과 가을에는 예와 악을 가르치고 겨울과 여름에는 『시경』과 『서경』을 가르쳤다. 춘추시대에 이르러 그 학문이 점차 쇠퇴하자 공자가 특별히 학문을 닦고 밝혀 가르침으로 삼았다. 그러므로 공자의 네 가지 가르침을 기록한 것이 제일 먼저 문(文)에 있었고,[222] 안자도 "선생님께서 나를 문으로써 넓혀 주셨다."라고 한 것이니, 이것이 여러 제자들이 "선생님의 문장[文]"을 이해할 수 있었던 까닭이

---

221 사술(四術): 『시경』·『서경』·예·악.

222 『논어』「술이(述而)」: 공자는 네 가지를 가지고 가르쳤으니, 문(文)과 행(行)과 충(忠)과 신(信)이었다.[子以四敎, 文·行·忠·信.]

다. 「공자세가」에는 또 "공자는 만년에 『주역』을 좋아하여 「서괘전(序卦傳)」·「단전(彖傳)」·「계사전(繫辭傳)」·「상전(象傳)」·「설괘전(說卦傳)」·「문언전(文言傳)」을 지었다. 『주역』을 하도 많이 읽어서 책을 맨 가죽 끈이 세 번이나 끊어졌다. 공자가 말했다. '내 나이에 몇 해를 더해 주었으므로 이와 같이 해서 내가 『주역』에 대하여 제대로 통달[彬彬]한 것이다.'"라고 했다. 대체로 『주역』은 태사씨(太史氏)에게 보관되어 있기 때문에 배우는 자들은 볼 수 없다. 그러므로 한선자(韓宣子)[223]도 노나라에 사신으로 가서 태사씨에게서 책을 보다가 처음으로 『주역』을 보게 된 것이다. 공자는 쉰에 『주역』을 배웠으니, 오직 자하(子夏)와 상구(商瞿)[224]만이 만년(晚年)의 제자로서 이 학문을 전수받을 수 있었다. 그렇다면 자공이 "성과 천도는 이해할 수 없었다."라고 한 것은 『주역』이 이것이다. 이 설은 왕희순(汪喜荀)[225]에게 근거한 것으로, 그가 저술한 『차주

223 한선자(韓宣子): 한기(韓起, ?~기원전 514)의 시호. 춘추시대 진(晉)나라 사람. 한궐(韓厥)의 아들로, 아버지를 이어 경(卿)이 되어 도공(悼公)을 보좌했다. 진 평공(晉平公) 18년 집권하자 노나라에 사신으로 가 태사씨에게서 『역(易)』과 『상(象)』, 『노춘추(魯春秋)』 등을 보고는 주나라의 예법이 노나라에 남아 있음에 감탄했다.

224 상구(商瞿, 기원전 522~?): 춘추시대 말기 노나라 사람. 성은 상(商)이고, 이름은 구(瞿)이며, 자는 자목(子木)이다. 공자의 제자다. 공자에게 『주역』을 전수받아 헌비자홍(馯臂子弘)에게 전수함으로써 역학(易學)의 발전에 크게 공헌했다. 이후 한나라 초기까지 『주역』의 전수는 헌비자홍에서 교자용자(矯子庸疵), 주자가수(周子家豎), 광자승우(光子乘羽), 전자장하(田子莊何), 왕자중동(王子中同), 양하(楊何)로 이어졌다. 송나라 진종(眞宗) 대중상부(大中祥符) 2년(1009) 수창후(須昌侯)에 추봉되었다.

225 왕희순(汪喜荀, 1786~1847): 청대의 문학가이며 학자. 이름은 희손(喜孫), 자는 맹자(孟慈)이다. 감천[甘泉: 지금의 양주(揚州)] 사람으로 널리 배우고 옛것을 좋아해서 음운학(音韻學)과 훈고학에 깊이 잠겼으며 더욱이 『예기』 연구에 정밀했다. 저서에 『차주암시문집(且住庵詩文集)』, 『국조명신언행록(國朝名臣言行錄)』, 『경사언행록(經師言行錄)』, 『상우기(尙友記)』, 『종정록(從政錄)』, 『고아편(孤兒編)』, 『대대차기보주(大戴箚記補注)』 등이 있다.

암문고(且住庵文稿)』를 대략 보았다.

원문 宋氏翔鳳『發微』云: "『易』明天道以通人事, 故本隱以之顯; 『春秋』紀人事以成天道, 故推見至隱. 「天官書」曰: '孔子論『六經』, 紀異而說不書, 至天道·命, 不傳. 傳其人, 不待告; 告非其人, 雖言不著.' 『漢書』「李尋傳」「贊」曰: '幽贊神明, 通合天人之道者, 莫著乎『易』·『春秋』. 然子貢猶云"夫子之文章可得而聞, 夫子之言性與天道不可得而聞"已矣.' 班氏以『易』·『春秋』爲性與天道之書, 故引子貢之言以實之. 顏師古「注」以『易』·『春秋』爲夫子之文章者誤. 文章自謂『詩』·『書』·禮·樂也." 案, 宋說亦是.

역문 송상봉의 『논어발미(論語發微)』에 "『주역』은 천도를 밝혀 인사(人事)를 통달하기 때문에, 은미(隱微)함을 근본으로 하여 분명한 곳으로 나아가고, 『춘추』는 인사를 실마리로 삼아 천도를 이루기 때문에 드러난 것을 미루어 은미함에 이른 것이다. 『사기』「천관서(天官書)」에 '공자는 『육경(六經)』을 논술하면서 괴이한 사건은 기록하되 그에 관한 설명은 기록하지 않았고, 심지어 천도나 천명(天命)에 관해서는 전수하지도 않았다. 전수할 만한 사람에게 전수할 때는 일러 줄 필요가 없었고, 전수할 만한 사람이 아닌 사람에게 일러 줄 때는 비록 말해 주어도 분명히 깨닫지 못했다.'라고 했다. 『전한서』「이심전(李尋傳)」의 「찬(贊)」에 '그윽이 신명을 도와 하늘과 사람의 도를 통합(通合)하는 것은 『주역』과 『춘추』보다 더 분명한 것이 없다. 그런데도 자공은 오히려 "선생님의 문장은 밝게 드러나서 이해할 수 있었지만, 선생님께서 말씀하신 성과 천도는 이해할 수 없었다."라고 할 뿐이었다.'라고 했다. 반씨(班氏: 반고)는 『주역』과 『춘추』를 성과 천도에 관한 책이라고 여겼기 때문에 자공의 말을 인용해서 실증한 것이다. 안사고의 「주」에 『주역』과 『춘추』를 공자의 문장으로 여긴 것은 잘못이다.[226] 문장은 본래 『시경』과 『서경』, 예와 악을 이른다.”라고 했다. 살펴보니 송상봉의 설 역시 옳다.

원문 然言“性與天道”, 則莫詳於『易』, 今卽『易』義略徵之. 「繫辭上傳」, “一陰一陽之謂道, 繼之者善也, 成之者性也.” 又曰: “成性存存, 道義之門.” 「文言傳」, “乾道變化, 各正性命.” 又曰: “利貞者, 性情也.” 「說卦傳」, “窮理盡性,以至於命.” 又曰: “昔者聖人之作『易』也, 將以順性命之理.” 此言性也. 「臨 · 彖傳」, “大亨以正, 天之道也.” 「謙 · 彖傳」, “天道下濟而光明, 地道卑而上行.” 又云: “天道虧盈而益謙, 地道變盈而流謙.” 「恒 · 彖傳」, “天地之道, 恒久而不已也.” 「繫辭傳」言天道尤多. 凡陰陽 · 剛柔 · 法象 · 變化 · 健順 · 易簡, 皆天道之說. 又「無妄 · 彖傳」, “大亨以正, 天之命也.” 與「臨 · 彖」同, 則天命卽天道也. 又「乾 · 彖傳」 · 「蠱 · 彖傳」 · 「剝 · 彖傳」 · 「復 · 彖傳」所言天行, 亦卽天道, 是竝言天道也. 鄭注此云: “性謂人受血氣以生, 有賢愚.” 案, 受血氣則有形質, 此“性”字最初之誼.

역문 하지만 “성과 천도”를 말한 것은, 『주역』보다 더 자세한 것이 없으므로 지금 『주역』의 의리에 나아가 대략이나마 고증해 보도록 하겠다.

「계사상(繫辭上)」에 “한 번 음(陰)이 되고 한 번 양(陽)이 되는 것을 도라 하니, 도를 계승하는 것이 선이고 도를 완성한 것이 성이다.”라고 하였고, 또 “본성을 이루어 간직하고 간직함이 도의(道義)를 실천하는 문이다.”라 했으며, 「문언(文言)」에 “하늘의 도[乾道]가 변화하여 각각 성과 천명을 바르게 한다.”라고 하였고, 또 “이정(利貞)이란, 만물로 하여금 결실하여 성과 정을 발현하도록 하는 작용이다.”라고 했으며, 「설괘(說卦)」

---

226 『전한서』 권75, 「이심전(李尋傳) · 찬(贊)」의 「주」에 “안사고가 말했다. ‘『주역』의 「계사전(繫辭傳)」과 「문언전(文言傳)」 및 『춘추』 따위를 이른다.[師古曰: ‘謂『易』「辭 · 文言」, 及『春秋』之屬也.’]”라고 했다.

에서는 “이치를 궁구해서 본성을 다하고, 그리하여 천명에 이르렀다.”라고 하였고, 또 “옛날 성인이 『주역』을 만든 것은, 장차 『주역』을 가지고 본성과 천명의 이치를 따르고자 한 것이다.”라고 했는데, 이것들은 모두 성을 말한 것이다. 『주역』「임괘(臨卦)」의 「단(彖)」에 “올바름으로써 크게 형통하니, 하늘의 도[天道]이다.”라 했고, 「겸괘(謙卦)」의 「단」에 “하늘의 도[天道]는 아래에서 일을 이루어 광명하고 땅의 도[地道]는 낮추어서 위에서 잘 진행된다.” 했으며, 또 “하늘의 도는 오만한 자를 일그러뜨리고 겸손한 자를 도와주며, 땅의 도는 오만한 자를 변모시키고 겸손한 자에게로 흘러간다.”라고 했고, 「항괘(恒卦)」의 「단」에 “천지의 도가 항구하여 그치지 않는다.”라 했으며, 「계사(繫辭)」에는 천도를 말한 것이 더욱 많다. 무릇 음양(陰陽)·강유(剛柔)·법상(法象)·변화(變化)·건순(健順)·이간(易簡)은 모두 천도를 말한다. 또 「무망괘(無妄卦)」의 「단」에 “올바름으로써 크게 형통하니 하늘의 명(命)이다.”라고 했는데, 「임괘」의 「단」과 같으니, 그렇다면 천명(天命)은 바로 천도이다. 또 「건(乾)·단」과 「고(蠱)·단」, 「박(剝)·단」과 「복(復)·단」에서 말한 하늘의 운행[天行] 역시 바로 천도이니, 이것들은 모두 천도를 말한 것이다. 정현은 여기에 주석을 달면서 “성(性)은 사람이 혈기(血氣)를 받아 태어난 것을 이르는데, 현명함과 어리석음의 차이가 있다.”라고 했다. 살펴보니, 혈기를 받으면 형질(形質)이 있으니, 이것이 “성” 자의 최초의 의의(義誼)이다.

원문 包氏汝翼『中庸說』, “天道陰陽, 地道柔剛. 陰陽合而剛柔濟, 則曰中, 中者, 天地之交也. 天地交而人生焉, 故曰: ‘人者, 天地之心也.’ 天以動闢, 地以靜翕, 一闢一翕, 氤氳相成, 交氣流行, 於是有寒暑·風雨·晦明. 人秉其氣以生, 而喜·怒·哀·樂具焉. 赤子無知, 而有笑有啼, 有舞蹈奮張, 人之生也, 莫此爲先, 所謂性也. 性也者, 天地之交氣也. 天氣下降, 地氣

上升，交在於中，故『傳』曰‘人受天地之中以生’. 性之於字，從心從生，人生肖天地，而心其最中者也.” 案，包說卽鄭「注」“人受血氣以生”之旨.

역문 포여익(包汝翼)[227]의 『중용설(中庸說)』에, “하늘의 도는 음과 양이고, 땅의 도는 유(柔)와 강(剛)이다. 음과 양이 합하고, 강과 유가 이루어지면 중(中)이라 하니, 중이란 하늘과 땅의 사귐이다. 하늘과 땅이 사귀매 사람이 생겨나기 때문에 ‘사람은 천지의 마음이다.’[228]라고 한 것이다. 하늘은 움직임으로써 열리고 땅은 고요함으로써 닫히는데, 한 번 열리고 한 번 닫히매 하늘과 땅의 기운이 서로 합하여 어리면서[絪縕] 서로를 이루고 사귀는 기가 유행하면, 이에 추위와 더위 · 바람과 비 · 어둠과 밝음이 있게 된다. 사람은 그 기를 잡고 태어나매 기쁨[喜] · 노여움[怒] · 슬픔[哀] · 즐거움[樂]이 갖추어진다. 갓난아기는 무지하지만 웃음도 있고 울음도 있으며 춤추며 발을 구르고 힘차게 떨쳐 일어나 펼침도 있는데, 사람이 태어날 때 이보다 먼저인 것이 없으니 이른바 성이라는 것이다. 성이라고 하는 것은 천지가 사귀는 기이다. 하늘의 기가 아래로 내려가고 땅의 기가 위로 올라가 가운데서 사귀기 때문에 『춘추좌씨전』에서 ‘사람은 천지의 중을 받고 태어난다.’[229]라고 했다. 성(性)이란 글자는 심(心)과 생(生)으로 구성되었고, 사람은 태어날 때 천지(天地)를 닮는데 마음[心]이 그 가장 가운데 있는 것이다.”라고 했다. 살펴보니, 포여익의 설은 바로 정현 「주」의 “사람이 혈기를 받아 태어난 것”이라는 취지이다.

---

227 포여익(包汝翼, ?~?): 청대의 학자.

228 『예기』「예운(禮運)」.

229 『춘추좌씨전』「성공」 13년에 “백성은 천지의 중(中)을 받고 태어난다.[民受天地之中以生.]”라고 했는데, 『이정유서(二程遺書)』 권1, 「단백전사설(端伯傳師說)」에 “다만 사람은 천지의 중을 받고 태어날 뿐이다.[但人受天地之中以生爾.]”라고 했다.

원문 血氣受之父母, 父母亦天地之象也. 孟子云: "形色, 天性也." 形色卽形質. 人物各受血氣以生, 各有形質, 而物性不能皆善, 惟人性則無不善. 『說文』云: "性, 人之陽氣性, 善者也." 許言"性"爲陽氣者, 對"情"爲陰氣言之. 「繫辭」以善爲繼之, 性爲成之, 則性善之義, 自孔子發之. 而又言"性相近"者, 言人性不同, 皆近於善也.

역문 혈기는 부모에게서 받았는데, 부모는 또한 천지를 상징한다. 맹자는 "형색(形色)은 천성(天性)이다."[230]라고 했는데, 형색은 바로 형질이다. 사람과 사물이 각각 혈기를 받아 태어나매 각각 형질을 갖게 되는데, 사물의 성[物性]은 모두가 선일 수 없고, 오직 사람의 성[人性]만이 불선(不善)이 없다. 『설문해자』에 "성은 사람의 양기(陽氣)가 성이니, 선한 것이다."[231]라고 했는데, 허신이 "성"이 양기가 된다고 말한 것은 "정"이 음기가 되는 것에 상대해서 말한 것이다. 『주역』「계사상」에 선을 계승하는 것이라 하고, 성을 완성한 것이라 했으니, 그렇다면 성선(性善)의 뜻은 공자로부터 시작된 것이다. 또 "성은 서로 가깝다."[232]라는 말은 사람의 성이 똑같진 않지만 모두 선에 가깝다는 말이다.

원문 鄭又云"性有賢愚"者, 賢愚猶知愚, 謂資質有高下也. 又注"天道"云: "七政動變之占." 案, 『後漢書』「桓譚傳」「注」引"動"作"通". 『書』「堯典」, "在璿璣玉衡, 以齊七政." 鄭「注」, "七政, 日・月・五星也." 五星謂金・木・水・火・土之星. 先王觀乎天文, 而知寒暑之序, 以敬授民時, 故以日月五

---

230 『맹자』「진심상(盡心上)」.

231 『설문해자』 권11: 성(𢖿)은 사람의 양기(陽氣)가 성(性)이니, 선한 것이다. 심(心)으로 구성되었고, 생(生)이 발음을 나타낸다. 식(息)과 정(正)의 반절음이다.[𢖿, 人之陽氣, 性善者也. 從心生聲. 息正切.]

232 『논어』「양화」.

星爲七政也. 變動若飛伏進退之類. 『說文』云: “占, 視兆問也. 從卜從口.” 『周官』「占人」「注」, “占著龜之卦, 兆吉凶.” 是占合龜 · 筮言之. 人君見天道之變而占之, 以觀其吉凶, 反之人事加修省焉, 此占問之意也. 漢世儒者, 若伏生 · 董生 · 翼奉 · 劉向 · 劉歆, 皆以五行說天道, 而眭 · 京等亦言七政災變, 故班氏「傳」·「贊」引『論語』天道爲說.

역문 정현은 또 “성은 현명함과 어리석음의 차이가 있다”라고 말했는데, 현명함과 어리석음[賢愚]은 지혜로움과 어리석음[知愚]과 같으니, 자질(資質)에 높고 낮음이 있다는 말이다. 또 “천도”를 주석하면서 “칠정(七政)[233]이 움직이고 변하는 조짐[動變之占]”이라고 했다. 살펴보니, 『후한서』「환담전(桓譚傳)」의 「주」에 이 글을 인용했는데, “동(動)”이 “통(通)”으로 되어 있다. 『서경』「요전(堯典)」에, “선기옥형(璿璣玉衡)으로 살펴서 해 · 달 · 금성 · 목성 · 수성 · 화성 · 토성[七政]의 운행을 고르게 한다.”라고 했는데, 정현의 「주」에 “칠정(七政)이란 일(日) · 월(月) · 오성(五星)이다.”라고 했는데, 오성이란 금(金) · 목(木) · 수(水) · 화(火) · 토(土), 오성을 이른다. 선왕이 천문(天文)을 살피고, 추위와 더위의 차례를 알아, 경건하게 백성들에게 시기를 알려 주기 때문에 일 · 월 · 오성으로 칠정을 삼는 것이다. 변동(變動)은 비복(飛伏)[234]이나 진퇴(進退)와 같은 종류이다. 『설문해자』에 “점(占)은 조짐을 보고 묻는 것이다. 복(卜)으로 구성되었고 구(口)로 구성되었다.”[235]라고 했다. 『주관』「점인(占人)」의 「주」에 “시초와 거

---

233 칠정(七政): 일(日) · 월(月)과 금(金) · 목(木) · 수(水) · 화(火) · 토(土)의 오성(五星).

234 비복(飛伏): 한나라 경방(京房, 기원전 77~기원전 37)의 역설(易說)로, 괘에 나타나고 나타나지 않은 것을 말하는데, 비(飛)는 앞으로 닥쳐올 일을 뜻하고 복(伏)은 이미 지나간 일을 의미한다.

235 『설문해자』 권3: 점(𠧪)은 조짐을 보고 묻는 것이다. 복(卜)으로 구성되었고 구(口)로 구성되었다. 직(職)과 염(廉)의 반절음이다.[𠧪, 視兆問也. 從卜從口. 職廉切.]

북의 괘를 점쳐 길함과 흉함의 조짐을 알아본다."[236]라고 했는데, 이 점은 거북점과 점대로 치는 점을 합해서 말한 것이다. 임금은 천도의 변화를 보고 점을 쳐서 그 길함과 흉함을 살피고 인간의 일에 돌이켜 수신과 성찰을 더하니, 이것이 점에 묻는[占文] 의의이다. 한나라시대 유학자들 중, 복생(伏生)·동생[董生: 동중서(董仲舒)]·익봉(翼奉)[237]·유향·유흠(劉歆) 같은 사람들은 모두 오행(五行)을 가지고 천도를 설명했는데, 휴홍(眭弘)[238]과 경방(京房) 등도 칠정의 변화를 말했기 때문에 반고의 「전」과 「찬」에서 『논어』의 천도를 인용해서 설명했다.

원문 又『前書』「張禹傳」, "成帝問張禹以天變, 因用吏民所言王氏事示禹, 禹對, '災異之意深遠難見. 性與天道, 自子貢之屬不得聞, 何況淺見鄙儒之所言?'" 『後書』「桓譚傳」, "天道·性·命, 聖人所難言, 自子貢以下, 不得而聞. 今諸巧慧小才伎數之人, 增益圖書, 矯稱讖記, 以欺惑貪邪, 詿誤人

---

236 『주례주소』 권17, 「춘관종백하(春官宗伯下)·점인(占人)」 정현의 「주」.

237 익봉(翼奉, ?~?): 전한 동해(東海) 하비[下邳, 강소성(江蘇省) 비현(邳縣)] 사람. 자는 소군(少君)이다. 경학박사(經學博士)와 간대부(諫大夫)를 지냈다. 소망지(蕭望之), 광형(匡衡)과 함께 후창(后蒼)에게 제시(齊詩)를 배워 제시익씨학(齊詩翼氏學)의 창시자가 되었다. 율력(律曆)과 음양으로 점치기를 좋아했다. 육경(六經)을 매우 숭상했고, 시경학(詩經學)에 사시오제설(四始五際說)을 전해 『시경』의 「천보(天保)」와 「기부(祈父)」, 「채기(采芑)」, 「대명(大明)」은 음양오행과 서로 배치되므로 정치의 득실과 조정의 흥망을 추론할 수 있다고 주장했다. 『한서』「예문지(藝文志)」에 따르면 『효경익씨설(孝經翼氏說)』을 지었다고 하는데, 지금은 전하지 않는다.

238 휴홍(眭弘, ?~기원전 78): 전한 노국번(魯國蕃) 사람. 자는 맹(孟)이다. 동중서(董仲舒)의 제자 영공(嬴公)에게 『춘추공양전』을 배워 엄팽조(嚴彭祖), 안안락(顔安樂), 우공(貢禹) 등에게 전했다. 엄팽조와 안안락은 박사가 되었고, 이로 인해 춘추공양엄씨학, 춘추공양안씨학이 형성되었다. 저술은 전하지 않고, 『옥함산방집일서』에 『춘추공양휴생의(春秋公羊眭生義)』가 집록되어 있다.

主.” 皆以吉凶・禍福言天道, 故鄭氏同之, 其義備於『春秋』矣.

역문 또 『전한서』「장우전(張禹傳)」에 “성제(成帝)가 장우(張禹)[239]에게 하늘의 변화를 묻고, 이어서 아전과 백성들이 말하는 왕씨(王氏)[240]의 일을 인용해서 장우에게 보여 주자, 장우가 대답했다. ‘재앙과 이변의 뜻은 심원해서 알기 어렵습니다. 성과 천도는 본디 자공과 같은 무리도 이해할 수 없었는데, 더군다나 견해가 천박하고 비루한 선비가 어찌 말할 수 있겠습니까?’”라고 하였고, 『후한서』「환담전」에 “천도와 성과 명은 성인도 말하기 어려운 것이었으므로, 자공 이하부터는 이해할 수 없었다. 지금 교활한 지혜와 보잘것없는 재주를 가지고 방기(方伎)[241]와 수술(數

---

239 장우(張禹, ?~기원전 5): 전한 하내(河內) 지현(軹縣) 사람. 자는 자문(子文)이고, 시호는 절후(節侯)이다. 경학을 익혀 박사가 되었다. 원제(元帝) 초원(初元) 중에 불려 태자에게 『논어』를 가르쳐 광록대부(光祿大夫)가 되고, 관내후(關內侯)와 영상서사(領尙書事) 등을 지냈다. 시수(施讎)에게 『주역』을 배웠고, 『제논어(齊論語)』 전수자인 왕양(王陽)과 공안국의 제자 용생(庸生)에게 『논어』를 배웠다. 역학을 전수받은 이름난 제자로는 팽선(彭宣), 대숭(戴崇) 등이 있다. 『노논어(魯論語)』에 근본하고 『제논어』를 가미한 『논어장구(論語章句)』를 저술했는데, 『장후논(張侯論)』이라 부르기도 한다. 현존하는 『논어』는 정현이 『장후논』과 『고논어』를 혼합한 것이다. 그 밖의 저서에 『논어노안창후설(論語魯安昌侯說)』과 『효경안창후설(孝經安昌侯說)』 등이 있었지만 모두 없어졌다.

240 왕씨(王氏): 한나라 원제(元帝)의 후(后)인 왕정군(王政君)의 오빠인 왕봉(王鳳)이다. 성제(成帝)가 즉위한 뒤 황제의 외삼촌으로서 10여 년간 권력을 독점하였다. 성제 때 왕봉이 권력을 마음대로 휘두르는 정상에 대해 왕장(王章)이 탄핵하였는데, 성제는 왕봉을 처형하려고 하다가 왕봉이 상소를 올려 해골이나마 선산에 묻힐 수 있도록 해 달라고 애걸하자 차마 폐출하지 못하고는 도리어 상서(尙書)로 하여금 왕장을 탄핵하도록 한 다음, 왕장을 마침내 옥중에서 죽게 하였다. 이 일이 있은 뒤부터 공경(公卿)들은 왕봉을 만나면 곁눈으로 흘겨보았으며, 성제는 끝내 나라를 망치고 말았다.

241 방기(方伎): 신선술을 쓰는 등 기이한 사람들을 가리킨다. 『논어정의』에는 “技”로 되어 있으나, 『후한서』「환담전(桓譚傳)」을 근거로 “伎”로 고쳤다. “伎”는 『후한서』「환담전」의 「주」에 “기(伎)는 방기(方伎)를 이르니, 의방가(醫方家)이다.[伎謂方伎, 醫方之家也.]”라고 했다.

術)[242]을 쓰는 여러 사람들이 도서(圖書)[243]를 보태며, 예언[讖記]을 사칭해서 속이고 미혹시켜 사특함을 탐하여 임금을 그르친다."라고 했는데, 모두 길흉(吉凶)과 화복(禍福)을 가지고 천도를 말했기 때문에 정현도 여기에 동의했고, 그 뜻이 『춘추』에 잘 갖추어져 있다.

원문 錢氏大昕『潛研堂文集』, "一說'性與天道', 猶言'性與天合'也. 『後漢書』「馮異傳」, '臣伏自思惟, 以詔敕戰攻, 每輒如意; 時以私心斷決, 未嘗不有悔. 國家獨見之明, 久而益遠, 乃知"性與天道, 不可得而聞"也.' 「管輅別傳」, '苟非性與天道, 何由背爻象而任心胸?' 『晉書』「紀瞻傳」, '陛下性與天道, 猶復役機神於史籍.' 此亦漢儒相承之說." 宋氏翔鳳『發微』亦本錢氏而小異, 云: "聖人言'性合乎天道', 與猶言合也. 後言'利與命與仁', 亦是合義."

역문 전대흔의 『잠연당문집(潛研堂文集)』에 "일설에 '성여천도(性與天道)'는 '성이 천도와 더불어 부합한다'[244]라는 말과 같다고 한다. 『후한서』「풍이전(馮異傳)」에 '신(臣)이 삼가 혼자서 생각해 보니, 조칙을 내려 전투를 벌임에 항상 뜻대로 하시고, 때로는 사심으로 결단을 내려 일찍이 후회

---

242 수술(數術): 천문 · 역법 · 점복 · 풍수지리 등이 여기에 속한다. 따라서 수술은 자연현상이나 인사의 관찰을 통해 인간의 길흉화복을 추측하는 학문이라 할 수 있다. 또 초기에는 이러한 신비학뿐만 아니라 천문학 · 수학 · 지리학 등도 수술의 범위에 속했다. 『후한서』「환담전」의 「주」에 "수(數)는 수술(數術)을 이르니, 명당(明堂) · 희화(羲和) · 사(史) · 복(卜) 등의 관직이다.[數謂數術, 明堂 · 羲和 · 史 · 卜之官也.]"라고 했다.

243 도서(圖書): 『후한서』「환담전」의 「주」에 "도서(圖書)는 바로 참위서(讖緯書)나 부명(符命)의 종류이다.[圖書, 卽讖緯 · 符命之類也.]"라고 했다. 부명은 하늘이 제왕(帝王)이 될 만한 사람에게 내리는 상서(祥瑞)로운 조짐 또는 하늘이 예시한 제왕 수명(受命)의 부조(符兆)를 말한다.

244 『모시』「대아 · 문왕지십 · 사제(思齊)」의 「전」에 보인다.

하지 않은 적이 없었습니다. 국가의 독창적인 밝은 식견도 오래되매 더욱 아득해져 결국엔 "성이 천도와 더불어 부합함을 이해할 수 없을 것"임을 알겠습니다.'라고 했고, 「관로별전(管輅別傳)」에 '진실로 성이 천도와 더불어 부합하는 것이 아니라면 어떻게 『주역』의 효상(爻象)을 등지고 속마음을 맡기겠는가?'라고 했다. 『진서』「기첨전(紀瞻傳)」에 '폐하의 성품이 천도에 부합하니, 오히려 다시 역사 기록에 신묘한 기지(機智)를 부리게 될 것입니다.'라고 했으니, 이 또한 한나라시대 유학자들이 서로 계승한 설이다."라고 했다. 송상봉의 『논어발미』 역시 전씨(錢氏)를 근거로 하고 있지만 조금 다른데, "성인이 '성은 천도에 부합한다'라고 했으니, 여(與) 자는 부합한다[合]는 말과 같다. 뒤에 「자한(子罕)」에서 '이여명여인(利與命與仁)'[245]이라고 할 때의 '여(與)'도 역시 부합한다[合]는 뜻이다."라고 했다.

원문 今案, 以"與"爲"合", 此漢儒誤解, 不可援以爲訓. 顏師古『漢書』「外戚傳」「注」云: "『論語』云云, 謂孔子不言性 · 命及天道, 而學者誤讀, 謂孔子之言, 自然與天道合, 非惟失於文句, 實乃大乖意旨." 是錢氏所引諸說, 皆顏師古所不取矣. 『史記』「世家」, "夫子之言天道與性命", "性命"連文. 阮氏元『性命古訓』謂爲安國眞本, 義或然也. 皇本 · 高麗本, 又『漢書』眭弘等「傳」 · 「贊」 · 「外戚傳」「注」 · 「匡謬正俗」引竝作"也已矣".

역문 지금 살펴보니, "여(與)" 자를 "합(合)" 자의 뜻으로 본 것은 한나라시대 유학자들의 오해(誤解)이므로 이것을 가져다 해석해서는 안 된다. 안사고의 『전한서』「외척전(外戚傳)」「주」에 "『논어』에서 운운한 것은, 공자

245 전대흔이나 송상봉의 견해로 해석하면 「자한」의 "子罕言利與命與仁"은 "공자는 이(利)를 드물게 말했지만 명(命)과 부합하고 인(仁)과 부합했다."로 해석된다.

가 성과 명 및 천도를 말하지 않았다는 말인데, 학자들이 잘못 읽어 공자의 말이 자연스럽게 천도와 더불어 부합한다고 여겼으니, 문구(文句)에서만 잘못된 것일 뿐만이 아니라 실제로는 결국 뜻과 취지를 크게 어그러뜨린 것이다."라고 했으니, 이는 전씨가 인용한 여러 설들을 모두 안사고가 취하지 않았다는 것이다.[246] 『사기』「공자세가」에, "선생님께서 말씀하신 천도와 성명[夫子之言天道與性命]"이라고 되어 있는데, 여기의 "성명(性命)"은 글자를 이어서 표현한 것[連文]이다.[247] 완원의 『성명고훈(性命古訓)』은 공안국의 판본을 진본으로 삼는다고 했는데 의리상 옳은 듯하다. 황간본과 고려본(高麗本) 그리고 『전한서』의 휴홍 등의 「전」이나 「찬」, 「외척전」의 「주」·「광류정속(匡謬正俗)」에서 인용한 글에는 모두 "야이의(也已矣)"로 되어 있다.[248]

● 「注」, "章明"至"聞也".

● 正義曰: 『書』「堯典」, "平章百性." 鄭「注」, "章, 明也." 與此「注」同. 『易』「傳」云: "六位而成章." 孟子云: "君子之爲學也, 不成章不達." 章是文之所見, 故「注」云"文彩形質著見". 以"文彩"釋"文", 以"著見"釋"章"也. 古無"彩"字, 經典俱作"采". 『禮』「樂記」"文采節奏", 又曰: "省其文采", 「注」以文章爲禮儀, 故以形質言之. 明有威可畏, 有儀可象, 故人耳目得以循行也. 性爲人之所受以生, 卽鄭君"人受血氣以生"之義.

○ 「주」의 "장명(章明)"부터 "문야(聞也)"까지.

○ 정의에서 말한다.

---

246 『논어정의』 원문에는 "顔師古"가 "章懷"로 되어 있는데, 앞의 내용에 따라 고쳤다.

247 일반적으로 "성(性)"과 "명(命)"은 독립된 개념인데, 여기서는 "성명(性命)"으로 쓰였다는 말이다.

248 "夫子之言性與天道, 不可得而聞也已矣."로 되어 있다는 말이다.

『서경』「요전」에 "백성을 고루 밝히네.[平章百姓.]"라고 했는데, 정현의 「주」에 "장(章)은 밝힌다[明]는 뜻이다."라 했으니, 여기의 「주」와 같다. 『주역』「설괘전」에 "여섯 자리에 문장을 이룬 것이다."[249]라고 했고, 맹자는 "군자가 학문을 함에 문장을 이루지 못하면 도달하지 못한다."[250]라고 했다. 장(章)은 문장이 드러나는 것이므로 「주」에서 "문채와 형질이 밝게 드러난다."라고 했으니, "문채"로 "문(文)"을 해석한 것이고, "밝게 드러남[著見]"으로 "장(章)"을 해석한 것이다. 옛날에는 "채(彩)" 자가 없었으므로 경전에는 모두 "채(采)"로 되어 있다. 『예기』「악기」에 "문채(文采)와 절주(節奏)"라고 했고, 또 "그 문채(文采)를 살핀다."라고 했는데, 「주」에서는 문장(文章)을 예의(禮儀)라고 여겼기 때문에[251] 형질을 가지고 말한 것이다. 분명 위엄이 있으면 두려워할 만하고, 예의에 맞는 행동거지가 있으면 본받을 만하기 때문에 사람의 귀와 눈이 따라서 행할 수 있는 것이다. 성은 사람이 받아서 태어난 것이니, 바로 정군이 말한 "사람이 혈기를 받아 태어난 것"이라는 뜻이다.

원문 "天道, 元亨日新之道"者, 元, 始也, 亨, 通也. 『易』「彖傳」, "大哉乾元, 萬物資始." 此元爲始也. 通則運行不窮, 故日月往來以成晝夜, 寒暑往來以成四時也. 乾有四德, 元亨利貞. 此不言"利貞"者, 略也. 天道不已, 故有日新之象. 『禮記』「哀公問篇」云: "敢問君子何貴乎天道也? 孔子對曰: '貴

249 『논어정의』에는 "六畫而成章"이라고 되어 있으나, 『주역』「설괘전」에 "역이 여섯 번 그으매 괘(卦)가 이루어졌고, 음으로 나뉘고 양으로 나뉘며 유와 강을 차례로 쓰기 때문에 역이 여섯 자리에 문장을 이룬 것이다.[易六畫而成卦, 分陰分陽, 迭用柔剛, 故易六位而成章.]"라고 되어 있다. 「설괘전」에 따라 바로잡았다.

250 『맹자』「진심상」에는 "흐르는 물은 웅덩이를 채우지 못하면 흘러서 나가지 않으니, 군자가 도에 뜻을 둠에도 문장을 이루지 못하면 도달할 수 없다.[流水之爲物也, 不盈科不行, 君子之志於道也, 不成章不達.]"라고 되어 있다.

251 『예기주소』「악기(樂記)」의 「주」에 "문채는 음악의 위의이다.[文采, 樂之威儀也.]"라 했고, 『예기집설(禮記集說)』에서는 정현의 주석을 인용해서 "정씨가 말했다. '문채는 음악의 위의이다.'[鄭氏曰: '文采, 樂之威儀也.']"라고 해서 모두 문채를 위의로 보았다.

其不已. 如日月東西相從而不已也, 是天道也. 不閉其久, 是天道也.'"『中庸』言天道爲"至誠無息", 引『詩』"維天之命, 於穆不已", "蓋曰天之所以爲天也." 此『詩』所言"天命", 據鄭「箋」卽天道也.

역문 "'천도'는 하늘이 갖추고 있는 덕의 작용[元亨利貞]이 날마다 새로워지는 도"

원(元)은 시작[始]이고 형(亨)은 형통함[通]이다. 『주역』「건괘(乾卦)」의 「단전」에 "위대하다, 건원(乾元)이여! 만물이 이를 바탕으로 삼아 시작된다."라고 했으니, 여기에서는 원을 시작으로 삼은 것이다. 형통하면 운행함이 다하지 않기 때문에 해와 달이 가고 오면서 낮과 밤을 이루고 추위와 더위가 가고 오면서 사시(四時)를 이루는 것이다. 하늘[乾]에는 네 가지 덕이 있으니 원(元)과 형(亨)과 이(利)와 정(貞)이다. 여기에서 "이"와 "정"을 말하지 않은 것은 생략한 것이다. 하늘의 도[天道]는 그치지 않기 때문에 날마다 새로워지는 기상이 있다. 『예기』「애공문(哀公問)」에 "감히 묻겠습니다. 군자는 어찌하여 천도를 귀하게 여깁니까? 공자가 대답했다. '그 운행이 그치지 않음을 귀하게 여기는 것입니다. 예를 들면 해와 달이 동쪽과 서쪽으로 서로 따르면서 그치지 않는 것과 같은 것, 이것이 천도입니다.'"라고 했고, 『중용』에서는 천도를 말하면서 "지극한 성실함은 잠시도 그침이 없다."[252]라고 하면서 『시경』의 "하늘의 명이, 아! 깊고 멀어서 그치지 않는다."[253]라는 구절을 인용하고, "이는 하늘이 하늘이 된 까닭을 말한 것이다."라고 했는데, 이 『시경』에서 말한 "천명"은 정현의 「전」에 근거해 보면 바로 천도이다.[254]

---

252 『중용』 제26장.

253 『시경』「주송(周頌) · 청묘지십(淸廟之什) · 유천지명(維天之命)」.

254 『모시주소』 권26, 「주송(周頌) · 청묘지십(淸廟之什) · 유천지명(維天之命)」의 정현의 「전

원문 聖人法天, 故『易』言“君子終日乾乾, 夕惕若”. 夫子贊『易』曰: “天行健, 君子以自强不息.” 又曰: “剛健篤實輝光, 日新其德.” 皆不已之學也, 皆法乎天也. 性與天道, 其理精微, 中人以下, 不可語上, 故不可得聞. 其後子思作『中庸』, 以性爲天命, 以天道爲至誠. 孟子私淑諸人, 謂人性皆善, 謂盡心則能知性, 知性則能知天, 皆夫子性與天道之言, 得聞所來聞者也. 『集解』釋“性”與鄭合, 其釋“天道”, 本『易』言之, 與鄭氏之據『春秋』言吉凶·禍福者, 義皆至精, 當兼取之.

역문 성인은 하늘을 본받기 때문에 『주역』에서 “군자는 종일토록 부지런히 힘쓰고 저녁까지도 두려워한다.”[255] 했다. 공자는 『주역』을 찬술(贊述)하면서 “하늘의 운행이 굳세니 군자가 보고서 스스로 힘쓰고 쉬지 않는다.”[256]라고 하였고, 또 “강건(剛健)하고 독실(篤實)하며 빛나서 날로 그 덕을 새롭게 한다.”[257]라고 했는데, 모두 배우기를 그치지 않는다는 것이며, 모두 하늘을 본받는다는 말이다. 성과 천도는 그 이치가 정미(精微)해서 중간 수준 이하의 사람에게는 지극히 지혜로운 자[上知]의 학문을 말해 줄 수 없기 때문에 이해할 수 없었던 것이다.[258] 그 후로 자사(子思)는 『중용』을 지어 성을 천명으로 삼았고, 천도를 지성(至誠)으로 삼았다. 맹자는 여러 사람들을 사숙(私淑)하고서 사람의 본성은 모두 선하다고 했으며, 마음을 다하면 성을 알 수 있고, 성을 알면 하늘을 알 수 있다고 했으니,[259] 모두 공자의 성과 천도를 말한 것으로 전해 들은 것을

(箋)」에 “명(命)은 도(道)와 같다.[命, 猶道也.]”라고 했다.

255 『주역』「건(乾)·구삼(九三)」.

256 『주역』「건·상(象)」.

257 『주역』「대축(大畜)·단(彖)」.

258 유보남은 「옹야」에서 “上”을 “지극히 지혜로운 자[上知]의 학문”이라고 했다.

259 『맹자』「진심상」: 맹자가 말했다. “그 마음을 다하는 자는 성을 알 수 있으니, 그 성을 알면

이해할 수 있었던 것이다. 『논어집해』에서 "성"을 번역한 것은 정현과 일치하고, "천도"를 해석한 것은 『주역』을 근거로 말하였는데, 정씨가 『춘추』를 근거로 길흉과 화복을 말한 것과 더불어 뜻이 모두 지극히 정밀하므로 마땅히 겸해서 취해 놓았다.

5-15

子路有聞, 未之能行, 唯恐有聞. 【注】 孔曰: "前所聞未及行, 故恐後有聞, 不得竝行也."

자로는 들은 것이 있는데, 아직 그것을 실천하지 못하였으면 오직 다시 듣는 것이 있을까 두려워하였다. 【주】 공안국이 말했다. "전에 들은 것을 아직 실천하지 못했기 때문에 나중에 듣는 것이 있으면 아울러 실천할 수 없을까 두려워한 것이다."

● 「注」, "前所"至"行也".

● 正義曰: 有聞文章之道也. 子路好勇, 聞斯行之, 其未及行, 又恐別有所聞, 致前所聞不能竝行. 『荀子』「哀公篇」, "是故知不務多, 務審其所知." 楊倞「注」引此文, 蓋審其所知, 卽是欲行之. 故不務多知也. 包氏愼言『溫故錄』, "聞, 讀若聲聞之聞. 韓愈『知名箴』云: '勿病無聞, 病其曄曄. 昔者子路唯恐有聞, 赫然千載, 德譽愈尊.' 其言當有所本. 蓋子路當時有聲聞之一事, 爲人所稱道, 子路自度尙未能行, 故唯恐復有聞." 此說與孔「注」異, 亦通.

○ 「주」의 "전소(前所)"부터 "행야(行也)"까지.

하늘을 알 수 있다.[孟子曰: 盡其心者知其性也, 知其性, 則知天矣.]

○ 정의에서 말한다.

문장의 도를 들음이 있는 것이다. 자로는 용맹을 좋아하고 들으면 바로 실천했으니, 아직 실천하지 못하여서는 또 별도로 듣는 것이 있으면 전에 들은 것을 아울러 실천하지 못하게 될까 두려워한 것이다. 『순자』「애공편(哀公篇)」에 "이런 까닭에 앎은 많이 아는 것에 힘쓰지 않고, 알고 있는 것을 살피는 데 힘쓴다."라고 했는데, 양경의 「주」에 이 글을 인용했으니, 대체로 알고 있는 것을 살피는 것은 바로 그것을 실천하고자 해서이다. 그러므로 많이 아는 것에 힘쓰지 않는 것이다. 포신언(包愼言)의 『논어온고록(論語溫故錄)』에 "문(聞)은 명성과 소문[聲聞]이라고 할 때의 문(聞)과 같은 뜻으로 읽어야 한다. 한유의 『지명잠(知名箴)』[260]에 '이름이 알려지지 않음을 근심하지 말고 이름이 무성하게 퍼짐을 근심하라. 옛날에 자로는 오직 그 이름이 알려짐을 두려워했지만 오히려 그의 이름은 천 년 동안 빛나며 덕망과 명예는 더욱 높아만 갔다.'라고 했는데, 한유의 말도 마땅히 근거한 바가 있을 것이다. 자로는 당시에 명성이 알려진 한 가지 일이 있어서 사람들에게 칭송을 받았지만, 자로가 스스로 헤아리기엔 오히려 아직 제대로 실천하지 못했기 때문에 다시 이름이 알려지는 일이 있을까 두려워한 것이다."라고 했는데, 이 설이 공안국의 「주」와는 다르지만 역시 통하기는 한다.

5-16

子貢問曰: "孔文子何以謂之文也?" 【注】 孔曰: "孔文子, 衛大夫孔圉. '文', 謚也." 子曰: "敏而好學, 不恥下問. 是以謂之文也." 【注】 孔曰: "'敏'者, 識之疾也. '下問', 謂凡在己下者."

자공이 물었다. "공문자(孔文子)는 어째서 그 시호를 문(文)이라

260 『논어정의』에 "名箴"으로 되어 있는데, 송의 위중거(魏仲擧)가 편찬한 『오백가주창려문집(五百家注昌黎文集)』과 『동아당창려집주(東雅堂昌黎集註)』를 근거로 "知名箴"으로 고쳤다.

했습니까?" 【주】 공안국이 말했다. "공문자는 위나라 대부 공어(孔圉)이다. '문'은 시호이다." 공자가 말했다. "민첩하면서도 배우기를 좋아하고, 아랫사람에게 묻기를 부끄러워하지 않았다. 그러므로 그의 시호를 문이라 한 것이다." 【주】 공안국이 말했다. "'민(敏)'은 빠르게 아는 것이다. '아랫사람에게 물음[下問]'은 자기 아래에 있는 모든 사람에게 묻는다는 말이다."

● 「注」, "孔文"至"諡也".

● 正義曰: 『世本』云: "孔達生得閭叔穀, 穀生成叔烝鉏, 鉏生頃叔羈, 羈生昭叔起, 起生圉." 圉卽孔叔圉, 亦稱仲叔圉. 邢「疏」引『諡法』云: "勤學好問曰文." 是文爲諡也. 春秋時, 諡法雖失實, 然猶不輕諡, 故子貢問孔文子之諡, 而夫子於公叔文子之諡文, 亦特表其行, 明凡諡"文"當愼之也.

○ 「주」의 "공문(孔文)"부터 "시야(諡也)"까지.

○ 정의에서 말한다.

『세본』에 "공달(孔達)이 득여숙곡(得閭叔穀)을 낳았고, 곡(穀)이 성숙증서(成叔烝鉏)를 낳았으며, 서(鉏)가 경숙기(頃叔羈)를 낳았고, 기(羈)가 소숙기(昭叔起)를 낳았으며, 기(起)가 어(圉)를 낳았다."라고 했는데, 이 어(圉)가 바로 공숙어(孔叔圉)이고 또한 중숙어(仲叔圉)라 일컫기도 한다. 형병의 「소」에 『시법(諡法)』을 인용해서 "배우기를 부지런히 하고, 묻기를 좋아하는 것을 문(文)이라 한다."라고 했으니, 이 문은 시호가 된다. 춘추시대에는 시호를 내리는 법이 비록 실정(實情)을 잃기는 했지만, 그래도 시호를 경솔하게 내리지는 않았기 때문에 자공이 공문자의 시호에 대해서 질문한 것인데, 공자도 공숙문자(公叔文子)의 시호가 문인 것에 대해 역시 그의 행실을 특별히 드러내었으니, "문"을 시호로 할 때에는 당연히 신중을 기해야 함을 분명히 한 것이다.

● 「注」, "'下問', 謂凡在己下者."

● 正義曰: 兪氏樾『平議』云: "下問者, 非必以貴下賤之謂, 凡以能問於不能, 以多問於寡, 皆是.” 案, 兪說卽此「注」言“凡”之旨.

○ 「주」의 “‘아랫사람에게 물음[下問]’은 자기 아래에 있는 모든 사람에게 묻는다는 말이다.”

○ 정의에서 말한다.

유월(兪樾)의 『군경평의(群經平議)』에 “하문(下問)이란, 반드시 귀한 신분으로서 천한 신분에게 자신을 낮춘다는 말이 아니라, 유능하면서도 유능하지 않은 사람에게 묻고, 학식이 많으면서도 학식이 적은 사람에게 묻는 것이 모두 하문이다.”라고 했다. 살펴보니, 유월의 설명은 바로 이 「주」에서 말한 “모든[凡]”이라는 말의 취지이다.

5-17

子謂子産, “有君子之道四焉; 【注】 孔曰: “子産, 鄭大夫公孫僑.” 其行己也恭, 其事上也敬, 其養民也惠, 其使民也義.”

공자가 자산(子産)을 평하였다. “그에게는 군자의 도 네 가지가 있으니, 【주】 공안국이 말했다. “자산은 정(鄭)나라 대부 공손교(公孫僑)이다. 그는 자기의 몸가짐이 공손하고, 윗사람을 섬김이 경건하며, 백성을 기름이 은혜롭고, 백성을 부림이 의롭다.”

원문 正義曰: “君子”者, 卿·大夫之稱, 子産德能居位, 合於道者有四, 故夫子表之. 行己恭, 則能修身; 事上敬, 則能盡禮; 養民惠, 則田疇能殖, 子弟能誨, 故夫子稱爲“惠人”. 惠者, 仁也. 仁者愛人, 故又言“古之遺愛也.” 使民義, 則『集注』所云“如都鄙有章, 上下有服, 田有封洫, 廬井有伍之類”, 皆是.

역문 정의에서 말한다.

"군자(君子)"란 경이나 대부를 일컫는데, 자산은 덕이 그 자리에 처할 만하고, 도에 합당한 것이 네 가지가 있었기 때문에 공자가 이것을 드러낸 것이다. 자기의 몸가짐이 공손하면 수신(修身)할 수 있고, 윗사람을 섬김이 경건하면 예를 다할 수 있으며, 백성을 기름이 은혜로우면 밭을 북돋아 작물을 잘 키우게 할 수 있고, 자제들을 잘 가르칠 수 있기 때문에 공자가 "은혜로운 사람"이라고 칭송한 것이다. "은혜[惠]"란 인(仁)이며. 인이란 사람을 사랑하는 것[愛人][261]이므로, 또 "옛날에 백성들에게 사랑을 남기신 분이다."[262]라고 말한 것이다. 백성을 부림이 의롭다는 것은, 『논어집주』에서 "예를 들면 도시와 지방에 따라 법도의 차이가 있으며, 계급의 상하(上下)에 따라 복장이 다르며, 밭에는 두둑과 도랑을 두고, 사는 집과 마을[井]에는 다섯 가호씩 서로 조(組)가 되게 한 것과 같은 것이다."라고 한 것이 모두 이것이다.

- 「注」, "子產, 鄭大夫公孫僑."
- 正義曰: "鄭"者, 周同姓國. 韋昭「晉語」「注」謂"子產, 鄭穆公之孫, 子國之子", 故稱公孫. 「晉語」言公孫成子, "成"其謚也. 錢氏大昕『後漢書考異』, "產者, 生也. 木高曰喬, 有生長之義, 故名喬, 字子產. 後人增加人旁." 案, 『說文』, "僑, 高也." 僑言人之高者. 郭注『山海經』長股國言"有喬國, 今伎家喬人, 蓋象此身." "喬"·"僑"通用. 『左傳』"長狄僑如", 當亦取高人之意. "僑"·"產"義, 合高大爲美, 故子產又字子美. 此當兼存二義.

---

261 『논어』「안연」: 번지(樊遲)가 인(仁)에 대해 묻자, 공자가 말했다. "사람을 사랑하는 것이다."[樊遲問仁, 子曰: "愛人."]

262 『춘추좌씨전』「소공」 20년: 자산(子產)이 죽자 공자가 그 소식을 듣고 눈물을 흘리며 말했다. "옛날에 백성들에게 사랑을 남기신 분이다."[子產卒, 仲尼聞之, 出涕曰: "古之遺愛也."]

○ 「주」의 “자산은 정나라 대부 공손교이다.”

○ 정의에서 말한다.

“정나라”는 주나라와 같은 성씨의 나라이다. 위소의 『국어』「진어(晉語)」의 「주」에 “자산은 정나라 목공(穆公)의 손자이며, 자국(子國)의 아들이다.”라고 했기 때문에 공손(公孫)이라고 칭한 것이다. 「진어」에 공손성자(公孫成子)라고도 했는데, 성(成)은 그의 시호이다. 전대흔의 『후한서고이(後漢書考異)』에 “산(産)이란 낳는다[生]는 뜻이다. 나무가 높은 것을 교(喬)라 하니 나서 자란다는 뜻이 있기 때문에 교라 이름한 것이고, 자를 자산이라고 한 것이다. 교(僑)는 후세 사람들이 교(喬) 자에 인(亻) 방을 덧붙인 것이다.”라고 했다. 살펴보니, 『설문해자』에 “교(僑)는 높다[高]는 뜻이다.”[263]라 했으니, 교(僑)는 키가 큰 사람을 말한다. 곽박은 『산해경(山海經)』의 장고국(長股國)을 주석하면서 “교국(喬國)이 있는데, 지금 광대 집단[伎家]의 키다리[喬人]는 아마도 이들의 신체를 본뜬 것인 듯싶다.”[264]라고 했다. “교(喬)” 자와 “교(僑)” 자는 통용된다. 『춘추좌씨전』의 “장적교여(長狄僑如)”[265]도 또한 당연히 키가 큰 사람이라는 뜻을 취한 것이다. 교(僑) 자와 산(産) 자의 의미는 높고 큰 것을 훌륭하게 여긴다는 뜻과 합치하기 때문에 자산은 또 자를 자미(子美)라고 했으니, 이는 당연히 두 가지 의미를 아울러 가지고 있다.

---

263 『설문해자』 권8: 교(僑)는 높다[高]는 뜻이다. 인(人)으로 구성되었고 교(喬)가 발음을 나타낸다. 거(巨)와 교(嬌)의 반절음이다.[僑, 高也. 從人喬聲. 巨嬌切.]

264 『산해경(山海經)』 권7, 「해외서경(海外西經)」에 “장고국(長股國)이 웅상(雄常) 북쪽에 있는데 머리를 풀어헤치고 있다. 혹은 장각(長脚)이라고도 한다.[長股之國, 在雄常北, 被髮. 一曰長脚.]”라고 했는데, “長脚” 아래 곽박의 「주」에 “어떤 사람이 말했다. ‘교국(喬國)이 있는데, 지금 광대 집단[伎家]의 키다리[喬人]는 아마도 이들의 신체를 본뜬 듯싶다.’[或曰: 有喬國, 今伎家喬人, 蓋象此身]”라고 했다.

265 『춘추좌씨전』「문공(文公)」 11년 「전」에 “장적교여(長狄僑如)를 생포하였다.[獲長狄僑如.]”라고 했는데, 두예의 「주」에 “교여(僑如)는 수만국(鄋瞞國)의 임금으로 신장이 거의 세 길[三丈]이었다. 교여의 생포를 경에 기록하지 않은 것은 오랑캐를 천하게 여겨서이다.[僑如, 鄋瞞國之君. 蓋長三丈, 獲僑如不書, 賤夷狄也.]”라고 했다.

5-18

子曰: "晏平仲善與人交. 久而敬之." 【注】 周曰: "齊大夫. 晏, 姓, 平, 諡. 名嬰."

공자가 말했다. "안평중(晏平仲)은 사람들과 더불어 사귀기를 잘 한다. 오래되어도 공경하는구나." 【주】 주생렬(周生烈)[266]이 말했다. "제(齊)나라 대부이다. 안(晏)은 성이고, 평(平)은 시호이다. 이름은 영(嬰)이다."

원문 正義曰: 『周官』「大宰」"二曰敬故", 鄭「注」, "敬故, 不慢舊也. 晏平仲久而敬之." 據鄭說, 則久謂久故也. 君子不遺故舊, 則民不偸, 故稱平仲爲"善交". 皇「疏」引孫綽曰: "交有傾蓋如舊, 亦有白首如新. 隆始者易, 克終者難. 敦厚不渝, 其道可久, 所以難也." 孫說謂平仲與人交久, 與鄭微異, 亦得通也. 皇本作"久而人敬之", 「疏」云: "凡人交易絶, 而平仲交久, 而人便敬之也." 此就所據本說之, 實則當從鄭本無"人"字, 解爲平仲敬人.

역문 정의에서 말한다.

『주관』「태재」에 "둘째는 오랜 친구를 공경함[敬故]이다."[267]라고 했는데, 정현의 「주」에 "경고(敬故)란 사귄 지 오래된 친구를 업신여기지 않

266 주생렬(周生烈, ?~?): 삼국시대 위(魏)나라 돈황(敦煌) 사람. 본성은 당(唐)씨이고, 자는 문일(文逸)이다. 위나라 초에 인재들을 부를 때 양주자사(涼州刺史) 장기례(張既禮)의 부름을 받아 낭중(郎中)을 지냈다. 하안의 『논어집해(論語集解)』에 그가 지은 의례(義例)가 들어 있다. 저서에 『주생렬자(周生烈子)』가 있었지만 없어졌고, 현존하는 판본은 청나라 장주(張澍)가 『태평어람』에서 뽑아 만든 것이다.

267 『주례』「천관총재상(天官冢宰上)·태재(大宰)」.

는다는 뜻이다. 안평중은 오래되어도 공경했다."[268]라고 했으니, 정현의 설에 의거하면 구(久)는 사귄 지 오래된 친구[久故]라는 말이다. 군자가 오랜 친구를 버리지 않으면 백성들이 야박해지지 않으므로 안평중을 칭찬하여 "사귀기를 잘한다."라고 한 것이다. 황간의 「소」에는 손작(孫綽)[269]이 "사귐에는 길가에서 잠깐 만났는데도 오랜 벗처럼 여겨지는 경우도 있고, 또한 흰머리가 되도록 오래 사귀었어도 처음 본 사람처럼 느껴지는 경우도 있다. 시작을 융성하게 하기는 쉬우나 끝냄을 잘하기는 어렵다. 돈독함과 후덕함이 변하지 않아야 벗과 사귀는 도리가 오래갈 수 있으니, 그래서 어려운 것이다."[270]라고 한 말을 인용했는데, 손작의 말은 안평중이 사람과 더불어 사귀기를 오래 했다는 말로서, 정현의 설과는 조금 차이가 나지만 역시 통하기는 한다. 황간본에는 "오래되어도 사람들이 그를 공경한다[久而人敬之]"라고 되어 있는데, 「소」에 "무릇 사람들은 사귀다가 쉽게 절교를 하지만, 안평중은 사귀기를 오래 하매 사람들이 더욱 그를 공경했다는 것이다."[271]라고 했으니, 이는 그가 근거한 판본의 입장에서 말한 것이고, 실제로는 마땅히 정현본의 "인(人)" 자가 없는 것을 따라 안평중이 사람을 공경했다고 해석해야 한다.

---

268 『주례주소』 권2, 「천관총재상 · 태재」 정현의 「주」.

269 손작(孫綽, ?~?): 동진 태원(太原) 중도(中都, 산서) 사람. 자는 흥공(興公)이다. 어릴 때부터 박학(博學)했으며, 시문(詩文)에 뛰어났다. 고승(高僧)들과 교유하기를 즐겼고, 불법(佛法)을 독실하게 믿었다. 유불도(儒佛道)의 합일을 주장했다. 영화(永和) 9년(353) 난정회(蘭亭會)에 참여했다. 노장(老莊)의 학문을 좋아했고, 유불(儒佛)에도 정통했다. 문장은 당시 으뜸으로 인정받았다. 저서에 『논어집해(論語集解)』와 『노자찬(老子贊)』, 『유도론(喩道論)』, 『도현론(道賢論)』, 「수초부(遂初賦)」, 「유천태산부(遊天台山賦)」 등이 있다.

270 『논어집해의소』 권3, 「논어공야장제5」 황간의 「소」.

271 『논어집해의소』 권3, 「논어공야장제5」 황간의 「소」.

● 「注」, "晏, 姓, 平, 諡. 名嬰."

● 正義曰: 『史記』「管晏列傳」, "晏平仲, 萊之夷維人也." 『索隱』曰: "名嬰, 平諡, 仲字." 晏者, 地名, 以邑爲氏. 『一統志』, "晏城, 在齊河西北二十五里." 卽其地也. 『諡法解』, "治而無眚", "執事有制", "布綱治紀", 皆曰"平", 是平爲諡也.

○ 「주」의 "안은 성이고, 평은 시호이다. 이름은 영이다."

○ 정의에서 말한다.

『사기』「관안열전(管晏列傳)」에 "안평중은 내(萊)나라 이유(夷維) 지역 사람이다."라고 했고, 『사기색은』에 "이름은 영이고, 평은 시호이며, 중은 자이다."라고 했다. 안(晏)은 지명이니, 읍명(邑名)을 씨로 삼은 것이다. 『대청일통지(大淸一統志)』에 "안성(晏城)은 제하현(齊河縣) 서북쪽 25리에 있다."[272]라고 했는데, 바로 그 지역이다. 『시법해(諡法解)』에 "다스려 재앙이 없음[治而無眚]", "일을 집행함에 절제가 있음[執事有制]", "기강을 펼쳐 다스림[布綱治紀]"을 모두 "평(平)"이라 하니, 이것이 평을 시호로 삼은 까닭이다.

5-19

子曰: "臧文仲居蔡, 【注】 包曰: "臧文仲, 魯大夫臧孫辰. 文, 諡也. '蔡', 國君之守龜, 出蔡地, 因以爲名焉, 長尺有二寸. 居蔡, 僭也." 山節藻梲, 【注】 包曰: "'節'者, 栭也. 刻鏤爲山; '梲'者, 梁上楹, 畫爲藻文, 言其奢侈." 何如其知也?" 【注】 孔曰: "非時人謂之爲知."

공자가 말했다. "장문중(臧文仲)이 점치는 큰 거북[蔡]을 보관하고, 【주】 포함이 말했다. "장문중은 노나라 대부 장손진(臧孫辰)이다. 문(文)은 시

272 『대청일통지』 권127, 「제남부2(濟南府二)」.

호이다. '채(蔡)'는 나라 임금의 수귀(守龜)[273]이다. 채(蔡)나라 땅에서 생산되므로 인하여 지명을 따서 거북의 이름으로 삼은 것이니, 길이가 한 자 두 치이다. 장문중이 거북을 보관한 것은 참람이다." 기둥 끝 두공(枓栱)에는 산 모양을 조각하고 들보 위의 동자기둥에는 마름을 그렸으니, 【주】 포함이 말했다. "'절(節)'은 두공[栭]인데 깎고 조각해서 산 모양을 만들고, '절(梲)'은 들보 위의 기둥인데 그림을 그려 마름 문양을 만들었으니, 그가 사치스러움을 말한 것이다." 어찌 그가 지혜롭겠는가?" 【주】 공안국이 말했다. "당시 사람들이 장문중을 지혜롭다고 평한 것을 비난한 것이다."

원문 正義曰: 龜者, 介蟲之長, 有知靈, 能先知, 故用爲卜. 『白虎通』「蓍龜篇」, "天子下至士, 皆有蓍龜者, 重事決疑, 示不自專." 凡卜皆在廟, 故藏龜亦於廟. 『周官』「龜人」, "凡取龜用秋時, 攻龜用春時, 各以其物入於龜室." 「注」云: "六龜各異室也." 『史記』「龜策列傳」言, "高廟有龜室", 又言"置室西北隅縣之", 此其制也. 『左』「文」二年「傳」說臧孫此事云: "作虛器." 杜「注」, "作虛器, 謂居蔡, 山節藻梲也. 有其器而無其位, 故曰虛." 如杜所言, 則"居蔡"謂作室以居之, 所謂龜櫝也.

역문 정의에서 말한다.

거북[龜]은 파충류[介蟲][274]의 우두머리로서, 신령스러운 지혜가 있어 앞으로 일어날 일을 미리 알 수 있기 때문에 점치는 데 사용한다. 『백호통

---

273 수귀(守龜): 점복(占卜)에 쓰는 귀갑(龜甲), 혹은 점치는 사람[卜人]을 뜻한다.

274 개충(介蟲): 온몸이 단단한 껍데기로 싸여 있는 벌레의 총칭. 비슷한 말로 갑충(甲蟲)이 있다. 갑각류(甲殼類)와 양서류(兩棲類)를 개충이라 부르기도 한다. 그러나 거북(turtle/tortoise)은 파충류에 딸린 거북 무리를 통틀어 일컫는 말이므로 여기서는 "파충류"로 번역했다.

의(白虎通義)』「시귀(蓍龜)」에, "천자로부터 사에 이르기까지 모두 시초와 거북[蓍龜]을 지니고 있었으니, 중대한 일에 의심나는 것을 결정할 때 자기 멋대로 하지 않음을 보인 것이다."라고 했다. 모든 점은 다 종묘[廟]에서 치기 때문에 거북도 역시 종묘에다 보관한다. 『주관』「귀인(龜人)」에 "가을철을 이용해서 거북을 잡고, 봄철을 이용해서 거북 껍데기를 가공해서 각각 그 물건들을 가지고 귀실(龜室)로 들어간다."[275]라고 했는데, 「주」에 "육귀(六龜)[276]는 각기 방을 달리한다."라고 했다. 『사기』「귀책열전(龜策列傳)」에 "한(漢) 고조(高祖)의 종묘에 귀실이 있다."라고 했고, 또 "내실 서북쪽 모퉁이에 설치해서 매달아 둔다."라고 했으니, 이것이 그 제도이다. 『춘추좌씨전』「문공(文公)」 2년의 「전」에 장손(臧孫)의 이 일을 말하면서 "쓸데없는 기물을 만들었다."라고 했는데, 두예의 「주」에 "쓸데없는 기물을 만들었다는 것은 거북을 보관하면서 기둥 끝 두공에 산 모양을 조각하고 들보 위의 동자기둥에 마름을 그린 것을 말한다. 그 기물만 있고 그에 맞는 지위가 없기 때문에 '쓸데없다[虛]'라고 한 것이다."라고 했다. 두예가 말한 대로라면 "점치는 큰 거북을 보관했다[居蔡]"라는 것은 귀실을 지어서 보관했다는 말로, 이것이 이른바 귀독(龜櫝)이라는 것이다.

---

275 『주례』「춘관종백하(春官宗伯下)·귀인(龜人)」.

276 육귀(六龜): 『주례』「춘관종백하·귀인」에 "귀인(龜人)은 육귀를 관장하여 각각 명물(名物)을 둔다. 천귀(天龜)를 영속(靈屬)이라 하고, 지귀(地龜)를 역속(繹屬)이라 하며, 동귀(東龜)를 과속(果屬)이라 하고, 서귀(西龜)를 뇌속(靁屬)이라 하며, 남귀(南龜)를 엽속(獵屬)이라 하고, 북귀(北龜)를 약속(若屬)이라 하는데, 각각 그 방위의 색과 몸체로써 구분한다.[龜人, 掌六龜之屬, 各有名物. 天龜曰靈屬, 地龜曰繹屬, 東龜曰果屬, 西龜曰靁屬, 南龜曰獵屬, 北龜曰若屬, 各以其方之色與其體辨之.]"라고 했다.

원문 『漢書』「食貨志」, “元龜爲蔡, 非四民所得居, 有者入大卜受直.” 然則文仲得此蔡, 卽當歸諸周室, 而不得私藏之, 「禮器」所云: “家不寶龜”, 是也. 乃文仲則儼爲己有, 且以此龜本藏天子廟中, 故亦以天子廟飾居之, 其所置之處, 亦必在文子家廟中. 「明堂位」曰: “山節藻梲, 復廟重簷, 天子之廟飾也.” 文仲諂瀆神物, 以冀福佑, 而不知其僭上無等之罪, 必不爲神所相, 故夫子不斥其僭, 而但斥以不知.

역문 『전한서』「식화지(食貨志)」에 “원귀(元龜)를 점치는 큰 거북[蔡]으로 삼는데, 사민(四民)이 보관할 수 있는 것이 아니니, 가지고 있는 경우에는 태복(大卜)[277]에게 드리고 값을 받는다.”라고 했다. 그렇다면 장문중이 이 거북[蔡]을 얻었다면 즉시 주나라 왕실로 되돌려 보냄이 마땅하고, 사사롭게 그것을 보관할 수는 없는 것이니, 『예기』「예기」에서 “대부의 집안[家]은 거북을 보배로 보관하지 않는다”라고 한 것이 이것이다. 그런데도 장문중은 버젓이 자기의 소유로 삼았고, 또 이 거북이 본래는 천자의 종묘 안에 보관되어 있었던 것이었으므로 또한 천자의 종묘 장식으로 꾸며서 보관했으니, 그것을 두었던 장소도 또한 필시 문자(文子)의 가묘(家廟) 안에 있었을 것이다. 『예기』「명당위」에 “기둥 끝 두공에 산 모양을 조각하고 들보 위의 동자기둥에 마름을 그리며, 지붕을 이중으로 하고 처마를 이중으로 하는 것은 천자의 종묘 장식이다.”라고 했다. 장문중은 신물(神物)에게 아첨하여 복을 바랐지만, 비길 데 없이 높은 사람을 참람한 죄는 반드시 신에게 도움을 받지 못할 것이라는 것을 몰랐기 때

---

277 태복(大卜): 『주례』「춘관종백하 · 태복(大卜)」에 “태복은 삼조(三兆)의 법을 관장한다.[大卜掌三兆之法.]”라고 했는데, 태복은 거북점을 치는 사람 중 우두머리이고, 삼조는 길흉을 점치기 위해 귀갑(龜甲)을 태울 때 옥(玉)과 와(瓦)와 원(原)처럼 균열되는 대표적인 흔적 세 가지를 말한다. 원(原)은 언덕으로, 원조(原兆)는 언덕의 밭이 갈라지는 것처럼 균열되는 것을 말한다.

문에 공자가 그의 참람함을 지적하지 않고 단지 지혜롭지 못함을 지적한 것일 뿐이다.

원문 全氏祖望『經史問答』, "據漢人之說, 則居蔡是僭諸侯之禮, 山節藻梲是僭天子宗廟之禮, 以飾其居. 如此則已是二不知, 不應概以作虛器罪之曰'一不知'也." 又云: "山節藻梲, 實係天子之廟飾, 管仲僭用以飾其居, 而臧孫未必然者. 蓋臺門反坫, 朱紘鏤簋, 出自夷吾之奢汰, 不足爲怪. 而臧孫則儉人也, 天下豈有以天子之廟飾自居, 而使妾織蒲於其中者? 蓋亦不相稱之甚矣. 吾故知其必無此也. 然則山節藻梲將何施? 曰: 施之居蔡也."

案, 全氏此辨致確. 其據『家語』, 以文仲世爲魯之守蔡大夫, 又取陸佃說, 以伯禽所受封之繁弱爲蔡別名, 又名僂句, 皆繆妄不足辨, 故略之.

역문 전조망(全祖望)의 『경사문답(經史問答)』에 "한대 사람들의 설에 의거하면 거북[蔡]을 보관한 것은 제후의 예를 참람한 것이고, 기둥 끝 두공에 산 모양을 조각하고 들보 위의 동자기둥에 마름을 그린 것은 천자 종묘의 예를 참람해서 자기의 거처를 꾸민 것이다. 그렇다면 이미 두 가지가 지혜롭지 못한 것이니, 대체로 쓸데없는 기물을 만든 것만 가지고 그를 허물해서 '한 가지가 지혜롭지 못하다.'라고 해서는 안 된다."[278]라고 했다. 또 "기둥 끝 두공에 산 모양을 조각하고 들보 위의 동자기둥에 마름을 그리는 것은 실로 천자의 종묘 장식과 관련된 것인데, 관중(管仲)이 참용(僭用)해서 그의 거처를 꾸몄다고 해서, 장손도 꼭 그런 것은 아니다. 대체로 대문(臺門)을 만들고 길에는 나무를 세워 가리며 반점(反坫)을

278 『공자가어』「안회(顏回)」에 공자가 장무중에 대해 세 가지 지혜롭지 못한 것이 있다고 하면서, "쓸데없는 기물을 만든 것, 순서를 뒤바꾼 제사를 따른 것, 원거(爰居: 바닷새)에 제사한 것이 세 가지 지혜롭지 못한 것이다.[設虛器, 縱逆祀, 祠海鳥, 三不知.]"라고 했다.

두고,[279] 면류관에 붉은 갓끈을 묶고 제기[簋]를 조각해서 장식한 것[280]은, 관이오(管夷吾)의 사치에서 나온 것으로 족히 기이할 만한 것이 못 된다. 장손은 검소한 사람이니, 천하에 어찌 천자의 종묘 장식으로 자신의 거처를 꾸미고 그 안에서 첩을 시켜 부들자리를 짜게 할 리가 있겠는가?[281] 대부분이 또한 서로 걸맞지 않음이 심하다. 나는 그렇기 때문에 그가 반드시 이랬을 리가 없었을 것이라고 알고 있는 것이다. 그렇다면 기둥 끝 두공에 산 모양을 조각하고 들보 위의 동자기둥에 마름을 그린 것은 장차 무엇에 쓰려고 한 것일까? 점치는 큰 거북[蔡]을 보관하는 데 쓰려 한 것이다."라고 했다.

살펴보니, 전씨(全氏)의 이 분석이 대단히 확실하다. 그러나 그가 『공자가어』를 근거로 장문중을 대대로 노나라의 점치는 큰 거북[蔡]을 지키는 대부라고 한 것과 또 육전(陸佃)[282]의 설을 취하여 백금(伯禽)이 봉지

---

279 『예기』「잡기하(雜記下)」에 "관중(管仲)이 대문(臺門)을 만들고 길에는 나무를 세워 가리며 반점(反坫)을 두고, 기둥 끝 두공에 산 모양을 조각하고 들보 위의 기둥에 마름을 그렸으니, 현명한 대부이기는 하나 윗사람이 되기에는 어렵다.[管仲旅樹而反坫, 山節而藻梲, 賢大夫也而難爲上也.]"라고 했다.

280 『예기』「예기(禮器)」에, "관중이 제기[簋]를 조각해서 장식하고 면류관에 붉은 갓끈을 묶으며, 기둥 끝 두공에 산 모양을 조각하고 들보 위의 기둥에 마름을 그린 것을 군자는 참람이라 여겼다.[管仲鏤簋朱紘, 山節藻梲, 君子以爲濫矣.]"라고 했다.

281 『공자가어』「안회」에 공자가 장무중에 대해 세 가지 불인(不仁)한 것이 있다고 하면서, "전금[展禽: 유하혜(柳下惠)]을 하위에 둔 것, 육관(六關: 여섯 관문)을 폐쇄한 것, 첩으로 하여금 부들자리를 짜게 한 것이 세 가지 불인한 것이다.[下展禽, 置六關, 妾織蒲, 三不仁.]"라고 했다.

282 육전(陸佃, 1042~1102): 북송 월주(越州) 산음(山陰) 사람. 자는 농사(農師)이고, 호는 도산(陶山)이다. 철종(哲宗) 초에 이부시랑(吏部侍郎)이 되어 『중종실록(中宗實錄)』 편찬에 참여했다. 여러 차례 외직을 지냈는데, 옥사를 잘 처결한다는 소리를 들었다. 휘종(徽宗)이 즉위하자 부름을 받아 예부시랑(禮部侍郎)이 되고, 『철종실록(哲宗實錄)』 편찬에 참여했다. 왕안석(王安石)에게 수학하여 학문적 영향을 받았지만, 신법(新法)에 대해서는 찬성하지 않

(封地)를 받은 곳의 번약(繁弱)[283]을 점치는 큰 거북의 별명(別名)이라고 한 것, 또 이름을 누귀(僂句)[284]라고 한 것은, 모두 황당무계한 말로 족히 변별할 것이 못 되기 때문에 생략한다.

원문 "節"與"楖"同. 陳氏鱣『古訓』·『藝文類聚』引作"楶", "楶"·"楖"一字. 案, 『爾雅』「釋宮」, "栭謂之楶." 『釋文』, "楶音節." 孫炎本作"節", 是"楶"·"節"通用. 『論語』『釋文』又云: "梲, 本又作棳."

역문 "절(節)"과 "절(楖)"은 같은 글자이다. 진전의 『논어고훈』과 『예문류취』에는 "절(楶)" 자로 되어 있는 것을 인용했으니, "절(楶)"과 "절(楖)"은 같은 글자이다. 살펴보니, 『이아』「석궁」에 "이(栭)를 절(楶)이라 한다." 했는데, 『경전석문』에 "절(楶)은 발음이 절(節)이다."[285]라고 했다. 손염본에는 "절(節)"로 되어 있으니, "절(楶)"과 "절(節)"은 통용된다. 『논어』의 『경전석문』에는 또 "절(梲)은 판본에 따라 또 절(棳)로 되어 있다."[286]라고 했다.

았다. 원우(元祐)의 인재들을 기용할 것을 주장하고 원우의 여당(餘黨)을 가혹하게 처벌하는 것에 반대하다가 모함을 받아 박주지주(亳州知州)로 쫓겨난 뒤 죽었다. 문자학에 정통하여 『비아(埤雅)』를 저술했다. 고례(古禮)를 깊이 연구했는데, 왕숙(王肅)의 학설을 위주로 하고 정현의 학설은 배척했다. 그 밖의 저서에 『예상(禮象)』과 『춘추후전(春秋後傳)』, 『이아신의(爾雅新義)』 등이 있다.

283 번약(繁弱): 하후씨(夏后氏)가 썼다던 활의 이름으로, 명궁(名弓)을 가리키는 말이다.

284 누귀(僂句): 거북 이름. 일설에는 거북 산지의 명칭이라고도 한다. 『춘추좌씨전』「소공」 6년에 "당초 장소백(臧昭伯)이 진(晉)나라에 갈 때 장회(臧會)가 소백(昭伯)의 보귀(寶龜)인 누귀를 훔쳐서 성실하게 행동하는 것이 길(吉)한지 불성실하게 행동하는 것이 길한지에 대해 점을 치니, 불성실하게 행동하는 것이 길하였다.[初, 臧昭伯如晉에 臧會竊其寶龜僂句, 以卜爲信與僭, 僭吉.]"라고 했는데, 두예의 「주」에 "누귀는 거북이 나온 곳의 지명이다.[僂句, 龜所出地名.]"라고 했다.

285 『경전석문』 권29, 「이아음의상 · 석궁제5(釋宮第五)」.

286 『경전석문』 권24, 「논어음의 · 공야장제5」.

● 「注」, "臧文"至"僭也".

● 正義曰: 臧文仲卽臧孫辰, 見『左』「莊」二十八年「傳」. 鄭「注」云: "蔡, 國君之守龜也. 龜出於蔡, 故得以爲名焉." 與包略同. 『左』「昭」五年「傳」, "吳蹶由曰: '卜之以守龜.'" 又曰: "國之守龜, 其何事不卜?" 是國君有守龜也. 『漢書』「食貨志」, "元龜, 岠冉長尺二寸, 侯龜七寸, 子龜五寸." 又云"元龜爲蔡", 是蔡長尺二寸也. 『白虎通』引『禮』「三正記」, "天子龜爲蔡, 長一尺二寸, 諸侯一尺, 大夫八寸, 士六寸." 與「食貨志」異. 然皆以天子龜爲尺二寸也, 但包旣以蔡爲長尺二寸, 則是天子守龜, 不當云"國君之守龜", 此稍誤矣.

○ 「주」의 "장문(臧文)"부터 "참야(僭也)"까지.

○ 정의에서 말한다.

장문중은 바로 장손진(臧孫辰)으로 『춘추좌씨전』「장공」 28년의 「전」에 보인다. 정현의 「주」에 "채(蔡)는 나라 임금의 수귀이다. 이 거북은 채(蔡) 지역에서 나오기 때문에 채(蔡)를 거북의 이름으로 삼았다."라고 했는데, 포함의 설과 대략 같다. 『춘추좌씨전』「소공」 5년의 「전」에 "오궐유(吳蹶由)가 말하길 '수귀로 점을 쳤다.'라고 했다."라고 하였고, 또 "나라의 수귀는 무슨 일인들 그 길흉(吉凶)을 예측(豫測)하지 못하겠는가?"라고 했으니, 이는 나라의 임금이 수귀를 가지고 있다는 말이다. 『전한서』「식화지」에 "원귀는 껍데기 둘레의 길이가 한 자 두 치 되고, 후귀(侯龜)는 일곱 치, 자귀(子龜)는 다섯 치이다."라고 했고, 또 "원귀로 점치는 큰 거북[蔡]을 삼는다."라고 했는데, 이 채의 길이가 한 자 두 치이다. 『백호통의』에서는 『대대례』「삼정기(三正記)」를 인용해서 "천자의 거북을 채라 하는데 길이가 한 자 두 치이고, 제후는 한 자, 대부는 여덟 치, 사는 여섯 치이다."[287]라고 했으니 「식화지」와는 다르다. 그러나 모두 천자의 거북 크기를 한 자 두 치라고 했고, 다만 포함이 이미 채의 크기를 한 자 두 치라고 했다면 이것은 천자의 수귀이므로 "나라 임금의 수귀"라고 하는 것은 마땅치 않으니, 이 점이 조금 잘못이다.

---

287 『백호통의(白虎通義)』 권하, 「덕론하(德論下)·시귀(蓍歸)」.

원문 『淮南』「說山訓」, “大蔡神龜, 出於溝壑.” 高誘「注」與包·鄭同. 『漢』「食貨志」如氏「注」以“蔡”爲蔡國, 薛瓚以“蔡”爲龜名, 不取蔡國之說, 爲顔監所糾正. 『路史』「國名紀」言“蘄春江中有蔡山, 在廣濟縣. 大龜納錫, 故曰蔡.” 非姬姓蔡. 王氏塗『四書地理志』引之, 謂今黃梅縣西南九十里, 曰蔡山, 西接廣濟縣. 此或包·鄭所指龜所之地名矣.

역문 『회남자』「설산훈(說山訓)」에 “큰 거북[大蔡]인 신귀(神龜)는 봇도랑이나 개천[溝壑]에서 나온다.”라고 했는데, 고유(高誘)의 「주」는 포함이나 정현의 설과 같다. 『전한서』「식화지」 여순(如淳)[288]의 「주」에는 “채(蔡)”를 채나라라고 했고, 설찬(薛瓚)[289]은 “채(蔡)”를 거북의 이름이라 하고 채나라라는 설을 취하지 않았는데, 안감(顔監: 안사고)이 바로잡았다. 『노사(路史)』「국명기(國名紀)」에 “기춘강(蘄春江) 중류에 채산(蔡山)이 있는데, 광제현(廣濟縣) 소재이다. 큰 거북을 잡으면 바치게 했기 때문에 채(蔡)라고 한 것이다.”라고 했으니, 희성(姬姓)의 채나라[290]가 아니다. 왕류의 『사서지리지(四書地理志)』에서는 이것을 인용하면서 지금의 황매현(黃梅縣) 서남쪽 90리를 채산이라고 하는데, 서쪽으로는 광제현과 접해 있다고 했으니, 이곳이 아마도 포함과 정현이 가리키는 거북이 나온다는 곳의 지명인 듯싶다.

원문 兪氏樾『平議』“包氏此解亦臆說, 竊疑‘蔡’當讀爲𣪠. 『說文』, ‘𣪠, 楚人謂卜問吉凶曰𣪠, 讀若贅.’ 龜者, 所以卜問吉凶也, 因卽名之曰‘𣪠’, 蓋楚

288 여순(如淳, ?~?): 삼국시대 위나라 사람.

289 설찬(薛瓚, ?~?): 진(秦)의 정치인.

290 채(蔡)나라는 중국 서주시대부터 존재하던 나라로 무왕 때 문왕의 5남인 채숙 도가 봉토를 받아 통치한 후작의 작위를 받은 제후국이다. 그래서 채나라 제후는 희성(姬姓)에 채씨(蔡氏)이다.

語也. 龜本荊州所貢, 故沿襲其語耳. "𠭥"與"蔡", 音相近. 孔氏廣森『經學卮言』謂, '蔡, 蔡叔之蔡, 卽"竄三苗"之竄.' 然則以'蔡'爲'𠭥', 猶以'蔡'爲'竄'矣." 案, 兪此說其可據, 因竝著之.

역문 유월의 『군경평의』에 "포씨(包氏)의 이 해석 역시 억측이니, 가만히 생각해 보면 '채(蔡)'는 당연히 췌(𠭥)의 뜻으로 읽어야 한다. 『설문해자』에 '췌(𠭥)는 초나라 사람들은 점을 쳐서 길함과 흉함을 묻는 것을 췌(𠭥)라 한다고 하니, 췌(贅)처럼 읽어야 한다.'[291]라고 했다. 거북[龜]이란 점을 쳐서 길함과 흉함을 묻는 것이니, 이로 인해 그 이름을 '췌(𠭥)'라고 한 것으로, 아마도 초나라 말인 듯싶다. 거북[龜]은 본래 형주(荊州)에서 공물로 바치던 것이었기 때문에 그 말을 그대로 따라서 답습한 것일 뿐이다. "췌(𠭥)"와 "채(蔡)"는 소리가 서로 가깝다. 공광삼(孔廣森)의 『경학치언(經學卮言)』에, '채(蔡)는 채숙(蔡叔)이라고 할 때의 채이니, 바로 "삼묘를 몰아 내다[竄三苗]"[292]라고 할 때의 최(竄)이다.'라고 했는데, 그렇다면 '채(蔡)'를 '췌(𠭥)'라고 하는 것은 '채(蔡)'를 '최(竄)'라고 하는 것과 같다."라고 했다. 살펴보니, 유월의 이 설은 근거해 볼 만하기 때문에 아울러 기록해 놓는다.

● 「注」, "節者"至"奢侈".

● 正義曰: 鄭亦有此「注」, 與包同. 節爲栭者, 本『爾雅』文. 『說文』云: "栭, 欂櫨也." 欂櫨, 柱上

---

291 『설문해자』 권3: 췌(𠭥)는 초나라 사람들은 점을 쳐서 길함과 흉함을 묻는 것을 췌(𠭥)라 한다고 했다. 오른손(又)으로 수(祟)를 잡고 있는 모습으로 구성되었고, 수(祟)가 또한 발음을 나타낸다. 췌(贅)처럼 읽어야 한다. 지(之)와 예(芮)의 반절음이다.[𠭥, 楚人謂卜問吉凶曰𠭥. 從又持祟, 祟亦聲. 讀若贅. 之芮切.]

292 『서경』「우서 · 순전」.

枅也, 枅, 屋欂櫨也, 栭, 屋枅上標也. 鄭注「明堂位」云: "山節, 刻欂櫨爲山也." 『三蒼』云: "柱上方木曰枅, 一名榙. 山東 · 河南皆曰枅, 自陜以西曰榙." 『廣雅』「釋室」, "欂謂之枅, 楶謂之笮." 合諸訓觀之, '楶'也, '栭'也, '枅'也, '欂櫨'也, '榙'也, '笮'也, 六名實一物.

○ 「주」의 "절자(節者)"부터 "사치(奢侈)"까지.

○ 정의에서 말한다.

정현도 이 문장에 대한 「주」가 있는데, 포함의 주석과 같다. 절(節)을 두공[栭]이라고 한 것은 『이아』「석궁」에 근거한 글이다. 『설문해자』에 "절(楶)은 박로(欂櫨)이다."[293]라고 했는데, 박로는 주기둥 위의 동자기둥[枅]이고, 동자기둥[枅]은 지붕의 박로이며, 두공[栭]은 지붕 가로보 위에 있는 우듬지[標]이다. 정현은 『예기』「명당위」를 주석하면서 "산절(山節)이란 박로를 깎아서 산을 만들었다는 뜻이다."라고 했다. 『삼창(三蒼)』에 "기둥 위에 방형으로 놓인 나무를 가로보[枅]라고 하는데, 일명 답(榙)이라고도 한다. 산동(山東)과 하남(河南)에서는 모두 '계(枅)'라 하고, 섬서(陜西) 지역 서쪽으로부터 '답'이라고 한다."라고 했다. 『광아』「석실(釋室)」에 "박(欂)을 '계'라 하고, 절(楶)을 '착(笮)'이라 한다."라고 했는데, 여러 해석들을 합해서 살펴보면, '절'이라는 둥, '이'라는 둥, '계'라는 둥, '박로'라는 둥, '답'이라는 둥, '착'이라는 둥 명칭은 여섯 가지이지만, 사실은 한 물건인 두공이다.

원문 王延壽『靈光殿賦』, "芝栭攢羅以戢舂." 張載「注」云: "芝栭, 柱上節, 方小木爲之, 長三尺." 此卽節也. 段氏玉裁『說文注』, "有枅, 有曲枅, 枅, 則槼也, 曲枅, 則欒也. 曲枅加於柱, 枅加於曲枅, 栭又加於枅, 以次而小, 故名之栭." 薛注『西京賦』曰: "栭, 斗也." 張載注『靈光賦』曰: "栭, 方小木爲之. 栭在枅之上, 枅者, 柱上方木. 鬥又小開枅, 亦方木也. 然後乃抗梁焉." 栭與枅非一物. 「釋宮」云: "栭謂之楶." 合二事渾言之, 許則析言之.

293 『설문해자』 권6: 절(楶)은 박로(欂櫨)이다. 목(木)으로 구성되었고, 자(咨)가 발음을 나타낸다. 자(子)와 결(結)의 반절음이다.[楶, 欂櫨也. 從木咨聲. 子結切.]

역문 왕연수(王延壽)[294]의 『영광전부(靈光殿賦)』에 "두공을 잡다하게 모아 놓았다[芝栭攢羅以戢孴]."라고 했는데, 장재(張載)[295]의 「주」에 "지이(芝栭)는 기둥 위의 두공[節]으로 방형의 작은 나무로 만드는데, 길이가 석 자이다."[296]라고 했으니, 이것이 바로 두공[節]이다. 단옥재의 『설문해자주』에 "계(枅)가 있고 굽은 계[曲枅]가 있는데, 계(枅)는 바로 동자기둥[粢]이고, 굽은 계[曲枅]는 바로 가름대[欒]이다. 기둥 위에 가름대[曲枅: 欒]를 얹고, 가름대 위에 동자기둥[枅: 粢]을 얹은 다음 두공[栭]을 또 동자기둥 위에 얹어 차례로 작아지게 하기 때문에 두공[栭]이라고 부른다."라고 했다. 설종(薛綜)은 『서경부(西京賦)』를 주석하면서 "이(栭)는 두공[斗]이다."[297]라

---

294 왕연수(王延壽, 124?~148): 후한 남군(南郡) 의성(宜城, 지금의 호북) 사람. 사부가(辭賦家). 자는 문고(文考) 또는 자산(子山)으로, 왕일(王逸)의 아들이다. 뛰어난 재주가 있어 어릴 때 노국(魯國)을 유람하며 『영광전부(靈光殿賦)』를 지어 한나라 때의 건축과 벽화 등을 묘사했는데, 생동하는 형상에서 그 시대 사회의 한 측면을 볼 수 있다. 나중에 채옹(蔡邕)도 같은 작품을 짓고자 했지만 이루지 못하다가 왕연수의 작품을 보고는 깊이 탄복하고 붓을 꺾어 버렸다. 나이 스무 살 때 쯤 물에 빠져 죽었다.

295 장재(張載, 1020~1077): 북송 봉상(鳳翔) 미현(郿縣) 사람. 자는 자후(子厚), 호는 횡거선생(橫渠先生), 시호는 명공(明公)이다. 인종(仁宗) 가우(嘉祐) 2년(1058) 진사가 되고, 운암령(雲巖令)이 되었다. 신종(神宗) 희녕(熙寧) 초에 숭문원교서(崇文院校書)에 올랐다. 얼마 뒤 병으로 사직하고 남산(南山) 아래서 지내면서 독서와 강학을 병행했다. 10년(1077) 여대방(呂大防)의 천거로 지태상례원(知太常禮院)이 되었지만 병으로 사직하고 돌아오는 도중 죽었다. 문인들이 명성(明誠)이라 시호를 하려고 했지만 나중에 헌(獻)으로 정해졌다. 영종(寧宗) 가정(嘉定) 때 명공이라는 시호가 내려졌다. 송나라 이학(理學)을 창시한 오현(五賢) 가운데 한 사람으로 관중(關中)에서 강학했기 때문에 그 학문을 관학(關學)이라 부른다. 정호(程顥), 정이(程頤) 형제와 함께 『주역』을 강론했고, 이단을 버리고 『주역』과 『중용』을 정밀히 탐구하여 신유학의 기초를 세웠다. 기일원론(氣一元論)은 왕정상(王廷相), 왕부지(王夫之), 대진(戴震) 등에 의해 계승·발전되었고, 인성론(人性論)은 주희에 의해 계승·발전되었다. 저서에 『정몽(正蒙)』과 『횡거역설(橫渠易說)』, 『경학이굴(經學理窟)』, 『장자전서(張子全書)』가 있다.

296 『문선(文選)』 권11, 「궁전(宮殿)·노영광전부(魯靈光殿賦)·장재주(張載注)」.

고 했고, 장재는 『영광전부』를 주석하면서 "두공[栭]은 방형의 작은 나무로 만든다. 두공은 동자기둥[枅] 위에 있고. 동자기둥은 기둥 위에 있는 방형의 나무이다. 두공은 또 동자기둥보다 작고 역시 방형의 나무로 되어 있다. 그렇게 한 뒤에 들보[粱]를 그 위에 올린다."라고 했으니, 두공[栭]과 동자기둥[枅]은 같은 물건이 아니다. 『이아』「석궁」에 "이(栭)를 절(楶)이라 한다."라고 한 것은 두공과 동자기둥을 섞어서 말한 것이고, 허신의 『설문해자』는 나누어 말한 것이다.

원문 案,『說文』以栭爲枅標, 標者, 枅上端也, 栭與枅正是一物, 而段云非一物, 誤矣.『爾雅』, "閞謂之槉." 郭「注」, "柱上欂也, 亦名枅, 又曰楮."『說文』, "閞, 門欂櫨也." 徐鍇『繫傳』, "斗上承棟者, 橫之似笄也. 柱端交牾之處, 置方木焉, 使相接合, 故謂之槉." 案, 閞字從門從弁, 弁象其形, 從門則爲門上之枅, 與柱端之枅同, 故其訓亦不異. 郝氏懿行『義疏』謂"楶·槉一物兩名, 楶言其標, 槉言其末", 亦未是也.

역문 살펴보니,『설문해자』에서는 이(栭)를 계표(枅標)라고 했는데, 표(標)는 계(枅)의 위쪽 끝[上端]으로, 이(栭)와 계(枅)가 정말로 같은 물건이니, 단옥재가 같은 물건이 아니라고 한 것은 잘못이다.『이아』「석궁」에 "접시받침[閞]을 쪼구미[槉: 동자기둥]라고 한다."라고 했는데, 곽박의「주」에 "기둥 위의 동자기둥[欂]이니, 또한 계(枅)라 명명하기도 하고, 또 답(楮)이라고도 한다."라고 했다.『설문해자』에 "변(閞)은 문기둥의 동자기둥[欂櫨]이다."[298]라고 했고, 서개(徐鍇)의『설문계전(說文繫傳)』에 "두공 위에서 용

297『문선』권2,「경도상(京都上)·서경부(西京賦)·설종주(薛綜注)」.

298『설문해자』권12: 변(閞)은 문기둥의 동자기둥[欂櫨]이다. 문(門)으로 구성되었고, 변(弁)이 발음을 나타낸다. 피(皮)와 변(變)의 반절음이다.[閞, 門欂櫨也. 從門弁聲. 皮變切.]

마루를 받들고 있는 것으로 비녀처럼 가로놓여 있다."[299]라고 했는데, 주기둥 끝머리에 교차되게 홈을 판 곳에 방형의 나무를 두고 서로 접합시키기 때문에 쪼구미[椟]라고 한다. 살펴보니, 변(閞) 자는 문(門)으로 구성되었고 변(弁)으로 구성되었으며, 변은 고깔의 모습을 형상화한 것이니, 문으로 구성되었다면 문기둥 위의 동자기둥[枅]으로 주기둥 끝머리의 동자기둥[枅]과 같으므로, 그 뜻이 또한 다르지 않다. 학의행(郝懿行)[300]의 『이아의소(爾雅義疏)』에 "절(楶)과 질(楶)은 하나의 물건에 이름이 둘인 것이니, 절(楶)은 우듬지를 말하고, 질(椟)은 끄트머리를 말한다."라고 했는데, 역시 옳지 않다.

원문 鄭注「禮器」云: "山節, 謂刻柱頭爲斗拱, 形如山也." '柱頭'者, 節也; '斗拱'者, 山之形. 鄭據自見言之, 非謂刻山形於節上也. "棁爲梁上楹"者, 『爾雅』云: "宋廇謂之梁. 其上楹謂之棁." 是棁在梁上. 郭「注」以爲侏儒柱, 鄭注「明堂位」亦云"畫侏儒柱爲藻文"也. 侏儒者, 短柱之稱. 故「禮器」「注」云: "藻棁, 謂畫梁上短柱爲藻文也." 『釋名』, "棳儒, 梁上短柱也." "儒"上當補"侏"字. 『淮南』「主術訓」, "短者以爲朱儒." 高誘「注」, "朱儒, 梁上戴

---

299 『설문계전(說文繫傳)』 권11, 「통석(通釋)」.

300 학의행(郝懿行, 1755~1823): 청나라 산동(山東) 서하(栖霞) 사람. 자는 순구(恂九), 호는 난고(蘭皐)이다. 가경(嘉慶) 4년(1799) 진사가 되어 호부주사(戶部主事)에 올랐다. 강남사주사(江南司主事) 등을 지냈다. 낭서(郎署)로 21년을 지내면서도 학문에 잠심하여 명물(名物)과 훈고(訓詁), 고증(考證)에 뛰어났다. 『이아(爾雅)』를 깊이 연구하여 『이아의소(爾雅義疏)』를 저술했다. 또한 경문(經文)을 위주로 하면서 삼전(三傳)을 인용하여 상세히 고증한 『춘추설략(春秋說略)』을 저술했다. 그 밖의 저서에 『역설(易說)』과 『서설(書說)』, 『춘추비(春秋比)』, 『정씨예기전(鄭氏禮記箋)』, 『죽서기년교정(竹書紀年校正)』, 『산해경전소(山海經箋疏)』 등이 있다. 특히 꿀벌의 생활을 관찰한 『봉아소설(蜂衙小說)』과 제비의 생태를 다룬 『연씨춘추(燕氏春秋)』에서는 실학(實學)이 일어나던 당시의 풍조를 엿볼 수 있다.

蹲跪人也.” 朱儒本短人, 故短木亦稱朱儒. 高擧其形似言之, 非謂刻爲人也. 『玉篇』, “棁, 楄也.” 以“棁”爲窼, 殊誤. 徐鍇『說文繫傳』以窼爲梁上短柱, 而以兩旁枝梧之木爲棁, 亦與舊訓不合.

역문 정현은 『예기』「예기」를 주석하면서 “산절(山節)이란 기둥머리를 조각해서 두공을 만드는데 모양이 산과 같음을 이른다.”[301]라고 했으니, ‘기둥머리[柱頭]’가 절(節)이고, ‘두공’은 산을 형상화했다는 것이다. 정현은 자신의 견해를 근거로 말한 것인데, 기둥머리[節] 위에 산 모양을 새겼다는 말은 아니다. 포함의 「주」에 “절(棁)은 들보 위의 기둥이다.”라고 했고, 『이아』「석궁」에 “망류(宊廇)를 대들보[梁]라 하고, 그 위의 기둥을 절(棁: 동자기둥)[302]이라 한다.”라고 했으니, 이 동자기둥[棁]은 대들보 위에 있는 것이다. 곽박의 「주」에서는 주유주(侏儒株)[303]라고 했고, 정현도 『예기』「명당위」를 해석하면서 역시 “주유주(侏儒柱)에 그림을 그려 마름[藻] 무늬를 만든 것이다.”[304]라고 했는데, 주유(侏儒)라는 것은 짧은 기둥을 일컫는다. 그러므로 『예기』「예기」에 “조절(藻棁)이란 대들보 위의 짧은 기둥에 그림을 그려 마름 무늬를 만든 것을 말한다.”라고 한 것이다. 『석명』에 “절유(棳儒)는 대들보 위의 짧은 기둥이다.”[305]라고 했는데, “유

---

301 『예기정의(禮記正義)』 권23, 「예기(禮器)」 정현의 「주」.

302 『논어정의』에는 “棳”로 되어 있으나, 『이아』「석궁(釋宮)」을 근거로 “棁”로 고쳤다. 아래도 같다.

303 『이아』「석궁」 곽박의 「주」에 “侏儒柱也”라고 되어 있으므로, “侏儒柱”로 고치고 해석했다. 주유(侏儒)는 『예기』「왕제(王制)」에 “벙어리와 귀머거리와 절름발이와 앉은뱅이와 다리 끊어진 자와 난쟁이와 온갖 기능공들까지 각자의 기능에 따라 작업을 시키고 먹여 준다.[瘖, 聾, 跛, 躄, 斷者, 侏儒, 百工, 各以其器食之.]”라고 했는데, 『예기주소』 권13, 「왕제(王制)」에 정현의 「주」에 “주유(侏儒)는 난쟁이[短人]이다.[侏儒, 短人也.]”라고 했다.

304 『예기정의』 권31, 「명당위(明堂位)」 정현의 「주」.

305 『석명(釋名)』 권5, 「석궁실(釋宮室)」.

(儒)” 자 앞에 마땅히 “주(侏)” 자를 보충해야 한다. 『회남자』「주술훈(主術訓)」에 “짧은 것을 주유(朱儒)로 삼는다.”라고 했는데, 고유의 「주」에 “주유는 대들보 위에서 [상량(上樑), 오량(五樑), 칠량(七樑) 따위를] 받치고 있는 웅크리고 꿇어 앉은 사람이다.”라고 했다. 주유(朱儒)는 본래 난쟁이[短人]이므로 짧은 나무도 역시 주유라고 일컫는다. 고유는 그 모습이 유사함을 들어 말한 것이지, 사람을 조각해서 만들었다는 말이 아니다. 『옥편』에는 “절(棁)은 두공[栭]이다.”라고 했으니, “절(棁)”을 절(楶)이라고 한 것은 특히 잘못이다. 서개의 『설문계전』에는 절(楶)을 대들보 위의 짧은 기둥이라 하고 양쪽 옆의 버팀목을 절(棁)이라고 했는데, 역시 옛 풀이와 부합하지 않는다.

원문 藻者, 水草. 『爾雅』「釋草」, “莙, 牛薻”, 薻與藻同. 包以“山節藻棁”爲奢侈, 不言僭者, 以奢侈則僭可知. 鄭此「注」又云: “山節藻棁, 天子之廟飾, 皆非文仲所當有之.” 案, 鄭注「禮器」云: “宮室之飾, 士首本, 大夫達稜, 諸侯斲而礱之, 天子加密石焉, 無畫山藻之禮也.” 又云: “山節藻棁, 此是天子廟飾, 而管仲僭之.”者, 考“士首本”云云, 見『穀梁傳』及『晉語』·『尙書大傳』, 皆是言桷飾. 鄭以桷飾如此則凡飾皆同, 而又言“天子廟飾, 山節藻棁”, 是於密石之外又加此山藻之飾, 與宮室之制不同也. 山節藻棁是二事, 皆非文仲宮室中所當有. 故夫子譏之.

역문 마름[藻]은 물풀[水草]이다. 『이아』「석초(釋草)」에 “군(莙)은 우조(牛薻)이다.”[306]라고 했는데, 조(薻)와 조(藻)는 같다. 포함이 “기둥 끝 두공에 산

306 군(莙)과 우조(牛薻)는 모두 “마름”을 뜻하는데, 과명은 마름과(Trapaceae)이고 일년생 수생초본식물로 잎은 홑잎으로 어긋나게 달린다. 잎 가장자리는 깃꼴로 열게 갈라져 있고 잎자루는 19~20㎝ 정도의 방추형 기낭이 존재하며 길이는 1~5㎝ 정도이고 잎몸은 마름모꼴 또

모양을 조각하고 들보 위의 동자기둥에 마름을 그린 것"을 사치라고 여기면서도 참람을 말하지 않은 것은 사치를 부렸다면 참람은 말하지 않아도 알 수 있기 때문이다. 정현은 이 문장의 「주」에서 또 "기둥 끝 두공에 산 모양을 조각하고 들보 위의 동자기둥에 마름을 그린 것은 천자의 종묘 장식이니, 모두 장문중이 당연히 소유할 만한 것이 아니다."라고 했다. 살펴보니, 정현이 「예기」를 주석하면서 "궁실의 장식은 사는 서까래의 머리 부분과 밑동만 깎고, 대부는 모서리까지 깎으며, 제후는 깎아서 연마하고, 천자는 깎고 연마한 다음 세밀한 무늬가 있는 밀석으로 정밀하게 연마하니, 산과 마름을 그리는 예는 없다."[307]라고 하고, 또 "기둥 끝 두공에 산 모양을 조각하고 들보 위의 동자기둥에 마름을 그리는 것, 이것은 천자의 종묘 장식인데, 관중이 그것을 참람했다."[308]라고 한 것에서 "사는 서까래의 머리 부분과 밑동만 깎는다"라고 운운한 것을 참고해서 『춘추곡량전』 및 『진어(晉語)』와 『상서대전(尙書大傳)』을 보면 모두 서까래의 장식을 참람한 것을 말한 것이다. 정현은 서까래 장식이 이와 같다면 모든 장식이 다 같다고 생각해서 또 "천자의 종묘 장식은 기둥 끝 두공에 산 모양을 조각하고 들보 위의 동자기둥에 마름을 그린다."라고 했는데, 이는 깎고 연마한 다음 세밀한 무늬가 있는 밀석으로 정밀하게 연마하는 것 외에, 또 이 기둥 끝 두공에 산 모양을 조각하고 마름을 그리는 장식을 더했다는 것이니, 궁실의 제도와는 같지 않다. 기둥 끝 두공에 산 모양을 조각하는 것과 들보 위의 동자기둥에 마름을 그

는 삼각형으로 길이는 2.5~5㎝ 정도이고 표면은 광택나며 뒷면은 맥 위에 털이 밀생한다. 꽃은 양성화로 7~8월에 흰색으로 개화하며 단정 꽃차례로 지름 1㎝ 정도이다. 과실은 딱딱한 골질로 삼각형이며 종자는 다육성 떡잎 1개로 익는다.

307 『예기정의』 권23, 「예기」 정현의 「주」.

308 『예기정의』 권23, 「예기」 정현의 「주」.

리는 이 두 가지 일은 모두 장문중의 궁실에 마땅히 있어야 할 것이 아니다. 그러므로 공자가 그를 나무란 것이다.

5-20

子張問曰: "令尹子文, 【注】 孔曰: "令尹子文, 楚大夫, 姓鬬, 名穀, 字於菟." 三仕爲令尹, 無喜色; 三已之, 無慍色, 舊令尹之政, 必以告新令尹, 何如?" 子曰: "忠矣." 曰: "仁矣乎?" 曰: "未知, 焉得仁?" 【注】 但聞其忠事, 未知其仁也.

자장이 물었다. "영윤(令尹)인 자문(子文)이 【주】 공안국이 말했다. "영윤 자문은 초나라 대부로서, 성은 투(鬬)이고, 이름은 누(穀)이며, 자는 오도(於菟)이다." 벼슬하면서 세 차례 영윤이 되었으나 기뻐하는 기색이 없었고, 세 차례 그만두었으나 서운해하는 기색이 없이, 옛 영윤의 정책을 반드시 새 영윤에게 일러 주는데, 어떻습니까?" 공자가 말했다. "충성스럽구나." 자장이 물었다. "인합니까?" 공자가 말했다. "아직 지혜롭지도 못한데, 어찌 인일 수 있겠느냐?" 【주】 단지 그의 충성스러운 일에 대해서만 들었을 뿐 그가 인한지는 아직 모르겠다는 말이다.

원문 正義曰: "令尹", 楚官名. 邢「疏」云: "令, 善也; 尹, 正也. 言用善人正此官也." "三已"者, 『詩』「墓門」「箋」, "已, 去也." 「南山有臺」「箋」, "已, 止也."

역문 정의에서 말한다.

"영윤"은 초나라 관직의 명칭이다. 형병의 「소」에, "영(令)은 선(善)함이고 윤(尹)은 바름[正]이니, 선한 사람을 등용하여 이 관직을 바로잡는다는 말이다."[309]라고 했다.

"삼이(三已)"

『시경』「묘문(墓門)」의 「전」에 "이(已)는 떠나감[去]이다."[310]라고 했고, 「남산유대(南山有臺)」의 「전」에는 "이(已)는 그만둠[止]이다."[311]라고 했다.

원문 全氏祖望『經史問答』, "子文於莊公卅年爲令尹, 至僖公廿三年讓於子玉, 凡在位廿八年. 子玉死, 蔿呂臣繼之, 子上又繼之, 大孫伯又繼之, 成嘉又繼之, 是後楚之令尹, 不見於『左傳』. 文公十二年, 子越之亂, 追紀曰: '令尹子文卒, 鬬般爲令尹.' 則意者成嘉之後, 子文嘗再起爲令尹, 而仁山以爲子上之後者, 誤也. 子上死, 卽有商臣之變, 使子文是時在位, 豈可以言忠?" 案, 子越亂在宣四年, 非文十二年, 全氏誤也. 如全此說, 子文僅再仕再已, 而『論語』云"三仕三已"者, 大略之辭.

역문 전조망의 『경사문답』에 "자문은 장공(莊公) 30년에 영윤이 되어 희공(僖公) 23년에 이르러 자옥(子玉)에게 물려주었으니, 모두 해서 28년 동안 영윤의 자리에 있었다. 자옥이 죽고 위여신(蔿呂臣)이 뒤를 이었다가, 자상(子上)이 또 뒤를 잇고, 대손백(大孫伯)이 또 이었으며, 성가(成嘉)가 또 그 뒤를 이었는데, 이 뒤로 초나라의 영윤은 『좌전』에 보이지 않는다. 문공(文公) 12년 자월(子越)의 난 때 추기(追紀)에 '영윤인 자문이 죽자 투반(鬬般)이 영윤이 되었다.'라고 했다. 생각건대 성가 뒤에 자문이 일찍이 영윤에 다시 기용되었으니, 인산(仁山)이 자상의 뒤라고 한 것은 잘못

---

309 『논어주소』 권5, 「공야장제5」 형병의 「소」.

310 『모시주소』 권12, 「국풍 · 진(陳) · 묘문(墓門)」 정현의 「전(箋)」.

311 『모시주소』 권17, 「소아 · 백화지십(白華之什) · 남산유대(南山有臺)」 정현의 「전(箋)」.

이다. 자상의 죽음은 바로 상신(商臣)의 변(變)에 있었으니, 만일 자문이 이때 영윤의 자리에 있었다면 어찌 충성스럽다고 말할 수 있겠는가?"라고 했다.

살펴보니, 자월의 난은 선공(宣公) 4년에 있었지, 문공 12년이 아니니 전씨가 틀렸다. 만일 전조망의 이 말대로라면 자문은 겨우 두 번 벼슬하고 두 번 그만두었을 뿐이므로 『논어』에서 "세 번 벼슬하고 세 번 그만두었다"라는 것은, 대충 한 말이다.

원문 汪氏中『述學』云: "『易』'近利市三倍', 『詩』'如賈三倍', 『論語』'焉往而不三黜', 『春秋傳』'三折肱爲良醫'此不必限以三也. 『論語』'季文子三思而後行', '雌雉三嗅而作', 『孟子』書'陳仲子三咽', 此不可知其爲三也. 『論語』'子文三仕 · 三已', 『史記』管仲'三仕 · 三已', '三戰 · 三走', 田忌'三戰三勝', 範蠡'三致千金', 此不必其果爲三也, 故知三者虛數也."

역문 왕중(汪中)의 『술학(述學)』에 "『주역』「설괘」에 '이익이 시가의 세 배에 가깝다.'라고 했고, 『시경』「대아(大雅) · 탕지십(蕩之什) · 첨앙(瞻卬)」에 '마치 값이 세 배인 것과 같다.'라고 했으며, 『논어』「미자(微子)」에 '어딜 간들 세 번 내침을 당하지 않겠는가?'라고 하고, 『춘추좌씨전』「정공」 13년 조에 '세 번 팔뚝이 부러지고 나면 훌륭한 의사가 될 수 있다.'라고 했는데, 이는 반드시 셋이라는 숫자로 제한을 둔 것이 아니다. 『논어』「공야장」에 '계문자가 세 번 생각한 뒤에 실행하였다.'라고 했고, 「향당(鄉黨)」에 '(자로가 조리해서 바친) 까투리를 세 번 냄새를 맡고 일어났다.'[312]라

312 『논어』「향당(鄉黨)」: 공자가 말했다. "산에서 기장을 쪼아 먹는 까투리여, 좋은 시절이구나, 좋은 시절이구나!" 자로가 까투리를 잡아 조리해서 바치자, 세 번 냄새를 맡고 일어났다.[曰: "山梁雌雉, 時哉時哉." 子路共之, 三嗅而作.]

고 했으며, 『맹자』에 '진중자(陳仲子)가 세 번 삼켰다.'[313]라고 쓰여 있지만, 이는 그것이 세 번이 되는지는 알 수 없는 것이다. 『논어』에 '자문이 세 차례 벼슬하고 세 차례 그만두었다'라고 하였고, 『사기』에 관중이 '세 차례 벼슬하고 세 차례 그만두었다'라고 했으며, '세 번 싸우고 세 번 패주(敗走)했다'라고 하였고, 전기(田忌)가 '세 번 싸우고 세 번 승리했다'라고 하였으며, 범려(範蠡)가 '세 차례 천금(千金)을 모았다'라고 했지만, 이는 그것이 과연 세 번이 되는지 기필할 수 없으므로 셋이란 허수(虛數)임을 알 수 있다."라고 했다.

원문 案, 「楚語」觀射父曰: "昔鬬子文三舍令尹, 無一日之積, 恤民之故也." 『潛夫論』「遏利篇」, "楚鬬子文三爲令尹, 而有饑色, 妻子凍餒, 朝不及夕." 皆言子文三仕三已, 與『論語』正合. 若『荀子』「堯問」·『莊子』「田子方」·『呂氏春秋』「知分」·『淮南子』「道應」·『史記』「鄒陽傳」·「循吏列傳」, 皆以三仕三已爲孫叔敖之事. 閻氏若璩『四書釋地又續』云: "孫叔敖之令尹, 見宣十一年. 叔敖死於楚莊王時, 約令尹僅七八年. 莊王之賢, 豈肯暫已叔敖? 意『莊子』·『荀子』原係子文事, 傳譌而爲叔敖." 其說是也.

역문 살펴보니, 『국어』「초어하(楚語下)」에서 관역보(觀射父)[314]는 "옛날 투자

---

313 『맹자』「등문공하」: 광장(匡章)이 말했다. "진중자(陳仲子)가 어찌 참으로 청렴한 선비가 아니겠는가? 그가 오릉(於陵)에 살 때, 사흘 동안 먹지 못하여 귀에는 들리는 것이 없고 눈에는 보이는 것이 없었는데, 우물가에 벌레가 반 넘게 파먹은 오얏이 있자 기어가서 먹어 세 번 삼킨 뒤에야 귀에 들리는 것이 있었고 눈에 보이는 것이 있었다."[匡章曰: "陳仲子豈不誠廉士哉? 居於陵, 三日不食, 耳無聞, 目無見也, 井上有李, 螬食實者過半矣, 匍匐往將食之, 三咽然後, 耳有聞, 目有見."]

314 관역보(觀射父, ?~?): 춘추시대 초나라 대부로서 종교 사상가. 초나라 소왕(昭王) 때 초나라 최고의 보배 중 한 사람으로 일컬어진다. 『국어』 권18, 「초어하(楚語下)」에 "왕손어(王孫圉)가 진(晉)나라에 빙문을 가 진 정공(晉定公)이 잔치를 열어 줄 때 조간자(趙簡子)가 패옥

문(鬬子文)은 세 차례나 영윤을 그만두었지만 하루 동안 먹을거리도 축적(縮積)한 일이 없었으니 민중을 불쌍히 여겼기 때문이다."라고 했고 『잠부론』「알리」에 "초나라의 투자문이 세 차례나 영윤이 되었으나 굶주린 기색이 있었으며, 아내와 자식은 얼고 굶주려 아침이면 미처 저녁까지 걱정할 수조차 없었다."라고 했는데, 모두 자문이 세 차례 벼슬하고 세 차례 그만둔 것을 말한 것이니, 『논어』의 내용과 바로 일치한다.

『순자』「요문(堯問)」과 『장자(莊子)』「전자방(田子方)」과 『여씨춘추』「지분(知分)」과 『회남자』「도응(道應)」, 그리고 『사기』의 「추양전(鄒陽傳)」·「순이열전(循吏列傳)」과 같은 경우에는 모두 세 차례 벼슬하고 세 차례 그만둔 것을 손숙오(孫叔敖)의 일이라고 여겼다.

염약거는 『사서석지우속(四書釋地又續)』에서 "손숙오가 영윤이 된 것은, 선공 11년에 보인다. 손숙오는 초나라 장왕(莊王) 때 죽었으니, 영윤 벼슬에 매여 있었던 것은 겨우 7~8년 정도이다. 장왕과 같은 현명한 사람이 어찌 기꺼이 잠시라도 손숙오를 그만두게 했겠는가? 아마도 『장자』와 『순자』에는 원래 자문의 일과 연계되어 있었으나, 전해지면서 변하여 손숙오의 일이 된 듯싶다."라고 했는데, 그의 말이 옳다.

(佩玉)을 울리면서 잔치하는 예를 돕다가 왕손어에게 묻기를, '초나라의 백형(白珩)이 아직도 있습니까?' 하니, 왕손어가 대답하기를, '그렇습니다.'라고 하였다. 조간자가 말하기를, '백형의 국보로서의 값어치는 얼마나 됩니까?'라고 하자, 왕손어가 대답했다. '우리는 일찍이 이것을 국보로 삼은 적이 없습니다. 초나라에서 보물로 삼는 것은 관역보(觀射父)이니, 훈사(訓辭)에 뛰어나 각 제후국에 가서 외교 활동에 종사하여 우리 임금께 시빗거리가 되지 않도록 합니다.'[王孫圉聘於晉, 定公饗之, 趙簡子鳴玉以相, 問於王孫圉曰: '楚之白珩猶在乎?' 對曰: '然.' 簡子曰: '其爲寶也幾何矣?' 曰: '未嘗爲寶. 楚之所寶者, 曰觀射父, 能作訓辭, 以行事於諸侯, 使無以寡君爲口實.']"라고 했다.

원문 夫子許爲忠者, 皇「疏」引李充曰: "進無喜色, 退無怨色, 公家之事, 知無不爲, 忠臣之至也." 『釋文』, "'未知', 如字. 鄭音智, 「注」及下同." 『漢書』「古今人表」先列聖人, 次仁人, 次智人, 其序篇引此二語. 『論衡』「問孔篇」, "子文曾擧子玉代己位而伐宋, 以百乘百而喪其衆, 不知如此, 安得爲仁?" 『中論』「智行篇」, "或曰: '然則仲尼曰"未知, 焉得仁", 乃高仁邪? 何謂也?' 對曰: '仁固大也. 然則仲尼亦有所激然, 非專小智之謂也. 若有人相語曰: "彼尙無有一智也. 安得乃知爲仁乎?"'" 二文皆讀知爲智, 與鄭同. 李充曰: "子玉之敗, 子文之擧, 擧以敗國, 不可謂智也; 賊夫人之子, 不可謂仁也." 可補鄭義. 皇本"何如"下有"也"字.

역문 공자가 충성스럽다고 인정한 것에 대해 황간의 「소」에는 이충(李充)[315]이 "등용되어도 기뻐하는 기색이 없고, 물러나도 서운한 기색이 없는 것은 공가(公家)의 일이니, 나라에 이익이 되는 일이라면 알고서 하지 않음이 없는 것이 충신(忠臣)의 지극함이다."[316]라고 한 말을 인용했다. 『경전석문』에, "'미지(未知)'는 본래의 음대로 읽어야 한다. 정현은 지혜[智]의

---

315 이충(李充, ?~?): 동진(東晉) 강하[江夏, 호북성 운몽(雲夢)] 사람. 자는 홍도(弘度)이다. 젊어서 형명학(刑名學)을 좋아했고, 해서(楷書)를 잘 썼다. 부화(浮華)한 선비를 몹시 싫어했으며, 당시 전적(典籍)들이 정리되지 않아 혼란스러웠는데, 그가 정리를 맡아 번다하고 중복된 것들은 제거하는 일을 했다. 영가(永嘉) 이후로 전란이 잦아지자 전적이 산일(散失)될 것을 염려하여 갑부오경(甲部五經), 을부사기(乙部史記), 병부제자(丙部諸子), 정부시부(丁部詩賦) 네 부분으로 나누어 조리 있게 정리했다. 『상서』의 「주」와 『주역지(周易旨)』를 지었다. 『한림론(翰林論)』과 『학잠(學箴)』 등도 지었지만 없어졌다.

316 『논어집해의소』 권3, 「논어공야장제5」 황간의 「소」. 『춘추좌씨전』「희공」 9년의 「전」에 "헌공(獻公)이 물었다. '무엇을 충정(忠貞)이라 하는가?' 순식(荀息)이 대답했다. '공가(公家)에 이익이 되는 일이라면 알고는 하지 않음이 없는 것이 충(忠)이고, 죽은 임금을 장송(葬送)하고 산 임금을 섬기는 두 일에 모두 여한(餘恨)이 없도록 하는 것이 정(貞)입니다.'[公曰: '何謂忠貞?' 對曰: '公家之利, 知無不爲, 忠也.']"라고 했다.

의미로 발음해야 한다고 했는데, 정현의 「주」는 아래에도 같다."[317]라고 했다. 『전한서』「고금인표」에는 우선 성인(聖人)을 나열하고, 다음으로는 인인(仁人), 그다음으로 지인(智人)을 나열했는데, 그 「서편(序篇)」에 이 두 마디 말을 인용했다. 『논형』「문공편」에 "자문은 일찍이 자옥을 천거해 자기의 지위를 대신해서 송(宋)나라를 정벌하게 했는데, 자옥이 전차 백승(乘)을 이끌고서도 패배하고 많은 전사자를 냈으니, 지혜롭지 못함이 이와 같은데, 어찌 인이 될 수 있겠는가?"라고 했고, 『중론(中論)』「지행(智行)」에 "누군가 묻기를 '그렇다면 중니가 "아직 지혜롭지도 못한데[未知], 어찌 인일 수 있겠느냐?"라고 한 것은 결국 인을 높인 것인가? 무엇을 말하는 것인가?'라고 하자, 다음과 같이 대답했다. '인은 진실로 위대하다. 그렇다면 중니 역시 격(激)한 바가 있어서 그런 것이지, 전적으로 지혜[智]를 하잘것없게 여긴 말이 아니다. 마치 어떤 사람들이 서로 "저 사람은 아직 한 가지 지혜도 가진 것이 없으니, 어떻게 인이 됨을 알 수 있겠는가?"라고 말한 것과 같다.'라고 했는데, 두 단락의 글이 모두 지(知)를 지혜[智]의 의미로 읽었으니, 정현의 해석과 같다. 이충은 "자옥은 패배를 하고, 자문은 천거를 했으나, 천거해서 나라를 패하게 했으니 지혜롭다 이를 수 없고, 남의 자식을 해쳤으니 인이라 이를 수 없다."라고 했는데, 정현의 뜻을 보완할 만하다. 황간본에는 "하여(何如)" 아래 "야(也)" 자가 있다.

● 「注」, "姓鬭, 名穀, 字於菟."

● 正義曰: 『左』「宣」四年「傳」, "初, 若敖娶於䢵, 生鬭伯比. 若敖卒, 從其母, 畜於䢵, 淫於䢵子

317 『경전석문』 권24, 「논어음의 · 공야장제5」.

之女, 生<u>子文</u>焉. <u>䢵夫人</u>使棄之諸<u>夢</u>中, 虎乳之. <u>䢵子</u>田見之, 懼而歸, 以告夫人, 遂使收之. <u>楚</u>人謂乳'穀', 謂虎'於菟', 故命之曰<u>鬬穀於菟</u>. 實爲令尹<u>子文</u>."

○ 「주」의 "성은 투이고, 이름은 누이며, 자는 오도이다."

○ 정의에서 말한다.

『춘추좌씨전』「선공(宣公)」 4년의 「전」에 "당초에 약오(若敖)가 운국(䢵國)의 여인을 아내로 맞아 투백비(鬬伯比)를 낳았다. 약오가 죽은 뒤에 투백비는 어머니를 따라가 운국에서 자랐는데, 운자(䢵子)의 딸과 사통(私通)하여 자문을 낳았다. 운부인(䢵夫人)이 사람을 시켜 이 아이를 운몽(雲夢)의 늪 가운데에 버리게 했는데, 호랑이가 이 아이에게 젖을 먹였다. 운자가 사냥을 나갔다가 이 광경을 보고는 겁을 먹고 돌아와서 부인에게 이야기하고, 마침내 사람을 보내 그 아이를 거두어다가 길렀다. 초나라 사람들은 '젖'을 '누(穀)'라 하고, '호랑이'를 '오도(於菟)'라 하기 때문에 운자는 그 아이의 이름을 '투누오도(鬬穀於菟)'라고 했는데, 이 투누오도가 바로 영윤 자문이다."라고 했다.

원문 『說文』, "㝅, 乳也, 從子, 㱿聲." 『漢書』「敘傳上」, "<u>楚</u>人謂乳㝅." <u>如氏</u>曰: "㝅音構. 牛羊乳汁曰㝅." 『廣雅』「釋詁」, "𣫭, 生也." <u>曹憲</u>『音』曰: "𣫭, 春秋之𣫭烏菟." 「釋言」, "㝅, 乳也." "𣫭"·"㝅"一字, 『左傳』作"穀", 或系叚借. 『論語』『釋文』, "㝅, 本又作穀." 『荀子』「禮論」, "君子以倍叛之心接臧穀, 猶且羞之." <u>楊倞</u>「注」, "孺子曰穀." 『莊子』「駢拇」, "臧與穀二人." <u>崔</u>「注」同. "穀"與"㝅"同, 若言乳兒也. 於菟爲虎, 此反切之權與. <u>曹憲</u>作"烏菟", 『漢書』「敘傳」作"於檡", 皆以音近通用.

역문 『설문해자』에 "누(㝅)는 젖[乳]이다. 자(子)로 구성되었고, 각(㱿)이 발음을 나타낸다."[318]라고 했다. 『전한서』「서전상(敘傳上)」에 "초나라 사람

318 『설문해자』 권14: 누(㝅)는 젖[乳]이다. 자(子)로 구성되었고, 각(㱿)이 발음을 나타낸다. 일설에는 누무(㝅瞀)라고 한다. 고(古)와 후(候)의 반절음이다.[㝅, 乳也. 從子㱿聲. 一曰㝅瞀也. 古候切.]

들은 젖[乳]을 누(㝅)라 한다."라고 했는데, 여순의 「주」에 "누(㝅)는 음이 구(構)[319]이다. 소나 양의 젖을 누(㝅)라 한다."라고 했다. 『광아』「석고」에, "누(穀)는 산다[生]는 뜻이다."라고 했고, 조헌(曹憲)[320]의 『음(音)』에 "누(穀)는 춘추시대의 누오도(穀烏菟)이다."라고 했으며, 『광아』「석언」에 "누(㝅)는 젖[乳]이다."라 했으니, "누(穀)"와 "누(㝅)"는 같은 글자이다. 『춘추좌씨전』에는 "누(穀)"로 되어 있는데, 혹 가차자(叚借字)에 연계시키기도 한다. 『논어』의 『경전석문』에 "누(㝅)는 판본에 따라 또 누(穀)로 되어 있다."[321]라고 했고, 『순자』「예론(禮論)」에 "군자는 배반하는 마음으로 노비와 젖먹이를 상대하는 것도 오히려 부끄러워한다."라고 했는데, 양경의 「주」에 "젖먹이[孺子]를 누(穀)라 한다." 했고, 『장자』「변무(騈拇)」에 "노비와 젖먹이 두 사람[臧與穀二人]."이라고 했는데, 최선(崔譔)의 「주」도 똑같다. "누(穀)"와 "누(㝅)"는 같은 글자이니, 유아(乳兒)라는 말과 같다. 오(於)와 도(菟)가 호(虎)가 되었으니 이것이 반절음(反切音)의 시작이다. 조헌은 "오도(烏菟)"라고 했고, 『전한서』「서전(敍傳)」에는 "오도(於檡)"[322]로 되어 있는데, 모두 발음이 가깝기 때문에 통용된 것이다.

---

319 여순은 "㝅" 자의 발음을 "구(構)"라고 했으나, 젖을 뜻할 때의 "㝅" 자의 음은 "누"로 발음하므로, 여기서는 모두 "누"로 발음한다.

320 조헌(曹憲, ?~?): 수말당초 때 양주(揚州) 강도(江都) 사람. 수나라 때 비서학사(秘書學士)를 지냈다. 양제(煬帝)가 제유(諸儒)들과 함께 『계원주총(桂苑珠叢)』을 편찬하게 하고, 『광아』에 주를 달게 했다. 태종이 항상 사람을 보내 난자(難字)에 대해 질문했는데, 이에 음주(音注)를 달았다. 『문선』으로 학생들을 가르쳤다. 문자훈고학에 뛰어나 『박아(博雅)』에 주를 달았고, 『문선음의(文選音義)』를 저술했다. 수당(隋唐) 때 『문선』에 대한 학문을 개창한 인물로 평가된다. 그 밖의 저서에 『문자지귀(文字指歸)』와 『이아음의(爾雅音義)』 등이 있었지만, 모두 전하지 않는다.

321 『경전석문』 권24, 「논어음의 · 공야장제5」. 『경전석문』에 "㝅" 밑에 "노(奴)와 두(斗)의 반절음이다.[奴斗反.]"라고 해서 음이 "누"라고 했다.

원문 王氏引之『春秋名字解詁』, "於菟, 虎文貌. 『說文』, '𤚐, 黃牛虎文. 讀若塗.' 菟·口聲義竝同. 虎有文謂之於菟, 故牛有虎文謂之𤚐. 『說文』, '虍, 虎文也.' 於菟與虍, 聲近而義同." 如王此說, 子文爲字, 亦是名字相應矣. 「敍傳」云: "故名穀於檡, 字子文." 此「注」以"穀"爲名, "於菟"爲字, 而不言"子文"爲名爲字, 作僞者之疏可知.

역문 왕인지의 『춘추명자해고(春秋名字解詁)』에 "오도(於菟)는 호랑이의 무늬와 모습이다. 『설문해자』에 '도(𤚐)는 호랑이 무늬의 황소[黃牛虎文: 칡소]이다. 도(塗)와 같은 발음으로 읽는다.'[323]라고 했다. 도(菟)와 도(𤚐)는 소리와 뜻이 모두 같다. 호랑이가 가지고 있는 무늬를 오도라고 하기 때문에 호랑이 무늬가 있는 소를 도(𤚐 칡소)라고 한다. 『설문해자』에 '호(虍)는 호랑이 무늬이다.'[324]라고 했으니, 오도와 호는 발음이 가깝고 뜻이 같다."라고 했다. 왕인지의 이 말대로라면 자문을 자로 삼더라도, 역시 이름과 자[名字]가 서로 상응한다. 『전한서』「서전」에 "그러므로 이름이 누오도(穀於檡)이고 자는 자문이다."라고 했는데, 여기의 「주」에서는 "누(穀)"를 이름이라 하고, "오도(於菟)"를 자라고 하면서, "자문"이 이름인지 자인지를 말하지 않았으니, 거짓을 꾸미는 자의 허술함을 알 만하다.

---

322 『전한서』 권100상, 「서전(敍傳)」 안사고의 「주」에 "사고가 말한다. '곡(穀)은 본래의 글자대로 읽어야 한다. 또 발음은 노(乃)와 구(苟)의 반절음이다. 오(於)는 음이 오(烏)이다. 도(檡)자는 혹 도(菟)로 되어 있는데 모두 음이 도(塗)이다.'[師古曰: '穀讀如本字. 又音乃苟反. 於音烏. 檡字或作菟, 竝音塗.']"라고 했다.

323 『설문해자』 권2: 도(𤚐)는 호랑이 무늬의 황소[黃牛虎文: 칡소]이다. 우(牛)로 구성되었고, 여(余)가 발음을 나타낸다. 도(塗)와 같은 발음으로 읽는다. 동(同)과 도(都)의 반절음이다. [𤚐, 黃牛虎文. 從牛余聲. 讀若塗. 同都切.]

324 『설문해자』 권5: 호(虍)는 호랑이 무늬이다. 상형자(象形字)이다. 모든 호(虍)부에 속하는 한자는 다 호(虍)의 뜻을 따른다. 황(荒)과 오(烏)의 반절음이다.[虍, 虎文也. 象形. 凡虍之屬皆從虍. 荒烏切.]

"崔子弑齊君, 陳文子有馬十乘, 棄而違之, 【注】 孔曰: "皆齊大夫. 崔杼作亂, 陳文子惡之, 捐其四十匹馬, 違而去之." 至於他邦, 則曰: '猶吾大夫崔子也.' 違之, 之一邦, 則又曰: '猶吾大夫崔子也.' 違之, 何如?" 子曰: "淸矣." 曰: "仁矣乎?" 曰: "未知, 焉得仁?" 【注】 孔曰: "文子避惡逆, 去無道, 當春秋時, 臣陵其君, 皆如崔子, 無有可止者."

자장이 물었다. "최자(崔子)가 제나라 임금을 시해(弑害)하자, 진문자(陳文子)는 말 10승(40필)을 소유하였는데도, 버리고 제나라를 떠나, 【주】 공안국이 말했다. "최자와 진문자 모두 제나라 대부이다. 최저(崔杼)가 반란을 일으키자, 진문자는 그를 미워하여 40필의 말을 버리고서 그곳을 떠나 다른 나라로 갔다." 다른 나라로 가서 말하기를 '우리 나라의 대부 최자와 같다.'라고 하고서 그곳을 떠났으며, 또 한 나라로 가서 또 말하기를 '우리 나라의 대부 최자와 같다.'라고 하고서 그곳을 떠났는데, 어떻습니까?" 공자가 말했다. "깨끗하구나." 자장이 물었다. "인합니까?" 공자가 말했다. "아직 지혜롭지도 못한데, 어찌 인일 수 있겠느냐?" 【주】 공안국이 말했다. "문자(文子)는 간악한 역적을 피하여 도가 없는 나라를 버리고 도가 있는 나라로 찾아가려 했으나, 춘추시대를 당하여 신하가 그 임금을 능멸함이 모두 최자와 같아서 머물 만한 곳이 없었다."

원문 正義曰: "崔"者, 地名, 以邑爲氏也. 『左』「襄」二十七年「傳」, "成請老于崔." 杜「注」, "濟南東朝陽縣西北有崔氏城." 在今濟南府 章丘縣西北二十五里, 俗呼古城.

역문 정의에서 말한다.

"최(崔)"는 지명(地名)이니, 읍(邑)의 이름을 성씨로 삼은 것이다. 『춘추좌씨전』「양공」 27년의 「전」에 "최성(崔成)이 최읍(崔邑)으로 가서 일생을 마치기를 청했다."라고 했는데, 두예의 「주」에 "제남(濟南)[325] 동쪽, 조양현(朝陽縣)의 서북쪽에 최씨성(崔氏城)이 있다."라고 했다. 지금의 제남부(濟南府) 장구현(章丘縣) 서북쪽 25리에 있는데, 속칭 고성(古城)이라 부른다.

원문 "弑"者, 『說文』云: "臣殺君也." 『左』「宣」十八年「傳」, "凡自虐其君曰弑." 『白虎通』「誅伐篇」引『春秋讖』曰: "弑者, 試也, 欲言臣子殺其君父不敢卒, 候間司事, 可稍稍試之." 是其義也. 『釋文』, "弑, 本又作殺." 『說文』, "殺, 戮也." 段氏玉裁「注」云: "述其實則曰殺, 正其名則曰弑. 『春秋』, 正名之書也. 故言弑不言殺. 『三傳』, 述實以釋『經』之書也. 故或言弑或言殺." 案, 此則弑·殺兩通.

역문 "시(弑)"는 『설문해자』에 "신하가 임금을 죽인다는 뜻이다."[326]라고 했다. 『춘추좌씨전』「선공」 18년의 「전」에 "범례에 의하면 내국인이 그 임금을 학살(虐殺)하는 것을 '시(弑)'라 한다."라고 했고, 『백호통의』「주벌(誅伐)」에 『춘추참(春秋讖)』을 인용해서 "시(弑)란 시험해 본다[試][327]는 뜻이니, 신하나 자식으로서 그 임금이나 아비를 죽일 때는 감히 서두르

---

325 『논어정의』에는 "濟"로 되어 있는데, 『춘추좌씨전』 두예의 「주」을 근거로 "濟南"으로 고쳤다.

326 『설문해자』 권3: 시(𢁨)는 신하가 임금을 죽인다는 뜻이다. 『주역』에 "신하가 그 임금을 시해한다."라고 했다. 살(殺)의 생략형으로 구성되었고, 식(式)이 발음을 나타낸다. 식(式)과 이(吏)의 반절음이다.[𢁨, 臣殺君也. 『易』曰: "臣弑其君." 從殺省, 式聲. 式吏切.]

327 『논어정의』에는 "伺"로 되어 있다. 『백호통의』 권상, 「덕론상(德論上)·주벌(誅伐)」을 근거로 고쳤다.

지 않고, 틈을 엿보며 일을 살피면서 천천히 시험해 보아도 괜찮음을 말하려는 것이다."라고 했으니, 이것이 그 뜻이다. 『경전석문』에 "시(弑)는 판본에 따라 또 살(殺)로 되어 있다."[328]라고 했다. 『설문해자』에 "살(殺)은 죽인다[戮]는 뜻이다."[329]라고 했는데, 단옥재의 「주」에 "그 사실을 서술할 땐 살(殺)이라 하고, 명분을 바로잡을 땐 시(弑)라고 한다. 『춘추』는 명분을 바로잡는 책이다. 그러므로 시를 말하고 살은 말하지 않는다. 삼전(三傳)[330]은 사실을 서술해서 『춘추경(春秋經)』을 해석한 책이다. 그러므로 간혹 시라고도 하고 더러는 살이라고도 한다."라고 했다. 살펴보니, 이 장의 경우는 시이든 살이든 양쪽 다 통한다.

원문 齊君莊公名光, 『左』「襄」二十五年「傳」言莊公通崔杼之妻姜氏, "崔子因是, 又以其間伐晉也, 欲弑公以說于晉. 夏五月乙亥, 公問崔子疾, 遂從姜氏, 姜入于室, 與崔子自側戶出. 甲興, 公踰牆, 又射之, 中股反隊, 遂弑之." 是崔子弑君之事也. 「論語釋文」, "崔子, 鄭「注」云: '『魯』讀崔爲高, 今從『古』.'" 『論衡』「別通篇」, "仕官爲吏, 亦得高官. 將相長吏, 猶我大夫高子也, 安能別之?" 亦據『魯論』.

역문 제나라 군주 장공(莊公)의 이름은 광(光)인데, 『춘추좌씨전』「양공」 25년의 「전」에 장공이 최저의 아내인 강씨(姜氏)와 정을 통한 것을 언급하면서 "최자는 이로 인해 장공에게 원한을 품었고, 또 장공이 진(晉)나라

328 『경전석문』 권24, 「논어음의 · 공야장제5」.

329 『설문해자』 권3: 살(殺)은 죽인다[戮]는 뜻이다. 수(殳)로 구성되었고 살(杀)이 발음을 나타낸다. 살(殺)부에 속하는 모든 한자는 다 살(殺)의 뜻을 따른다. 살(殺)은 살(殺)의 고문이다. 살(殺)은 살(殺)의 고문이다. 살(杀)은 살(殺)의 고문이다. 소(所)와 팔(八)의 반절음이다.[殺, 戮也. 從殳杀聲. 凡殺之屬皆從殺. 殺, 古文殺. 殺, 古文殺. 杀, 古文殺. 所八切.]

330 삼전(三傳): 『춘추좌씨전』, 『춘추공양전』, 『춘추곡량전(春秋穀梁傳)』.

의 내란을 틈타 진나라를 침벌(侵伐)하자, 장공을 시해하여 진나라를 기쁘게 하려 하였다. 여름 5월 을해일(乙亥日)에 장공이 최자의 집으로 가서 문병하고 강씨를 찾아가니, 강씨는 실내로 들어가서 최자와 함께 옆문으로 나갔다. 매복했던 갑사(甲士)가 일어나 장공을 공격하자 장공이 담을 넘어 도망가려 하매 또 활을 쏘아 다리를 맞혀 도로 담 안으로 떨어뜨리고는 마침내 시해(弑害)하였다."라고 했으니, 이것이 최자가 임금을 시해한 일이다. 「논어석문」에 "최자에 대해 정현의 「주」에 '『노논어』에서는 최(崔)를 고(高)의 뜻으로 읽었지만, 지금은 『고논어』를 따른다.' 했다."[331]라고 하였다. 『논형』「별통편(別通篇)」에 "벼슬에 나아가[332] 관리가 되고 또한 고관이 될 수 있다. 그러나 장수와 재상, 장리(長吏: 수령)가 우리 대부 고자(高子: 최자)와 같은 악인이라면 그가 학문에 통한 사람[通人]인지 아닌지 어떻게 식별할 수 있겠는가?"라고 했는데, 역시 『노논어』를 근거로 한 말이다.

원문 包氏愼言『溫故錄』, "高氏爲齊命卿, 與文子同朝者, 高止也. 崔杼弑君, 而『魯論』書'高子'者, 責其不討賊也, 與趙盾同義. 文子去齊而之他邦, 其間或欲請師討賊, 而見其執國命者, 皆與惡人爲黨, 故曰'猶吾大夫高子也'." 陳氏立『句溪雜著』曰: "以『左傳』崔杼事證之, 則『魯論』信爲誤字. 然文子所至各國, 亦何至皆如崔子, 而文子亦何至輒擬人以弑君之賊? 則下兩言'猶吾大夫崔子', 似以『魯論』作高子爲長. 蓋弑君之逆, 法所必討, 高子爲齊當國世臣, 未聞聲罪致討, 以『春秋』貶趙盾律之, 宜與崔子同惡

---

331 『경전석문』 권24, 「논어음의 · 공야장제5」.

332 『논어정의』에는 "仕宦"으로 되어 있으나, 『논형(論衡)』 권13, 「별통편(別通篇)」을 근거로 "仕官"으로 고쳤다.

矣. 其首句自當作崔子, 『魯論』作高子, 則涉下高子而誤."

역문 포신언의 『논어온고록』에 "고씨(高氏)가 제나라의 명경(命卿)[333]이 되었으니, 문자와 함께 같은 조정에 있었던 자는 고지(高止)이다. 최저가 임금을 시해했음에도 『노논어』에 '고자(高子)'라고 쓴 것은 역적을 토벌하지 않은 것을 꾸짖은 것이니, 조돈(趙盾)을 기록한 것과 같은 뜻이다.[334] 문자는 제나라를 떠나 다른 나라로 갔고, 그 사이에 혹 군사를 청해서 역적을 토벌하려고 했으나, 그 나라의 정권을 잡은 자들이 모두 악인과 한통속이 되어 있음을 보았기 때문에 '우리 대부 고자와 같다.'라고 한 것이다."라고 했다. 진립(陳立)[335]의 『구계잡저(句溪雜著)』에 "『좌전』의

---

333 명경(命卿): 제후의 경 가운데 천자가 직접 임명한 사람들.

334 『춘추좌씨전』「선공」 2년의 경문에 "가을 9월 을축일(乙丑日)에 진(晉)나라 조돈(趙盾)이 그 임금 이고(夷皐)를 시해(弑害)하였다.[秋九月乙丑, 晉趙盾弑其君夷皐.]"라고 기록했는데, 「전」에 "을축일에 조천(趙穿)이 도원(桃園)에서 영공(靈公)을 시해하니 선자(宣子)는 진나라 국경에 있는 산을 나가기 전에 이 소식을 듣고 돌아왔다. 태사(太史)가 '조돈이 그 임금을 시해하였다.'라고 기록하여 조정의 신하들에게 보이니, 선자가 '그렇지 않다.'라고 하자, 태사가 '그대는 정경(正卿)으로 도망가되 국경을 나가지 않았고 돌아와서는 역적을 토벌하지 않았으니, 임금을 시해한 자가 그대가 아니고 누구란 말인가?'라고 했다. … 이에 대해 공자는 다음과 같이 말했다. '동호(董狐)는 옛날의 훌륭한 사관(史官)이었기에 법에 의거해 정직하게 기록하고 숨기지 않았으며, 조선자(趙宣子)는 옛날의 어진 대부였기에 사관의 서법(書法)을 위하여 임금을 시해했다는 악명을 받아들였다.'[乙丑, 趙穿攻靈公於桃園, 宣子未出山而復. 大史書曰: '趙盾弑其君.' 以示於朝, 宣子曰: '不然.' 對曰: '子爲正卿, 亡不越竟, 反不討賊, 非子而誰?' … 孔子曰: '董狐古之良史也. 書法不隱, 趙宣子, 古之良大夫也. 爲法受惡.']"라고 했다.

335 진립(陳立, 1809~1869): 청나라 강소 구용(句容) 사람. 자는 탁인(卓人) 또는 묵재(默齋)이다. 한림원(翰林院) 서길사(庶吉士)를 거쳐 운남(雲南) 곡정지부(曲靖知府)를 역임했다. 젊어서 매식지(梅植之), 능서(凌曙), 유문기(劉文淇)에게 수학했다. 『춘추공양전』을 정밀히 연구했는데, 당나라 이전의 구설(舊說)을 채집하고 청나라 공광삼(孔廣森), 유봉록(劉逢祿) 등의 고증학을 수용해 『공양소의(公羊義疏)』를 저술했다. 그 밖의 저서에 『백호통소증(白虎通疏證)』과 『설문해성자생술(說文諧聲孳生述)』, 『이아구주(爾雅舊注)』, 『구계잡저(句溪雜著)』 등이 있다.

최저의 일을 가지고 증명해 보면 『노논어』가 확실히 오자(誤字)이다. 그러나 문자가 당도한 각지의 나라들이 또한 어찌 이르는 곳마다 모두 최자와 같았겠으며, 그리고 문자 또한 어찌 가는 곳마다 번번이 임금을 시해한 역적이라고 생각했겠는가? 그렇다면 아래의 '우리 대부 최자와 같다'라고 한 두 마디 말은 『노논어』에서 고자라고 한 것이 더 나은 듯하다. 대체로 임금을 시해한 역적은 법에 따라 반드시 토벌해야 하는데, 고자는 제나라에서 국정을 맡은 세신(世臣)이 되었지만, 죄를 성토하며 토벌했다는 것은 듣지 못했으니, 『춘추』에서 조돈을 폄훼한 것을 법도로 삼는다면 마땅히 최자와 똑같은 죄악이다. 첫 번째 구절은 본래 마땅히 최자가 되어야 하는데, 『노논어』에 고자로 되어 있으니, 그렇다면 아래 고자까지가 다 잘못이다."라고 했다.

원문 案, 包·陳二說微異, 皆可得『魯論』之義. 鄭以『古論』定『魯論』, 亦以莊公時高子不當權, 要與趙盾異, 『春秋』無所致譏, 故宜從『古論』作'崔子'也.

역문 살펴보니 포신언과 진립의 두 설이 조금 다르긴 하지만 그래도 모두 『노논어』의 의리를 터득할 만하다. 정현은 『고논어』를 가지고 『노논어』를 고정(考定)했는데, 역시 장공 당시에 고자는 정권을 맡지 않았으니, 요컨대 조돈과는 다르고, 『춘추』에서도 비난받지 않았으니, 따라서 『고논어』를 따라 '최자'라고 쓰는 것이 마땅하다.

원문 陳文子, 名須無, 文者, 謚也. 文子出奔, 『春秋』經·傳皆無之. 劉氏逢祿『論語述何篇』, "時非有執政, 且旋反國, 故不錄也."

역문 진문자는 이름이 수무(須無)이고 문(文)은 시호이다. 문자가 나라를 떠나 망명한 사실은, 『춘추』의 경문(經文)이나 전문(傳文)에 모두 없다. 유봉록(劉逢祿)의 『논어술하편(論語述何篇)』에 "당시에 집정(執政)의 관직을 가지고 있지 않았고, 또 제나라로 돌아왔기 때문에 기록하지 않은 것이다."라고 했다.

원문 "淸"者, 『說文』云: "澂水之貌." 下篇"身中淸", 馬融曰: "淸, 純潔也." 皇「疏」引李充曰: "違亂求治, 不汚其身, 淸矣. 而所之無可, 驟稱其亂, 不如甯子之能愚, 蘧生之可卷, 未可爲智也. 潔身而不濟世, 未可謂仁也." 此亦當得鄭義. 『唐石經』"棄"作"弃", 卽古"棄"字. "違之, 之一邦", 皇本作"違之, 之至他邦".

역문 "청(靑)"은 『설문해자』에 "맑은 물의 모습"[336]이라 했고, 아래 「미자」에 "신중청(身中淸)"이라고 했는데, 이에 대하여 마융은 "청(淸)은 순결(純潔)이다."[337]라고 했고, 황간의 「소」에는 이충의 말을 인용해서 "반란을 피하고 다스려지기를 구하여 그 몸을 더럽히지 않았으니 깨끗함[淸]이다. 그러나 가는 곳마다 괜찮은 곳도 없었고, 자주 그 혼란함을 일컬었으니, 이는 영자(甯子)가 어리석을 수 있었던 것[338]이나 거생(蘧生)이 재능을 거두어 간직했었던 것[339]만 못한 것이니, 지혜로운 사람이 될 수 없다. 처

---

336 『설문해자』 권11: 청(𣶒)은 맑다[腺]는 뜻이다. 맑은 물의 모습이다. 수(水)로 구성되었고 청(靑)이 발음을 나타낸다. 칠(七)과 정(情)의 반절음이다.[𣶒, 腺也. 澂水之貌. 從水靑聲. 七情切.]

337 『논어집해의소』 권9, 「논어양화제17(論語陽貨第十七)」 하안의 「주」.

338 『논어』「공야장」: 공자가 말했다. "영무자(甯武子)는 나라에 도가 있을 때는 지혜로웠고, 나라에 도가 없을 때에는 어리석었으니, 그 지혜는 미칠 수 있으나 그 어리석음은 미칠 수 없다."[子曰: "甯武子邦有道則知, 邦無道則愚, 其知可及也, 其愚不可及也."]

339 『논어』「위영공」: 군자로구나, 거백옥이여! 나라에 도(道)가 있으면 나아가 벼슬하고, 나라에 도가 없으면 재능을 거두어 간직하였다."[君子哉, 蘧伯玉! 邦有道則仕, 邦無道則可卷而懷之.]

신을 깨끗이 하면서도 세상을 구제하지 않았으니, 인하다고 할 수 없다."[340]라고 했는데, 이 또한 당연히 정현의 뜻을 이해한 것이다. 『당석경』에 "기(棄)"는 "기(弃)"로 되어 있는데, 바로 "기(棄)"의 고자(古字)이다. "그곳을 떠났으며, 또 한 나라로 가서[違之, 之一邦]"는 황간본에 "그곳을 떠났으며, 또 다른 나라로 가 당도하매[違之, 之至他邦]"로 되어 있다.

● 「注」, "捐其四十匹馬, 違而去之."

● 正義曰: 『說文』, "棄, 捐也. 捐, 棄也." 轉相訓. 「曲禮」云: "問大夫之富, 數馬以對." 故此言 "有馬十乘"也. 一乘是四匹馬, 則十乘是四十匹馬. 陳氏鱣『簡莊集解』此文云: "此指其在廐之馬." 金氏仁山以"十乘乃十甸之地, 其采邑之大可知"非也.

○ 「주」의 "40필의 말을 버리고서 그곳을 떠나 다른 나라로 갔다."

○ 정의에서 말한다.

『설문해자』에 "기(棄)는 버린다[捐]는 뜻이다.[341] 연(捐)은 버린다[棄]는 뜻이다.[342]"라고 했으니, 서로 간에 돌려가며 뜻을 새긴 것이다. 『예기』「곡례하(曲禮下)」에 "대부의 부(富)를 물으면 말의 수로 대답한다."[343]라고 했기 때문에 여기에서 "말 10승이 있었다"라고 한 것이다. 1승은 4필의 말이니, 10승은 40필의 말이다. 진전의 『간장집해(簡莊集解)』에는 이 문장에 대해 "이는 그의 마구간에 있는 말을 가리킨다."라고 했고, 김인산(金仁山)[344]은 "10승은

---

340 『논어집해의소』 권3, 「논어공야장제5」.

341 『설문해자』 권4: 기(𣎆)는 버린다[捐]는 뜻이다. 두 손으로 키(𠦒)를 밀쳐 버리는 모습으로 구성되었고, 돌(𠫓)로 구성되었다. 돌(𠫓)은 자(子)가 거꾸로 된 모습이다. 기(弃)는 기(棄)의 고문이다. 기(𡚁)는 기(棄)의 주문(籒文)이다. 힐(詰)과 이(利)의 반절음이다.[𣎆, 捐也. 從廾推𠦒棄之, 從𠫓. 𠫓, 逆子也. 弃, 古文棄. 𡚁, 籒文棄. 詰利切.]

342 『설문해자』 권12: 연(𢰪)은 버린다[棄]는 뜻이다. 수(手)로 구성되었고, 연(肙)이 발음을 나타낸다. 여(與)와 전(專)의 반절음이다.[𢰪, 棄也. 從手肙聲. 與專切.]

343 『예기』「곡례하(曲禮下)」에는 "수레의 수로 대답한다[以車數對]"로 되어 있다.

344 김인산(金仁山, 1232~1303): 중국 송말(宋末) · 원초(元初)의 유학자. 자는 길보(吉甫) 또는

바로 10전(十甸)의 땅이니, 그 채읍(采邑)의 크기를 알 수 있다."라고 했는데, 아니다.

원문 『論語』"千乘之國"及"百乘之家", 皆指出車之數而言. 陳文子有馬十乘及齊景公有馬千駟, 則指公馬之畜於官者, 非國馬之散在民間也. 『大學』"畜馬乘", 謂士初試爲大夫者; "百乘之家", 謂有采地者, 鄭「注」甚明. 『周官』「校人」云: "家四閑, 馬二種." 『鄭志』答趙商曰: "當八百六十四匹." 此言天子之卿大夫之制, 若侯國初試爲大夫者, 畜馬乘, 今文子有馬十乘, 亦可謂多矣. 閻氏『釋地』以開方之法, 計其賦十乘, 而定爲文子采邑, 蓋仍沿金氏之誤耳.

역문 『논어』의 "천승의 나라"와 "백승의 집안[家]"은 모두 수레를 내는 수를 가리켜서 한 말이다. 진문자(陳文子)가 말 10승을 소유했다는 것과 제 경공(齊景公)이 말 천사(千駟)를 소유했다는 것은 관청에서 기르는 공마(公馬)를 가리키는 것이지, 민간에 산재해 있는 국마(國馬)가 아니다. 『대학』의 "휵마승(畜馬乘)"[345]은 선비가 처음 시험 봐서 대부가 된 자를 이르는

길부(吉父)이고, 이름은 상(祥) 또는 개상(開祥), 이상(履祥)이다. 절강성 난계(蘭谿) 출생이다. 인산선생(仁山先生)이라 일컬어졌다. 어려서부터 총명하였으며, 군서(群書)에 통달하였다. 장년이 되면서 주돈이와 정호의 학문을 조종으로 삼아 의리(義理)를 궁구했다. 왕노재(王魯齋)·하북산(何北山)에게 사사하고, 주자(朱子)·황면재(黃勉齋)의 학통(學統)을 이어받아, 절학(浙學)을 중흥하였다. 송나라가 멸망할 위기에 처했을 때 기책(奇策)을 올렸으나 채택되지 않았으며, 송나라가 멸망하자 금화산(金華山)에 숨어 살았다. 문집에 『인산집(仁山集)』, 주요 저서에 『상서주(尙書注)』와 『상서표주(尙書表注)』, 『논어맹자집주고증(論語孟子集注考證)』, 『자치통감전편(資治通鑑前編)』, 『대학장구소의(大學章句疏義)』, 『중용표주(中庸標注)』 등이 있다.

345 『대학』 전10장: 맹헌자(孟獻子)가 말하기를, "수레를 끄는 네 필의 말을 기르는 대부의 집안에서는 닭과 돼지를 살피지 않고, 여름에 얼음을 쓰는 경대부 이상의 집안에서는 소와 양을 기르지 않으며, 식읍(食邑)을 소유한 백승의 집안에서는 가혹하게 세금을 거두어들이는 신

것이고, "백승의 집안"은 채지(采地)를 소유한 자를 이르니, 정현의 「주」가 매우 분명하다. 『주관』「교인(校人)」에 "대부의 가(家)에는 4채의 마구간이 있고 두 종류의 말이 있다."[346] 했고, 『정지(鄭志)』에서 조상(趙商)의 질문에 답하기를 "864필에 해당한다."라고 했는데, 이는 천자의 경대부의 제도를 말한 것이고, 제후국에서 처음 시험 봐서 대부가 된 자로 말할 것 같으면 휵마승이니, 지금 문자가 말 10승을 가지고 있는 것도 많다고 말할 수 있다. 염약거의 『사서석지』에는 개방법(開方法)으로 10승을 병부(兵賦)로 내게 한다고 계산하고 문자의 채읍이라고 단정했는데, 이는 김인산의 오류를 그대로 따른 것일 뿐이다.

5-21

季文子三思而後行, 子聞之, 曰: "再, 斯可矣." 【注】 鄭曰: "季文子, 魯大夫季孫行父, 文, 謚也. 文子忠而有賢行, 其擧事寡過, 不必及三思."

계문자가 세 번 생각한 뒤에 실행한다고 하자, 공자가 이 말을 듣고 말했다. "두 번이면 괜찮을 것이다." 【주】 정현이 말했다. "계문자는 노나라 대부 계손행보(季孫行父)이다. 문(文)은 시호이다. 문자는 충성스럽고 현명한 덕행이 있어서 거행하는 일에 과실이 적었으므로, 굳이 세 번까지 생각할 필요가

하를 기르지 않으니, 가혹하게 세금을 거두어들이는 신하를 두기보다는 차라리 도둑질하는 신하를 두는 것이 더 낫다." 하였으니, 이를 일러 '나라는 이(利)를 이로움으로 여기지 않고, 의(義)를 이로움으로 여긴다.'라는 것이다.[孟獻子曰: "畜馬乘, 不察於鷄豚; 伐冰之家, 不畜牛羊; 百乘之家, 不畜聚斂之臣, 與其有聚斂之臣, 寧有盜臣." 此謂國不以利爲利, 以義爲利也.]

346 『주례』「하관사마하(夏官司馬下)·교인(校人)」.

없었다."

원문 正義曰: "三思"者, 言思之多, 能審愼也. 『左氏傳』言文子將聘於晉, 求遭喪之禮以行, 後晉襄公果卒. 杜預「注」以爲"三思而後行", 此可證矣. 『說文』, "再, 一擧而二也." 皇本"再"下有"思"字. 顧氏炎武『金石文字記』, "『唐石經』'斯'作思."

역문 정의에서 말한다.

"세 번 생각했다[三思]"라는 것은 생각을 많이 해서 신중히 살필 수 있다는 말이다. 『춘추좌씨전』에 계문자가 진(晉)나라에 빙문 가려 할 때 초상을 당했을 경우 조문하는 예를 구하도록 해서 길을 떠났는데, 그 뒤에 진 양공(晉襄公)이 과연 사망한 것을 언급했다.[347] 두예의 「주」에 이것을 "세 번 생각한 뒤에 실행한다"라는 것이라고 했는데, 이는 증거가 될 만하다. 『설문해자』에 "재(再)는 둘을 한꺼번에 든다는 뜻이다."[348]라고 했다. 황간본에는 "재(再)" 아래 "사(思)"가 있다. 고염무(顧炎武)[349]의 『금

---

347 『춘추좌씨전』「문공」 6년: 가을에 계문자가 진(晉)나라에 빙문 가려 할 때 초상을 당했을 경우에 조문하는 예를 구하도록 해서 길을 떠났다. 그 종자(從者)가 물었다. "어디에 쓰려는 것입니까?" 문자가 말했다. "뜻밖에 생길지도 모르는 일[不虞]에 미리 대비하라는 말은 옛날의 좋은 가르침이다. 일을 당하여 구할 곳이 없으면 실로 난처하게 될 것이니 지나치게 구한다 하여 무엇이 해롭겠는가?"[秋, 季文子將聘於晉 使求遭喪之禮以行. 其人曰: "將焉用之?" 文子曰: "備豫不虞, 古之善敎也. 求而無之, 實難, 過求何害?"]

348 『설문해자』 권4: 재(再)는 둘을 한꺼번에 든다는 뜻이다. 구(冓)의 생략형으로 구성되었다. 작(作)과 대(代)의 반절음이다.[再, 一擧而二也. 從冓省. 作代切.]

349 고염무(顧炎武, 1613~1682): 명말청초 때 강남(江南) 곤산(昆山) 사람. 본명은 계곤(繼坤)인데 강(絳)으로 고쳤다. 자는 충청(忠淸)이고, 호는 정림(亭林)이다. 남도(南都)가 패한 뒤 이름은 염무(炎武), 자는 영인(寧人), 호는 정림으로 고쳤다. 명나라 때 제생(諸生)이 되었다. 젊었을 때 경세치용(經世致用)의 학문에 관심을 두었다. 청나라가 침략하자 곤산에서 의병

석문자기(金石文字記)』에 "『당석경』에는 '사(斯)' 자가 사(思) 자로 되어 있다."라고 했다.

● 「注」, "季文"至"三思".

● 正義曰: "行父"者, 季孫字也. "忠而有賢行"者, 『左』「成」十六年「傳」, "范文子曰: '季孫於魯, 相二君矣. 妾不衣帛, 馬不食粟, 可不謂忠乎!'" 「襄」五年「傳」, "季文子卒, 宰庀家器爲葬備. 無衣帛之妾, 無食粟之馬, 無藏金玉, 無重器備, 君子是以知季文子之忠於公室也." 皆言文子忠事也.

○ 「주」의 "계문(季文)"부터 "삼사(三思)"까지.

○ 정의에서 말한다.

"행보(行父)"는 계손(季孫)의 자이다. "충성스럽고 현명한 덕행이 있다."라는 것은, 『춘추좌씨전』「성공」 16년의 「전」에 "범문자(范文子)가 말했다. '계손행보는 노나라에서 두 임금을 보좌한 구신(舊臣)인데도 그 첩에게 비단옷을 입히지 않고, 말에게 곡식을 먹이지 않았으니, 충신이라고 하지 않을 수 있습니까?'"라고 했고, 「양공」 5년의 「전」에서는 "계문자가 죽자 가신(家臣)이 집안에 있던 기물로 부장품을 갖추었다. 집안에는 비단옷을 입은 첩이 없고 곡식을 먹는 말이 없으며 간직해 둔 금옥(金玉)이 없고 여벌의 진귀한 보물과 갑옷, 병기 등의 물건이 없으니, 군자는 이로 인해 계문자가 공실에 충성했음을 알았다."라고 했는데, 모두 문

을 일으켜 저항했지만 패하고 겨우 목숨을 건졌다. 청나라가 들어선 뒤에도 반청(反淸) 투쟁을 벌였고, 만년에는 섬서(陝西) 화음(華陰)에 은거했다. 이기(理氣)와 성명(性命) 등을 공리공담하는 이학(理學)에 반대하고 육상산, 왕양명 등의 심학(心學)도 비판하면서 경세치용의 실학을 주장했다. 박학을 추구하여 경사(經史)와 제자백가는 물론 음운(音韻)과 문자(文字), 금석고고(金石考古), 군읍장고(郡邑掌故), 예의풍속(禮儀風俗) 등에 대해서도 정밀히 연구했다. 경학에 있어서는 한학(漢學)을 종주로 했으며, 음운학에 있어서는 음학(音學)의 원류를 천명하고 고운(古韻)을 분석하여 새로운 견해를 제시했다. 창신구실(創新求實)의 학문에 주력하여 청나라 고증학의 기초를 다졌다. 저서에 『좌전두해보정(左傳杜解補正)』과 『구경오자(九經誤字)』, 『석경고(石經考)』, 『음학오서(音學五書)』, 『운보정(韻補正)』, 『오경동이(五經異同)』, 『금석문자기(金石文字記)』, 『일지록(日知錄)』 등이 있다.

자의 충성스러운 일을 말한 것이다.

원문 "擧事寡過, 不必及三思", 故言再思卽可矣. 『左』「襄」二十五年「傳」, "衛 太叔文子曰: '君子之行, 思其終也, 思其復也.'" 「哀」二十七年「傳」, "中行文子曰: '君子之謀也, 始衷終皆擧之, 而後入焉.'" 是三思乃美行. 『吳志』「諸葛恪傳」「注」引『志林』曰: "恪輔政, 大司馬呂岱戒之曰: '世方多難, 每事必十思.' 恪答曰: '昔季文子三思而後行, 夫子曰"再, 斯可矣". 今君令恪十思, 明恪之劣也.' "亦以文子三思爲賢, 與鄭「注」意合.

역문 "거행하는 일에 과실이 적었으므로, 굳이 세 번까지 생각할 필요가 없었다." 그러므로 두 번만 생각해도 괜찮을 것이라고 말한 것이다. 『춘추좌씨전』「양공」 25년의 「전」에 "위나라 태숙문자(太叔文子)가 말했다. '군자의 행동은 그 결과를 생각하고, 그 일을 다시 행할 수 있기를 생각한다.'"라고 했고, 「애공」 27년의 「전」에 "중행문자(中行文子)가 말했다. '군자는 일을 계획함에 있어 시작과 중간과 끝을 생각해서 모두 거행할 만한 뒤에야 들어가서 윗사람에게 고하는 것이다.'"라고 했으니, 이는 세 번 생각하는 것이 바로 아름다운 행실[美行]이라는 것이다. 『삼국지·오지』「제갈각전(諸葛恪傳)」의 「주」에는 『지림(志林)』을 인용해서 "제갈각(諸葛恪)이 보정(輔政)이 되자, 대사마(大司馬) 여대(呂岱)가 그에게 경계하여 말했다. '세상이 바야흐로 험난함이 많으니 매사에 반드시 열 번 생각해야 한다.' 제갈각이 대답했다. '옛날 계문자가 세 번 생각한 뒤에 실행한다고 하자, 공자께서 말씀하시길 "두 번이면 괜찮다."라고 하셨습니다. 그런데 지금 주군께서는 저에게 열 번 생각하라 하시니, 저의 열등함을 분명히 알고 계시는군요.'"라고 했는데, 역시 문자가 세 번 생각한 것을 현명한 것으로 생각한 것이니, 정현의 「주」와 뜻이 일치한다.

5-22

子曰: "甯武子, 【注】 馬曰: "衛大夫甯兪. 武, 謚也." 邦有道, 則知; 邦無道, 則愚. 其知可及也, 其愚不可及也." 【注】 孔曰: "佯愚似實, 故曰'不可及'也."

공자가 말했다. "영무자(甯武子)는 【주】 마융이 말했다. "위나라 대부 영유(甯兪)이다. 무(武)는 시호이다." 나라에 도가 있을 때는 지혜로웠고, 나라에 도가 없을 때는 어리석었으니, 그 지혜는 미칠 수 있으나 그 어리석음은 미칠 수 없다." 【주】 공안국이 말했다. "진짜 바보처럼 위장한 것이다. 그러므로 '미칠 수 없다.'라고 한 것이다."

원문 正義曰: 有道無道, 不知在何時. 朱子『集注』以有道屬文公, 無道屬成公. 全氏祖望『經史問答』云: "武子之事文公, 其於『左氏』無所見. 則或謂有道, 亦祗就成公之世無事之時." 樊氏廷枚『四書釋地補』引汪廷珍說, "此有道, 乃對禍亂而言, 與「史魚」章兩'有道'正同. 成公復國後, 武子輔政, 凡十餘年. 其間如'請改祀命', 不答「彤弓」等事, 皆所謂'有道則知'也."

역문 정의에서 말한다.

도가 있고 없음이 어느 시대에 있었던 일인지는 알 수 없다. 주자(朱子)의 『논어집주』에서는 도가 있었던 때는 문공 때에 해당한다고 했고, 도가 없었던 때는 성공 때에 해당한다고 했다. 전조망의 『경사문답』에 "무자(武子)가 문공을 섬긴 일이 『춘추좌씨전』에는 보이지 않는다. 그렇다면 혹 도가 있었다고 말한 것도 성공의 시대 중에서 무사(無事)한 때에 벼슬에 나아갔던 일인 듯싶다."라고 했다. 번정매(樊廷枚)[350]의 『사서석지보(四書釋地補)』에는 왕정진(汪廷珍)[351]의 설을 인용해서 "여기에서 도가 있다는 것은 바로 화란(禍亂)에 상대해서 한 말로, 「사어(史魚)」장에서 두 번 '도가 있다'[352]라고 한 것과 똑같다. 성공이 나라를 회복한 뒤에 무자가 보정을 맡은 것이 다해서 10여 년이 된다. 그사이에 '제사 지내라는 명(命)을 고치소서'[353]라고 한 것과 「동궁(彤弓)」에 답부(答賦)를 하지 않은 것 등과 같은 일[354]이 모두 이른바 '도가 있을 때 지혜로웠다'라는 것이다."라고 했다.

원문 宋氏翔鳳『發微』云: "『左氏』所載甯武子遭罹國難, 盡忠竭謀, 乃使衛侯再得返國, 斯亦知矣. 且晉責舊憾, 興師相加, 其君旣出, 其國僅存, 內外

350 번정매(樊廷枚, ?~?): 청대의 학자.

351 왕정진(汪廷珍, 1757~1827): 청대의 정치가이다. 자는 옥찬(玉粲), 호는 슬암(瑟庵)이다. 강소성(江蘇省) 산양[山陽, 지금의 회안(淮安)] 사람이다. 저서에 『실사구시재시문집(實事求是齋詩文集)』이 있다.

352 『논어』「위영공」: 공자가 말했다. "정직하구나, 사관인 자어(子魚)여! 나라에 도가 있을 때에도 행실이 화살처럼 곧았고, 나라에 도가 없을 때에도 행실이 화살처럼 곧았다."[子曰: "直哉, 史魚! 邦有道如矢, 邦無道如矢."]

353 『춘추좌씨전』「희공」 31년: 위 성공(衛成公)의 꿈에 강숙(康叔)이 나타나 말하기를 "상(相)이 나의 제사를 빼앗아 먹는다."라고 하자, 위 성공이 상에게 제사 지내라고 명하니 영무자가 반대하며 말했다. "귀신은 그 족류(族類)가 아니면 그 제사를 흠향하지 않는데, 기(杞)나라와 증(鄫)나라는 무슨 일로 상의 제사를 지내지 않는다는 말입니까? 상이 이곳에서 제사를 받아먹지 못한 지 오래이니 우리 위나라의 죄가 아닙니다. 성왕(成王)과 주공(周公)이 지내도록 명한 제사를 범할 수 없으니, 제사 지내라는 명을 고치소서."[衛成公夢, 康叔曰: "相奪予享." 公命祀相, 甯武子不可曰: "鬼神非其族類, 不歆其祀, 杞鄫何事? 相之不享於此久矣, 非衛之罪也. 不可以間成王周公之命祀, 請改祀命.]

354 『춘추좌씨전』「문공」 4년: 위나라 영무자가 와서 빙문했다. 공(公)이 연회(宴會)를 열어 그를 접대할 때 「담로(湛露)」와 「동궁(彤弓)」을 읊으니, 무자는 사례(謝禮)도 하지 않고, 또 답부(答賦)하지도 않았다.[衛甯武子來聘. 公與之宴, 爲賦「湛露」及「彤弓」, 不辭, 又不答賦.]

有枕戈之憂, 上下無晏安之樂. 武子於此, 運其知謀, 宛濮之盟, 醫衍之貨, 凡爲藎臣, 皆知及此. 若論其愚, 當非有言可紀 · 有事可載也. 蓋成公之無道, 不在失國, 在不知人. 以叔武之守而至於殺, 則甯氏之行亦恐不全也. 乃前驅背盟, 不言於事, 後於晉爭訟, 從坐而無辭, 從容大國之間, 周旋闇君之側, 譖訴皆絶, 刑罰不罹, 斯其能愚之, 實足以脫乎亂世, 非有聖賢之學, 烏能及此乎?"

역문 송상봉의 『논어발미』에 "『춘추좌씨전』에 영무자가 나라의 위난(危難)을 만나 충성을 다하고 술책을 다하여 위후(衛侯)로 하여금 다시 나라로 되돌아갈 수 있게 한 기사가 실려 있는데, 이 역시 지혜로움에 해당된다. 또 진(晉)나라가 오랜 유감을 책(責)하여 군대를 일으켜 서로 부딪히게 되었을 때, 그 임금이 이미 달아나고,[355] 그 나라는 겨우 보존되어 안팎으로 창을 베고 잠자야 하는 근심이 있었으며, 위아래로 느긋하고 편안한 즐거움이 없었다. 영무자가 이때 그의 지략을 운용하여 완복(宛濮)에서 맹약(盟約)을 맺고,[356] 의원(醫員)인 연(衍)에게 뇌물을 주어 위후를

355 『춘추』「희공」 28년 경문에 "초나라가 그 대부 득신(得臣)을 죽였다.[楚殺其大夫得臣.]" "위후(衛侯)가 초나라로 도망갔다.[衛侯出奔楚.]"라고 했는데, 『춘추좌씨전』에 "28년 봄에 진후(晉侯)가 조(曹)나라를 토벌하기 위해 위나라에 길을 빌려 달라고 요청하였으나 위인(衛人)이 허락하지 않자, 길을 돌아 위나라의 남쪽에서 황하를 건너 조나라를 침공하고 아울러 위나라도 토벌하였다.[二十八年春, 晉侯將伐曹, 假道于衛, 衛人弗許, 還, 自南河濟, 侵曹伐衛.]" 했고, 또 "진후(晉侯)가 제후(齊侯)와 염우(斂盂)에서 결맹하였다. 이때 위후가 결맹에 참여하기를 요청하였으나 진인(晉人)이 허락하지 않았다. 그러자 위후는 초나라에 붙으려 하니 국인(國人)이 이를 원치 않았다. 그러므로 그 임금을 축출하여 진나라의 환심을 샀다. 위후는 국도(國都)를 나가 양우(襄牛)로 가서 거주했다.[晉侯 齊侯盟于斂盂. 衛侯請盟, 晉人弗許. 衛侯欲與楚, 國人不欲. 故出其君, 以說于晉. 衛侯出居于襄牛.]"라고 했다.

356 『춘추좌씨전』「희공」 28년: 영무자가 위인(衛人)과 완복(宛濮)에서 맹약하여 말하기를 "하늘이 위나라에 화(禍)를 내려 군신(君臣)이 화합하지 못하여 이러한 우환에 미친 것이다. 그러나 이제 하늘이 우리들이 중정(中正)한 마음을 갖도록 유도하여 모두 마음을 겸허하게 가

구했으니,[357] 무릇 충신이 되었다면 모두 지혜가 이 정도에는 미친다. 그의 어리석음을 논할 것 같으면, 당연히 기술할 만한 말이나 기록할 만한 일이 있는 것은 아니다. 대체로 성공의 무도(無道)함은 나라를 잃은 데 있지 않고 사람을 알아보지 못한 데 있다. 숙무(叔武: 위후의 아우)를 지킨 일에서부터 그를 죽임에 이르기까지는 영무자의 행적 또한 온전하지 않은 듯싶다. 결국 전구(前驅: 선봉)가 맹약을 저버렸는데도 그 일에 대해 말하지 않고,[358] 뒷날 진나라에서 쟁송(爭訟)을 벌일 때 연좌되어 있으면서도 아무런 말도 없이 대국 사이에 조용히 있으면서 암군(闇君)의 곁에서 주선(周旋)하여 참소(譖訴)가 모두 끊어져 형벌에 걸리지 않게 하였는

지고 서로 따르도록 하셨다. 거자(居者)가 없었으면 누가 사직을 지켰겠으며 행자(行者)가 없었으면 누가 임금의 우마(牛馬)를 보호하였겠는가? 그런데도 거자와 행자가 서로 화목하지 못하기 때문에 밝게 그대들의 대신(大神) 앞에서 맹약하여 하늘의 마음이 우리를 향하도록 유도해 주기를 비는 바이니, 오늘 결맹(結盟)한 이후로는 임금을 따라 국외로 갔던 자들은 공로를 믿지 말고, 국내에 남아 있던 자들은 죄를 받을까 두려워하지 말라. 이 맹약을 어기고서 서로에게 화가 미치게 하는 자가 있다면 명신(明神)과 선군(先君)이 그 죄를 규정(糾正)하고 그 사람을 주살(誅殺)할 것이다."라고 하였다.[甯武子與衛人盟于宛濮, 曰: 天禍衛國, 君臣不協, 以及此憂也. 今天誘其衷, 使皆降心以相從也. 不有居者, 誰守社稷, 不有行者, 誰扞牧圉? 不協之故, 用昭乞盟于爾大神, 以誘天衷, 自今日以往, 旣盟之後, 行者無保其力, 居者無懼其罪. 有渝此盟, 以相及也, 明神先君, 是糾是殛.]

357 『춘추좌씨전』「희공」 30년: 진후가 의원(醫員) 연(衍)을 보내어 위후를 독살하게 하였다. 영유가 의원에게 뇌물을 주어 독을 조금 넣게 하니 죽지 않았다.[晉侯使醫衍酖衛侯. 甯俞貨醫, 使薄其酖, 不死.]

358 『춘추좌씨전』「희공」 28년: 위후가 정한 기일에 앞서 위나라로 들어갔다. 영자(甯子)가 위후에 앞서 먼저 들어가니, 장장(長牂)이 성문을 지키고 있다가 영자를 위군(衛君)의 사자(使者)라고 하여 그와 함께 수레를 타고 성안으로 들어갔다. 장장이 성안으로 들어가 성문을 지키는 사람이 없자 공자천견(公子歂犬)과 화중(華仲)이 위후의 전구(前驅)가 되어 성안으로 들어왔다. 이때 숙무(叔武)는 머리를 감으려다가 임금이 온다는 말을 듣고는 기뻐서 풀은 머리를 움켜쥐고서 달려나오니 전구가 쏘아 죽였다.[衛侯先期入. 甯子先, 長牂守門, 以爲使也, 與之乘而入. 公子歂犬 華仲前驅. 叔武將沐, 聞君至喜, 捉髮走出, 前驅射而殺之.]

데, 이는 그가 어리석을 수 있어서 실로 충분히 난세를 벗어날 수 있었던 것이니, 성현의 학문을 가지고 있지 않았다면 어찌 여기에 미칠 수 있었겠는가?"라고 했다.

● 「注」, "衛大夫甯兪."

● 正義曰: 『左』「文」四年「經」, "衛侯使甯兪來聘." 「傳」作"甯武子", 是武子卽甯兪. 程公說『春秋分紀』, "甯武子, 莊子速之子." 『左』「文」五年, "晉 陽處父聘於衛, 反過甯." 杜「注」, "晉邑, 汲郡也." 今河南 衛輝府 獲嘉縣西北有修武故城, 卽古甯邑. 其地與衛境相接, 或本爲衛邑. 武子世食於此, 故氏甯也. 說本江氏永『春秋地理考實』.

○ 「주」의 "위나라 대부 영유이다."

○ 정의에서 말한다.

『춘추좌씨전』「문공」 4년의 「경」에, "위후가 영유를 보내어 와서 빙문했다."[359]라 했고, 「전」에 "영무자"로 되어 있는데, 이 무자가 바로 영유이다. 정공열(程公說)[360]의 『춘추분기(春秋分紀)』에 "영무자는 장자속(莊子速)의 아들이다."라고 했다. 『춘추좌씨전』「문공」 5년에 "진(晉)나라 양처보(陽處父)가 위나라에 가서 빙문하고 돌아올 때 영(甯) 땅에 들렀다."라고 했고, 두예의 「주」에 "영(甯)은 진나라 읍으로 급군(汲郡) 수무현(脩武縣)에 있다."라고 했는데, 지금의 하남성(河南省) 위휘부(衛輝府) 획가현(獲嘉縣) 서북쪽에 수무(修武)의 옛 성(城)이 있으니, 바로 옛날의 영읍(甯邑)이다. 그 지역은 위나라 국경과 서로 인접해 있어서

---

359 『춘추좌씨전』「문공」 4년의 경문을 근거로 "侯"를 보충했다.

360 정공열(程公說, 1171~1207): 남송 미주(眉州) 미산(眉山) 사람. 자는 백강(伯剛), 호는 극재(克齋)이다. 25살 때 과거에 합격하여 진사가 되었다. 공주교수(邛州敎授)를 지냈다. 열심히 공부하고 저술에 힘썼으며, 『춘추』 경전(經傳)에 정통했다. 오희(吳曦)가 촉(蜀)에서 반란을 일으켰다는 소식을 듣고 경전을 안고 아버지를 받들면서 산으로 들어가 근심 속에 생을 마쳤다. 저서가 아주 많아 『좌씨시종(左氏始終)』을 비롯해 『좌씨통례(左氏通例)』, 『좌씨비사(左氏比事)』, 『시고문사(詩古文辭)』, 『어록사훈(語錄士訓)』이 있었지만 없어졌고, 지금은 『춘추분기(春秋分紀)』만 전한다.

어떤 판본에서는 위나라의 읍이라고도 한다. 무자는 대대로 여기에서 살았기 때문에 성씨를 영이라고 한 것이다. 이 설명은 강영(江永)의 『춘추지리고실(春秋地理考實)』을 근거했다.

5-23

子在陳, 曰: "歸與, 歸與! 吾黨之小子狂簡, 斐然成章, 不知所以裁之!" 【注】 孔曰: "'簡', 大也. 孔子在陳, 思歸欲去, 故曰: '吾黨之小子狂簡者, 進取於大道, 妄作穿鑿以成文章, 不知所以裁制, 我當歸以裁之耳.' 遂歸."

공자가 진(陳)나라에 있을 때 말했다. "돌아가야겠구나, 돌아가야겠구나! 우리 고을의 제자들이 뜻이 크고 대범해서 화려하게 문장을 이루었으나, 알맞게 조절하는 방법을 알지 못하는구나!" 【주】 공안국이 말했다. "'간(簡)'은 크다[大]는 뜻이다. 공자가 진나라에 있을 때 노나라로 돌아갈 것을 생각하여 진나라를 떠나고자 했으므로 '우리 고을의 제자 중에 뜻이 크고 대범한 자들이 큰 도에 진취적이어서 함부로 창작하고 천착(穿鑿)해서 문장을 이루었지만, 알맞게 조절하는[裁制] 방법을 모르니, 내가 돌아가 그들을 알맞게 조절해 줌이 마땅할 따름이다.'라고 말하고 마침내 돌아갔다."

원문 正義曰: 陳者, 國名. 『說文』云: "陳, 宛丘也." 今河南 陳州府治淮寧縣. 『史記』「孔子世家」, "孔子至陳. 歲餘, 吳王夫差伐陳, 取三邑而去. 孔子居陳三歲, 會晉·楚爭彊, 更伐陳, 及吳侵陳, 陳常被寇. 孔子曰: '歸與! 吾黨之小子狂簡, 進取不忘其初.' 於是孔子去陳, 過蒲, 適衛. 去衛將西見趙簡子, 臨河乃還, 反乎衛. 又去衛, 復如陳. 是歲魯哀公三年, 而孔子年

六十矣. 季桓子卒, 康子代立, 使使召冉求, 冉求將行, 孔子曰: '魯人召求, 非小用之, 將大用之也.' 是日, 孔子曰: '歸乎, 歸乎! 吾黨之小子狂簡, 斐然成章, 吾不知所以裁之.' 子贛知夫子思歸, 送冉求, 因誡曰: '卽用, 以孔子爲招'云." 「世家」此文, 述夫子再有"歸與"之辭. 前文見『孟子』, 後文見『論語』. 蓋夫子思歸之切, 屢見乎辭, 故「世家」各隨文記之. 司馬貞『索隱』疑爲一文兩敍. 閻氏若璩『釋地續』以孔子此歎, 興起於魯之召・求之歸, 前所載爲錯簡復出, 非也.

역문 정의에서 말한다.

진(陳)은 나라 이름[國名]이다. 『설문해자』에 "진(陳)은 완구(宛丘)[361]이다."[362]라고 했는데, 지금의 하남성 진주부(陳州府)에서 다스리는 회녕현(淮寧縣)이다. 『사기』「공자세가」에 "공자가 진나라에 이르러 1년 남짓 되었을 때 오왕(吳王) 부차(夫差)가 진나라를 쳐서 세 읍을 빼앗아 돌아갔다. 공자가 진나라에 머문 지 3년, 때마침 진(晉)나라와 초나라가 강함을 다투며 서로 차례로 진나라를 침범했고, 오나라가 진나라를 침범할 때까지, 진나라는 항상 침공을 당했다. 그리하여 공자는 '돌아가야겠구나, 돌아가야겠구나! 우리 고을의 제자들이 뜻이 크고 대범하며 진취적이어서 그 처음에 뜻한 바를 잊지 않고 있다.' 하고는, 이에 공자는 진나라를 떠나 포읍(蒲邑)을 거쳐 위나라로 갔다. 다시 위나라를 떠나 장차 서쪽으로 가서 진(晉)나라의 조간자(趙簡子)를 만나려고 했는데, 황하에 이르렀을 때 결국 발길을 돌려 위나라로 돌아갔다. 또 위나라를 떠나 다시 진

---

361 완구(宛丘): 사방이 높고 가운데가 움푹 패인 구릉. 여기서는 지명(地名)으로 쓰였다.

362 『설문해자』 권14: 진(𨻰)은 완구(宛丘)이니, 순의 후손인 규만(嬀滿)이 봉해진 곳이다. 부(𠂤)와 목(木)으로 구성되었고, 신(申)이 발음을 나타낸다. 진(阵)은 진(陳)의 고문이다. 직(直)과 진(珍)의 반절음이다.[𨻰, 宛丘, 舜後嬀滿之所封. 從𠂤從木申聲. 阵, 古文陳. 直珍切.]

(陳)나라로 갔다. 이해는 노나라 애공 3년으로 공자의 나이 예순이었다. 계환자(季桓子)가 죽자 강자(康子)가 대를 이어 즉위하고는 사자(使者)를 시켜 염구를 부르게 했는데, 염구가 초빙에 응하여 장차 떠나려 할 때 공자가 말했다. '우리 노나라 사람이 구(求)를 부르는 것을 보니, 이것은 작게 등용하려는 것이 아니라 장차 크게 등용하려는 것이리라.' 이날 공자가 또 '돌아가야겠구나, 돌아가야겠구나! 우리 고을의 제자들이 뜻이 크고 대범해서 화려하게 문장을 이루었으나, 내가 그들을 알맞게 조절하는[裁制] 방법을 모르겠다.'라고 하자, 자공이 공자가 돌아갈 생각을 하고 있음을 알고 염구를 전송할 때 부탁하며 말했다. '등용되는 즉시 공자를 모시도록 하시게.'"라고 했다. 「공자세가」의 이 글은 공자가 두 번 "돌아가야겠구나"라는 말을 한 적이 있음을 서술하고 있다. 앞부분의 글은 『맹자』에 보이고,[363] 뒷부분의 글이 『논어』에 보인다. 돌아갈 것을 생각하는 공자의 절실함은 말에서 자주 나타나기 때문에 「공자세가」에서는 각각 글에 따라 기록한 것이다. 사마정의 『사기색은』에서는 하나의 문장을 두 번 서술한 것이라고 의심한다. 염약거의 『사서석지우속』에서는 공자의 이 탄식은 노나라에서 부르자 염구가 돌아가려 할 때 일어난 것으로, 앞 단락에 실린 글은 죽간이 뒤섞이다 보니 중복되어 나온 것이라고 했는데, 아니다.

원문 『釋文』"吾黨之小子狂簡"絶句, 鄭讀至"小子"絶句, 今鄭說已佚. 『孟子』

---

363 『맹자』「진심하」: 만장(萬章)이 물었다. "공자께서 진(陳)나라에 계시면서 말씀하시기를 '어찌 돌아가지 않겠는가? 우리 고을의 선비들은 뜻이 크고 대범하며 진취적이어서 그 처음에 뜻한 바를 잊지 않고 있다.'라고 하셨는데, 공자께서는 진나라에 계시면서 어찌하여 노나라의 뜻이 큰 선비들을 생각하셨습니까?"[萬章問曰: "孔子在陳曰: '盍歸乎來? 吾黨之士狂簡, 進取不忘其初.' 孔子在陳, 何思魯之狂士?"]

趙「注」, "孔子在陳, 不遇賢人, 上下無所交, 蓋歎息思歸, 欲見其鄕黨之士也. 『周禮』, '五黨爲州, 五州爲鄕.' 故曰'吾黨之士'也." 此稱"吾黨"之義也.

역문 『경전석문』에서는 "오당지소자광간(吾黨之小子狂簡)"에서 구두를 끊었고, 정현의 구두는 "소자(小子)"까지 구두를 끊었는데, 지금은 정현의 구두가 훨씬 편하다. 『맹자』 조기의 「주」에 "공자가 진(陳)나라에 있을 때 현인(賢人)을 만나지 못하고, 위 아래로 군신(君臣)과의 교분이 없었기 때문에[364] 탄식하고 돌아갈 것을 생각하면서 그 고을의 선비들을 만나고자 한 것이다. 『주례』에 '5당(黨)이 1주(州)가 되고, 5주가 1향(鄕)이 된다.'[365] 라고 했기 때문에, '우리 고을의 선비[吾黨之士]'라고 한 것이다."[366]라고 했는데, 여기에서 칭한 "우리 고을[黨]"의 뜻이다.

원문 "狂"者, 『說文』云: "狴, 狾犬也." 狾犬雄猛善發, 故人之矯恣自張大者, 亦謂之"狂". 『孟子』, "萬章曰: '敢問何如斯可謂狂矣?' 曰: '如琴張·曾晳·牧皮者, 孔子之所謂狂矣.' '何以謂之狂也?' 曰: '其志嘐嘐然, 曰"古之人, 古之人." 夷考其行, 而不掩焉者也.'" 趙「注」, "嘐嘐, 志大, 言大者也. 重言'古之人', 欲慕之也. 夷, 平也. 考察其行, 而不掩覆其言, 是其狂也."

역문 "광(狂)"은 『설문해자』에 "광(狴)은 미친개[狾犬]라는 뜻이다."[367]라고 했

---

364 『맹자』「진심하」: 맹자가 말했다. "공자께서 진(陳)나라와 채(蔡)나라의 사이에서 곤액(困厄)을 당하신 것은 두 나라의 군신(君臣)과 교분(交分)이 없었기 때문이다."[孟子曰: "君子之戹於陳·蔡之間, 無上下之交也.]

365 『주례』「지관사도상·대사도(大司徒)」.

366 『맹자주소』 권14하, 「진심장구하(盡心章句下)」 조기의 「주」.

367 『설문해자』 권10: 광(㹬)은 미친개[狾犬]라는 뜻이다. 견(犬)으로 구성되었고, 왕(㞷)이 발음을 나타낸다. 왕(㤮)은 광(狂)의 고문인데 심(心)으로 구성되었다. 거(巨)와 왕(王)의 반절음

다. 미친개는 매우 사납고 잘 달리기 때문에 사람이 교만방자하고 스스로 자랑하는 것을 또한 "광(狂)"이라고 한다. 『맹자』「진심하(盡心下)」에 "만장(萬張)이 말했다. '감히 묻겠습니다. 어떠해야 광(狂)이라 이를 수 있습니까?' 맹자가 말했다. '금장(琴張) · 증석(曾晳) · 목피(牧皮)와 같은 자들이 공자의 이른바 '광'이라는 자이네.' '어째서 광이라고 일컫습니까?' 맹자가 말했다. '그 뜻이 크고 말이 과장되어서 말만 했다 하면 "옛사람이여, 옛사람이여!"라고 하지만, 평소에 그의 행실을 살펴보면 행실이 말한 바를 다 실천하지 못하는 자이기 때문이라네.'"라고 했는데, 조기의 「주」에 "효효(嘐嘐)는 뜻이 크고 말이 과장된 것이다. 거듭 '옛사람이여!'라고 한 것은 그들을 우러러 받들어 본받고자 한 것이다. 이(夷)는 평소[平]이다. 그 행실을 살펴보매 그 말을 실천하지 않는 것이 광이다."[368] 라고 했다.

원문 "斐然"者, 『禮記』「大學」"有斐君子", 鄭「注」, "斐, 有文章貌也." 『爾雅』「釋訓」「注」, "斐, 文貌." 言弟子居魯, 所學已就, 能成文章可觀也. "裁"者, 『爾雅』「釋言」, "裁, 節也." 張栻『論語解』, "方聖人歷聘之時, 『詩』· 『書』· 禮 · 樂之文, 固已付門人次序之矣. 及聖人歸於魯, 而後有所裁定." 又云: "狂簡之士, 雖行有不揜, 而其志大, 蓋能斐然以成章矣. 至於義理之安, 是非之平, 說略之宜, 則必待聖人裁之而後爲得也."

역문 "비연(斐然)"은 『예기』「대학」에 "유비군자(有斐君子)"[369]라고 했는데, 정현의 「주」에 "비(斐)는 문채가 드러나는 모습이다."[370]라 했고, 『이아』「석

이다.[狂, 狾犬也. 從犬㞷聲. 忹, 古文從心. 巨王切.]

368 『맹자주소』 권14하, 「진심장구하」 조기의 「주」.

369 『대학』 전3장.

훈(釋訓)」의 「주」에 “비(斐)는 문채 나는[文] 모습이다.”라고 했으니, 노나라에 있는 제자들이 배운 것이 이미 성취되어 볼 만한 문장을 거뜬히 이루었다는 말이다.

“재(裁)”는 『이아』「석언」에 “재(裁)는 알맞게 조절한다[節]는 뜻이다.”라고 했다. 장식(張栻)의 『논어해(論語解)』에 “바야흐로 성인이 천하의 제후들을 두루 방문할 때, 『시경』과 『서경』, 예와 음악의 문장을 진실로 이미 문인들에게 순서대로 차례지어 놓을 것을 당부했었다. 성인이 노나라로 돌아온 뒤에 알맞게 조절해서 정리함이 있게 되었다.” 했고, 또 “뜻이 크고 대범한[狂簡] 선비들은 비록 행실은 말을 실천하지 못함이 있더라도 그 뜻이 크기 때문에 화려하게 문장을 이룰 수 있었다. 심지어 의리(義理)를 편안히 여기고, 시비를 공평히 가렸으며, 상세함과 요약함이 마땅하였으니, 그렇다면 이는 아마도 틀림없이 성인이 알맞게 조절해 주기를 기다린 뒤에 가능할 수 있었던 일일 것이다.”라고 했다.

원문 案, 「孔子世家」言陽虎亂政時, “孔子不仕, 退而修『詩』·『書』·禮·樂, 弟子彌衆, 至自遠方, 莫不受業.” 是孔子年五十內, 已“修『詩』·『書』·禮·樂”, 非至晩年歸魯始爲之也. “弟子受業”, 卽受孔子所修之業. 當時洙·泗之間, 必有講肄之所, 不皆從夫子出遊, 故此在陳得思之也.

역문 살펴보니, 「공자세가」에서 양호(陽虎)가 정치를 어지럽히던 때를 말하면서, “공자는 관직에 나아가지 않고 물러나 『시경』·『서경』·예·악을 정리해서 편집하고 수정하였는데, 그러자 제자들이 더욱 많아져 먼 지방으로부터 찾아와 공자에게서 수업하지 않은 사람이 없었다.”라고 했다. 이때 공자의 나이가 쉰 안쪽이었는데, 이미 “『시경』·『서경』·

---

370 『예기주소』 권60, 「대학」 정현의 「주」.

예·악을 정리해서 편집하고 수정했다"라고 했으니, 만년에 노나라로 돌아옴에 이르러서야 비로소 시작한 것이 아니다. "제자수업(弟子受業)"이란 바로 공자가 편집하고 수정하던 일[業]을 받았다는 말이다. 당시에 수수(洙水)와 사수(泗水) 사이에 반드시 학문을 익히는 장소가 있었는데, 모든 제자가 다 공자를 좇아 나가 주유천하한 것이 아니었으므로 이처럼 진나라에 있으면서 (노나라로 돌아가 제자들을 알맞게 조절해 줄 것을) 생각할 수 있었던 것이다.

원문 沈氏濤『論語孔注辨僞』誤解「世家」之文, 以"歸"爲冉求將歸, "吾黨之小子"亦指冉求. 則「世家」此文下明言子贛知夫子思歸, 又夫子言"求也退", 卽求亦自言"力不足", 是求之爲人與狷近, 與狂簡絶遠. 沈君說未爲是也.

역문 심도의 『논어공주변위』에는 「공자세가」의 문장을 잘못 이해해서, "돌아감[歸]"을 염구가 장차 돌아가려 한 것으로 여기고, "우리 고을의 제자[吾黨之小子]"도 염구를 가리킨다고 생각했다. 그렇다면 「공자세가」의 이 문장 아래 자공이 공자가 돌아갈 생각을 하고 있음을 알았다고 분명히 언급하고, 또 공자도 "염구는 물러난다"[371]라고 했으며, 바로 염구 역시 스스로 "힘이 부족하다"[372]라고 했으니, 이러한 염구의 사람 됨됨이는 굳센 사람[狷者]에 가깝지, 뜻이 크고 대범한 사람[狂簡]과는 절대적으로 멀다.[373] 심군(沈君)의 말이 옳지 않다.

---

371 『논어』「선진」: 공자가 말했다. "구(求)는 물러나기 때문에 그를 나아가게 한 것이고, 유(由)는 남보다 지나치기 때문에 그를 물러나게 한 것이다."[子曰: "求也退, 故進之; 由也兼人, 故退之.]

372 『논어』「옹야」: 염구가 말했다. "선생님의 도를 좋아하지 않는 것은 아닙니다만 힘이 부족합니다."[冉求曰: "非不說子之道, 力不足也."]

373 『논어』「자로(子路)」: 공자가 말했다. "중용(中庸)의 도(道)에 의거해서 행하는 군자를 얻어

원문 "不知所以裁之", 謂弟子學已成章, 嫌己淺薄, 不知所以裁之也. 此正謙幸之辭, 其弟子之當裁制, 自不言可知. 「世家」"不知"上有"吾"字, 皇本"裁之"下有"也"字.

역문 "알맞게 조절하는[裁制] 방법을 모른다"라는 것은 제자들의 학문이 이미 문장을 이루었으므로 자신들의 천박(淺薄)함을 꺼렸지만 어떻게 알맞게 조절해야[裁制] 하는지 몰랐다는 말이다. 이는 참으로 겸손하고도 다행스러운 말로, 마땅히 그 제자들을 알맞게 조절[裁制]해야 한다는 것이지, 자신을 말한 것이 아님을 알 수 있다. 「공자세가」에는 "부지(不知)" 앞에 "오(吾)" 자가 있고, 황간본에는 "재지(裁之)" 뒤에 "유(也)" 자가 있다.

● 「注」, "簡大"至"遂歸".

● 正義曰: "簡 · 大", 『爾雅』「釋詁」文. 趙注『孟子』云: "簡, 大也. 狂者, 進取大道而不得其正者也." 沈氏濤『辨僞』云: "斐字從文, 古訓無不以爲文貌者. 今云'妄作穿鑿', 謬矣." 案下篇, "子曰: '不得中行而與之, 必也狂狷乎!'" 是狂簡亦有爲之人, 但務爲高遠, 所言或不副其行, 非有所穿鑿也.

○ 「주」의 "간대(簡大)"부터 "수귀(遂歸)"까지.

○ 정의에서 말한다.

"간(簡)은 크다[大]는 뜻이다"는 『이아』「석고」의 글이다. 조기는 『맹자』를 주석하면서 "간(簡)은 크다[大]는 뜻이다. 광자(狂者)는 적극적으로 나아가서 큰 도[大道]를 이룩했지만 그 정도(正道)를 얻지는 못한 자이다."[374]라고 했다. 심도의 『논어공주변위』에 "비(斐)는 문

서 함께할 수 없다면 반드시 뜻이 크고 대범한 사람[狂者]과 굳센 사람[狷者]을 얻어서 함께 하겠다! 광자(狂者)는 진취적이고, 견자(狷者)는 하지 않는 것이 있다."[子曰: "不得中行而與之, 必也狂狷乎! 狂者進取; 狷者有所不爲也."]

374 『맹자주소』 권14하, 「진심장구하」 조기의 「주」.

(文)으로 구성되었으니, 옛날의 해석에는 문채 나는 모양이라고 하지 않은 적이 없다. 지금 '함부로 창작하고 천착했다.'라고 했는데, 잘못된 표현이다."라고 했다. 아래 「자로」를 살펴보면, "공자가 말했다. '중용(中庸)의 도(道)에 의거해서 행하는 군자를 얻어서 함께할 수 없다면 반드시 뜻이 크고 대범한 사람[狂者]과 굳센 사람[狷者]을 얻어서 함께하겠다!'"라고 했으니, 이 뜻이 크고 대범한 사람[狂簡] 역시 큰일을 할 수 있는 능력을 가진 사람이지만, 단지 고원(高遠)한 데만 힘써, 말하는 것이 더러 그 실천에 부합하지 않음이 있을 뿐이지, 천착함이 있는 것은 아니다.

원문 包咸「述而篇」「注」曰: "時人有穿鑿妄作篇籍者." 此則"不知而作", 豈諸弟子爲乎? 焦氏循『論語補疏』, "'妄作穿鑿', 申解斐然. 蓋讀斐爲匪, 匪猶非也." 此或得孔義, 然亦謬矣. "妄作穿鑿以成文章, 不知所以裁制", 是以"不知"爲弟子不知也, 於義亦隔. 云"遂歸"者, 終言之. 孔子反魯, 在哀十一年冬.

역문 포함은 「술이」[375]의 「주」에서, "요즘 사람들 중에는 천착해서 함부로 책을 창작하는 자가 있다."[376]라고 했는데, 이런 것이 바로 "알지도 못하면서 창작한다"[377]라는 것이니, 어찌 제자들이 그런 짓을 했겠는가? 초순(焦循)의 『논어보소(論語補疏)』에 "'함부로 창작하고 천착했다'라는 것은 비연(斐然)을 거듭 해석한 것이다. 대체로 비(斐)는 비(匪)의 뜻으로 읽는데, 비(匪)는 비(非)와 같다."라고 했는데, 이것이 어쩌면 공안국의 뜻에 합당할 수는 있겠으나 역시 잘못이다. "함부로 창작하고 천착해서 문장

---

375 『논어정의』에 "子罕"으로 되어 있는데, 『논어주소』를 근거로 수정했다.

376 『논어주소』 권7, 「술이제7(述而第七)」 포함의 「주」.

377 『논어』「술이」: 공자가 말했다. "알지도 못하면서 창작하는 자가 있으나, 나는 이러함이 없다."[子曰: "蓋有不知而作之者, 我無是也."]

을 이루었지만 알맞게 조절하는[裁制] 방법을 모른다"라고 했는데, 여기서는 "모름[不知]"을 제자들이 모르는 것이라고 여겼지만 뜻에 있어서는 역시 동떨어진 점이 있다. "마침내 돌아갔다[遂歸]"라는 것은, 말을 마친 것이다. 공자가 노나라로 돌아온 것은 애공 11년 겨울에 있었던 일이다.

5-24

子曰: "伯夷·叔齊不念舊惡. 怨是用希." 【注】 孔曰: "伯夷·叔齊, 孤竹君之二子. 孤竹, 國名."

공자가 말했다. "백이(伯夷)와 숙제(叔齊)는 케케묵은 원한을 염두에 두지 않았다. 이 때문에 남의 원망이 드물었던 것이다."

【주】 공안국이 말했다. "백이와 숙제는 고죽나라 임금[孤竹君]의 두 아들이다. 고죽[孤竹]은 나라 이름이다."

원문 正義曰: 『爾雅』「釋詁」, "念, 思也. 希, 罕也." 竝常訓. 『大戴禮』「衛將軍文子篇」, "孔子曰: '不克不忌, 不念舊惡, 蓋伯夷·叔齊之行也.'" 皇「疏」云: "'舊惡', 故憾也. 人若錄於故憾, 則怨恨更多, 唯夷·齊豁然忘懷, 若有人犯己, 己不怨錄之, 所以於人怨少也." 邢「疏」云: "不念舊時之惡而欲報復, 故希爲人所怨恨也."

역문 정의에서 말한다.

『이아』「석고」에 "염(念)은 생각한다[思]는 뜻이다. 희(希)는 드물다[罕]는 뜻이다."라고 했는데, 둘 다 일반적인 해석이다. 『대대례』「위장군문자」에 "공자가 말했다. '남을 이기기를 좋아하지 않고, 남을 싫어하지도 않으며, 오래 묵은 유감을 생각하지 않음은 백이와 숙제의 행실이다.'" 라고 했다. 황간의 「소」에 "'구오(舊惡)'는 오래 묵은 유감[故憾]이다. 사람이 만약 오래 묵은 유감을 기록해 놓는다면 원한이 더욱 많아지는 법인데, 오직 백이와 숙제는 품고 있던 유감을 시원하게 잊었고, 만약 누군가가 자기를 범하더라도 자신은 원한을 기록해 두지 않았기 때문에 남에게서도 원망이 적었던 것이다."[378]라고 했다. 형병의 「소」에는 "지난날의 유감을 염두에 두었다가 보복하려 하지 않았기 때문에 남에게 원한을 사는 경우가 드물었다."라고 했다.

원문 毛氏奇齡『四書改錯』, "此'惡'字, 猶『左傳』'周·鄭交惡'之'惡', 舊惡, 卽夙怨也. 惟有夙怨而相忘, 而不之念, 因之恩怨俱泯, 故'怨是用希'. 此必有實事, 而今不傳者, 張文籒曰: '『魏書』, ″房景伯除清河太守, 郡民劉簡虎嘗失禮於景伯, 景伯署其子爲西曹掾.″ 論者以爲不念舊惡. 南齊 皇甫肅曾勸劉勔殺王廣之, 及勔亡, 肅反依廣之, 而廣之感且契賞, 且啓武帝使爲東海太守, 史臣以爲不念舊惡.' 然則此'惡'字, 竝解作'怨'字." 案, 毛說與皇「疏」合. 惟"怨"字當從邢「疏」, 以爲人怨恨也.

역문 모기령의 『사서개착(四書改錯)』에 "여기의 '오(惡)' 자는 『춘추좌씨전』에서 '주나라와 정나라가 서로 미워했다[周鄭交惡]'[379]라고 할 때의 '오(惡)'이니, '구오(舊惡)'란 바로 오래된 묵은 원한[夙怨]이라는 뜻이다. 오직 오래된 묵은 원한이 있지만 서로 잊어 염두에 두지 않으면, 그로 인해 은혜와 원한이 모두 없어지기 때문에 '원망이 이 때문에 드물었다.'라고 한 것이다. 이는 필시 실제 그런 일이 있었을 터인데, 지금은 전해지지 않

378 『논어집해의소』 권3, 「논어공야장제5」 황간의 「소」.

379 『춘추좌씨전』「은공」 3년에 보인다.

는 것으로, 장문풍(張文檒)[380]이 말하길, '『위서(魏書)』에 "방경백(房景伯)[381]이 청하군(淸河郡)의 태수(太守)에 제수되었을 때 군민(郡民) 중에 유간호(劉簡虎)라는 사람이 일찍이 경백에게 무례한 짓을 하였지만, 경백이 그 아들을 등용해서 서조연(西曹掾)[382]을 삼았다."라고 했는데, 이 일을 논하는 사람들이 케케묵은 원한을 염두에 두지 않았다고 했다. 남제(南齊)의 황보숙(皇甫肅)은 일찍이 유면(劉勔)을 부추겨 왕광지(王廣之)[383]를 살해하

380 장문풍(張文檒, ?~?): 청나라 절강 소산(蕭山) 사람. 자는 풍림(風林) 또는 수성(樹聲)이다. 강희(康熙) 53년(1714) 거인(擧人)이 되어 성도현령(成都縣令)을 지냈다. 모기령(毛奇齡)에게 배웠다. 저서에 『대학우언(大學偶言)』과 『나강일기(螺江日記)』 등이 있다.

381 방경백(房景伯, 478~527): 북위(北魏) 청하(淸河) 역막(繹幕) 사람. 자는 장휘(長暉)이다. 어려서부터 효(孝)로 이름이 높아 이충(李沖)이 관리를 선발할 때 발탁되어 봉조청(奉朝請)에 올랐다. 거듭 승진하여 제주보국장사(齊州輔國長史)가 되었다. 청하 땅에서 도적들이 난리를 일으켰을 때 청하태수(淸河太守)가 되어 난을 평정하여 공을 세워 사공장사(司空長史)가 되었다. 뒤에 어머니가 병이 들자 벼슬을 그만두고 간호했으나 결국 돌아가셨다. 상을 지내는 기간 동안 소금과 나물을 먹지 않아 수병(水病)이 심해져 세상을 떠났다.

382 서조연(西曹掾): 서조(西曹)는 형부(刑部) 또는 병부(兵部)의 별칭이요, 연(掾)은 연리(掾吏), 곧 서리(胥吏)를 말하는 것으로 서조의 서리이다.

383 왕광지(王廣之, 425~497): 남조 제(齊)나라 패군(沛郡) 상(相) 사람. 자는 사림(士林) 또는 임지(林之)이다. 활쏘기와 말타기를 좋아했고, 용맹과 담력을 갖추었다. 유면을 따라 은염(殷琰)을 정벌했고, 합비(合肥)를 함락시켰다. 나중에 정벌한 공으로 급사중(給事中)과 관군장군(冠軍將軍)에 올랐고, 영도현자(寧都縣子)에 봉해졌다. 소도성[蕭道成, 제 고제(齊高帝)]이 창오왕(蒼梧王)을 폐하고, 그를 서주자사(徐州刺史)와 종리태수(鍾離太守)로 내보냈다. 심유지(沈攸之)가 반란을 일으키자 석두(石頭)를 미리 평정했다. 제나라에 들어 후(侯)로 작위가 올랐다. 제 무제(齊武帝)가 즉위하자 우위장군산기상시(右衛將軍散騎常侍)로 옮겼고, 전군장군(前軍將軍)이 되었다. 소란[蕭鸞, 제 명제(齊明帝)]이 여러 왕을 해치자 안륙왕(安陸王) 소자경(蕭子敬)을 강음(江陰)에 보내 정벌했다. 응성현공(應城縣公)으로 진봉(進封)되고, 강주자사(江州刺史)가 되었다. 명제 건무(建武) 2년(495) 위(魏)나라가 사주(司州)를 포위하자 군대를 이끌고 토벌에 나서 포위를 풀었다. 시중(侍中)과 진군장군(鎭軍將軍)까지 올랐다.

게 했으나, 유면이 죽자 황보숙은 도리어 왕광지에게 귀의했는데, 왕광지가 감동해서 상(賞)을 내릴 것을 약속하고 또 제 무제(齊武帝)에게 장계를 올려 동해(東海)의 태수로 삼게 하니, 사신(史臣)이 오래된 묵은 원한을 염두에 두지 않았다고 했다.'라고 했으니, 그렇다면 여기의 '오(惡)'는 모두 '원(怨)' 자로 해석해야 한다."라고 했다. 살펴보니, 모기령의 설이 황간의 「소」와 부합된다. 다만 "원" 자는 마땅히 형병의 「소」에 따라 남의 원망으로 보아야 한다.

원문 朱子『集注』云: "孟子稱其'不立於惡人之朝, 不與惡人言, 與鄉人立, 其冠不正, 望望然去之, 若將浼焉.' 其介如此, 宜若無所容矣. 然其所惡之人, 能改卽止, 故人亦不甚怨之也." 案, 『集注』亦是. 「曾子立事」云: "朝有過, 夕改則與之; 夕有過, 朝改則與之." 卽此義.

역문 주자는 『논어집주』에서 "맹자는 그들을 일컬어 '악한 사람의 조정에서 벼슬하지 않았고, 악한 사람과는 함께 말하지 않았으며, 무식한 시골 사람과 서 있을 때 그의 갓[冠]이 바르지 않으면 뒤도 돌아보지 않고 떠나 버려, 마치 자기가 오염될 것처럼 여겼다.'[384]라고 했다. 그들의 꼿꼿한 지조가 이와 같았으니, 당연히 포용함이 없었을 듯하다. 그러나 그가 미워하던 사람이 잘못을 고치면 즉시 미워하는 마음을 그쳤기 때문에 남도 그를 심하게 원망하지 않았다."[385]라고 했다. 살펴보니, 『논어집주』 역시 옳다. 『대대례』「증자입사」에 "아침에 허물이 있더라도 저녁에 고치면 이를 허용하고, 저녁에 허물이 있더라도 아침에 고치면 이를 허용한다."라고 했는데, 바로 이 뜻이다.

---

384 『맹자』「공손추상(公孫丑上)」.

385 『논어집주대전(論語集注大全)』 권5, 「공야장제5(公冶長第五)」.

● 「注」, "伯夷"至"國名".

● 正義曰: "伯"·"叔", 少長之字. "夷"·"齊", 其諡也. 皇「疏」謂"伯夷名允, 叔齊名致". 『釋文』云: "允字公信, 智字公達, 夷·齊諡也. 見『春秋』「少陽篇」." 『史記索隱』亦同, 惟"智"作"致", 與『義疏』合.

○ 「주」의 "백이(伯夷)"부터 "국명(國名)"까지.

○ 정의에서 말한다.

"백(伯)"과 "숙(叔)"은 소년과 장년[少長]의 자(字)이다. "이(夷)"와 "제(齊)"는 그들의 이름이다. 황간의 「소」에 "백이는 이름이 윤(允)이고, 숙제는 이름이 치(致)이다."[386]라고 했고, 『경전석문』에 "윤의 자는 공신(公信)이고, 지(智)의 자는 공달(公達)이며, 이와 제는 시호이다. 『춘추』「소양편(少陽篇)」에 보인다."[387]라고 했다. 『사기색은』 역시 같고, 다만 "지(智)"가 "치(致)"로 되어 있으니, 『논어집해의소(論語集解義疏)』와 일치한다.

원문 案, 『諡法解』夷·齊竝爲諡, 然古人無以字居諡上者. 『困學記聞』引胡明仲曰: "彼已去國, 誰爲之節惠哉? 蓋如伯達·仲忽, 亦名而已矣." 其說良是. 『史記』「伯夷列傳」云: "伯夷·叔齊, 孤竹君之二子也." 『爾雅』「釋地」觚竹列於"四荒". 郭「注」, "觚竹在北." 觚與孤同. 『漢』「地理志」遼西郡令支, "有孤竹城", 今永平府盧龍縣東有古孤竹城.

역문 살펴보니, 『시법해』에 이와 제는 모두 시호가 되지만, 옛사람들 중에는 자를 시호 앞에 쓰는 경우는 없었다. 『곤학기문』에 호명중(胡明仲)[388]

---

386 『논어집해의소』 권3, 「논어공야장제5」 황간의 「소」.

387 『경전석문』 권24, 「논어음의 · 공야장제5」.

388 호명중(胡明仲, 1098~1156): 송나라 건녕(建寧) 숭안(崇安)의 학자인 호인(胡寅). 명중(明仲)은 그의 자이다. 학자들은 치당선생(致堂先生)이라 부른다. 호안국(胡安國)의 조카이다. 흠종(欽宗) 정강(靖康) 초에 불려 교서랑(校書郎)이 되고, 좨주(祭酒) 양시(楊時)에게 공부

이 "그들은 이미 나라를 떠났는데, 누가 시호[389]를 내렸겠는가? 대체로 백달(伯達)이나 중홀(仲忽)처럼 또한 이름일 따름이다."[390]라고 했는데, 이 설이 참으로 옳다. 『사기』「백이열전(伯夷列傳)」에 "백이와 숙제는 고죽나라 임금의 두 아들이다."라고 했는데, 『이아』「석지(釋地)」에는 고죽(觚竹)을 "사황(四荒)"[391]에 열거해 놓았는데, 곽박의 「주」에 "고죽은 북쪽에 있다."[392]라고 했다. 고(觚)와 고(孤)는 같은 글자이다. 『전한서』「지리지」의 요서군(遼西郡) 영지현(令支縣) 조 아래 "고죽성(孤竹城)이 있다."라고 했으니, 지금의 영평부(永平府) 노룡현(盧龍縣) 동쪽에 옛 고죽성이 있다.

5-25

子曰: "孰謂微生高直? 或乞醯焉, 乞諸其鄰而與之!"【注】孔曰:

했다. 고종(高宗) 건염(建炎) 연간에 장준(張浚)의 천거로 기거랑(起居郎)에 발탁되었다. 상서하여 금나라에 대항할 대책을 진술하고 구차하게 화의하는 것에 반대했는데, 어조가 간절하고 강직했다. 소흥(紹興) 연간에 중서사인(中書舍人)이 되어 금나라에 사신 보내는 것을 극력 저지하다가 엄주(嚴州)와 영주(永州)의 지주(知州)로 나갔다. 관직은 예부시랑겸직학사원(禮部侍郎兼直學士院)까지 올랐다. 진회(秦檜)가 정권을 잡자 몹시 꺼려 하여 조정을 비방하고 폄하했다는 이유로 파직되어 신주(新州)에 안치되었다. 진회가 죽은 뒤 복직했다. 시호는 문충(文忠)이다. 저서에 『논어상설(論語詳說)』과 『독사관견(讀史管見)』, 『비연집(斐然集)』이 있다.

389 절혜(節惠): 『예기』「표기(表記)」에 "선왕이 시호로써 이름을 높이고 한 가지 선으로써 요약했다.[先王諡以尊名, 節以壹惠.]"라고 했는데, 이는 아름다운 시호를 내려 그 이름을 높이되 여러 가지 선행을 다 들기 어려우므로 가장 큰 것으로 요약함을 이른다. 이 때문에 시호를 절혜라고도 칭한다.

390 『곤학기문』 권7, 「논어(論語)」.

391 사황(四荒): 『이아』「석지(釋地)·사극(四極)」에 "고죽(觚竹)과 북호(北戶)와 서왕모(西王母)와 일하(日下)를 사황(四荒)이라고 한다.[觚竹·北戶·西王母·日下, 謂之四荒.]"라고 했다.

392 『이아주소』 권6, 「석지제9(釋地第九)」 곽박의 「주」.

"微生姓, 名高, 魯人也. 乞之四鄰以應求者, 用意委曲, 非爲直人."

공자가 말했다. "누가 미생고(微生高)를 정직하다고 하는가? 어떤 사람이 그에게 식초를 빌리려 하자, 자기 이웃집에서 빌려다가 주는구나!" 【주】 공안국이 말했다. "미생(微生)은 성이고, 이름이 고(高)로서 노나라 사람이다. 사방의 이웃에게 구걸해다가 요구에 응한 것은 마음 씀씀이[用意]가 자상하고 간곡하긴 하지만 그렇다고 정직한 사람이 되는 것은 아니다."

원문 正義曰: "乞醯"者, "乞"猶求也. 『左』「僖」廿六年「經」, "公子遂如楚乞師." 杜「注」, "乞, 不保得之辭." 『說文』, "醯, 酸也. 作醯以鬻以酒, 從鬻酒, 竝省." "鬻"與"鬻"同. 『儀禮』「聘禮」「注」, "以醯穀爲陽, 醢肉爲陰醢." 連"穀"言, 是其以鬻爲之. 『說文』, "酸, 酢也. 關東謂酢曰酸." "酢"卽"醋"字.

역문 정의에서 말한다.

"걸혜(乞醯)"라고 했는데, "걸(乞)"은 구함[求]과 같다. 『춘추좌씨전』「희공(僖公)」 26년의 「경」에 "공자 수(公子遂)가 초나라에 가서 원군(援軍)을 빌렸다.[公子遂如楚乞師.]"라고 했는데, 두예의 「주」에 "걸(乞)은 요청이 받아들여진다는 보장이 없을 때 쓰는 말이다."라고 했다. 『설문해자』에 "혜(醯)는 식초[酸]이다. 식초[醯]를 만들 때 죽과 술을 사용한다. 육(鬻)의 생략형과 주(酒)의 생략형으로 구성되었다."[393]라고 했다. "육(鬻)"과 "육(鬻)"은 같은 글자이다. 『의례』「빙례」의 「주」에 "곡물로 만든 식초[醯穀]

---

393 『설문해자』 권5: 혜(䤈)는 식초[酸]이다. 식초[醯]를 만들 때 죽과 술을 사용한다. 육(鬻)의 생략형과 주(酒)의 생략형으로 구성되었고, 명(皿)으로 구성되었다. 명(皿)은 그릇이다. 호(呼)와 계(雞)의 반절음이다.[䤈, 酸也. 作醯以鬻以酒. 從鬻酒並省, 從皿. 皿, 器也. 呼雞切.]

는 양에 해당하고, 살코기로 만든 육장[醓肉]는 음에 해당되는 식초이다."[394]라고 하여, "곡물[穀]"을 이어서 말했으니, 이것은 죽을 쑤어서 만드는 것이다. 『설문해자』에 "산(酸)은 식초[酢]이다. 관동(關東)에서는 식초[酢]를 산(酸)이라 한다."[395]라고 했는데, "초(酢)"는 바로 "초(醋)" 자이다.

원문 『禮記』「內則」"和用醯", 『釋文』, "醯, 酢也." 『周官』「疾醫」「注」, "五味, 醯酒·飴蜜·薑·鹽之屬." 「疏」云: "醯則酸也." 古酸用梅, 疑卽加之醯, 故醯味酸. 「士昏」·「公食大夫」所云"醯醬", 據「注」云: "以醯和醬." 則是加醯於醬也. 醬不必皆加以醯, 故有芥醬·卵醬·醢醬·醯醬之別. 『廣雅』「釋器」, "醓, 醋也." 醓與醯同. 「論語釋文」, "醯, 亦作醓." 「郊特牲」·「內則」·「天官釋文」同. 『釋名』「釋飮食」以"醢多汁者爲醯", 醯, 瀋也. 惠氏士奇『禮說』遂以醯·醬爲一物, 又謂古無醋, 其說竝誤.

---

394 『의례주소』 권8, 「빙례」 정현의 「주」에 "식초[醯]는 곡식의 양(陽)에 해당하고, 육장[醢]은 고기의 음(陰)에 해당한다.[醯穀陽也, 醢肉陰也.]"라고 했고, 가공언의 「소」에 "식초[醯]는 곡식을 발효시켜 술의 종류를 만드니, 사람이 먹으면 사라지고 흩어지기 때문에 양이라 한다. 육장[醢]은 고기를 발효시켜 만드는데, 사람이 먹으면 무겁게 가라앉기 때문에 음이라 한다. 「대종백(大宗伯)」에 '천산(天産)을 써서 음덕(陰德)을 만들고, 지산(地産)을 써서 양덕(陽德)을 만든다.'라고 했는데, 「주」에 '천산은 육생(六牲)의 등속이고, 지산은 구곡(九穀)의 등속이다.'라고 했으니, 육생을 양으로 삼고, 구곡을 음으로 삼은 것이다. 이 식초[醯]는 곡물이니 양에 해당되는 것이다.[醯是釀穀爲之酒之類, 在人消散故云陽. 醢是釀肉爲之, 在人沉重故云陰也. 「大宗伯」云: '天産作陰德; 地産作陽德.' 「注」云: '天産, 六牲之屬; 地産, 九穀之屬.' 以六牲爲陽, 九穀爲陰與. 此醯是穀物爲陽違者, 物各有所對, 六牲動物行蟲也. 故九穀爲陰.]"라고 했다.

395 『설문해자』 권14: 산(酸)은 식초[酢]이다. 유(酉)로 구성되었고, 준(夋)이 발음을 나타낸다. 관동(關東)에서는 식초[酢]를 산(酸)이라 한다. 산(䤧)은 산(酸)의 주문(籒文)인데 준(畯)으로 구성되었다. 소(素)와 관(官)의 반절음이다.[酸, 酢也. 從酉夋聲. 關東謂酢曰酸. 䤧, 籒文酸從畯. 素官切.]

역문 『예기』「내칙(內則)」에 "조미료로는 식초[醯]를 사용한다."라고 했는데, 『경전석문』에 "혜(醯)는 식초[酢]이다."[396]라고 했고, 『주관』「질의(疾醫)」의 「주」에 "다섯 가지 조미료[五味]는 식초[醯]·맛술[酒]·엿이나 꿀[飴蜜]·생강[薑]·소금[鹽]의 등속이다."[397]라고 했으며, 가공언의 「소」에 "혜(醯)는 신맛[酸]이다."라고 했다. 옛날에는 신맛[酸]을 내는 데 매실[梅]을 사용했으니, 아마도 매실을 혜(醯)에 첨가했기 때문에 혜(醯)의 맛이 신맛[酸]인 듯하다. 『의례』「사혼례(士昏禮)」와 「공사대부례(公食大夫禮)」에서 말한 "식초[醯]를 탄 장(醬)"이란 「주」에서 "식초[醯]로 조미한 장(醬)이다."[398]라고 한 것에 근거하면, 장(醬)에다가 식초를 탄 것이다. 장이라고 해서 모두 식초를 탈 필요는 없기 때문에 겨자장[芥醬]·난장(卵醬)·젓갈장[醢醬]·초장[醯醬]의 구별이 있는 것이다. 『광아』「석기」에 "혜(醓)는 식초[醋]이다."라고 했으니, 혜(醓)와 혜(醯)는 같은 글자이다. 「논어석문」에도 "혜(醯)는 또한 혜(醓)라고 쓰기도 한다."[399]라고 했다. 『예기』「교특생(郊特牲)」과 「내칙」과 「천관석문(天官釋文)」[400]도 같다. 『석명』「석음식(釋飮食)」에 "젓갈[醢] 중에서 즙이 많은 것이 혜(醯)이다."라고 했으니, 혜(醯)는 즙[瀋]의 상태로 되어 있는 것이다. 혜사기(惠士奇)의 『예설(禮說)』에서는 결국 혜(醯)와 장(醬)을 같은 물건으로 보고, 또 옛날에는 초(醋)가 없었다고 했는데, 그의 말은 둘 다 틀렸다.

---

396 『경전석문』 권12, 「예기음의·내칙제12(內則第十二)」.

397 『주례』「천관총재하(天官冢宰下)·질의(疾醫)」 정현의 「주」.

398 『의례주소』 권2, 「사혼례(士昏禮)」와 권9, 「공사대부례(公食大夫禮)」 정현의 「주」.

399 『경전석문』 권24, 「논어음의·공야장제5」.

400 『경전석문』 권8, 「주례음의상(周禮音義上)·천관총재(天官冢宰)」.

원문 "乞諸其鄰而與之", 不爲直者, 乞諸其鄰, 而冒爲己物以與人, 人知與之爲微生, 而不知爲鄰, 所以不得爲直. 若乞諸鄰, 而稱鄰以與之, 此亦厚德, 無所可譏矣.

역문 "자기 이웃집에서 빌려다가 준 것"이 정직함이 되지 않는 까닭은, 자기 이웃집에서 빌려다가 거짓으로 자기 물건인 양 해서 남에게 주어, 남들로 하여금 미생이 준 것으로 알게 하고, 그 이웃이 준 것임을 알지 못하게 했기 때문에 정직함이 되지 못하는 것이다. 만약 이웃에서 빌리면서 이웃에서 준 것이라고 일컬었다면, 이 또한 덕이 두터운 것이니, 비난할 것은 없다.

- 「注」, "微生姓, 名高, 魯人也."
- 正義曰: 『漢書』「古今人表」, "尾生高 · 尾生畮." 師古曰: "即微生高 · 微生畝也." 「燕策」蘇代曰: "信如尾生高." 又曰: "信如尾生高, 則不過不欺人耳." 蘇秦曰: "信如尾生, 期而不來, 抱梁柱而死." 『莊子』「盜蹠篇」, "尾生與女子期於梁下, 女子不來, 水至不去, 抱梁柱而死." 『淮南』「泛論」 · 「說林」竝載此事, 高誘「注」云: "魯人", 則微生蓋嘗硜硜自守者, 故當時或以爲直也. "尾"與"微"通. 『書』「堯典」"鳥獸孳尾", 『史記』「五帝紀」作"微", 是其證.

○ 「주」의 "미생은 성이고, 이름이 고로서 노나라 사람이다."

○ 정의에서 말한다.

『전한서』「고금인표」에 "미생고(尾生高) · 미생묘(尾生畮)" 난에 안사고가 말했다. "바로 미생고와 미생묘(微生畝)이다."[401] 『전국책』「연책(燕策)」에 소대(蘇代)[402]가 말하길 "믿음이

---

401 『전한서』 권20, 「고금인표(古今人表)」.

402 소대(蘇代, ?~?): 동주(東周) 낙양[雒陽, 지금의 하남성 낙양(洛陽)시 동쪽] 사람. 합종책(合縱策)을 주장한 유세가인 소진의 아우이다. 특히 초나라와 위나라를 후원으로 삼아 공동으로 제나라와 진나라의 주장을 제지했으며, 연나라를 위해 제후국들을 돌며 유세하여 제후들한테 합종의 약속을 받아 내는 등 역사상 적지 않은 업적을 남겼다.

미생고(尾生高) 같다."라고 하였으며, 또 "믿음이 미생고 같으면 남을 속이지 않는 정도에 불과할 뿐이다."라고 했으며, 소진(蘇秦)[403]은 "믿음이 미생(尾生) 같다면, 그는 다리 밑에서 만나기로 한 애인이 시간이 되어도 오지 않자 물이 불어나는데도 떠나지 않고 다리 기둥을 끌어안고 물에 빠져 죽었을 것이다."[404]라고 했다. 『장자』「도척(盜蹠)」에 "미생이 여자와 다리 아래에서 만나기로 약속하였으나, 여자는 오지 않고, 한편 물은 자꾸 불어 올라오는데도 그 자리를 떠나지 않고 다리 기둥을 끌어안고 물에 빠져 죽었다."라고 했다. 『회남자』「범론훈(氾論訓)」과 「설림훈(說林訓)」에도 이 사건이 실려 있는데, 고유의 「주」에 "노나라 사람이다."[405]라고 했다. 그렇다면 미생(微生)은 아마도 일찍이 융통성이 없이 빡빡하게 신의를 지키는 사람이었기 때문에 당시 사람들이 혹 정직하다고 여긴 듯하다. "미(尾)" 자는 "미(微)" 자와 통용된다. 『서경』「요전」에 "새와 짐승은 새끼를 낳고 교미한다[鳥獸孶尾]"라 했는데, 『사기』「오제기(五帝紀)」에는 "미(尾)"가 "미(微)"로 되어 있으니, 이것이 그 증거이다.

5-26

子曰: "巧言·令色·足恭, 左丘明恥之, 丘亦恥之.【注】孔曰: "'足恭', 便僻貌. 左丘明, 魯太史." 匿怨而友其人, 左丘明恥之, 丘亦恥之."【注】孔曰: "心內相怨, 而外詐親."

---

403 소진(蘇秦, 기원전 337~기원전 284): 전국시대 중엽의 정치가. 강국 진나라에 대적하기 위해 나머지 6국이 연합하는 합종책을 주장했다. 동주 사람으로 낙양(지금의 하남성 낙양 동쪽) 출신이다. 자는 계자(季子)이다. 『한서』「예문지」에 그가 『소자(蘇子)』 31편을 저술했다는 기록이 있지만 전하지는 않는다. 백서(帛書) 『전국종횡가서(戰國縱橫家書)』에 그가 유세할 때 작성했다는 문장과 서신 16편이 있으나 『사기』의 기록과는 다소 차이가 있다.

404 『전국책』 권29, 「연책(燕策)」.

405 『회남홍렬해(淮南鴻烈解)』 권13, 「범론훈(氾論訓)」의 「주」에 보인다.

공자가 말했다. "말을 교묘하게 꾸미고, 얼굴빛을 보기 좋게 꾸미며, 발 모양을 공손하게 꾸미는 것을 좌구명(左丘明)이 수치로 여겼는데, 나 역시 그런 것을 수치로 여긴다. 【주】 공안국이 말했다. "'족공(足恭)'은 한편으로 치우친[便僻] 모양이다. 좌구명은 노나라 태사[太史: 사관(史官)]이다. 원망을 숨기고서 그 사람과 벗하는 것을 좌구명이 수치로 여겼는데, 나 역시 그것을 수치로 여긴다." 【주】 공안국이 말했다. "마음속으로는 서로 원망하면서 겉으로는 거짓으로 친한 것처럼 속임이다."

원문 正義曰: 『釋文』云: "一本此章有'子曰'字, 恐非." 案, 陸所見無"子曰", 與上章合爲一章, 蓋由傳寫脫誤, 不當以有者爲非也. 『爾雅』「釋詁」, "匿, 微也." 舍人「注」, "匿, 藏之微也." 『說文』, "匿, 亡也." "亡"若"亡命"之亡, 謂隱藏也. 左丘明與孔子同時, 而卒於孔子後. 漢 劉歆稱"其好惡同於聖人", 卽指此文之類.

역문 정의에서 말한다.

『경전석문』에 "어떤 판본에는 이 장(章)에 '자왈(子曰)' 자가 있는데, 잘못인 듯하다."[406]라고 했다. 살펴보니, 육덕명이 본 판본에는 "자왈"이 없이 앞 장과 합해서 한 문장으로 되어 있었다는 말인데, 아마도 베껴 쓰는 과정에서 빠뜨리는 잘못 때문인 듯하니, "자왈"이 있는 것을 잘못이라고 하는 것은 마땅하지 않다. 『이아』「석고」에 "익(匿)은 숨긴다[微]는 뜻이다."라고 했는데, 사인(舍人)의 「주」에 "익(匿)은 몰래 숨긴다는 뜻이다."라고 했다. 『설문해자』에 "익(匿)은 망(亡)의 뜻이다."[407]라고 했는데,

---

406 『경전석문』 권24, 「논어음의 · 공야장제5」.

407 『설문해자』 권12: 익(匿)은 숨는다[亡]는 뜻이다. 혜(匸)로 구성되었고, 약(若)이 발음을 나

이때의 "망(亡)"은 "망명(亡命)"이라고 할 때의 망(亡)과 같으니, 숨고 감춘다[隱藏]는 말이다. 좌구명과 공자는 같은 시대에 살았으나, 공자보다 뒤에 죽었다. 한나라시대 유흠이 "그 좋아하고 싫어함이 성인과 같았다"라고 일컫는 것은 바로 이 문장과 같은 따위를 가리킨다.

● 「注」, "足恭, 便僻貌. 左丘明, 魯太史."

● 正義曰: 邢「疏」云: "便僻其足以爲恭, 謂前卻俯仰, 以足爲恭也." 臧氏庸『拜經日記』, "「表記」孔子曰: '君子不失足於人, 不失色於人, 不失口於人.'「曾子立事篇」, '亟達而無守, 好名而無體, 忿怒而爲惡, 足恭而口聖, 而無常位者, 君子弗與也. 巧言令色, 能小行而篤, 難於仁矣.'「文王官人篇」, '華如誣, 巧言令色, 足恭, 一也, 皆以無爲有者也.' 案, '不失足'者, '不足恭'也; '不失色'者, '不令色'也; '不失口'者, '不巧言'也. 故「文王官人」三者竝擧. '足恭而口聖', '口聖'卽巧言也.『詩』「板」'無爲夸毗',『正義』曰: '夸毗者, 便僻其足前卻爲恭.' 孔「注」言'足恭, 便辟之貌'者, 義當如此解.『爾雅』「釋訓」, '籧篨, 口柔也; 戚施, 面柔也; 夸毗, 體柔也.' 李巡「注」, '巧言好辭, 以口饒人, 是謂口柔; 和顔悅色以誘人, 是謂面柔; 屈己卑身, 求得於人, 曰體柔.'『論語』'友便辟', 馬融曰: '便辟, 巧避人所忌, 以求容媚者.' '友善柔', 馬融曰: '面柔者也.' '友便佞', 鄭玄曰: '便, 辯也, 謂佞而辯也.' 然則便辟爲體柔, 善柔爲面柔, 便佞爲口柔, 體柔爲足恭, 面柔爲令色, 口柔爲巧言, 斷斷然矣." 案, 臧說深得此「注」之義.

○ 「주」의 "족공(足恭)은 한쪽으로 치우친[便僻] 모양이다. 좌구명은 노나라 태사이다."

○ 정의에서 말한다.

형병의 「소」에 "발의 모양을 한쪽으로 치우치게[便僻] 함을 공손함[恭]으로 삼는 것이니, 앞으로 나아가고 뒤로 물러나며, 숙이고 우러름에 있어서 발의 모양을 가지고 공손함으로 삼는다는 말이다."[408]라고 했다. 장용의 『배경일기』에 "『예기』「표기(表記)」에 공자가 말하길,

---

타낸다. 양추(羊騶)라고 할 때의 추(箠)와 같은 뜻으로 읽는다. 여(女)와 역(力)의 반절음이다.[匿, 亡也. 從匸若聲. 讀如羊騶箠. 女力切.]

408 『논어주소』 권5, 「공야장제5」 형병의 「소」.

'군자는 남 앞에서 공손한 발 모양을 잃지 않고, 남 앞에서 얼굴빛을 잃지 않으며, 남 앞에서 신중한 말을 잃지 않는다.'라고 했으며, 『대대례』「증자입사」에 '빨리 통달하되 지킴이 없고, 명예를 좋아하되 예에 맞는 용모와 몸가짐이 없으며, 성내고 노여워하며 악을 행하고, 발 모양은 공손하게 꾸미면서 입으로는 성스러운 말을 하지만 떳떳한 지위가 없는 자를 군자는 함께하지 않는다. 말을 교묘하게 꾸미고 얼굴빛을 보기 좋게 꾸미며, 작은 행실에는 능하여 돈독하지만 인을 행하기는 어렵다.'라고 했으며, 「문왕관인(文王官人)」에 '말이 과장되어 속이는 듯한 것과, 말을 교묘하게 꾸미고 얼굴빛을 보기 좋게 꾸밈과, 발 모양을 공손하게 함은 똑같은 것이니, 모두 없으면서 있는 척하는 것들이다.'라고 했다. 살펴보니, '부실족(不失足)'이란 '발 모양을 공손하게 꾸미지 않음[不足恭]'이고, '부실색(不失色)'이란 '얼굴빛을 잘 꾸미지 않음[不令色]'이며, '부실구(不失口)'란, '말을 교묘하게 잘하지 않음[不巧言]'이다. 그러므로 「문왕관인」에서 이 세 가지를 아울러 거론한 것이다. '발 모양은 공손하게 꾸미고 입으로는 성스러운 말을 한다[足恭而口聖]'라고 했는데, '입으로 성스러운 말을 함[口聖]'이 바로 말을 교묘하게 잘 꾸밈[巧言]이다. 『시경』「판(板)」에 '무위과비(無爲夸毗)'라고 했는데, 『모시정의(毛詩正義)』에 '과비(夸毗)란 발의 모양을 한쪽으로 치우치게[便辟] 해서 나아가고 물러감을 공손하게 하는 것이다.'라고 했으니, 공안국의 「주」에 '족공(足恭)은 한쪽으로 치우친[便辟] 모양이다'라고 한 것은 뜻이 당연히 이 해석과 같아야 한다. 『이아』「석훈」에 '거저(籧篨)는 입으로 아첨한다[口柔]는 뜻이다. 척시(戚施)는 얼굴로 아첨한다[面柔]는 뜻이며, 과비(夸毗)는 몸으로 아첨한다[體柔]는 뜻이다.'라고 했는데, 이순의 「주」에 '말을 교묘하게 잘하고 언사를 좋게 해서 입으로 남에게 아첨하는 것, 이것을 입으로 아첨하는 것[口柔]이라 하고, 얼굴을 온화하게 하고 낯을 기쁘게 해서 남을 유혹하는 것, 이것을 일러 얼굴로 아첨하는 것[面柔]이라 하며, 자기를 굽히고 몸을 낮춰 남에게 받아들여지기를 갈구하는 것을 몸으로 아첨하는 것[體柔]이라 한다.'라고 했다. 『논어』「계씨(季氏)」에 '편벽(便辟)된 사람을 벗한다'라고 했는데, 마융은 이에 대해 '편벽이란, 남이 꺼리는 것을 교묘하게 피해서 아첨이 받아들여지기를 추구하는 것이다.'[409]라고 했고, '잘 아첨하는 사람[善柔]을 벗한다'라고 했는데, 마융은 이에 대해 '얼굴로 아첨하는 것이다.'[410]라고 했으며, '말을 잘하는 사람[便佞]을

409 『논어집해의소』 권8, 「논어위영공제15(論語衛靈公第十五)」 마융의 「주」.

벗한다'라고 했는데, 정현은 이에 대해 '편(便)은 말을 잘한다[辯]는 뜻이니, 아첨하면서 말을 잘한다는 말이다.'[411]라고 했다. 그렇다면 편벽은 몸으로 아첨함이 되고, 선유(善柔)는 얼굴로 아첨함이 되며, 편녕(便佞)은 입으로 아첨함이 되니, 몸으로 아첨함은 발 모양을 공손하게 꾸미는 것[足恭]이 되고, 얼굴로 아첨함[面柔]은 얼굴빛을 잘 꾸미는 것[令色]이 되며, 입으로 아첨함은 말을 교묘하게 잘하는 것[巧言]이 됨이, 한결같고 전일[斷斷]할 듯싶다."라고 했다. 살펴보니, 장용의 말이 이 「주」의 뜻을 깊게 이해하고 있다.

원문 『管子』「小匡篇」, "曹孫宿之爲人, 巧佞卑諂足恭, 而辭結." "結"與"給"同. 『史記』「五宗世家」, "趙 王彭祖爲人, 巧佞卑諂足恭, 而心刻深." 又「日者列傳」"口趨而言", 『索隱』曰: "口趨, 猶足恭也." 顔師古『漢書』「景十三王傳」「注」, "足恭, 謂便辟也." 李賢『後漢書』「崔駰傳」「注」, "夸毗, 謂佞人足恭, 善爲進退." 皆讀足如字.

역문 『관자(管子)』「소광(小匡)」에, "조손숙(曹孫宿)의 사람 됨됨이는 교묘하고 간사하며 아첨하고 발 모양을 공손하게 꾸미고 말을 잘한다."[412]라고 했는데, "결(結)"과 "급(給)"은 뜻이 같다. 『사기』「오종세가(五宗世家)」에 "조(趙)나라 왕팽조(王彭祖)는 사람됨이 교묘하고 간사하며 아첨하고, 발 모양은 공손하게 꾸미면서도 마음은 모질고 잔혹했다."라고 했고, 또 「일자열전(日者列傳)」에 "갖은 아양을 떨며 달려가 말했다[孅趨而言]."라고 했는데, 『사기색은』에 "섬추(孅趨)는 발 모양을 공손하게 꾸밈[足恭]과 같다."[413]라고 했다. 안사고는 『전한서』「경십삼왕전(景十三王傳)」의 「주」

---

410 『논어집해의소』 권8, 「논어위영공제15」 마융의 「주」.

411 『논어집해의소』 권8, 「논어위영공제15」 마융의 「주」.

412 『관자(管子)』「소광(小匡)」에는 "巧佞卑諂" 네 글자가 없다.

413 『사기색은』 권28, 「일자열전(日者列傳)」.

에서 "족공은 편벽되었음을 이른다."라고 했고, 이현(李賢)은 『후한서』「최인전(崔駰傳)」의 「주」에서 "과비(夸毗)는, 간사하게 말재주를 피우는 사람이 발 모양을 공손하게 꾸며 잘 나아가고 물러남을 이른다."라고 했으니, 모두 足 자를 본음(本音)대로 읽은 것이다.

원문 皇「疏」引繆協曰: "'足恭'者, 以恭足於人意, 而不合於禮度." 此讀"足"爲將樹反, 見陸氏「音義」. 「仲尼燕居」, "恭而不中禮, 謂之給. 子曰: '給奪慈仁.'" 鄭「注」, "巧言·足恭之人, 似慈仁, 實鮮仁." 據鄭「注」義, 則"給"如"供給"之給, 謂足也. 故鄭引"足恭"說之, 此義亦通.

역문 황간의 「소」에서는 무협(繆協)[414]이 "'足恭'이란 공손함으로 남의 뜻을 만족시키는 것으로, 예의법도에는 합당하지 않다."[415]라고 한 것을 인용했는데, 이는 "足"를 장(將)과 수(樹)의 반절음으로 읽은 것으로, [장(將)과 수(樹)의 반절음이라고 한 것은] 육덕명의 『경전석의(經典釋義)』 권24, 「논어음의(論語音義)·공야장(公冶長)」에 보인다.

---

414 무협(繆協, ?~?): 중국 진(晉)나라 때의 학자. 저술로 『논어무씨설(論語繆氏說)』이 있다.

415 『논어집해의소』 권3, 「논어공야장제5」 황간의 「소」. 황간의 「소」에는 "'足恭'이란 공손함으로 남의 뜻을 만족시키는 것으로, 예의법도에는 합당하지 않는 것이니 이는 모두 남의 즐거움을 자기의 즐거움으로 여기면서 남에게 굽신거리며 아첨하는 것이다."라고 했는데, 『장자(莊子)』「대종사(大宗師)」에 "호불해(狐不偕), 무광(務光), 백이(伯夷), 숙제(叔齊), 기자(箕子), 서여(胥餘), 기타(紀他), 신도적(申徒狄)과 같은 사람은 다른 사람이 할 일을 대신 처리하고 다른 사람의 즐거움을 자기의 즐거움으로 여겨 스스로 자기의 즐거움을 즐거워하지 못한 사람들이다.[若狐不偕·務光·伯夷·叔齊·箕子·胥餘·紀他·申徒狄, 是役人之役, 適人之適, 而不自適其適者也.]"라고 했고, 또 「병무(駢拇)」에 "내면의 자기를 보지 못하고 대상 사물을 보며 내면의 자기 모습을 얻지 못하고 외적인 대상 사물만을 얻는 자는 남이 얻고자 하는 것을 얻기만 할 뿐 자신이 얻고자 하는 것을 얻지 못하는 자이며 남의 즐거움을 자기의 즐거움으로 여겨 스스로 자기의 즐거움을 즐거워하지 못하는 자이다.[夫不自見而見彼, 不自得而得彼者, 是得人之得而不自得其得者也, 適人之適而不自適其適者也.]"라고 했다.

『예기』「중니연거(仲尼燕居)」에는 "공손한 몸가짐이 있어도 예에 맞지 않으면 이를 급(給)이라 한다. 공자가 말했다. '급(給)은 사랑과 인을 어지럽힌다.'[416]"라고 했는데, 정현의 「주」에 "말을 교묘하게 꾸미고 공손함으로 남의 뜻을 만족시키는 사람은 자애롭고 인한 것 같지만 사실은 인한 사람이 드물다."[417]라고 했다. 정현 「주」의 뜻에 의거하면 "급(給)"은 "공급(供給)"이라고 할 때의 급(給)과 같으니, 만족시킨다[足]는 뜻이다. 그러므로 정현이 "주공(足恭)"을 인용해서 설명했는데, 이 뜻 역시 통한다.

원문 『史記』「十二諸侯年」「序」, "自孔子論史記, 次『春秋』, 七十子之徒, 口受其傳. 魯君子左丘明懼弟子各有安其意, 失其眞, 故具論其語, 成『左氏春秋』." 又「自敍篇」稱, "左丘失明, 厥有『國語』." 『漢書』「藝文志」, "『左氏傳』三十卷. 左丘明, 魯太史." 案, 史公以左丘爲連文, 則左丘是兩字氏, 明其名也. 左丘亦單稱左, 故舊文皆言『左傳』, 不言"左丘傳". 說者疑左與左丘爲二, 作『國語』者左丘明, 作『左傳』者別一人, 與『史』·『漢』諸文不合, 非也. 左丘明雖爲太史, 其氏左丘, 不知何因. 解者援「玉藻」"動則左史書之", 謂左丘明是以官爲氏, 則但當氏左, 不當連丘爲文, 亦恐非也. 『周官』「大史」, "下大夫二人, 上士四人." 侯國群臣秩差降, 太史當止以士爲之.

역문 『사기』「십이제후연표(十二諸侯年表)」「서」에 "공자가 사관의 기록을 논술하고 『춘추』를 편차함으로부터 일흔 제자의 문도들이 그것을 구술로 전수받았다. 이에 노나라의 군자인 좌구명은 제자들이 각각 제 마음

---

416 『예기주소』 권50, 「중니연거(仲尼燕居)」 정현의 「주」에 "탈(奪)은 난(亂)과 같다.[奪, 猶亂也.]"라고 했다.

417 『예기주소』 권50, 「중니연거」 정현의 「주」.

대로 생각해서 그 참뜻을 잃게 할까 두려웠기 때문에 그 말을 빠짐없이 갖추어 논하여 『좌씨춘추(左氏春秋)』를 완성했다."라고 했다. 또 「태사공자서(太史公自敍)」에 "좌구명은 실명을 했음에도 『국어』를 지었다."[418] 라고 칭송했고, 『전한서』「예문지」에 "'『좌씨전(左氏傳)』 30권' 항목 아래 좌구명인데, 노나라 태사이다."라고 했다. 살펴보니, 사마천[史公]은 좌구(左丘)를 연결된 글자로 보았는데, 그렇다면 좌구는 두 글자로 된 성씨이고, 명(明)은 그의 이름이다. 좌구는 또한 좌(左)라고 단칭(單稱)하기도 하기 때문에 옛 문헌에는 모두 『좌전(左傳)』이라 하고, "좌구전(左丘傳)"이라고 하지는 않는다. 설자(說者)들 중에는 좌와 좌구를 다른 사람이라고 의심해서 『국어』를 지은 사람은 좌구명이고, 『좌전』을 지은 사람은 다른 사람이라고 하는데, 『사기』와 『전한서』의 여러 문장과 부합되지 않으니, 틀린 말이다. 좌구명이 비록 태사가 되었다고는 하나, 그의 성씨가 좌구인 것은 어디에 기인한 것인지 모르겠다. 해석자들은 『예기』「옥조(玉藻)」의 "거동은 왼쪽의 사관이 기록한다[動則左史書之]"는 내용을 끌어와, 좌구명은 관직 이름을 성씨로 삼은 것이라고 하는데, 그렇다면 단지 좌(左)만 성씨로 삼는 것이 마땅하지, 구(丘) 자를 이어서 성씨를 나타내는 글자로 삼는 것은 마땅하지 않으니 역시 아닌 듯싶다. 『주관』「태사(太史)」에 "하대부(下大夫) 2인(二人)이고, 상사(上士) 4인(四人)이다."[419]라고 했는데, 제후국 군신의 등급은 차등적으로 내려가니, 태사는 당연히 사(士)가 맡는 데서 그친다.

---

418 『사기』 권130, 「태사공자서(太史公自敍)」.

419 『주례』「춘관종백하 · 태사(大史)」.

5-27

顔淵·季路侍, 子曰: "盍各言爾志?" 子路曰: "願車馬衣輕裘, 與朋友共, 敝之而無憾." 【注】 孔曰: "'憾', 恨也." 顔淵曰: "願無伐善, 無施勞." 【注】 孔曰: "不自稱己之善, 不以勞事置施於人."

안연과 계로(季路)가 모시고 있을 때 공자가 말했다. "어찌 각각 너희들의 뜻을 말하지 않느냐?" 자로가 말했다. "수레와 말, 옷과 가벼운 갖옷을 벗들과 함께하다가, 그것이 해지더라도 유감이 없기를 원합니다." 【주】 공안국이 말했다. "'감(憾)'은 원망스럽게 생각한다[恨]는 뜻이다. 안연이 말했다. "선(善)을 자랑함이 없으며 공로를 드러냄이 없기를 원합니다." 【주】 공안국이 말했다. "자기의 선을 스스로 자랑하지 않는 것이고, 수고로운 일을 남에게 하도록 조치하지 않는 것이다."

원문 正義曰: 季路, 卽子路. 季者, 少長之稱. 閻氏若璩『四書釋地又續』, "季路長顔淵二十一歲, 而先顔淵者, 尙德也." "侍"者, 『說文』云: "侍, 承也." 『釋名』「釋言語」, "侍, 時也. 尊者不言, 常於時供所當進者也." 鄭「注」云: "盍, 何不也." 案, 『爾雅』「釋言」, "曷, 盍也." 郭「注」, "盍, 何也." "何"與 "何不", 語有詳略. "各"者, 『說文』云: "各, 異詞也." 夫子欲覘二子之志, 故問其何不各言之也.

역문 정의에서 말한다.

계로는 바로 자로이다. 계(季)는 소년이나 장년[少長]을 일컫는다. 염약거의 『사서석지우속』에 "계로는 안연보다 12살 많은데도 안연을 먼저 언급했으니, 이는 덕(德)을 높인 것이다."라고 했다. "시(侍)"에 대해서 『설문해자』에 "시(侍)는 공경히 높여 모신다[承]는 뜻이다."[420]라고 했고, 『석명』「석언어」에 "시(侍)는 시(時)이니, 존귀한 자가 말하지 않더라도 항상 때에 맞춰 마땅히 진상해야 할 것을 이바지한다는 뜻이다."라고 했다. 정현의 「주」에 "합(盍)은, 어찌 ~ 아니하는가[何不]라는 뜻이다."라고 했다. 살펴보니, 『이아』「석언」에 "갈(曷)은 합(盍)이다."라고 했고, 곽박의 「주」에 "합(盍)은 어찌[何]라는 뜻이다."라고 했는데, "하(何)"와 "하불(何不)"은 말에 자세함과 생략됨의 차이가 있다. "각(各)"은 『설문해자』에 "각(各)은 말을 달리한다[異詞]는 뜻이다."[421]라고 했다. 공자는 두 제자의 뜻을 엿보고자 했기 때문에 그들이 어째서 각자 자기의 뜻을 말하지 않는지를 물은 것이다.

원문 "願"者, 有志而未逮之辭. 『爾雅』「釋詁」, "願, 思也." "裘"者, 『說文』云: "裘, 皮衣也." "裘"卽"裘"字. 凡裘服, 毛在外, 故有加衣以襲之. 衣裘猶衣裳. 皇·邢各本衣下有輕字. 阮氏元『校勘記』, "『唐石經』'輕'字旁注. 案, 『石經』初刻本無輕字. '車馬衣裘', 見『管子』「小匡」及「齊語」, 是子路本用成語, 後人涉「雍也篇」'衣輕裘'而誤衍'輕'字. 錢大昕云: '石經"輕"字, 宋人誤加.' 考『北齊書』「唐邕傳」'顯祖嘗解服靑鼠皮裘賜邕, 云: "朕意在車馬衣裘與卿共敝".' 蓋用子路故事, 是古本無'輕'字一證也. 『釋文』於'赤之適齊'節, 音衣爲於旣反, 而此衣字無音. 是陸本無'輕'字, 二證也. 邢「疏」云: '願以己之車馬衣裘, 與朋友共乘服.' 是邢本亦無'輕'字, 三證也. 皇「疏」

420 『설문해자』 권8: 시(侍)는 공경히 높여 모신다[承]는 뜻이다. 인(人)으로 구성되었고 사(寺)가 발음을 나타낸다. 시(時)와 이(吏)의 반절음이다.[侍, 承也. 從人寺聲. 時吏切.]

421 『설문해자』 권2: 각(各)은 말이 다르다[異辭]는 뜻이다. 구(口)와 쇠(夂)로 구성되었다. 쇠(夂)는 가기도 하고 멈추기도 해서 서로 듣지 못한다는 뜻이 있다. 고(古)와 낙(洛)의 반절음이다.[各, 異辭也. 從口夂. 夂者, 有行而止之, 不相聽也. 古洛切.]

云: '車馬衣裘共乘服.' 是皇本亦無'輕字', 四證也. 今『注疏』與皇本正文有'輕'字, 則後人依通行本增入, 非其舊矣."

역문 "원(願)"이란 뜻은 있지만 아직 미치지 못했다는 말이다. 『이아』「석고」에 "원(願)은 생각함[思]이다."라고 했다. "구(裘)"는 『설문해자』에 "구(裘)는 갖옷[皮衣]이다."[422]라고 했으니, "구(裘)"는 바로 "구(裘)" 자이다. 대체로 갖옷은 털이 밖에 있기 때문에 옷을 덧대어 받쳐 입는다. 의구(衣裘)는 의상(衣裳)과 같다. 황간과 형병 각각의 판본에는 의(衣) 자 아래 경(輕) 자가 있다. 완원의 『십삼경주소교감기』에 "『당석경』에는 '경' 자가 곁에 붙은 주석[旁注]으로 되어 있다. 살펴보니 석경(石經)의 초각본(初刻本)에는 경 자가 없다. '거마의구(車馬衣裘)'라는 표현은 『관자』「소광」 및 『국어』「제어」에 보이니, 이는 자로가 본래는 성어(成語)를 그대로 사용한 것인데, 후대의 사람들이 「옹야(雍也)」의 '가벼운 갖옷을 입었다[衣輕裘]'라는 구절과 연관 짓는 바람에 잘못 '경' 자가 붙어난 것이다. 전대흔은 '석경(石經)의 "경" 자는 송나라시대 사람들이 잘못 첨가한 것이다.'라고 했다. 『북제서(北齊書)』「당옹전(唐邕傳)」을 살펴보니, '현조(顯祖)가 일찍이 입고 있던 청서피(靑鼠皮)[423]로 만든 갖옷을 벗어 당옹(唐邕)에게 하사하면서 말했다. "짐의 생각은 수레와 말과 갖옷을 경과 함께 쓰다가 해지더라도 유감이 없고자 하는 데 있소."'라고 했는데, 대체로 자로의 고사(故事)를 인용한 것으로, 이는 고본(古本)에는 '경' 자가 없었다는 첫

422 『설문해자』 권8: 구(裘)는 가죽옷[皮衣]이다. 의(衣)로 구성되었고, 구(求)가 발음을 나타낸다. 일설에는 상형(象形)이라고 하는데, 쇠(衰) 자와 구성 원리가 같다. 모든 구(裘)부에 속하는 한자는 다 구(裘)의 뜻을 따른다. 구(求)는 구(裘)의 고문인데 의(衣)가 생략되었다. 거(巨)와 구(鳩)의 반절음이다.[裘, 皮衣也. 從衣求聲. 一曰象形, 與衰同意. 凡裘之屬皆從裘. 求, 古文省衣. 巨鳩切.]

423 청서피(靑鼠皮): 날다람쥐나 하늘다람쥐의 가죽.

번째 증거이다. 『경전석문』에는 '적(赤)이 제나라에 갈 때'[424] 구절에서 의(衣)의 발음을 어(於)와 기(旣)의 반절음이라고 했는데,[425] 「공야장」의 의(衣) 자에 대해서는 발음을 표시한 것이 없다. 이는 육덕명의 판본에 '경' 자가 없었다는 것이니, 두 번째 증거인 셈이다. 형병의 「소」에 '자신의 수레와 말과 갖옷을 벗과 더불어 함께 타고 입기를 바란다는 것이다.'[426]라고 했는데, 이 형병의 판본에도 역시 '경' 자가 없으니, 세 번째 증거이다. 황간의 「소」에 '수레와 말과 옷과 갖옷을 함께 타고 입었다.'[427]라고 했는데, 이 황간본 역시 '경' 자가 없으니, 네 번째 증거이다. 지금 『논어주소』와 황간본의 정문(正文)에는 '경' 자가 있는데, 그렇다면 이는 후세의 사람들이 통행본을 근거로 보태서 넣은 것이니, 그것은 옛날 것이 아니다."라고 했다.

원문 『白虎通』「三綱六紀」云: "朋友之交, 貨則通而不計, 共憂患而相救." 下引此文至"敝之"絶句, 「唐邕傳」同, 言'己與朋友共享至敝'也. 今讀"與朋友共"爲一句, "敝之而無憾"爲一句, 似"敝之"專指朋友, 與語意未晰. 『說文』, "共, 同也." 又"㡀, 敗衣也. 從巾, 象衣敗之形. 敝, 㡀也. 一曰敗衣." 今經傳訓"敗"之字皆作"敝", 是從或義也. 皇本作"弊", 乃通用字.

역문 『백호통의』「삼강육기(三綱六紀)」에 "벗과의 사귐에는 재물을 융통하되 따지지 않으며, 근심걱정은 함께 나누면서 서로 구제한다."라고 하고, 그 아래에 이 문장의 "폐지(敝之)"까지의 절구(絶句)를 인용했고, 「당

---

424 『논어』「옹야」.

425 『경전석문』 권24, 「논어음의 · 옹야(雍也)」.

426 『논어주소』 권5, 「공야장제5」.

427 『논어집해의소』 권3, 「논어공야장제5」.

옹전」에도 같으니, '자기와 벗이 함께 누리다가 해지게 됨'을 말한 것이다. 지금은 구두를 "여붕우공(與朋友共)"을 한 구절로 삼고, "폐지이무감(敝之而無憾)"을 또 한 구절로 삼았는데, 그럴 경우 "해지게 함[敝之]"은 오로지 벗[朋友]만을 지목한 것 같으니, 말한 의도와 같이 보면 분명하지 않다. 『설문해자』에 "공(共)은 함께[同]라는 뜻이다."[428]라고 했고, 또 "폐(㡀)는 해진 옷이라는 뜻이다. 건(巾)으로 구성되었고, 옷이 떨어진 모습을 상형한 것이다.[429] 폐(敝)는 한 폭짜리 수건[帗][430]이다. 한편으로는 찢어진 옷이라고도 한다.[431]"라고 했다. 지금 경전에서 "손상시키다[敗]"라는 뜻으로 해석하는 글자는 모두 "폐(敝)"로 쓰는데, 이는 혹체자(或體字)[432]의 뜻을 따른 것이다. 황간본에는 "폐(弊)"로 되어 있는데, 이 글자

---

428 『설문해자』 권3: 공(䒭)은 함께[同]라는 뜻이다. 입(廿)과 공(廾)으로 구성되었다. 모든 공(共)부에 속하는 글자는 다 공(共)의 뜻을 따른다. 공(𢀜)은 공(共)의 고문이다. 거(渠)와 용(用)의 반절음이다.[䒭, 同也. 從廿廾. 凡共之屬皆從共. 𢀜, 古文共. 渠用切.]

429 『설문해자』 권7: 폐(㡀)는 해진 옷이라는 뜻이다. 건(巾)으로 구성되었고, 옷이 떨어진 모습을 상형한 것이다. 모든 폐(㡀)부에 속하는 한자는 다 폐(㡀)의 뜻을 따른다. 비(毗)와 제(祭)의 반절음이다.[㡀, 敗衣也. 從巾, 象衣敗之形. 凡㡀之屬皆從㡀. 毗祭切.]

430 『설문해자주』에 "불(帗)은 한 폭짜리 수건이다.[帗, 一幅巾也.]"라고 했다.

431 『설문해자』 권7: 폐(敝)는 한 폭짜리 수건[帗]이다. 한편으로는 찢어진 옷이라고도 한다. 복(攴)으로 구성되었고 폐(㡀)로 구성되었는데, 폐(㡀)는 또 발음을 나타낸다. 비(毗)와 제(祭)의 반절음이다.[敝, 帗也. 一曰敗衣. 從攴從㡀, 㡀亦聲. 毗祭切.]

432 혹체자(或體字): 이체자(異體字)의 다른 표현. 혹자(或字)라고도 하는데, 『설문해자』의 표제자인 소전(小篆)의 이체자라고 할 수 있다. 속자(俗字)와 별 차이가 없다. 주로 정자(正字)로 취급하지 않는, 민간에서 쓰이는 형태를 뜻한다. 획을 줄이거나 또는 늘리거나 또는 획수가 같지만 쓰기 편하게 하는 등 여러 가지 형태가 있는데, 대부분은 획수를 줄인 약자가 다수이다. 『설문해자』에서 기원하는 용어 중에는 혹체(或體)와 중문(重文)이 있는데, 마문희(馬文熙)와 장귀벽(張歸璧)은 혹체에 대하여 다음과 같이 설명하였다. "이체자이다. 『설문해자』의 정자 아래에 이체(異體)를 나열하고 '或從' '或省' 등으로 그 자형(字形) 구조를 설명하고 있어 혹체라고 부른다. 예를 들면 『설문해자』에 '祀, 祭無巳也, 從示巳聲. 示異, 祀或從

가 통용되는 글자이다.

원문 "施勞"者, 朱子『集注』云: "施者, 張大之意." 案, "施勞"與"伐善"對文. 『禮記』「祭統」「注」, "施, 猶著也." 『淮南』「詮言訓」, "功蓋天下, 不施其美." 謂不誇大其美也. "善"言德, "勞"言功, 『周官』「司勳」"事功曰勞"是也. 『禮記』「表記」, "君子不自大其事, 不自尚其功, 以求處情. 過行弗率, 以求處厚." 『荀子』「君子篇」, "備而不矜, 一自善也, 謂之聖. 不矜矣, 夫故天下不與爭能, 而致善用其功. 有而不有也, 夫故爲天下貴矣." 二文所言, 卽顏子之志. 曾子言"有若無, 實若虛, 昔者吾友嘗從事於斯". 若無若虛, 卽無伐·無施之意. "吾友"謂顏子, 顏子未得位, 未能行其所志, 故嘗以其所願從事之也.

역문 "시로(施勞)"에 대해, 주자의 『논어집주』에 "시(施)란 과시한다[張大]는 뜻이다."[433]라고 했다. 살펴보니, "시로"와 "벌선(伐善)"은 대문(對文)[434]이다. 『예기』「제통(祭統)」의 「주」에 "시(施)는 드러냄[著]과 같다."[435]라고 했고, 『회남자』「전언훈(詮言訓)」에 "공이 천하를 덮어도 그 아름다움을 드러내지 않는다.[功蓋天下, 不施其美.]"라고 했는데, 그 아름다움을 크게 자랑하지 않는다는 말이다. "선(善)"은 덕(德)을 말하고, "노(勞)"는 공(功)을 말하니, 『주관』「사훈(司勳)」에 "사업에 공로가 있는 것을 노(勞)라 한

異 … .' 등이 있다." 청대 왕균(王筠)의 『설문석례(說文釋例)』 권5를 보면 "『설문해자』에 나오는 혹체라는 말은 역시 한 문자의 다른 자형을 말하는 것일 뿐이지, 그 사이에서 정속(正俗)을 나눌 수는 없다"라고 한다.

433 『논어집주대전』 권5, 「공야장제5」.

434 대문(對文): 서로를 상대적 개념으로 파악하여 설명하는 문사. 상대적인 개념으로 풀이한다고 할 때에는 대언(對言)이라고도 한다.

435 『예기주소』 권49, 「제통(祭統)」 정현의 「주」.

다.”[436]라고 한 것이 이것이다.

『예기』「표기」에 “군자는 스스로 그 일을 크게 여기지 않고, 스스로 그 공로를 높이지 않아서, 실정에 맞게 처리할 것을 추구한다. 지나친 행실은 따르지 않고서 두터이 처리할 것을 추구한다.”라고 했고, 『순자』「군자편(君子篇)」에 “갖추어도 자랑하지 않고 한결같이 스스로 선한 것을 성(聖)스러움이라 한다. 자랑하지 않기 때문에 천하가 함께 능력을 다투지 않으면서도 그 공로를 지극히 잘 이용하는 것이다. 가지고 있지만 가지고 있지 않은 것처럼 하기 때문에 천하가 귀하게 여기는 것이다.”라고 했으니, 두 글에서 말한 것이 바로 안자의 뜻이다. 증자(曾子)는 “능력이 있어도 능력이 없는 것처럼 여기고, 학식이 가득해도 빈 것처럼 여김은 옛날에 내 벗이 일찍이 이 일에 종사했다.”[437]라고 했는데, 없는 것처럼 하고 빈 것처럼 하는 것이 바로 자랑함[伐]이 없고 드러냄[施]이 없다는 뜻이다. “나의 벗[吾友]”이란 안자를 이르는데, 안자는 지위를 얻지 못해서 자기가 뜻한 바를 행할 수 없었기 때문에 일찍이 자기가 원하는 것을 가지고 실천했던 것이다.

● 「注」, “‘憾’, 恨也.”

● 正義曰: 見『廣雅』「釋詁」, 此常訓.

○ 「주」의 “‘감(憾)’은 원망스럽게 생각한다[恨]는 뜻이다.”

○ 정의에서 말한다.

『광아』「석고」에 보이는데, 이것이 일반적인 해석이다.

---

436 『주례』「하관사마상 · 사훈(司勳)」.

437 『논어』「태백」.

● 「注」, "不自"至"於人".

● 正義曰: "伐"訓稱者, 引申之義. 『左』「襄」十三年「傳」, "小人伐其技以馮君子." 杜「注」, "自稱其能曰伐." 皇「疏」云: "願己行善而不自稱, 欲潛行而百姓日用而不知也. 又願不施勞役之事於天下也, 故鑄劍戟爲農器, 使子貢無施其辨, 子路無厲其勇也." 『孟子』云: "以佚道使民, 雖勞不怨." 孔子亦言"擇可勞而勞之", 是勞民非政所能免. 今但言不施以勞事, 然則將可勞者亦勿勞之乎? 於義爲短, 今所不從.

○ 「주」의 "부자(不自)"부터 "어인(於人)"까지.

○ 정의에서 말한다.

"벌(伐)"을 칭찬[稱]으로 해석한 것은, 인용하고 확대하여 새로운 뜻이 파생된 것이다. 『춘추좌씨전』「양공」 13년 「전」에 "소인(小人)은 자기의 재주를 자랑하여 군자를 능멸했다.[小人伐其技以馮君子.]"라고 했는데, 두예의 「주」에 "스스로 자기의 능력을 자랑함을 벌(伐)이라 한다."라고 했다. 황간의 「소」에 "자기가 선을 행하면서도 스스로 자랑하지 않기를 바라고, 남몰래 행해서 백성들이 날마다 쓰면서도 모르게 하고자 한 것이다. 또 천하의 사람들에게 노역(勞役)의 일을 시키지 않기를 원했기 때문에 칼과 창을 녹여 농기구를 만들었으며, 자공으로 하여금 변론을 펼치지 못하게 하였고, 자로로 하여금 그 용맹을 부리지 못하게 하였다."[438]라고 했다. 『맹자』「진심상(盡心上)」에 "편안하게 해 주기 위한 도리로 백성을 부리면 비록 수고롭더라도 원망하지 않는다."라고 했고, 공자 역시 "수고롭게 할 만한 일을 가려서 수고롭게 한다."[439]라고 했으니, 백성을 수고롭게 하는 것은 정치에서 면할 수 있는 것이 아니다. 지금은 다만 수고로운 일을 시키지 않는다고만 말했으니, 그렇다면 장차 수고롭게 할 만한 일 역시 수고롭게 하지 말아야 한다는 것인가? 뜻에 있어서 부족하니, 지금은 따르지 않는 바이다.

438 『논어집해의소』 권3, 「논어공야장제5」 황간의 「소」.

439 『논어』「요왈(堯曰)」.

子路曰: "願聞子之志." 子曰: "老者安之, 朋友信之, 少者懷之." 【注】 孔曰: "'懷', 歸也."

자로가 말했다. "선생님의 뜻을 듣기를 원합니다." 공자가 말했다. "노인들이 나를 편안히 여기게 하고, 벗들이 나를 신임하게 하고, 젊은이들이 나에게 귀의하게 하는 것이다." 【주】 공안국이 말했다. "'회(懷)'는 귀의(歸依)함이다."

원문 正義曰: "老者", 人年五十以上之通稱. 『爾雅』「釋詁」, "老, 壽也." "少者", 『禮記』「少儀」「目錄」, "少, 猶小也." 趙岐『孟子』「萬章」「注」, "人少, 年少也." 『韓詩外傳』, "遇長老, 則修弟子之義; 遇等夷, 則修朋友之義; 遇少而賤者, 則修告道寬裕之義. 故無不愛也, 無不敬也, 無與人爭也, 曠然而天地苞萬物也. 如是, 則'老者安之, 少者懷之, 朋友信之'. " 據『韓傳』所言, 則朋友謂其年位與夫子等夷者也.

역문 정의에서 말한다.

"노인[老者]"이란 나이가 쉰 이상인 사람의 통칭(通稱)이다. 『이아』「석고」에 "노(老)는 오래 살았다[壽]는 뜻이다."라고 했다. "젊은이[少者]"는 『예기』「소의」의 「목록(目錄)」에 "소(少)는 적다[小]는 뜻과 같다."라고 했고 조기의 『맹자』「만장상(萬章上)」 「주」에 "인소(人少)는 나이가 적다[年少]는 뜻이다."라고 했다. 『한시외전』에 "어른이나 노인을 만나면 제자(弟子)의 의리를 닦고, 나이나 지위가 대등한 사람[等夷]을 만나면 벗의 의리를 닦으며, 어리고 천한 사람을 만나면 도리를 일러 주고 온유하게 대하는 의리를 닦는다. 그러므로 사랑하지 않음이 없고, 공경하지 않음이 없으며, 남과 다툼이 없어서, 드넓은 천지가 만물을 포용하듯 한다. 이와 같으면 '노인은 그를 편안히 여기고, 젊은이들은 그에게 귀의하며, 벗들은 그를 신임하는 것이다.'"라고 했다. 『한시외전』에서 말한 것을 근거해 보면, 벗[朋友]이란 나이나 지위가 공자와 대등한 사람을 이른다.

원문 "信"者, 『禮記』「經解」云: "民不求其所欲而得之, 謂之信." 竊謂子路重倫輕利, 不失任卹之道, 義者之事也; 顏子勞而不伐, 有功而不德, 仁者之事也. 夫子仁覆天下, 敎誠愛深, 聖者之事也.

역문 "신(信)"은 『예기』「경해(經解)」에 "백성들이 자기가 바라는 것을 구하지 않았는데도 얻음을 신(信)이라 한다."라고 했다. 가만히 생각해 보면 자로는 인륜을 중히 여기고 이익을 가벼이 여겼으며, 임휼(任卹)[440]의 도리를 잃지 않고자 했으니, 의로운 사람의 일이고, 안자는 공로가 있어도 자랑하지 않고, 공로가 있어도 덕으로 여기지 않고자 했으니,[441] 인자의 일이며, 공자는 인이 천하를 덮고, 가르침이 성실하고 사랑이 깊었으니, 성인의 일이다.

---

440 임휼(任卹): 벗들 사이의 신의를 임(任)이라 하고, 없는 사람을 도와주는 것을 휼(卹)이라 한다. 『주례』「지관사도상 · 대사도」에 향(鄕)에서 육덕(六德) · 육행(六行) · 육예(六藝)의 세 가지 일로써 백성을 가르치니, "첫째를 육덕이라 하는데, 지(知) · 인(仁) · 성(聖) · 의(義) · 충(忠) · 화(和)이고, 둘째를 육행이라 하는데, 효(孝) · 우(友) · 목(睦) · 연(婣) · 임(任) · 휼(恤)이며, 셋째를 육예라 하는데, 예(禮) · 악(樂) · 사(射) · 어(御) · 서(書) · 수(數)이다.[一曰六德, 知仁聖義忠和; 二曰六行, 孝友睦婣任恤; 三曰六藝, 禮樂射御書數.]"라고 했다.

441 『주역』「계사상(繫辭上)」: 공자가 말하길, "공로가 있어도 자랑하지 않고, 공로가 있어도 덕으로 여기지 않으니, 후덕함이 지극하다."라고 했으니, 공이 있으면서도 남에게 낮춘다는 말이다.[子曰: "勞而不伐, 有功而不德, 厚之至也." 語以其功下人者也.]

● 「注」, "'懷', 歸也."

● 正義曰: 『爾雅』「釋詁」, "懷, 止也." 「釋言」, "懷, 來也." 竝與歸訓近, 言少者得所養敎, 歸依之若父師也.

○ 「주」의 "'회(懷)'는 귀의(歸依)함이다."

○ 정의에서 말한다.

『이아』「석고」에 "회(懷)는 이르러 그친다[止]는 뜻이다."라고 했고, 「석언」에서 "회(懷)는 온다[來]는 뜻이다."라고 했는데, 모두 귀의[歸]라는 뜻과 가까우니, 젊은이들이 길러 주고 가르쳐 줌을 받을 수 있어 마치 부모나 스승에게 귀의함과 같다는 말이다.

5-28

子曰: "已矣乎! 吾未見能見其過而內自訟者也." 【注】 包曰: "'訟', 猶責也. 言人有過, 莫能自責."

공자가 말했다. "그만두자꾸나! 나는 아직까지 자기의 허물을 보고서 마음속으로 자신을 꾸짖는 자를 보지 못했다." 【주】 포함이 말했다. "'송(訟)'은 꾸짖음[責]과 같다. 사람이 허물을 가지고 있으면서도 아무도 자책하지 못함을 말한 것이다.

원문 正義曰: "已矣乎"者, 歎辭. 已, 止也. 『大學記』云: "所謂誠其意者, 毋自欺也. 如惡惡臭, 如好好色. 此之謂自謙. 故君子必愼其獨也." 獨者, 人所未及知, 而己所獨知之之時也. 意有善惡, 誠意者, 於意之善者好之, 意之不善者惡之, 惡不善, 正是葆其善. 故君子之於改過, 尤亟亟也. 人凡有過,

其始也皆藏於意, 故能自見. 能自見而內自訟, 則如惡惡臭, 必思所以去之.

역문 정의에서 말한다.

"이의호(已矣乎)"는 탄식하는 말이다. 이(已)는 그친다[止]는 뜻이다. 『대학』 전 6장에 "이른바 '그 뜻을 성실히 한다.'라는 것은 자신을 속이지 않는 것이니, 마치 악을 미워하기를 나쁜 냄새를 싫어하는 것처럼 하며, 선을 좋아하기를 아름다운 색을 좋아하는 것처럼 하는 것이다. 이를 일러 스스로 만족하는 것[自謙]이라고 한다. 그러므로 군자는 반드시 혼자 있을 때를 삼가는 것이다[愼獨]."라고 했다. 혼자[獨]라는 것은 남들은 미처 알지 못하고 자기만 홀로 아는 때이다. 뜻에는 선과 악이 있는데, 뜻을 성실히 하는 사람은 선한 뜻을 좋아하고 불선한 뜻을 미워하니, 불선을 미워하는 것은 바로 그 선을 보전(保全)하는 것이다. 그러므로 군자는 허물 고치기를 더욱 빠르게 하는 것이다. 사람이 허물이 있으면 처음에는 모두 뜻에 감추어 놓기 때문에 자기 스스로 알 수 있다. 자기 스스로 알고서 안으로 스스로를 꾸짖을 수 있다면, 마치 나쁜 냄새를 싫어하는 것처럼 해서 반드시 그 허물을 버릴 것을 생각한다.

원문 夫子言惡不仁之人, 不使不仁者加乎其身, 所謂"內自訟者"如此, 所謂"誠意"者如此. 否則見其過而不能自訟, 卽是自欺, 自欺則非誠意矣. 夫子歎未見好仁, 惡不仁者, 及此又有未見能自訟之歎, 蓋改過爲學者, 至要而亦至難. 故非愼獨不克致力矣. 所以云"未見"者, 察之於色與言, 觀之於所行事, 所謂誠於中必形於外, 人之視己, 如見其肺肝然也.

역문 공자는 불인(不仁)을 미워하는 사람은 불인한 것이 자기 자신에게 베풀어지지 못하게 한다[442]라고 했는데, 이른바 "마음속으로 자신을 꾸짖

442 『논어』「이인(里仁)」: 공자가 말했다. "나는 아직 인(仁)을 좋아하는 자와 불인(不仁)을 미워

는 자"란 이와 같은 것이며, 이른바 "뜻을 성실하게 한다[誠意]"는 것도 이와 같은 것이다. 그렇지 않으면 그 허물을 알면서도 스스로를 꾸짖지 못하니, 이는 바로 자신을 속이는 짓이며, 자신을 속이는 짓은 뜻을 성실하게 하는 것이 아니다. 공자가 인을 좋아하는 자와 불인을 미워하는 자를 보지 못했다고 탄식한 것과, 여기에서 또 능히 스스로를 꾸짖는 자를 보지 못했다고 한 탄식은 허물을 고치고 학문을 하는 사람에게는 지극히 중요한 것이면서 또한 지극히 어려운 것이다. 그러므로 신독(愼獨)이 아니면 힘을 기울일 수가 없다. 따라서 "아직 보지 못했다"라고 한 것은 안색과 말에서 살피고 행하는 일에서 관찰하는 것에 대한 것이니, 이른바 마음을 성실히 하면 반드시 겉으로 드러나며, 남들이 자기를 보기를 자신의 폐와 간을 들여다보듯이 한다는 것이다.[443]

● 「注」, "'訟', 猶責也."

● 正義曰: "訟"訓責者, 引伸之義. 『廣雅』「釋詁」, "訟, 賫也." 賫卽責字.

○ 「주」의 "'송(訟)'은 꾸짖음[責]과 같다."

하는 자를 보지 못했다. 인을 좋아하는 자는 다시 더할 나위 없이 우수하고, 불인을 미워하는 자는 자신이 인을 수양(修養)함에 힘쓰는 데 있어, 불인한 것이 자기 자신에게 베풀어지지 못하게 한다."[子曰: "我未見好仁者, 惡不仁者. 好仁者, 無以尙之; 惡不仁者, 其爲仁矣, 不使不仁者加乎其身."]

443 『대학』 전6장: 소인(小人)은 한가하게 있을 때에 불선(不善)한 일을 하되 하지 못하는 짓이 없다가, 군자(君子)를 본 뒤에 슬그머니 불선함을 감추고 선함을 드러낸다.그러나 남들이 자기를 보기를 자신의 폐와 간을 들여다보듯이 할 것이니, 무슨 유익함이 있겠는가? 이를 일러 '마음을 성실하게 하면 겉으로 드러난다.'라고 하는 것이다. 그러므로 군자는 반드시 혼자 있을 때를 삼가는 것이다.[小人閒居. 爲不善, 無所不至, 見君子而后, 厭然揜其不善, 而著其善, 人之視己, 如見其肺肝然, 則何益矣? 此謂'誠於中, 形於外.' 故君子必愼其獨也.]

○ 정의에서 말한다.

"송(訟)"을 꾸짖음[責]으로 해석한 것은, 의미를 확장시킨 것이다. 『광아』「석고」에 "송(訟)은 꾸짖음[責]이다."라고 했는데, 책(責)이 바로 꾸짖을 책(責) 자 이다.

5-29

子曰: "十室之邑, 必有忠信如丘者焉, 不如丘之好學也."

공자가 말했다. "10호(戶)쯤 되는 조그만 읍에도 반드시 나처럼 성실하고 진실한 자가 있겠지만, 내가 배우기를 좋아하는 것만은 못할 것이다."

원문 正義曰: 凌氏曙『典故覈』, "四井爲邑, 井有三家, 四井, 凡十二家. 云'十室', 擧成數也." 『大戴禮』「曾子制言」云: "是故昔者禹見耕者五耦而式, 過十室之邑必下, 爲秉德之士存焉." 卽此"必有忠信"之意. 案, "忠信"者, 質之至美者也. 然有美質, 必濟之以學, 斯可袪其所蔽而進於知仁之道, 故子以四敎, 先文·行於忠·信, 行卽行其所學也.

역문 정의에서 말한다.

능서의 『사서전고핵』에 "4정(井)이 1읍(邑)이 되는데, 1정에는 3가(家)가 있으니, 4정은 모두 12가이다. '10실(室)'이라고 한 것은, 성수(成數)를 들어서 말한 것이다."라고 했고, 『대대례』「증자제언(曾子制言)」에 "이런 까닭에 옛날 우임금은 밭 가는 사람 다섯 짝[五耦]을 보고서 경례를 하였고, 10실의 조그만 읍을 지날 때는 반드시 수레에서 내렸는데, 이는 덕을 갖춘 선비가 있기 때문이었다."라고 했으니, 바로 이것이 "반드시 성실하고 진실한 자가 있다"라는 뜻이다. 살펴보니, "성실하고 진실한 사람"이란 바탕이 지극히 훌륭한 사람이다. 그러나 훌륭한 바탕을 가지고 있다 하더라도 반드시 학문을 가지고 완성시켜야 가려진 것을 떨어 없애고 인을 아는 도리를 진작시킬 수 있기 때문에 공자는 네 가지를 가지고 가르칠 때[444] 문(文)·행(行)을 충(忠)·신(信)보다 앞세웠던 것이니, 행(行)이란 바로 배운 것을 실천한다는 것이다.

원문 『韓詩外傳』, "劍雖利, 不厲不斷; 材雖美, 不學不高. 故學然後知不足." 卽此義也. 『釋文』云: "'焉'如字, 衛瓘於虔反, 爲下句首." 皇「疏」引衛說云: "所以忠信不如丘者, 由不能好學如丘耳. 苟能好學, 可使如丘也." 案, 訓"焉"爲"由", 其義甚曲. 武氏億『經讀考異』, "焉, 猶安也. 安不如我之好學, 言亦如我之好學也." 此亦以焉屬下句, 其義較衛爲順, 當竝著之.

역문 『한시외전』에서 "검이 비록 예리하지만 갈지 않으면 베지 못하고, 재주가 비록 아름다우나, 배우지 않으면 높아지지 않는다. 그러므로 배운 뒤에야 부족함을 안다."라고 한 것이 바로 이 문장의 뜻이다. 『경전석문』에 "'언(焉)'은 본음대로 읽어야 하니, 위관(衛瓘)[445]은 어(於)와 건(虔)의 반

---

444 『논어』「술이」: 공자는 네 가지를 가지고 가르쳤으니, 문(文)과 행(行)과 충(忠)과 신(信)이었다.[子以四敎, 文行忠信.]

445 위관(衛瓘, 220~291): 서진(西晉) 하동(河東) 안읍(安邑) 사람. 자는 백옥(伯玉)이다. 젊어서부터 벼슬에 나아가 위(魏)나라 말에 상서랑(尙書郞)을 지냈다. 정위경(廷尉卿)에 올라 등애(鄧艾)와 종회(鍾會)의 군대를 몰아 촉나라를 정벌했다. 촉나라가 멸망하고 종회가 촉에서 반란을 일으키자 이를 토벌했고, 등애를 살해했다. 서진에 들어 사공(司空)에 올랐다. 내외직을 두루 거쳐 상서령(尙書令)과 태보(太保)의 벼슬에 올랐다. 송나라 때의 법첩인 『순화각첩(淳化閣帖)』에 편지글 「둔주첩(屯州帖)」이 그의 글씨로 전하지만 확실하지 않다. 상서랑(尙書郞) 색정(索靖)과 함께 초서를 잘 써 '일대이묘(一臺二妙)'라 불렸다. 난릉군공(蘭陵

절음이고 아래 구절의 첫머리에 해당한다고 했다."[446]라고 했다. 황간의 「소」에는 위관의 설을 인용하면서 "성실함과 진실함이 공구(孔丘)만 같지 못한 까닭은 공구만큼 배우기를 좋아하지 못했기 때문일 뿐이다."[447]라고 했다. 살펴보니, "언(焉)"을 "말미암음[由]"의 뜻으로 해석한 것이, 그 뜻이 매우 곡진하다. 무억(武億)의 『경독고이(經讀考異)』에 "언(焉)은 어찌[安]와 같다. '어찌 내가 배우기를 좋아하는 것만 못하겠는가'라는 것은 또한 내가 배우기를 좋아하는 것과 같다는 말이다."라고 했는데, 이 또한 언 자를 아래 구절에 귀속시킨 것으로, 그 뜻이 비교적 위관보다는 순탄하므로 마땅히 아울러 밝혀 둔다.

郡公)에 추봉되었고, 시호는 성(成)이다. 저서로는 『상복의(喪服儀)』 1권과 『논어주(論語注)』 8권이 있다.

446 『경전석문』 권24, 「논어음의 · 공야장제5」.

447 『논어집해의소』 권3, 「논어공야장제5」.

색 인

인명 색인

● ㄱ

● ㅅ

● ㅇ

● ㅈ

사항 색인

● ㄴ

● ㅇ

● ㅈ

저자 유보남(劉寶楠)

1791년 강소성 보응현에서 아버지 이순(履恂)과 어머니 교씨(喬氏) 사이에서 태어났으며, 다섯 살에 아버지를 여의고, 어머니의 가르침 속에 성장하였다. 종부 태공(台拱)의 학문이 깊고 정밀하였으므로 그에게 전수받기를 청하여 학행으로 향리에서 명성이 자자하였다. 제생(諸生)이 되었을 때 의징(儀徵)의 유문기(劉文淇)와 명성을 나란히 하여 사람들이 "양주이유(揚州二劉)"라고 칭송하였다. 도광 20년(1840) 진사가 되어 직례성 문안현의 지현(知縣)을 제수받았다. 문안현은 지형이 웅덩이에 비해 낮았는데도 둑이나 제방이 닦이지 않아 장마가 내리거나 가을 홍수가 나면 번번이 백성들의 해가 되곤 하였다. 이에 유보남은 제방을 두루 걸어 다니면서 병폐와 고통을 묻고 옛 서적들을 검토하여 일군의 주둔병과 백성이 함께 정비하도록 독촉하였다. 함풍 원년(1851) 삼하(三河)를 수비하고 있었는데, 동성(東省)의 군대가 국경을 지나는 것을 맞닥뜨리고는 병거를 모두 마을 아래로 출동시켰다. 병사가 많아 들쭉날쭉하니 백성들이 감당할 바가 아니라 생각해 수레 품삯을 백성들의 값으로 지급하자 백성들이 동요하지 않을 수 있었다. 16년 동안 관직에 있었는데, 항상 의관이 소박하여 마치 제생 때와 같았다. 송사를 처리함에 삼갔고, 문안에서 관직 생활을 하는 동안 쌓인 현안 1,400여 건을 자세하게 살펴 결론을 내렸으며, 새벽닭이 처음 울 때면 당청에 앉아, 원고와 피고가 모두 법정에 나오고 증거가 구비되면 때에 맞춰 상세히 국문하였다. 큰 사건이건 작은 사건이건 할 것 없이 균등하게 자기의 뜻대로 안건을 판결했고, 패도한 자는 법의 판례에 비추어 죄를 다스렸다. 무릇 소송에 연루된 친척이나 오랜 친족은 내외척 간의 친목[睦婣]으로 깨우쳐, 대체로 화해하고 풀도록 하였다. 송사와 옥사가 한가해지고 나면 아전들은 자리를 떠나 돌아가 농사를 짓게 하였으니, 멀고 가까이에 있는 자들이 화합하여 순량(循良)이라는 칭호를 붙여 주었다. 『논어정의』는 그가 38세에 뜻을 두고 착수하여 평생을 바친 저작으로, 청대 『논어』 연구의 결정판으로 널리 알려져 있다. 24권까지 지었으나 완성하지 못하고 아들 공면에게 이를 이을 것을 맡긴 후 함풍 5년(1855)에 죽으니, 향년 65세이다.

저자 유공면(劉恭冕)

광서 5년(1879)에 거인(擧人)이 되었다. 가학을 지켜 경훈(經訓)에 통달했고, 경학을 공부해 거처하는 당의 이름을 광경당(廣經堂)이라 했다. 안휘성의 학정(學政) 주란(朱蘭)의 막에 들어가 이이덕(李貽德)의 『춘추가복주집술(春秋賈服注輯述)』을 교정하여 백수십 가지의 일을 옮겨서 보충하였다. 후에 호북성의 경심서원(經心書院)에서 주강(主講)이 되었는데, 돈독한 품행과 신중한 행실로 질박한 학문을 숭상하였다. 어려서 『모시(毛詩)』를 익혔고, 만년에는 『공양춘추(公羊春秋)』를 연구해서, "신주(新周)"의 뜻을 발명하여, 하휴(何休)의 오류를 물리치니, 같은 시대의 모든 선비가 그것을 아름답게 여겼다. 역대 제가의 이설(異說)을 참고하고 비교하여 아버지가 완성하지 못한 『논어정의』를 완성했다. 『면양주지(沔陽州志)』와 『황주부지(黃州府志)』, 『한양부지(漢陽府志)』, 『황강현지(黃岡縣志)』를 편찬했다. 향년 60세이다.

역주자 함현찬(咸賢贊)

1963년 강원도 영월에서 태어나 고등학교까지 마쳤다. 1987년 성균관대학교 동양철학과를 졸업하고, 같은 대학교 대학원 유학과에서 석사와 박사과정을 마쳤으며, 2000년 중국 송대 철학 전공으로 박사학위를 받았다. 성균관 한림원에서 한문을 공부하였으며, 현재 성균관대학교 유학・동양학과 및 대학원 초빙교수로 재직하고 있고, 아울러 성균관 한림원 교수로 재직하고 있다. 저서로는 『장재: 송대 기철학의 완성자』(2003), 『주돈이: 성리학의 비조』(2007), 『(교수용 지도서) 사자소학』(1999), 『(교수용 지도서) 추구・계몽편』(1999), 『(교수용 지도서) 격몽요결』(2010) 등이 있고, 함께 번역한 책으로는 『논어징』 전 3권(2010), 『성리논변』(2006), 『증보 동유학안』 전 6권(2008), 『주자대전』 전 13권(2010), 『주자대전차의집보』 전 4권(2010), 『역주 예기집설대전 2』(2021), 『왕부지 중용을 논하다』(1014) 등이 있다. 이 외에 연구논문으로는 「《논어징》에 나타난 오규 소라이의 성인관」(2015), 「《논어징》에 나타난 오규 소라이의 도 인식」(2011), 「성리학의 태동과 정체성에 대한 일고찰」(2011) 등이 있다.